Jörg Bogumil · Werner Jann

Verwaltung und Verwaltungswissenschaft in Deutschland

Grundwissen Politik
Band 36

Begründet von Ulrich von Alemann

Herausgegeben von

Arthur Benz
Susanne Lütz
Georg Simonis

Jörg Bogumil · Werner Jann

Verwaltung und Verwaltungs-wissenschaft in Deutschland

Einführung in die Verwaltungswissenschaft

VS VERLAG FÜR SOZIALWISSENSCHAFTEN

Bibliografische Information Der Deutschen Bibliothek
Die Deutsche Bibliothek verzeichnet diese Publikation in der Deutschen Nationalbibliografie;
detaillierte bibliografische Daten sind im Internet über <http://dnb.ddb.de> abrufbar.

1. Auflage September 2005

Alle Rechte vorbehalten
© VS Verlag für Sozialwissenschaften/GWV Fachverlage GmbH, Wiesbaden 2005

Lektorat: Frank Schindler

Der VS Verlag für Sozialwissenschaften ist ein Unternehmen von Springer Science+Business Media.
www.vs-verlag.de

Umschlaggestaltung: KünkelLopka Medienentwicklung, Heidelberg
Druck und buchbinderische Verarbeitung: XXX
Gedruckt auf säurefreiem und chlorfrei gebleichtem Papier
Printed in Germany

ISBN 3-531-14415-4

Für Henri, Simon und Ole

Vorwort der Herausgeber

Staat und öffentliche Verwaltung stehen in Deutschland vor neuen Herausforderungen. Im Zuge von Europäisierung und Internationalisierung wird die Erfüllung von Staatsaufgaben zunehmend abhängig von grenzüberschreitenden oder transnationalen Strukturen. Nationales Verwaltungshandeln ist Teil eines europäischen Mehrebenensystems, dessen Rückwirkungen auf nationale Politik- und Verwaltungstraditionen noch nicht absehbar sind.

Die Privatisierung öffentlicher Aufgaben, neue politische Leitbilder des Staatshandelns und die Verbreitung betriebswirtschaftlicher Steuerungskonzepte in der öffentlichen Verwaltung haben zudem eine Diskussion über die Neubestimmung von Staatsaufgaben und die Binnenmodernisierung des öffentlichen Sektors angeregt. Die öffentliche Verwaltung an der Schnittstelle zwischen Politik und Gesellschaft steht damit im Mittelpunkt von Reformversuchen, die zentrale politikwissenschaftliche Fragen aufwerfen: Wo liegen Möglichkeiten und Grenzen der Arbeitsteilung zwischen Politik, Verwaltung und privatem Sektor? Wie kann die Effizienz von Arbeitsabläufen im öffentlichen Sektor gesteigert werden? Wie verändern sich die Rahmenbedingungen der demokratischen Legitimation und politischen Kontrolle des Verwaltungshandelns?

Das vorliegende Lehrbuch soll nicht nur mit den aktuellen Problemen des öffentlichen Sektors und den entsprechenden Reformdiskussionen vertraut machen, sondern bietet auch eine umfassende Einführung in die Entwicklung von Verwaltungswissenschaften und Verwaltung in Deutschland. Behandelt wird der institutionelle Aufbau der öffentlichen Verwaltung, die Organisation bürokratischer Binnenstrukturen sowie Entscheidungsprozesse, Koordinationsprobleme und Verhaltensmuster bürokratischer Akteure. Politik- und Verwaltungshandeln wird hierbei als politischer Prozess verstanden, der durch Institutionen, Konflikte um Machterwerb und -erhalt sowie Strukturen, Prozesse und Wahrnehmungen der Verwaltung selbst geprägt ist.

Jörg Bogumil und Werner Jann legen mit diesem Band die erste politikwissenschaftliche Gesamtdarstellung zum Thema Politik und Verwaltung in Deutschland vor. Im Mittelpunkt des Interesses steht die Analyse kollektiver Entscheidungsprozesse in öffentlichen und privaten Organisationen sowie modernen Organisationsgesellschaften. Die spezifisch politikwissenschaftliche Perspektive macht das Buch zu einer anregenden Lektüre für die interessierte Leserschaft.

Hagen, im November 2004

Arthur Benz   *Susanne Lütz*   *Georg Simonis*

Vorwort der Autoren

Die vorliegende Einführung in Verwaltung und Verwaltungswissenschaft in Deutschland beruht in großen Teilen auf Einführungsvorlesungen, die beide Autoren seit einigen Jahren in Potsdam, Berlin und Konstanz durchführen. Da wir beide sehr ähnliche Vorlesungen gehalten haben und halten, haben wir zum Schreiben dieses Buches die Kapitel nicht einfach zwischen uns aufgeteilt, sondern jeweils einzelne bereits vorliegende Materialien, gelegentlich auch bereits existierende Skripte und Übersichtsartikel, zusammengefügt, ergänzt und dann gemeinsam überarbeitet.

Bei den Arbeiten zu diesem Buch haben uns in Potsdam Christian Bürger, Benjamin Sokolowski und Jan Tiessen, in Berlin Stefan Lhachimi und in Hagen Thomas Eimer tatkräftig unterstützt. Für kritische Kommentare zu einzelnen Entwürfen danken wir den oben Genannten sowie Marian Döhler, Julia Fleischer, Jochen Franzke, Stephan Grohs, Axel Heinz, Lars Holtkamp, Thurid Hustedt, Sabine Kuhlmann, Susanne Lütz und Kai Wegrich und unseren Studierenden in Potsdam, Berlin und Konstanz.

Aufgrund der Fülle des zu bearbeitenden und zu berücksichtigenden Stoffes, und da dies das erste politikwissenschaftlich inspirierte verwaltungswissenschaftliche Lehrbuch in deutscher Sprache ist, sind wir uns der noch bestehenden Lücken wohl bewusst, und einiges haben wir vermutlich übersehen. Wir hoffen daher auf viele kritische und konstruktive Kommentare, um diesen „ersten Versuch" möglichst schnell verbessern und ergänzen zu können.

Jörg Bogumil und *Werner Jann*
Konstanz und Potsdam, im November 2004

Inhaltsverzeichnis

1. Einleitung

Das Buch soll in die Fragestellungen, Konzepte und empirischen Befunde der modernen Verwaltungswissenschaft einführen. Dabei soll sowohl eine Übersicht über die grundlegenden Merkmale der öffentlichen Verwaltung in Deutschland als auch über die wichtigsten theoretischen Erklärungsansätze der sozialwissenschaftlichen Verwaltungswissenschaft vermittelt werden.

Der Gegenstand „Verwaltung" (und gemeint ist hier die öffentliche Verwaltung) ist unstrittig ein vielfältiges Phänomen (vgl. Scharpf 1973). Man kann sich u.a. *Verwaltung ist vielfältig*

– mit den Aufgaben und Leistungen öffentlicher Verwaltungen,
– mit ihren Verfahrensregeln und tatsächlichen Verfahrensweisen,
– mit ihren formellen und informellen Strukturen,
– mit ihren Innen- und Außenbeziehungen sowie
– mit ihrem Personal und seiner Rekrutierung, seinen Karrieremustern, seinen Fähigkeiten, seinen Einstellungen, seinen Motivationen und seinen Frustrationen befassen.

Zudem ist die Verwaltung äußerst vielgliedrig. Es macht einen Unterschied, ob man es mit EU-, Bundes-, Landes-, Kommunalverwaltungen oder Anstalten öffentlichen Rechts wie der Bundesagentur für Arbeit, der Deutschen Bundesbank oder den Sozialversicherungen zu tun hat. Zu erinnern ist hier an die Aussage von Ernst Forsthoff, dass sich Verwaltung nicht klar definieren, sondern nur beschreiben lässt (Forsthoff 1973, S. 1).

Angesichts dieser Vielfältigkeit verwundert es auch nicht, dass sich viele Disziplinen mit der Verwaltung beschäftigen (siehe Ziekow 2003). Als wichtige Fachdisziplinen sind die Rechtswissenschaft, die Volkswirtschaftslehre, die Betriebswirtschaftslehre, die Politikwissenschaft, die Soziologie, die Psychologie, die Geschichtswissenschaft, die Rechtsphilosophie oder auch die Staatslehre zu nennen. In der Rechtswissenschaft geht es vor allem um die Gesetzmäßigkeit der Verwaltung oder das Dienstrecht, in der Volkswirtschaftslehre um die Ursachen und Auswirkungen von öffentlichen Einnahmen und Ausgaben und die Finanzen, in der Betriebswirtschaftslehre um Öffentliche Unternehmen und die Effizienz des Verwaltungshandelns, in der Soziologie um die Wechselbeziehungen zwischen Verwaltung und Gesellschaft und die Betrachtung von Verwaltung als Organisationen, in der Psychologie um die Interaktionen der Verwaltung mit ihrer Umwelt und den Menschen und in der Politikwissenschaft um die Verwaltung zur Durchsetzung politischer Ziele und die politische Steuerung der Verwaltung. Da Verwaltungswissenschaft von vielen Disziplinen betrieben wird, wird oftmals von Verwaltungswissenschaften im Plural gesprochen, z.B. im Titel *Verwaltungswissenschaften = viele Disziplinen beschäftigten sich mit der Verwaltung* der „Deutschen Hochschule für Verwaltungswissenschaften" in Speyer (siehe ausführlich unten 2.6).

universitäre Ausbildung

Eigenständige universitäre verwaltungswissenschaftliche Ausbildungsgänge gibt es in Deutschland nur in Konstanz (seit 1968, vgl. hierzu Esser/Fach/Simonis/Väth 1977) und seit 1996 in Potsdam. Verbreiteter ist es, einen Verwaltungsschwerpunkt im Studium zu bilden, sei es bei den Juristen (Verwaltungsrecht und Verwaltungslehre), in der Betriebswirtschaftslehre (Öffentliche BWL oder auch ÖBWL), der Soziologie (Verwaltungssoziologie) oder der Politikwissenschaft, wobei die Juristen jahrzehntelang nahezu über das Monopol für die Ausbildung des höheren Dienstes in der deutschen öffentlichen Verwaltung verfügten. Daneben ist als besondere Ausbildungeinrichtung noch die Deutsche Hochschule für Verwaltungswissenschaften in Speyer mit ihrem 1969 konstituierten einjährigen postgradualen verwaltungswissenschaftlichen Aufbaustudium zu nennen, die davon profitiert, dass die Absolventen der Rechts-, Wirtschafts- und Sozialwissenschaften nach ihrem Studium häufig noch eine Zusatzausbildung für sinnvoll erachten, um die Anforderungen in Verwaltung und Wirtschaft zu bewältigen. Große Teile der Verwaltungsausbildung für den öffentlichen Dienst erfolgen zudem jenseits der Universitäten in verwaltungsinternen Fachhochschulen,[1] Führungsakademien oder durch Weiterbildungen in eigenen Einrichtungen.

Verwaltungswissen-schaft ist keine eigene Disziplin

Insgesamt dominiert in Deutschland im Unterschied zu den USA[2] also der *fachwissenschaftliche* Zugang zum Erkenntnisgegenstand „öffentliche Verwaltung". Versuche zur Konstituierung der Verwaltungswissenschaft als einer eigenen Disziplin konnten sich nicht durchsetzen (vgl. König 1990, S. 305ff., Jann 1998a, Benz 2003). Stattdessen haben sich die Fachwissenschaften interdisziplinär geöffnet. Zum Verwaltungsrecht kommt die Verwaltungslehre, deren Methodik nicht dogmatischer Art ist und in der anerkannt wird, dass die Analyse der öffentlichen Verwaltung eine fachübergreifende Sicht erfordert (vgl. z.B. Thieme 1984). In der Betriebswirtschaftslehre treten neben die Untersuchung öffentlicher Unternehmungen Fragen nach der Führung und Leitung, nach Organisation und Personal, nach Entscheidung und Kontrolle, es vollzieht sich eine Öffnung für soziologische und psychologische Einsichten (vgl. Reichard 1977). In der Soziologie erreicht man immerhin den Stand der Lehrbuchproduktion (vgl. Pankoke/Nokielski 1977, Mayntz 1978, zitiert als 1997, Derlien 1984), wobei insbesondere die „Soziologie der öffentlichen Verwaltung" von Renate Mayntz aus dem Jahr 1978 zahlreiche interdisziplinäre Bezüge vor allem aus dem Bereich der Politikwissenschaft aufweist.[3] In der Politikwissenschaft gibt es bis jetzt noch kein verwaltungswissenschaftliches Lehrbuch auf Deutsch, ganz im Gegen-

---

1   Seit 1976 ist die Fachhochschulausbildung für den gehobenen Dienst im öffentlichen Dienst verbindlich vorgeschrieben und findet i.d.R. in internen Fachhochschulen statt. Der gehobene Dienst ist dabei nicht nur zahlenmäßig dem höheren Dienst überlegen, sondern besetzt vor allem in den Kommunalverwaltungen wichtige Führungspositionen im mittleren Management.

2   In den USA werden dagegen Studienangebote eher von der Erledigung öffentlicher Aufgaben und nicht von den Wissenschaftsfächern her definiert (z.B. Verwaltungsorganisation, Public Policies, budgetärer Prozess, Personalverwaltung), obwohl auch dort die disziplinäre Anbindung dieser Studienangebote immer ein Problem darstellt.

3   Im strengen Sinne handelt es sich bei diesem Buch eher um eine sozialwissenschaftliche Betrachtung, wie die Autorin selbst bemerkt (1978, S. 2), was schon an der Gliederung deutlich wird, denkt man daran, dass es eigene Kapitel zum Thema Verwaltung und Politik sowie zu den Problemlagen der Ministerialverwaltung gibt.

satz zu den angelsächsischen Ländern oder auch Skandinavien. Angesichts einer vor allem empirisch orientierten Forschung, die die Komplexität des Gegenstandes gut kennt, erscheint es durchaus verständlich, dass man etwas davor zurückschreckt, ein umfassendes Lehrbuch mit dem Anspruch der Repräsentativität zu verfassen.

Bei der hier vorgelegten Arbeit handelt es sich dennoch um den ersten Versuch eines verwaltungswissenschaftlichen Lehrbuches durch zwei Politikwissenschaftler, der sich allerdings an die Sozialwissenschaften insgesamt richtet. Die Gemeinsamkeit sozialwissenschaftlicher Verwaltungsforschung im Vergleich vor allem zur juristischen Verwaltungslehre liegt trotz unterschiedlicher Blickwinkel der einzelnen Disziplinen auf ihren Untersuchungsgegenstand in einer zugleich theoretisch orientierten, aber stark empirisch ausgerichteten Vorgehensweise (vgl. Mayntz 1997, S. 2; ausführlicher weiter unten 2.6). Aus politikwissenschaftlicher Sicht wird Verwaltungswissenschaft in Anlehnung an eine frühe Definition von Fritz W. Scharpf als eine Teildisziplin der Politikwissenschaft betrachtet, die allerdings notwendigerweise interdisziplinär ausgerichtet ist. Das spezifische Erkenntnisinteresse geht von einem Politikverständnis aus, das Politik- und Verwaltungshandeln als Policy-Making, d.h. als Politikformulierung und -umsetzung und damit als Problemlösungs- (und manchmal auch Problemverursachungs)prozess auffasst, ein Prozess, der von der Ausgestaltung politischer Institutionen, den Prozessen des Machterwerbs und -erhalts und nicht zuletzt durch die Strukturen, Prozesse und Wahrnehmungen der Verwaltung selbst geprägt ist.

Verwaltungswissenschaft als Teildisziplin der Politikwissenschaft

In Kapitel 2 werden zunächst die Entwicklung der Verwaltungswissenschaften in Deutschland dar- und der Ansatz einer politikwissenschaftlichen Verwaltungswissenschaft vorgestellt. Im Kapitel 3 werden der institutionelle Aufbau und die wichtigsten empirischen Merkmale der öffentlichen Verwaltung in Deutschland erläutert, also das, was man auch als Makroorganisation fassen kann. Im Kapitel 4 geht es dann um die Mikroorganisation, die internen Strukturen und Prozesse in der Verwaltung. Im Kapitel 5 werden die Entwicklungsphasen der öffentlichen Verwaltung in Deutschland nachgezeichnet und in Kapitel 6 die Perspektiven der aktuellen Verwaltungsforschung beleuchtet.

Aufbau des Buches

15

2. Verwaltungswissenschaft(en) in Deutschland

In diesem Abschnitt geht es um die historische Entwicklung der Verwaltungswissenschaft bzw. Verwaltungswissenschaften in Deutschland. Zunächst wird die Herausbildung von Staatslehre, Regierungslehre und Verwaltungslehre in Deutschland geschildert. Anschließend geht es um Verwaltungswissenschaft als Teildisziplin der Politikwissenschaft – eine sich seit Anfang der 70er Jahren verstärkt herauskristallisierende Entwicklung – und um die Perspektiven und weiteren Entwicklungen einer derartigen Sichtweise. Abschließend werden die Fragen nach dem gemeinsamen Bindeglied und den Möglichkeiten der Zusammenarbeit in den Verwaltungswissenschaften gestellt.

2.1 Gemeinsame historische Grundlagen: Staats- und Policeywissenschaft

Historisch ist Verwaltungswissenschaft in Deutschland untrennbar mit der Entwicklung der Staatswissenschaften verbunden. Normalerweise wird angenommen, dass Staatslehre und Staatsrechtslehre in Deutschland eine lange Tradition haben, während die Politik- und erst recht die Verwaltungswissenschaft erst nach dem Zweiten Weltkrieg durch den Druck der Alliierten und nach dem Vorbild der angelsächsischen *Political Science* und *Public Administration* im Rahmen der „Re-education" eingeführt wurden. Diese Auffassung verkennt aber die lange Tradition dieser Wissenschaften in Deutschland. Zwar kann hier die Geschichte der Staats- und Politikwissenschaft nicht im Detail nachvollzogen werden, aber im Folgenden soll in groben Strichen kurz skizziert werden, welche Traditionslinien bestehen und welche unterbrochen wurden (zur gesamten Staats- und Politikwissenschaft ausführlich und sehr informativ Bleek 2001, s.a. Jann 1989 als Grundlage dieses Abschnitts und Schuppert 2003, insbesondere S. 345ff.).

Lange Tradition politischer Wissenschaften

Ausgangspunkt der Geschichte der Verwaltungswissenschaft ist, wie fast immer im christlichen Abendland, Aristoteles. Im Fächerkanon der alten, mittelalterlichen Universität gab es ein Fach Politik, das neben Ethik und Ökonomik ein Teilgebiet der praktischen Philosophie war und auf der Grundlage der Nikomachischen Ethik von Aristoteles gelehrt wurde (vgl. zum Folgenden die Habilitationsschrift von Maier 1966, die hier in der Taschenbuchausgabe 1986 zitiert wird). Es ging um das „gute" und „gerechte" Leben. Im Vordergrund stand das normative Ziel und weniger die empirische Realität (Bleek 2001, S. 46f).

17

Dies änderte sich in der Frühen Neuzeit, also etwa ab dem 16. Jahrhundert. Ausgangspunkt waren sozio-ökonomische Veränderungen. Mit der Krise der mittelalterlichen Ständeherrschaft entwickelte sich der moderne Territorialstaat als Ordnungsstifter,

> „der mit seiner Polizei immer tiefer in die bis dahin autonomen, jetzt aber zur Selbstordnung mehr und mehr unfähigen Sozialbereiche vordringt und so allmählich das gesamte innere Leben der Gesellschaft seinem Gebot unterwirft" (Maier 1986, S. 259).

Policey = Inbegriff sämtlicher staatlicher Tätigkeiten

Polizei (normalerweise geschrieben als Policey) wurde in diesem Zusammenhang Inbegriff sämtlicher staatlicher Aktivitäten, also praktisch synonym mit Staat und Verwaltung: „In der Frühen Neuzeit unterschieden sich die deutsche ‚Policey' und das englische ‚policy' nur durch einen Vokal und meinten weitgehend das gleiche, nämlich die öffentliche Tätigkeit" (Bleek 2001, S. 73f, s.a. Heidenheimer 1986). Dies war die große Zeit der deutschen Policeywissenschaft im Sinne einer umfassenden Staats- und Verwaltungswissenschaft des absolutistischen Wohlfahrtsstaates, die mit Namen wie von Osse (1506-1577), von Seckendorf (1626-1692), von Sonnenfels (1733-1817) und vor allem von Justi (1717-1771) verbunden ist. Policeywissenschaft war in diesem Verständnis sowohl Gesetzgebungs-, Regierungs- und Verwaltungslehre, gleichzeitig auch „Staatswirtschaftslehre", denn es ging um die umfassende wirtschaftliche und soziale Entwicklung der durch den 30jährigen Krieg verwüsteten Territorialstaaten, allerdings nicht als Verwaltungstechnik, sondern als Lehre von der inneren Staatsgestaltung zum Zweck des „guten Lebens". Ihr Ausgangspunkt waren die empirisch wahrnehmbaren Staatstätigkeiten (so die Charakterisierung von Seckendorf durch Maier 1986, S. 290). Policey bedeutete in erster Linie staatliche Hilfe.

Gleichzeitig gab es eine enge Verbindung zum sich entwickelnden Berufsbeamtentum. Die Policeywissenschaft wurde im 18. Jahrhundert als das neue Fach „Kameralistik" über den Umweg besonderer Akademien an fast allen deutschen Universitäten eingeführt (den ersten Lehrstuhl gab es in Halle 1727), nachdem im Rahmen des aufgeklärten Absolutismus deutlich wurde, dass Beamte nicht nur juristische, sondern vor allem auch wirtschaftliche und verwaltungstechnische Kenntnisse benötigen. Die Orientierung an der Praxis staatlichen Handelns sorgte für Ansehen und Nachfrage, führte aber schließlich dazu, dass der Stoff der alten Kameralistik immer weiter wuchs. Es ist daher nicht verwunderlich, dass zunächst versucht wurde, das Fach im Rahmen von enzyklopädischen Darstellungen zu retten, sich zunehmend aber eine Spezialisierung und Differenzierung durchsetzte.

Aufspaltung in Kameralistik, Ökonomik und Staatswissenschaft

Im 19. Jahrhundert spaltete sich die alte Policeywissenschaft in drei Bereiche auf. Ein Zweig wurde die *Kameralistik i.e.S* als umfassende Lehre staatlichen Wirtschaftens, die Vorgängerin der heutigen Finanzwissenschaft (und noch heute werden öffentliche Haushalte, zumindest in Deutschland, nach dem kameralistischen System aufgestellt). Ein weiterer Zweig wurde die *Ökonomik,* die technische Fächer wie Land- und Forstwirtschaft, aber auch praktische Fächer wie Gewerbe-, Agrar- und Handelspolitik entwickelte und damit der Ursprung der theoretischen Volkswirtschaftslehre und der späteren Wirtschaftspolitik ist. Der dritte Bereich war schließlich noch einmal der Versuch der Rettung einer einheitlichen Policey- und *Staatswissenschaft,* wie er mit den Namen Robert von Mohl (1799-1875) und schließlich Lorenz von Stein (1815-1890) verbunden ist.

Insbesondere bei von Mohl wird die entscheidende politische Neuerung des 19. Jahrhunderts deutlich, nämlich die Entwicklung des Liberalismus und damit des Rechtsstaats. Sein großes Werk heißt „Policeywissenschaft nach den Grundsätzen des Rechtsstaates" (1831ff.), und hier wird nicht nur das wohlfahrts- und sicherheitspolitische Handeln des modernen Staates noch einmal in seiner ganzen Breite dargestellt, sondern es werden gleichzeitig materielle und formale Rechtsstaatsgedanken ausformuliert. Der Staat soll die Bürger nicht bevormunden, sondern unterstützen und sich dabei auf den Vollzug von Gesetzen beschränken. Damit wird gleichzeitig der Grund zu einem rechtsstaatlichen Verwaltungsrecht gelegt.

Lorenz von Stein hat mit seiner „Verwaltungslehre in 8 Theilen" (1866-1884) und dem Konzept des „arbeitenden Staates" noch einmal etwas ähnliches versucht, aber im Prinzip ging die Entwicklung in eine andere Richtung. Die einheitliche Policey- und Staatswissenschaft, die durch von Mohl noch durch die Gründung der „Zeitschrift für die gesamte Staatswissenschaft" (1844)[4] versucht wurde zusammenzuhalten, zerfiel vollends in einen ökonomischen und einen rechtlichen Teil, d.h. in Volkswirtschafts- und Staats(rechts)lehre. Regierungs- und Verwaltungslehre verschwanden oder wurden als extrem praxisorientierte „Kunde" Beifächer der juristischen Fakultät, und auch Politik im Sinne der praktischen Philosophie fand keinen festen Platz mehr an der Universität (vgl. Ellwein 1986b, S. 17).

Staatswissenschaft
zerfiel in
Staatsrechtslehre und
Volkswirtschaftslehre

Man muss sich verdeutlichen, dass diese Entwicklung nur gut 150 Jahre zurückliegt. Sie hängt offensichtlich zusammen mit der spezifisch deutschen Entwicklung im vorletzten Jahrhundert und der Etablierung des preußisch-deutschen Obrigkeitsstaates, in dem es dem Bürgertum nicht gelang, seine Interessen durch eine verantwortliche Regierung durchzusetzen, sondern allein im Rahmen des formellen Rechtsstaats. Die Gründe können hier nicht diskutiert werden, aber das Ergebnis ist wichtig: Gefragt waren „staatstragende" d.h. auch staatsbildende Wissenschaften, insbesondere Staats- und Verwaltungsrecht, die die alte Policeywissenschaft und die Steinsche Verwaltungslehre zurückdrängten bzw. gar nicht zur Entfaltung kommen ließen.

Gleichzeitig, und sicherlich nicht unabhängig davon, wurden im Zuge des sich entwickelnden Liberalismus und Positivismus praktische Fragen nach Zielen und Zwecken politischer Gestaltung im Prinzip als unwissenschaftlich angesehen. Politik wurde als willkürliche Einmischung in gegebene Ordnungen aufgefasst, und schließlich wurden Politik und Ethik als „unwissenschaftlich" und „bloß praxisbezogen" aus der wissenschaftlichen Staatslehre verbannt (Kriele 1981, S. 16), während die empirischen Fragestellungen sich in einer Reihe selbstständiger Disziplinen (Wirtschaftswissenschaften, Soziologie) verselbstständigten, die aufgrund des Postulats der Methodenreinheit gar kein Interesse daran hatten, sich mit Fragen praktischer Politik, d.h. mit Wertungen zu befassen. Gefragt waren normative Staatslehren, aber nicht empirische Verwaltungs- oder gar Politikwissenschaft.

Politische Gestaltung
wird als
unwissenschaftlich
betrachtet

Die Trennung zwischen normativen, d.h. vor allem juristischen, und empirischen, d.h. „seins-wissenschaftlichen" Fragen, wird besonders in den Staatslehren des deutschen Kaiserreichs deutlich, vor allem bei Laband (1876ff.), dem Begründer des staatsrechtlichen Positivismus (vgl. Friedrich 1986), aber auch bei Jellinek (1900), der Rechtslehre und Soziallehre vom Staat unterschied. Beide Bereiche wurden getrennt behandelt, wobei das Schwergewicht auf der juristischen Betrachtungsweise lag. Im Sinne des Rechtspositivismus sollte das Recht

Verwaltungsrecht
statt Verwaltungs-
wissenschaft

---

4 Die Zeitschrift heißt inzwischen „Journal of Institutional and Theoretical Economics" JITE.

als lückenloses System von Normen entwickelt werden, unabhängig von der gesellschaftlichen Realität. Das gesamte konkrete staatliche Handeln wurde damit in Rechtsverhältnisse aufgelöst, d.h. statt um Agrar-, Sozial- oder Verkehrspolitik ging es zukünftig um Agrar-, Sozial- und Verkehrsrecht. Dies ist der Ausgangspunkt des Siegeszugs des speziellen Verwaltungsrechts in Deutschland, das praktisch als Ersatz für eine empirische Verwaltungswissenschaft diente. Dabei ist die Leistung der deutschen Rechtswissenschaft, nämlich das Ganze der Staatstätigkeit unter rechtlichem Aspekt faktisch oder zumindest vermeintlich erschließbar gemacht und gleichzeitig den Staat als „Rechtsstaat" unter dem (von ihm geschaffenen) Recht etabliert zu haben, durchaus bemerkenswert (Ellwein 1986b, S. 4).

Staatshandeln wird als Recht und nicht als Politik angesehen

Der ideologische Hintergrund dieser Auffassungen ist allerdings auch offenkundig. Nur nach der in Deutschland gescheiterten bürgerlichen Revolution und unter den stabilen und von oben regulierten Verhältnissen des wilhelminischen Kaiserreichs konnte die Vorstellung entstehen, dass Staatshandeln in erster Linie Recht und nicht Politik ist (Sontheimer 1976, S. 75). Legitimationsprobleme, z.B. Willensbildung und Demokratie, aber auch Fragen nach Effektivität oder Effizienz staatlichen Handelns konnten von dieser Staats(rechts)lehre ignoriert werden, und genau hier liegt daher ein Ursprung für die Überhöhung von Staat und Recht in Deutschland, für die Demokratieferne des Staates und die Staatsferne der Demokratie sowohl auf der linken wie auch rechten Seite des politischen Spektrums (vgl. Seibel 1986). Der Staat, nicht das politische Handeln der Bürger und erst recht nicht die Verwaltung steht im Zentrum der Aufmerksamkeit, Politik ist „Kunst" (wenn nicht „schmutzig"), und man sollte sich lieber von ihr fernhalten.

Erst gegen Ende der Weimarer Republik wurden diese ja eindeutig an einen un- oder vor-demokratischen Obrigkeitsstaat gebundenen Vorstellungen überwunden. Staatsrechtslehrer dieser Zeit schrieben Staats- und Verfassungslehren, die nichts anderes als Politikwissenschaft waren:

> „In der Weimarer Republik erwarben sich deutsche Rechtswissenschaftler wieder ein Verständnis dafür, daß die rechtliche Ordnung aus einem politischen Machtkampf resultiert und durch ihn in der Schwebe gehalten wird, und daß die Rechtsordnung ebenso sehr auf die soziale Wirklichkeit einwirkt wie umgekehrt" (Sontheimer 1976, S. 75; siehe auch ders. 1967; zusammenfassend zu diesen Theorien Staff 1981).

Carl Schmitt, Rudolf Smend und Hermann Heller, um nur die bedeutendsten zu nennen, waren nicht nur Staatsrechtslehrer, sondern politische Staatstheoretiker, allerdings ohne sich als solche erkennen zu geben.[5] Eine etablierte Politikwissenschaft gab es nicht, und das Prestige der juristischen Staatsrechtslehre war natürlich nicht unwillkommen. Das gleiche gilt für die Verwaltung: Verwaltungsrecht war die Königsdisziplin, Verwaltungslehre allenfalls „Hilfswissenschaft".

Problematische Rolle von Staatsrechtslehrern

Auf die sehr problematische Rolle, die Staatsrechtslehrer bei der Zerschlagung der Weimarer Republik und der Etablierung, Rechtfertigung und Stabilisie-

---

5 Dies gilt nicht für Herman Heller, der für die erste Encyclopaedia of the Social Sciences (E.R.A. Seligman et.al. eds.1, New York 1934) den Beitrag über „Political Science" verfasste, und der in seiner Staatslehre häufig den Ausdruck „Political Science" verwendet. Er wollte diesen offensichtlich vor Drucklegung durch ein deutsches Pendant ersetzen, ist aber vorher verstorben. Der Herausgeber hatte dafür den etwas unbeholfenen Begriff „Politikologie" eingesetzt, der aber in der Neuausgabe durch „politische Wissenschaft" ersetzt wurde (Heller, Gesammelte Schriften, 93ff.).

rung der Nazi-Diktatur gespielt haben, muss hier nicht gesondert eingegangen werden (vgl. z.B. Staff 1978: 147ff. m.w.A.). Erwähnt werden soll nur, dass die These, die Weimarer Republik sei vor allem am staatsrechtlichen Positivismus zugrunde gegangen, zumindest zweifelhaft ist. Es waren nicht die Positivisten wie Anschütz und Kelsen, die die Diktatur mit Hilfe fragwürdiger Theorien vorbereiteten und schließlich unterstützten und rechtfertigten, sondern gewissenlose und/oder opportunistische politische Ideologen vom Schlage eines Carl Schmitt, die für jegliches Unrecht, von der totalitären Diktatur bis hin zum brutalen Anti-Semitismus und unbedingten Führerbefehl, eine „rechtliche", in Wirklichkeit aber politische Begründung lieferten (zur „Demokratietheorie" Carl Schmitts siehe Böhret u.a. 1988, S. 222ff. m.w.A.).

2.2 Entwicklungen in der Bundesrepublik bis Anfang der 70er Jahre

Vor diesem sehr knapp skizzierten Hintergrund muss die Entwicklung der Politik- und Verwaltungswissenschaft in der Nachkriegszeit gesehen werden. Auf der einen Seite gab es eine beinahe ungebrochene Traditionslinie auf juristischem Gebiet, die sich durch Namen wie Maunz (Staatsrecht), Forsthoff (Verwaltungsrecht) und Koellreutter (Staatslehre) veranschaulichen lässt, die alle aktive Apologeten und Ideologen des Nationalsozialismus gewesen waren. Aktive wissenschaftliche und politische Unterstützung des Faschismus war, außer in einigen wenigen extremen Fällen, kein Hinderungsgrund für die Fortsetzung einer staats- und/oder verwaltungsrechtlichen Karriere in der Bundesrepublik. Gerade deshalb wurde von den Alliierten, aber besonders auch von den zurückkehrenden Emigranten, die Einführung einer unbelasteten, empirischen Politikwissenschaft und eines unbelasteten Berufsbeamtentums für so wichtig gehalten (s.a. unten 5.1). Diese grundsätzlich neue Orientierung führte allerdings dazu, dass sich Staatslehre, Staats- und Verwaltungsrecht auf der einen und Politik- und Verwaltungswissenschaft auf der anderen Seite weitgehend unabhängig voneinander entwickelten.

2.2.1 Staatsrechtslehre und Allgemeine Staatslehre

Zunächst ist der Umfang der Veröffentlichungen auf diesem Gebiet ein guter Indikator. Ursprünglich gab es viel mehr Einführungen in das bundesdeutsche Staats- und Verfassungsrecht und auch „Allgemeine Staatslehren" als politikwissenschaftliche Einführungen in das politische System der Bundesrepublik Deutschland oder sogar verwaltungswissenschaftliche Abhandlungen. Eine Erklärung ist offensichtlich: Es gibt viel mehr Juristen als Politik- und Verwaltungswissenschaftler, insbesondere in der öffentlichen Verwaltung. Aber damit ist noch nicht klar, warum „Allgemeine Staatslehren" so zahlreich sind.

Im Staats- und Verfassungsrecht geht es, wie im gesamten öffentlichen Recht, um Aufbau, Organisation und rechtliche Ausgestaltung der Bundesrepublik Deutschland, wie sie im Grundgesetz formuliert ist und durch allgemeine Gesetze und Entscheidungen der höchsten Gerichte, insbesondere des Bundesverfassungsgerichts, konkretisiert wird. Ausgangspunkt ist die Interpretation der

Renaissance der Allgemeinen Staatslehre

Verfassung und anderer Normen. Allerdings können Verfassungsnormen nicht ohne politische Leitideen und ohne Berücksichtigung der sozialen Realität interpretiert werden. Das Grundgesetz ist „alles andere als ein offenes Buch, das jeder des (juristischen) Lesens Kundige" nur zu studieren brauchte, um klare und eindeutige Aussagen zu enthalten.

> „Der Interpret bedarf (...) angesichts der generalklauselartigen Weite gerade vieler besonders wichtiger Bestimmungen des Grundgesetzes zur Auslegung eines Rückgriffs auf ein *geschultes Vorverständnis,* in das auch zentrale Bereiche der staatstheoretischen Ideengeschichte eingehen, die in den Bestimmungen des Grundgesetzes wie in einem Resonanzboden mitschwingen" (Arnim 1986, S. 14).

Staatslehre ist im Prinzip eine politische Theorie

> Dieses Vorverständnis liefert nach eigenem Verständnis die Staatslehre, sie ist mehr als Staatsrechtslehre, sie ist im Prinzip eine politische Theorie zur Begründung der Ausgestaltung des Staates, d.h. *Staats- und Verfassungstheorie.* Sie beschäftigt sich weniger mit der staatsrechtlichen Form der Bundesrepublik Deutschland, sondern mit dem „Staat an sich", „was allen Staaten, unabhängig von ihrem Ort, ihrer Zeit und ihrem gesellschaftlichen Hintergrund gemeinsam ist" (Herzog 1971, S. 35).

Hier gibt es nun, trotz der Vielzahl von Veröffentlichungen mit durchaus unterschiedlichen Schwerpunkten und Intentionen, einige übergreifende Gemeinsamkeiten. Ausgangspunkt ist der Staat, dessen Existenz vorausgesetzt wird, dessen Definition und Abgrenzung offenbar keine großen Schwierigkeiten bereitet und dessen positive und bewahrenswerten Eigenschaften Fixpunkt der Überlegungen sind.

Zentrale Fragen

Der Staat ist in dieser Tradition der eigentliche und einzige Garant von Frieden, Freiheit, Gerechtigkeit und Gemeinwohl. Im Prinzip gilt immer noch Hegels Diktum, der Staat sei „die Wirklichkeit der sittlichen Idee", und weitgehend unabhängig von politischen Standpunkten wird in Allgemeinen Staatslehren versucht zu begründen, warum dies so sei und wie daher der Staat ausgestaltet sein müsse. Dazu wird gleichzeitig rechtlich und empirisch argumentiert, d.h. ein tradierter Kanon von Themen wird formal abgehandelt (Staatsvolk, -gebiet, -organe, -verbindungen usw.), und es werden Aussagen gemacht über die gesellschaftliche und staatliche Wirklichkeit, z.B. über Funktionsbedingungen und Auswirkungen staatlicher Institutionen. Die rechtlichen und ideengeschichtlichen Teile der Staatslehren sind eher unproblematisch, denn dabei handelt es sich um weitgehend abgeschlossene Problemkreise. Problematischer sind schon die historischen Generalisierungen, da hier über empirische Tatbestände und normative Begründungen des modernen, „arbeitenden" Staates generelle Aussagen gemacht werden, die sich die meisten empirisch orientierten Sozialwissenschaftler nicht zutrauen würden. Ein richtiger Staatslehrer wie Herzog ist sich sogar sicher, dass man von den Sozialwissenschaften nichts zu lernen braucht:

> „Es gibt kaum eine Frage des Staatslebens und der Staatsgestaltung, die nicht zumindest unter rechtlichen Gesichtspunkten schon einmal erörtert worden wäre und deren Lösung durch die Rechtsdogmatik infolgedessen nicht unmittelbar in die Überlegungen der Staatslehre eingebracht werden könnte. Deshalb ist eine auf der Rechtsdogmatik als Erfahrungsgrundlage aufbauende Staatslehre wohl noch auf Generationen hinaus zu detaillierteren und exakteren Aussagen über die Probleme des Staates imstande als die notwendigerweise auf empirischen Erfahrungen beruhende Politikwissenschaft" (Herzog 1971, S. 32).

Rechtsdogmatik als Erfahrungsgrundlage ist aus dieser Sicht rein empirischen Aussagen überlegen. Nun ist gegen philosophische und ethische Begründungen des Staates und seiner Aktivitäten nichts einzuwenden, aber diese dürfen nicht als empirische Wahrheiten angesehen werden, denn es ist zu befürchten, dass

22

diese Verabsolutierung des Staatsbegriffs mehr oder weniger gewollte und offen gelegte politische Implikationen hat. Die Bedeutung der juristischen Staatslehre liegt also zusammenfassend darin, dass hier eine normative politische Theorie von Staat und Verwaltung entwickelt wird, die qua vielfältiger Verbindungen zwischen Staats(rechts)lehre, Verfassungs- und Verwaltungsrecht und -justiz und der führenden Stellung von Juristen in Politik und öffentlicher Verwaltung dazu führt, dass

> „eine Art demokratisch nicht kontrollierte Nebengesetzgebung entstanden (ist). Die Wissenschaftler entwerfen Denkmuster, Doktrinen und Ideologeme, die von schlichten Erfindungen über Auslegungen contra legem bis zu echten Interpretationen reichen. Als zur herrschenden Meinung formierte Ansicht im Schrifttum wird sie von der Justiz mit höchstem Geltungsanspruch in vielen (...) Fällen in die Rechtspraxis umgesetzt" (Fangmann 1981, S. 215, zitiert bei Hammans 1987; vgl. auch Wesels Essay [1981] über Entstehung und Bedeutung der „herrschenden Meinung" in der Jurisprudenz).

Die Einübung solcher theoretischen Denk- und Argumentationsmuster in der öffentlich-rechtlichen Ausbildung und Tätigkeit und die permanente Produktion von Kommentaren und anderen Publikationen verschafft den Staats(rechts)lehrern einen weit über ihren Wissenschaftsbereich hinausgehenden Einfluss auf die politische Realität, insbesondere der Verwaltung, gerade weil die Verfassungsinterpretation monopolisiert wird (vgl. Voigt/Luthardt 1986, S. 135).

Weitgehenden Einfluss auf politische Realität

Auffallend ist, dass diese Aufgabe der Staatslehre, nämlich zukünftigen „Staatsdienern" eine solide Grundbildung zu vermitteln, in anderen Kulturkreisen von der Politikwissenschaft wahrgenommen wird. In den USA ist es z.B. der normale Weg, dass ein zukünftiger Jurist auf dem College „Political Science" als Hauptfach studiert, um dann als graduierter Student an eine „Law School" zu wechseln, und zukünftige Mitarbeiter des öffentlichen Dienstes i.d.R. nicht Jura sondern z.B. *Public Administration* oder *Public Policy* an einer „Graduate School" studieren. Warum dies in der Bundesrepublik nicht durchgesetzt werden konnte, ja warum es bei uns sozusagen zwei politische Grundbildungen und damit auch Verwaltungs-Wissenschaften gibt, eine für Juristen (Staatslehre, öffentliches Recht und Verwaltungslehre) und eine andere vor allem für Lehrer und andere Interessierte (Politik- und Verwaltungswissenschaft), soll im nächsten Abschnitt skizziert werden.

2.2.2 Regierungslehre, Regierungssystem und Innenpolitik

Die nach der faschistischen Diktatur in der Bundesrepublik etablierte Politikwissenschaft knüpfte im Prinzip nicht an die Traditionen der politischen Staatslehre der Weimarer Republik oder an ältere deutsche Traditionen an, sondern orientierte sich in erster Linie am Vorbild der angelsächsischen *Political Science*. Diese Ausrichtung ist aus mehreren Gründen nur zu verständlich. Zum einen waren führende Vertreter dort in der Emigration gewesen, hatten diese Wissenschaft kennen gelernt und zum Teil sogar mitgeprägt (obwohl die meisten von ihnen ursprünglich Juristen waren, z.B. Fraenkel, Kirchheimer, Loewenstein, Hermens, Neumann), und hatten gleichzeitig ein brennendes Interesse, an der Errichtung eines demokratischen Deutschland mitzuwirken, nicht zuletzt dadurch, dass das alte Gerede von der dem deutschen Wesen fremden westlichen Staatsform endlich aus der Welt geschafft wurde. Zum anderen war die Staatslehre und Staatsrechtslehre durch die Mitwirkung ihrer führenden Vertreter an der faschis-

Orientierung an der angelsächsischen Political Science

tischen Diktatur zumindest in den Augen dieser Wissenschaftler gründlich diskreditiert. Aber die Vorbehalte gegen die Staatslehre gingen tiefer, denn selbst wenn sie nicht offen faschistisch gewesen war, so schien sie doch Ausdruck einer kritikwürdigen Fixierung auf den Staat und dessen Überhöhung zu sein. Mit Staat verbanden sich Konzepte wie Obrigkeitsstaat oder Staatsräson, und damit wiederum Voraussetzungen des Faschismus.

Verfassungs- statt Staatslehren

Die neu etablierte Politikwissenschaft nahm daher nicht das Konzept des Staates als Ausgangspunkt, sondern orientierte sich am angelsächsischen Konzept des *Government*. Nicht der ahistorische und übergesellschaftliche Staat, sondern gerade die konkrete Ausgestaltung der gesellschaftlichen Organisation zum Zwecke der Wahrnehmung allgemeiner Aufgaben wurde problematisiert. In diesem Sinne haben auch die politikwissenschaftlichen „Gründerväter" Staatslehren geschrieben, aber sie nannten sie nicht Staatslehren, sondern eher „Verfassungslehren" (Loewenstein 1958; Hermens 1964) bzw. „Verfassungsstaat der Neuzeit" (Friedrich 1953). Friedrich drückt die gewollt andere Orientierung deutlich aus:

> „Gegenstand und Methode der Wissenschaft von der Politik sind in Kürze schwer zu kennzeichnen. Ihr Gegenstand ist natürlich der „Staat", aber man darf sich nicht mehr darunter vorstellen, als das, was das englische government meint. Es handelt sich um die Formen der Herrschaft. Jede metaphysische Verabsolutierung des Staatsbegriffs ist der Betrachtungsweise entgegengesetzt, mit der der Gegenstand in diesem Buch untersucht wird; ein metaphysisches Absolutum kann nicht Objekt kritischer Tatsachenforschung sein. Um diese aber geht es" (Friedrich 1953, S. VII).

Politische Willensbildung und Kontrolle der Regierung

Geregelte politische Willensbildung und Kontrolle der Regierung standen im Zentrum der Aufmerksamkeit. Gleichzeitig sollten nicht nur Institutionen beschrieben werden, sondern die in ihnen tatsächlich ablaufenden Prozesse, „die tatsächliche Praxis und die wirkliche Dynamik der Verfassung im modernen Staat" (Loewenstein 1975), und die Verknüpfung „zwischen politischer Form und sozialer Materie" (Hermens 1968) sollte aufgezeigt werden. Dabei war man sich bewusst, „dass es keinen ein für allemal gültigen Staat und daher auch keine ein für allemal gültige Verfassungslehre geben kann" (Loewenstein).

Institutionenlehre

Staatslehre war für die Gründer der Politikwissenschaft zu belastet, zu statisch, zu ahistorisch und zu undemokratisch. Stattdessen war Verfassungs- und noch mehr Demokratielehre gefragt, obwohl sich niemand traute, eine „Demokratielehre" zu schreiben (siehe aber Friedrich 1959 und Ellweins „Politische Verhaltenslehre" aus dem Jahre 1964). Wichtig sind nach diesem Verständnis *Institutionen,* und praktisch alle „Klassiker" der deutschen Politikwissenschaft haben sich daher mit der Begründung, Erklärung und Beschreibung von Institutionen auseinandergesetzt, z.T. sogar „Institutionenlehren" vorgelegt (Gablentz 1965; vgl. zum folgenden die Zusammenfassung von Göhler 1987, S. 31ff.).

Vergleichende Regierungslehre

Der Unterschied zu den juristischen Staatslehren wird schon oberflächlich deutlich. Während man dort vom allgemeinen Wesen des Staates zu seiner konkreten Ausgestaltung kommen will und so z.B. allgemeine Prinzipien historisch und normativ erläutert und vielleicht ganz zum Schluss auf ein paar Seiten auf die konkrete Ausgestaltung in verschiedenen Ländern eingeht, gehen die vergleichenden Politikwissenschaftler gerade umgekehrt vor. Sie bekennen sich zum Programm des „comparative government", der vergleichenden Analyse politischer Herrschaftsformen, dessen Übersetzung dann ja auch folgerichtig *Vergleichende Regierungslehre* wurde. Hier werden Staaten und deren zentrale Elemente einzeln abgehandelt und parallel beschrieben und analysiert, d.h. man gelangt von besonderen politischen Systemen zu allgemeinen Schlussfolgerungen.

24

Die interessante Frage ist, inwieweit sich die Verfassungslehren der „Gründerväter" gegen die etablierte Staatslehre durchsetzen konnten, ob sie zu Regierungslehren weiterentwickelt wurden, und was letztendlich an ihre Stelle trat. Zunächst ist anzumerken, dass das Programm der Gründerväter weitgehend erfüllt wurde. Die fünfziger und sechziger Jahre zeichnen sich durch eine Fülle von Studien über die Funktionsbedingungen eines demokratischen Staates, konkret der pluralistischen parlamentarischen Demokratie in der Bundesrepublik aus (siehe die Übersicht von Ellwein 1986a und auch Göhler 1987). Diese wurden auch in repräsentativen Lehrbüchern zusammengefasst, wobei aber i.d.R. das „Regierungssystem" (Ellwein 1963) bzw. das „politische System" (Sontheimer 1971) der Bundesrepublik Deutschland im Vordergrund standen. Es etablierte sich das Feld, das dann *Regierungssystem* oder etwas unglücklich *Innenpolitik*[6] genannt wurde, in dem es um die Institutionen und Verfahren der politischen Herrschaft und Willensbildung geht. Regierungssystem und Innenpolitik

Eine „general theory" des Staates wurde nicht mehr versucht, sie liegt empirisch ausgerichteten Forschern, die wissen, wie wenig sie wissen, auch fern. Aber auch der normative Impetus zu zeigen, wie es sein soll, ging verloren oder wurde zumindest nicht mehr so stark betont. Von der Politikwissenschaft wurden – von weitgehend folgenlosen Ausnahmen wie z.B. der von Ziebura (1969) herausgegebenen Parteienlehre oder der „Politischen Wirtschaftslehre" von Gert von Eynern (1969) – keine „Lehren" mehr vorgelegt. Nur in der vergleichenden Regierungslehre blieb der Begriff erhalten, hier aber ohne eindeutigen normativen Anspruch. Keine politikwissenschaftlichen „Lehren"

Die weitere Ausdifferenzierung und Zersplitterung der Politikwissenschaft in den sechziger und siebziger Jahren kann hier nicht weiter verfolgt werden (vgl. Ellwein 1986, Bleeck 2001). Festzuhalten ist, dass sowohl die vorherrschende empirische Ausrichtung wie eine gewisse normative Orientierungslosigkeit, die mit der Methode des kritischen Rationalismus zusammenhängt, dazu führten, dass von der Politikwissenschaft keine repräsentativen Staats- oder Regierungslehren verfasst wurden. Und auch die Verwaltung, der „arbeitende Staat" geriet noch nicht richtig in ihr Aufmerksamkeitsfeld. Zunächst ging es um Demokratie, die Input-Faktoren des politischen Systems, seine politische und demokratische Legitimation standen eindeutig im Vordergrund. Insbesondere war unklar, wo die Politikwissenschaft ihre wertende Orientierung, ihre Normen hernehmen sollte. Dabei wurde im Rahmen der Demokratie-, Parteien- oder Pluralismustheorie durchaus normativ argumentiert, aber eben nicht ausgehend von einem einheitlichen normativen Grundkonsens, nicht im Sinne einer einheitlichen Regierungslehre. Außerdem war nicht klar, ob diese Bemühungen eher im Bereich „Politische Theorie" oder „Regierungssystem" zu verorten waren.[7]

Natürlich wurde dieses Manko bemerkt, und es ist nicht weiter verwunderlich, dass gerade ein normativ engagierter Politikwissenschaftler wie Hennis das Fehlen einer expliziten Regierungslehre in einem viel beachteten programmatischen Aufsatz 1965 anprangerte. Hennis nimmt seinen Ausgangspunkt in der Beobachtung, dass sich moderne Staaten durch drei Kriterien auszeichnen. Sie sind, wie von den Gründervätern herausgearbeitet, Verfassungsstaaten, sie sind Forderung nach einer Regierungslehre

---

6   Der Begriff ist insofern unglücklich, als darunter ja auch spezielle Politikbereiche verstanden werden können („domestic policies"), also Sozial-, Gesundheits-, Familienpolitik usw.

7   Das Lehrbuch „Innenpolitik und politische Theorie" (Böhret/Jann/Junkers/Kronenwett, zuerst 1979) versucht genau diesen Punkt aufzugreifen, indem es unterschiedliche theoretische Ansätze zum Regierungssystem präsentiert und gleichzeitig die Bandbreite normativer Positionen illustriert.

demokratisch, aber hinzu kommt, dass sie soziale und wirtschaftliche Leistungen erbringen, sie sind „arbeitender Staat", Leistungsstaat (Hennis 1965, S. 423f.). Genau hier sieht er das größte Versäumnis der politischen Wissenschaft. Bisher wurde *Government* nur als institutionalisierte Ordnung, nicht als Inbegriff von Tätigkeiten aufgefasst,

> „aber nicht das Regierungssystem, sondern das Regieren scheint mir unter den modernen Bedingungen zum zentralen Problem der Politischen Wissenschaft avanciert zu sein und die Analyse seiner Technik ihre vordringliche Aufgabe" (Hennis 1965, S. 424).

Hennis fragt, wie es kommt, dass Regieren von der Politikwissenschaft bisher weitgehend ignoriert worden war. Für ihn ist „Regieren das Erbringen einer Leistung", und im Prinzip verlangt er nichts anderes, als dass sich die Politikwissenschaft nicht nur mit den Strukturen und Prozessen der modernen Regierung beschäftigen soll, sondern auch mit den durch sie hervorgebrachten Inhalten. Mit den inzwischen eingebürgerten Kürzeln geht es ihm also um eine Ausweitung von *Polity* und *Politics* hin zu *Policies* (grundlegend Böhret/Jann/Kronenwett 1988, 3ff). Wenn Hennis als zentrale Fragestellung formuliert „Wie gewinnt ein Staat Handlungsfähigkeit, wie organisiert er seine Arbeit, welches sind die optimalen Instrumente zur Erfüllung seiner Aufgaben?" (Hennis 1965, S. 429), ist damit nichts anderes als das Programm einer modernen Verwaltungswissenschaft formuliert. Es ist eher tragik-komisch, dass aufgrund nicht zu verleugnender unterschiedlicher normativer und wissenschaftstheoretischer Grundüberzeugungen und daraus folgender Nomenklatur bzw. Jargon diese Übereinstimmungen, was die zentralen und interessanten Probleme einer sozialwissenschaftlichen Betrachtung des Regierens angeht, ignoriert wurden. Zumindest vermied man es strikt, sich aufeinander zu beziehen.

Hennis geht explizit von Politikfeldern aus und verknüpft sie mit dem ursprünglichen Anspruch einer umfassenden Regierungslehre:

> „(...) nur dann, wenn wir die öffentlichen Aufgaben, die politischen Sachprobleme unserer Zeit: Gesundheitspolitik, Bildungspolitik, Bevölkerungspolitik, selbstverständlich die Wirtschaft, die alten Kameralien, wie sie unser Fach in der alten Polizeiwissenschaft zusammenfaßte, wieder in einen Bezug zu unserem Fach bringen, von uns mit Recht und Aussicht auf Erfolg der Anspruch angemeldet werden kann, an der Ausbildung der zukünftigen Beamten beteiligt zu werden" (Hennis 1965, S. 431).

Analyse staatlicher Aktivitäten Durch die Analyse staatlicher Aufgaben (ein empirisch orientierter Wissenschaftler würde den weniger normativ geladenen Begriff Aktivitäten vorziehen) ergibt sich für Hennis die Chance,

> „(...) in das System unseres Faches einiges dessen wieder hereinzuholen, was im Zuge seiner Auflösung in unverbundene Einzelwissenschaften im Laufe des 19. Jahrhunderts an Nationalökonomie, Finanzwissenschaft und die sonstigen kameralistischen Staatswissenschaften abgegeben worden ist" (Hennis 1965, S. 430).

Für ihn gehört es zur Ironie der neueren Wissenschaftsgeschichte, dass ausgerechnet der Kernbereich der alten Politikwissenschaft, die Lehre vom guten und richtigen Regieren, der ihr von keiner anderen Wissenschaft streitig gemacht wurde, von der neueren Politikwissenschaft nicht aufgegriffen wurde. Als Ziel der neuen, nicht nur strukturell und prozedural, sondern auch inhaltlich orientierten Politikwissenschaft formuliert er:

> „(...) was wir brauchen, sind Mediziner, Ingenieure, Pädagogen, Land- und Forstwirte, die politikwissenschaftlich denken können, und tunlichst auch Politikwissenschaftler, die von ei-

ner politisch bedeutsamen Materie, Gesundheit, Verkehr, Verteidigung, Bildung – was immer – eine wissenschaftlich begründete Kenntnis besitzen und imstande sind, auf Grund ihrer politikwissenschaftlichen Ausbildung diese Materie als öffentliche Aufgabe, d.h. unter dem Aspekt der Regierungstechnik, der politischen Willensbildung zu betrachten" (Hennis 1965, S. 431f.).

Besser kann man das Programm einer policy-orientierten Politik- und Verwaltungswissenschaft und gleichzeitig einer policy-orientierten Aus- und Fortbildung für den öffentlichen Dienst gar nicht ausdrücken (vgl. Jann 1983; ders. 1987). Wir werden hierauf in Kapitel 2.3 zurückkommen.

2.2.3 Verwaltungslehre und Verwaltungswissenschaft

Erst Mitte der sechziger Jahre, praktisch gleichzeitig mit Hennis programmatischer Schrift, begann sich die deutsche Politik- und Sozialwissenschaft für den „arbeitenden Staat" zu interessieren, und zwar insbesondere für die öffentliche Verwaltung (vgl. zum folgenden ausführlich und mit genaueren Angaben Jann 1986; zu den Anfängen besonders Morstein-Marx 1968). Es erschienen mehrere grundlegende Schriften, die jeweils versuchten, sich dem neuen Feld aus einer besonderen Sichtweise zu nähern:

- in der von *Morstein-Marx* herausgegebenen „Verwaltung. Eine einführende Darstellung" (1965) ging es in Anlehnung an die amerikanische *Public Administration* (und das entsprechende Lehrbuch, das Morstein-Marx in der Emigration in den USA herausgegeben hatte, und das dort ein großer Erfolg war) um eine empirisch abgesicherte Darstellung der Strukturen und Funktionen moderner Verwaltungen, einschließlich normativer und präskriptiver Handlungsanleitungen; *(Verwaltungswissenschaftliche Klassiker)*
- damit verwandt, aber eng an eine juristische Betrachtungsweise angelehnt, war *Thiemes* „Verwaltungslehre" (1966), der es ebenfalls um praktische Handlungsanleitungen ging, bei der aber die institutionellen und formalen Aspekte, die Sollstruktur der deutschen Verwaltung im Vordergrund standen;
- *Maier* versuchte in seiner Schrift über „Die ältere deutsche Staats- und Verwaltungslehre (Polizeiwissenschaft)" (1966) in Übereinstimmung mit Hennis, an ältere deutsche Traditionen anzuknüpfen;
- *Luhmann* bemühte sich um den Entwurf einer soziologischen „Theorie der Verwaltungswissenschaft" (1966), als deren Grundlage er die funktionale Systemtheorie einführte;
- und schließlich formulierte *Ellwein* in seiner „Einführung in die Regierungs- und Verwaltungslehre" (1966) eine explizit empirische Betrachtungsweise, der es vor allem um die politischen Funktionen und den Machtzuwachs der Verwaltung ging.

Im Prinzip sind damit die wichtigsten Orientierungen der deutschen Verwaltungswissenschaft skizziert, die sich allerdings seitdem ungleichgewichtig entwickelt haben. Anknüpfungspunkte an die *Traditionen* der deutschen Staats- und Verwaltungswissenschaft sind bisher spärlich geblieben. Zwar wird gelegentlich auf die alten Klassiker verwiesen, besonders auf Lorenz von Stein mit dem Schlagwort des „arbeitenden Staates", aber von einer systematischen Einbeziehung und Aufarbeitung kann keine Rede sein. Theoretische Zugänge, also eine explizite *Verwaltungstheorie,* spielen zwar bei verschiedenen Autoren eine Rolle, sind aber in umfassender Form, z.B. als Lehrbuch, nicht mehr versucht worden (eine Ausnahme ist König 1970).

Verwaltungslehre Auf dem Gebiet der repräsentativen Lehrbücher floriert wiederum die *Verwaltungslehre,* und zwar die juristisch inspirierte und abgeleitete Version (vgl. u.a. Thieme 1966, inzwischen 4. Aufl. 1984; Püttner 1982; Mattern 1982; siehe auch die Literaturübersicht von Laux 1978). Hier geht es vorrangig um eine Beschreibung und Erläuterung der bundesdeutschen Verwaltung, orientiert an normativen und formalen Kriterien des Aufbaus und der Funktionen und oft ausgerichtet auf den Bedarf der internen Fachhochschulen. In Verwaltungslehren bekommt man einen guten Überblick über grundlegende Fakten des bundesdeutschen Verwaltungssystems. Dabei „steht weitgehend der Gesichtspunkt der *präskriptiven Verwaltungslehre* im Vordergrund, d.h. der Versuch, Regeln aufzustellen, die für das Verwaltungshandeln maßgeblich sein sollen" (Thieme 1984, S. 6). Umfassende Übersichten sind in letzter Zeit von Becker (1989) und Schuppert (2000) vorgelegt worden, aber beide Bücher sind eher Lehrbücher im juristischen Sinn, d.h. sie richten sich mehr an den Experten, der sich systematisch über den Stand der Forschung informieren will, als an Studienanfänger.

Interessant ist, dass auch hier der Bereich der „Lehren" von Juristen belegt ist. Der Versuch, eine sozialwissenschaftlich inspirierte Kunst- oder Praxislehre der Verwaltung in Anlehnung an die amerikanische Public Administration bei uns zu etablieren, wie er von Morstein-Marx unternommen wurde, blieb weitgehend folgenlos. Dies hat sicherlich damit zu tun, dass die empirische Beschäftigung mit der Verwaltung sich sehr schnell differenzierte und seit den sechziger Jahren einen solchen Zuwachs zu verzeichnen hat, dass sie wohl mit Recht zu den produktivsten Bereichen der deutschen Politikwissenschaft gerechnet werden kann.

2.3 Neuorientierung zu Beginn der 70er Jahre: Verwaltungswissenschaft als Teil der Politikwissenschaft

Wie zuvor ausgeführt, ist das in der zweiten Hälfte des 19. Jahrhunderts entstandene Primat der juristischen Betrachtungsweise der öffentlichen Verwaltung sowohl im Kaiserreich, der Weimarer Republik, dem Nationalsozialismus als auch beim Aufbau der Bundesrepublik erhalten geblieben. Erst in den 60er Jahren entwickelte sich ein intensives sozialwissenschaftliches Interesse an der öffentlichen Verwaltung. Die Neuorientierung in der Politikwissenschaft wurde sowohl durch Veränderungen der politischen Entwicklung in der Bundesrepublik Ende der 60er Jahre (Ausbau des Sozial- und Wohlfahrtsstaates, Regierungswechsel, Aufbau von Planungs- und Entscheidungssystemen, Territorial- und Funktionalreformen, Reform der Ministerialorganisation) als auch durch die Aufarbeitung der US-amerikanischen verwaltungswissenschaftlichen Diskussion mitangestoßen. Eine wichtige Rolle spielten dabei die zurückgekehrten Emigranten und nicht zuletzt die Erfahrungen, die junge Politologen während ihrer Studienaufenthalte in den USA gemacht hatten. Tatsächlich ist die moderne Verwaltungswissenschaft – wie offenkundig auch die moderne Politikwissenschaft und Managementlehre – nicht zuletzt auch ein Kind der USA.

2.3.1 Ausländische Inspirationen

Die Geschichte der amerikanischen Verwaltungswissenschaft von ihren Anfängen in den achtziger Jahren des letzten Jahrhunderts bis zur Zeit des Zweiten Weltkriegs ist eine außergewöhnliche Erfolgsgeschichte. Sie beginnt mit dem Erscheinen des Aufsatzes *„The Study of Administration"* von *Woodrow Wilson*, dem späteren amerikanischen Präsidenten, im zweiten Jahrgang der gerade gegründeten *American Political Science Review* (1887). Von Anfang an war die amerikanische Verwaltungswissenschaft damit Teil der Politikwissenschaft. Sie war progressive Reformwissenschaft mit dem Ziel, das politische System – gekennzeichnet durch weitverbreitete Korruption und das berüchtigte Spoils System, also die Vergabe administrativer Posten an politische Freunde, und damit das Fehlen eines professionellen Regierungsapparates – gründlich zu erneuern. Von entscheidender Bedeutung war dabei die von Wilson als erstem formulierte berühmte Doktrin von der notwendigen Trennung von „Politics" und „Administration", von Politik und Verwaltung (die sog. „politics-administration-dichotomy"). Die Kernthese besagt, dass es eigene, von der Politik unabhängige Rationalitätskriterien für administratives Handeln gibt, dass diese gelehrt und gelernt werden können, und es daher notwendig sei, einen auf professioneller Ausbildung beruhenden, von direkten politischen Einflüssen unabhängigen Regierungsapparat zu schaffen.

Public Administration in den USA

Dieses Programm der Public Administration Bewegung war – zumindest in den USA – von überwältigendem Erfolg gekrönt. Bis zum 2. Weltkrieg war Verwaltungswissenschaft die Königin der Politikwissenschaft. Es gab eine Vielzahl neuer Ausbildungsgänge, Forschungs- und Beratungsinstitute (die berühmte *Brookings-Institution* stammt aus dieser Zeit) und durch Public Administration[8] dominierte Regierungskommissionen.

Nachdem zunächst Regierungs- und Verwaltungsreformen, d.h. eine Verwaltung frei von politischer Korruption und Misswirtschaft, im Vordergrund standen, trat in den 1920er Jahren eine weitere wichtige Inspirationsquelle hinzu, nämlich *Scientific Management*, die wissenschaftliche Untersuchung der Steuerung und Koordination von Arbeitsabläufen in Großorganisationen, wie sie vor allem mit den Namen *Taylor* und *Fayol* verbunden wird. Zentraler Ansatzpunkt waren hier die organisatorischen Voraussetzungen von Effizienz, wie sie in großen Industriebetrieben beobachtet wurden, also die Notwendigkeit der Arbeitsteilung, Spezialisierung und gleichzeitig Koordination und Hierarchie, mit Konzepten wie Stab- und Linienorganisation, Kontrollspanne, Arbeitsteilung nach Zweck, Prozess, Ort oder Klientel usw. Empfehlungen wurden induktiv durch Beobachtungen in Großbetrieben gewonnen und dann auf andere Organisationen, nicht zuletzt die Verwaltung, übertragen. Der *Scientific Management* Bewegung ging es, ähnlich wie *Public Administration*, um die Begrenzung, wenn nicht Abschaffung dysfunktionaler Herrschaft und Steuerung in Großorganisationen. Prestige erhielt die Bewegung durch ihre „wissenschaftliche" Methode, nämlich durch Beobachtung gewonnene „allgemeine Prinzipien".

Scientific Management

---

8   In Übereinstimmung mit den internationalen Gepflogenheiten ist mit Public Administration (großgeschrieben) immer die wissenschaftliche Beschäftigung und Disziplin gemeint, wird der Begriff klein geschrieben, geht es um den Gegenstand, also die öffentliche Verwaltung.

Die Bewegung des *Scientific Management* nahm nicht nur maßgeblichen Einfluss auf die weitere Entwicklung der Verwaltungswissenschaft, sondern wurde auch eine der entscheidenden Inspirationsquellen der modernen Managementlehre. Als wichtige erste Sammlung der Klassiker des modernen Managements gilt noch heute der Band *„Papers on the Science of Administration"* von *Gulick* und *Urwick* aus dem Jahr 1937, eine Materialsammlung des *Brownlow-Committee*, einer hochkarätigen von Präsident Roosevelt eingesetzten Regierungskommission zur Reform der amerikanischen Bundesverwaltung. In diesem also für die öffentliche Verwaltung erstellten Band findet sich die erste Liste von Management-Funktionen, das berühmt-berüchtigte Akronym POSDCORB. Unterschieden werden folgende Teilaufgaben, die in jeder größeren Organisation zu erledigen sind (vgl. Steinmann/Schreyögg 1993, S. 8):

Management-funktionen

– **P**lanning, das Nachdenken darüber, was erreicht werden soll und wie es am besten erreicht werden kann,
– **O**rganizing, die Errichtung einer formalen Autoritätsstruktur, die Arbeitseinheiten bildet, definiert und im Hinblick auf das Gesamtziel koordiniert,
– **S**taffing, die Anwerbung, Schulung und der Einsatz von Personal und die Gewährleistung adäquater Arbeitsbedingungen,
– **D**irecting, das fortlaufende Treffen von Einzelentscheidungen und ihre Umsetzung in fallweise oder generelle Anweisungen,
– **Co**ordinating, die Verknüpfung der verschiedenen Teile des Arbeitsprozesses,
– **R**eporting, die Information – an Vorgesetzte und Untergebene – über die Entwicklung des Aufgabenvollzugs,
– **B**udgeting, die Zuweisung und Kontrolle von Finanzmitteln.

Bis heute lassen sich alle Listen von Managementfunktion, verstanden als Komplexe von Steuerungsaufgaben, die bei der Leistungserstellung und -sicherung in hoch-arbeitsteiligen Systemen erbracht werden müssen, auf diese Liste zurückführen – so auch der klassische Viererkanon von Planung, Organisation, Führung und Kontrolle.

Scientific Management ist daher sowohl Ursprung der sich seit den zwanziger Jahren explosiv entwickelnden modernen Managementlehre des privaten Sektors, als auch die zweite wichtige Inspirationsquelle der klassischen angelsächsischen Verwaltungswissenschaft. Mit ihren beiden Quellen in der politischen und der wissenschaftlichen Reformbewegung befand sich Public Administration damit auf der „richtigen Seite" sowohl der normativen wie der wissenschaftlichen Kontroversen dieser Zeit. Es gab lange Zeit keine ernstzunehmende politische oder wissenschaftliche Position, die die Grundannahmen des Ansatzes, die Notwendigkeit hierarchischer und bürokratischer Steuerung und die Trennung von Politik und Verwaltung, grundsätzlich infrage stellte. Das Ergebnis war ein beneidenswertes Prestige und ein erheblicher politischer Einfluss der klassischen Verwaltungswissenschaft.

Ende der Dominanz

Diese Dominanz der klassischen Verwaltungswissenschaft endete in den USA mit dem 2. Weltkrieg. Grund dafür war Kritik aus zwei sehr unterschiedlichen Lagern – zum einen durch jüngere, empirisch orientierte Wissenschaftler, zum anderen ältere Praktiker –, die auch für die heutige Diskussion von erheblicher Relevanz sind. Durch Wissenschaftler wie u.a. *Dwight Waldo, Robert Dahl* und *Herbert Simon* wurde die Wissenschaftlichkeit der Aussagen der traditionellen *Public Administration* bestritten. Die als sakrosankt behandelte Trennung von Politics und Administration, so die Argumentation, verschleiere sowohl die empirische Wirklichkeit wie die notwendigen normativen Grundannahmen, wie politische Herrschaft tatsächlich organisiert sei und kontrolliert werden könne. Gleichzeitig, so der spätere Nobelpreisträger für Ökonomie *Herbert Simon*, der ursprünglich Verwaltungswissenschaftler war, seien die präskriptiven Aussagen der Public Administration, die allgemeinen Prinzipien, unbrauchbar. Sie gingen von falschen Prämissen aus und würden sich überdies noch widersprechen, seien also nur „*Proverbs of Administration*", die berühmten Sprichworte der Verwaltung. Sie seien nicht wie behauptet universell anwendbar, wissenschaftlich formuliert und aus Erfahrung gewonnen, sondern statt dessen kulturbedingt, normativ und kontextabhängig.

Eine weitere Kritik kam aus der Ecke erfahrener Praktiker, zum größten Teil Professoren der *Public Administration*, die während des Krieges und des *New Deal* Gelegenheit hatten, praktische Erfahrungen in der Verwaltung zu sammeln. Auch hier war die zentrale These, die grundsätzliche Politics/Administration Dichotomie sei aus Sicht der praktischen Erfahrung unhaltbar. Symptomatisch für diese Richtung eines „neuen Realismus" waren auch deutsche Emigranten wie *Carl-Joachim Friedrich* und *Fritz Morstein-Marx*. Beide argumentierten, öffentliche Verwaltung könne nicht anhand abstrakter Prinzipien verstanden werden, sondern nur im Kontext politischer Institutionen und spezieller Politikfelder. Genau aus dieser Kritik heraus entwickelte sich seit den sechziger Jahren in den USA die Public-Policy Bewegung, die die Dominanz der klassischen Public Administration Programme endgültig beendete, und diese Bewegung wurde wiederum Hauptinspirator der sich in dieser Zeit entwickelnden deutschen Verwaltungswissenschaft.

2.3.2 Die Rolle der Verwaltung im politischen Prozess und das Politisch-Administrative System

Auch in Deutschland herrschte traditionell ein instrumentelles Verständnis der öffentlichen Verwaltung, d.h. Verwaltung wurde nicht als eigenständiger Akteur gesehen und analysiert, sondern als Instrument der Exekutive oder der Politik. Begründet war dieses Verständnis zum einen in der traditionellen juristischen Sichtweise, nach der Verwaltung im Prinzip nichts anderes als die Ausführung von Recht und Gesetz ist und vor allem auch sein soll. Zum anderen wurde aber auch die klassische Bürokratietheorie von Max Weber in diese Richtung interpretiert (siehe ausführlich unten). Die Bürokratie ist, zumindest als Idealtyp, die formal rationalste Form der Herrschaft, ihre klassischen Merkmale der Arbeitsteilung, klaren Zuständigkeiten, Schriftlichkeit, Weisung, Regelgebundenheit und der Unabhängigkeit eines so sozialisierten Beamtenstandes sorgen nach dieser Auffassung dafür, dass Verwaltung nicht als eigenständiger Akteur der Politik ins Blickfeld geriet. Auch hier gab es also zumindest implizit die Vorstellung einer klaren Trennung zwischen Politik und Verwaltung.

In den sechziger Jahren wurde dieses Verständnis auch in Deutschland zunehmend infrage gestellt, und zwar von Seiten der Politikwissenschaft. Der Beitrag von Thomas Ellwein wurde bereits erwähnt, und zur gleichen Zeit entwickelte Rolf Richard Grauhan seine Modelle der legislatorischen Programmsteuerung bzw. der exekutiven Führerschaft der Verwaltung (Grauhan 1970). Nach diesen Vorstellungen sollte Verwaltung entweder durch Gesetze oder durch politisch gewählte Verwaltungschefs gesteuert werden. Heute spricht man vor allem in der skandinavischen Forschung von der parlamentarischen Steuerungskette, die entweder legislativ (Parlament-Gesetz-Verwaltung) oder exekutiv (Parlament-Regierung-Verwaltung) ausgeprägt sein kann, bei der letztendlich aber der Souverän, das Volk, über das Parlament die Verwaltung steuert. Grauhan wies als erster explizit darauf hin, dass diese Modelle zwar normativ außerordentlich attraktiv sind, da sie sowohl mit der klassischen Bürokratie- wie Demokratietheorie übereinstimmen, dass sie aber leider empirisch überaus fraglich seien. Die Rolle der Verwaltung in Politikformulierung und -umsetzung ist nicht rein instrumentell, und es gibt daher auch empirisch keine klare Trennung zwischen Politik und Verwaltung. Auf die Tagesordnung geriet so die Frage nach der Rolle der öffentlichen Verwaltung bei der Definition und Bearbeitung gesellschaftlicher Probleme.

Anfang der 1970er Jahre kam es so in Deutschland, nicht unbeeinflusst von den amerikanischen Entwicklungen, zu dem anspruchsvollen Versuch, Verwaltungswissenschaft auf die beiden großen Fragen der Problemlösungsfähigkeit (d.h. der Informationsverarbeitungs- und Konfliktlösungskapazität) und der politischen Rolle der Verwaltung zu konzentrieren. Beide Aspekte wurden von einer sich neu formierenden empirischen Politikwissenschaft aufgegriffen und miteinander verknüpft, während die übrigen Fragen der Effizienz und der Legalität der Verwaltung jeweils weitgehend den „Spezialwissenschaften" Jura und Ökonomie überlassen blieben.

Welche Möglichkeiten politischer Steuerung gibt es noch?

Ausgelöst wurde dies vor allem durch Fritz Scharpf, der 1971 in einem Referat auf dem Kongress der „Schweizer Vereinigung für Politische Wissenschaft" programmatisch Verwaltungswissenschaft als Teil der Politikwissenschaft konzipierte (Scharpf 1973, vgl. aber auch Narr/Naschold 1971). Diese These war weniger gegen die übrigen Verwaltungswissenschaften gerichtet, etwa um ihnen ein Teil ihres Arbeitsgebietes zu bestreiten, sondern als Provokation gegen die Politikwissenschaft selbst, die einen solchen Anspruch bis dato kaum erhoben, geschweige denn eingelöst hatte. Für Scharpf war die Frage nach den Möglichkeiten problemadäquater politisch-administrativer Strukturen und Prozesse unter modernen Bedingungen der übergreifende Bezugsrahmen und das zentrale Forschungsthema einer policy-orientierten Politikwissenschaft und damit auch aller Verwaltungswissenschaften. Ausgehend von dem Befund, dass Politik als Verarbeitung gesellschaftlicher Probleme und als aktive Gestaltung gesellschaftlicher Verhältnisse immer schwieriger wird, kommt der Frage nach den Möglichkeiten politischer Steuerung verstärktes Interesse zu, und in diesem Zusammenhang gerät selbstverständlich der administrative Apparat, der Politik unterstützen und Gesetze durchführen soll, in das empirische Aufmerksamkeitsfeld.

Entscheidungsbeitrag der Bürokratie

Hier wird die zentrale Fragestellung der Politikfeldanalyse bzw. Policy-Forschung deutlich, nämlich wie gesellschaftliche Probleme durch Politik *und* Verwaltung bearbeitet, bewältigt und – so würde man heute ergänzen – oft genug auch mit verursacht werden. Nach Scharpf sind politische Problemlösungsprozesse immer Informationsverarbeitungsprozesse *und* Interaktionsprozesse zwischen unterschiedlichen Akteuren mit unterschiedlichen Interessen und Machtpotenzialen. Hatte die Politikwissenschaft bis dato vor allem letzteres untersucht, also Konflikte und Machtprozesse, soll nun der Blick auch auf die Selektivitäten von Informationsverarbeitungsprozessen geöffnet werden (vgl. auch Ronge/Schmieg 1973). Da Informationsverarbeitungsprozesse vor allem in der Verwaltung ablaufen, muss Politikwissenschaft die Tätigkeiten der Verwaltung in ihren Forschungsbereich miteinbeziehen und den Entscheidungsbeitrag der Bürokratie auf unterschiedlichsten Ebenen untersuchen (Scharpf 1973, S. 22). Die herausragende Bedeutung der

Verwaltung ergibt sich aus der plausiblen Vermutung, dass in einem modernen, hoch-komplexen und differenzierten öffentlichen Sektor die „Politik" mit ihren Institutionen in Regierungen, Parlamenten und Parteien nur einen kleinen Teil – und bei quantitativer Betrachtung vermutlich den weitaus kleineren Teil – der insgesamt produzierten Entscheidungen bestimmen kann. Sämtliche Entscheidungen werden in der Verwaltung vorbereitet, ein großer Teil erreicht nie die Aufmerksamkeit der politisch Verantwortlichen, und gleichzeitig ist die Verwaltung auch für die Durchführung politischer Programme zuständig.

In der Folgezeit konzentriert sich die verwaltungswissenschaftliche Diskussion in der Politikwissenschaft dann vor allem auf den *administrativen* Beitrag zum policy making. Erkenntnisobjekt der Verwaltungswissenschaft wird das politisch-administrative System. Damit wird schon begrifflich Abschied von der normativen Trennung von Politik und Verwaltung genommen und stattdessen die Verflechtung von Politik und Verwaltung weitgehend vorausgesetzt (dazu grundsätzlich Grauhan 1969 und Offe 1972; vgl. Jann 1998a, S. 52; Bogumil 2001, S. 117ff.). Hier wird nicht nur mit der amerikanischen Tradition der Public Administration gebrochen, sondern auch mit den idealistischen Vorstellungen der traditionellen Gewaltenteilungslehre in der Politikwissenschaft. Verwaltung ist immer im policy making involviert. Allein aus Informationsverarbeitungsgründen ist man im politischen Prozess darauf angewiesen, dass Verwaltungen Informationen sammeln, Probleme identifizieren, Handlungsalternativen entwickeln und Entscheidungen initiieren. Gleichzeitig ist die Verwaltung aber auch immer in Prozesse der Konfliktregelung und Konsensfindung eingebunden. In empirischen Untersuchungen, z.B. in der sog. Planungs- und später Implementationsforschung, werden im Laufe der Jahre wichtige Erkenntnisse gewonnen und empirisch untermauert, z.B.

Das Politisch-Administrative System

– dass die Verwaltung eine entscheidende Rolle in der Politikformulierung spielt, vor allem in der Vorbereitung von Gesetzen und im Budgetprozess (Stichwörter: Verwaltungsdominanz, exekutive Führerschaft),
– dass Bürokratien nur sehr unvollständig durch Gesetze (legislative Programme) kontrolliert werden können, sondern bei deren Umsetzung über erhebliche politische Handlungsspielräume verfügen (Implementationsforschung und Evaluationsforschung),
– dass der Verwaltungsapparat seine Entscheidungsprämissen keineswegs allein durch offizielle demokratische Institutionen bekommt, sondern nicht zuletzt durch intensive Beziehungen mit Interessengruppen, Klienten, Professionen oder natürlich auch durch sein eigenes Personal (Professionalisierung, Korporatismus, administrative Interessenvermittlung),
– dass Politikdurchführung ein eigenständiger politischer Prozess ist, in dem viel mehr verhandelt als direkt angewiesen wird (kooperativer Staat, kooperative Verwaltung),
– und dass schließlich die unrealistischen Annahmen einer zentralistischen, mono-rationalistischen, hierarchisch integrierten und gesteuerten öffentlichen Verwaltung aufzugeben sind zu Gunsten einer komplexeren Sichtweise eines durch vielfältige Akteure, Rationalitäten und Netzwerke bestimmten öffentlichen Sektors.

2.4 Die Trennung von Steuerung und Management

2.4.1 Policy-Forschung und Steuerungswissenschaft

In der Folge entwickelte sich die deutsche politikwissenschaftlich inspirierte Verwaltungswissenschaft zunehmend in Richtung einer auf Voraussetzungen und Folgen politischer Problemverarbeitung spezialisierten Steuerungswissenschaft. Damit wurde letztendlich das bereits in den sechziger Jahren von Hennis formulierte Programm einer modernen *Regierungslehre* aufgenommen, die sich der Frage widmen sollte, wie unter der Herausforderung moderner Staatsaufgaben das Geschäft der Lenkung, Führung und Koordination eines Gemeinwesens besorgt werden kann (siehe 2.2.2). Gefragt wurde jetzt tatsächlich: Wie gewinnt ein Staat Handlungsfähigkeit, wie organisiert er seine Arbeit, welches sind die optimalen Instrumente zur Erfüllung seiner Aufgaben?

Die klassische Politikwissenschaft hatte diese Herausforderung ignoriert und sich auf die Inputs des politischen Systems (Wahlen, Parteien, Interessengruppen etc.) konzentriert, aber die Policy-Forschung nahm die Herausforderungen an. Ausgangspunkt war die Untersuchung von *Policies*, von staatlichen Politikinhalten in den unterschiedlichsten Politikfeldern (Umwelt, Arbeitsmarkt, Gesundheit etc.), deren Zustandekommen, Umsetzung und Wirkung umfassend untersucht wurde (Politikformulierung, Implementierung und Evaluierung).

Von Public Administration zu Public Policies — Die deutsche Verwaltungswissenschaft wurde dabei allerdings – genau wie ihr amerikanisches Vorbild – von einer auf *Public Administration*, also Organisationsfragen, zu einer auf *Public Policies*, also auf Fragen der Voraussetzungen und Folgen politischer Problemverarbeitung fokussierten Wissenschaft. Während aber die Erneuerung der amerikanischen Verwaltungswissenschaft in den siebziger und achtziger Jahren nicht in den klassischen *Public Administration* Programmen vor sich ging, sondern in neu geschaffenen *Schools of Public Policy* (ausführlich Jann 1987), gab es in Deutschland dafür keinen adäquaten Begriff. Man benutzte bei uns den Terminus „Verwaltungswissenschaft", meinte aber *Public Policies*, nicht *Public Administration*. Am Anfang standen Fragen der „intelligenten" Planung und Formulierung politischer Programme im Vordergrund (aktive Politik, Planungsdiskussion), aber mit den zunehmenden Erfahrungen des Scheiterns anspruchsvoller politischer Programme beschäftigte sich die empirische Forschung zunehmend mit den Schwierigkeiten der Durchführung und Wirkung politischer Programme.

Paradigmenwechsel — Gleichzeitig entwickelte sich die verwaltungswissenschaftliche Policy-Forschung von einer zunächst eher top-down, staatsfixierten Perspektive, der es vorrangig um die Erhöhung der *Steuerungsfähigkeit* des politisch-administrativen Systems ging, also um das „Intelligenter-Machen des Apparats" im Rahmen der Politikformulierung und später der -durchführung, zu einer gesamtgesellschaftlichen Steuerungstheorie, die zunehmend die *Steuerbarkeit* der gesellschaftlichen Subsysteme problematisierte, also eine bottom-up Perspektive annahm. Renate Mayntz spricht hier von einem *Paradigmenwechsel*. Es wird Abschied genommen von einer Staatsvorstellung, in der der Staat als gesellschaftliches Regelungszentrum steht (vgl. ausführlich Mayntz 1995, S. 148ff.). Aufgrund einer Vielzahl von empirischen Untersuchungen in den unterschiedlichsten Politikfeldern wird zunehmend das Leitkonzept der hierarchischen staatlichen Steuerung infrage gestellt. Das Interesse richtete sich auf eine gesellschaftliche Steuerungstheorie, bei der weniger Merkmale des Steuerungssubjekts „Staat", also Regierung und Verwaltung, sondern vielmehr Charakteristika der Steuerungsobjekte, also der gesellschaftlichen Teilsysteme und deren Selbstregulierung, sowie deren gegenseitige Verflechtung und Beeinflussung im Vordergrund standen.

Konzeptionell und theoretisch werden diese Bemühungen insbesondere im Ansatz des akteurbezogenen Institutionalismus gebündelt (vgl. Mayntz/Scharpf 1995a, Czada 1998, Scharpf 2000).[9] Die Steuerungstheorie versucht, die in gesellschaftlichen Teilbereichen vorhandene Entwicklungsdynamik zu erkunden und für die eigenen Gestaltungsziele auszunutzen. Dabei konzentriert man sich vor allem auf die Interaktionen korporativer Akteure, auf Politiknetzwerke und Verhandlungssysteme als Instrumente politischer Steuerung. Die interne Organisation des politisch-administrativen Systems wird zunehmend uninteressant. Die Binnenstruktur der gesellschaftlichen Subsysteme wird wichtiger als die Binnenstruktur des Staates. Die Policy-Forschung, die als verwaltungswissenschaftlicher Teil der Politikwissenschaft gestartet war, verlor so zunehmend die Verwaltung als Forschungsgegenstand aus den Augen. *(Akteurbezogener Institutionalismus)*

2.4.2 Public Management statt Verwaltungswissenschaft

Diese von der deutschen Verwaltungswissenschaft hinterlassene Lücke wurde in den neunziger Jahren von einer betriebswirtschaftlich inspirierten Managementlehre gefüllt (zu Entstehung, Konzept und Implementationsdichte des Public Management vgl. 4.2). Umgangssprachlich ist Management im angelsächsischen „the organization and direction of ressources to achieve a desired result" und auch in der deutschen Betriebswirtschaftslehre meint Management den Komplex von Aufgaben, die zur Steuerung eines Systems erfüllt werden müssen, oder genauer, Steuerungsaufgaben, die zur Leistungserstellung und -sicherung in arbeitsteiligen Systemen notwendig sind (funktionaler Begriff). Management kann daher als zielorientierte Steuerung aufgefasst werden, als die Gestaltung und Lenkung von Organisationen, um diese und ihre Mitglieder auf bestimmte Ziele und Ergebnisse auszurichten. Im Deutschen spricht man in diesem Zusammenhang traditionell von Führung und Lenkung, und Manager sind daher zunächst nichts anderes als Führungskräfte.

Man tut der modernen Managementlehre und ihrem auf den öffentlichen Sektor bezogenen Ableger des *Public Management* daher sicherlich nicht unrecht, wenn man sie als die Lehre von der internen Steuerung komplexer Organisationen oder Organisationsnetzwerke bezeichnet. Interne Steuerung bedeutet dabei keineswegs, dass Management keine Außenbeziehungen aufweist – ganz im Gegenteil. Damit soll nur unterstrichen werden, dass die internen Strukturen und Prozesse der jeweiligen Organisation oder des jeweiligen Systems das zentrale Steuerungsobjekt sind, und nicht externe Individuen, Organisationen oder Systeme, wie im Bereich der Policy-Forschung, im Mittelpunkt stehen. Gerade *(Lehre von der Steuerung komplexer Organisationen)*

9 Dieser erklärt das politische Geschehen aus institutionellen Regeln und Akteurhandeln. Mit dem Zugriff auf Akteure und Institutionen sollen beide Perspektiven integriert werden. Er kann als ein Ansatz, eine Forschungsheuristik, zur Untersuchung der Problematik von Steuerung und Selbstorganisation auf der Ebene ganzer gesellschaftlicher Teilbereiche angesehen werden. Teilbereiche oder Sektoren sind z.B. das Gesundheitswesen, der Verkehrssektor oder das Bildungssystem.

in den letzten Jahren hat sich die Management-Forschung intensiv den Problemen der Auflösung, „Modularisierung" klassischer hierarchischer Unternehmensstrukturen zugewandt, bis hin zum Verschwinden der Grenzen des Unternehmens und seine Ablösung durch „symbiotische Netzwerke" und „virtuelle Unternehmen" (Picot/Reichwald 1996), aber Kern der Fragestellung bleibt, wie diese Netzwerke intern gesteuert werden können.

Gleichzeitig ist unbestritten, dass die Managementlehre, wie alle anderen Lehren (Staatslehre, Regierungslehre, Verwaltungslehre und insbesondere Betriebswirtschaftslehre) einen starken normativen und präskriptiven Bezug aufweist, denn Ausgangspunkt sind praktische Probleme der Führung und Lenkung in Organisationen. Damit ist die Managementlehre eine problembezogene Wissenschaft, wie etwa auch die Ingenieurwissenschaften oder die Medizin. Dies impliziert keineswegs, dass sie unwissenschaftlich ist. Sie sollte allerdings ihre normativen Empfehlungen so formulieren, dass deren theoretische Begründungen und/oder empirische Auswirkungen intersubjektiv nachprüfbar werden. Dies ist sicherlich bisher nicht immer der Fall, aber darin unterscheidet sie sich nicht entscheidend von anderen Sozialwissenschaften.

Im Prinzip kann man davon ausgehen, dass es über die für die deutsche Verwaltung adäquaten Steuerungs- oder Managementinstrumente zumindest in der deutschen öffentlichen Verwaltung einen weitgehenden impliziten Konsens gibt oder zumindest gab. Als einer rechtsstaatlichen Verwaltung allein angemessen galt lange Zeit der klassische Weberianische Idealtypus der bürokratischen und hierarchischen Steuerung, und genau daran entzündet sich die aktuelle Diskussion über Neue Steuerungsmodelle und *Public Management*. Diskussionen über *Lean Government*, den schlanken Staat und ähnliche Konzeptionen sind ohne Zweifel durch aktuelle Managementkonzepte und -moden des privaten Sektors beeinflusst. Was im privaten Sektor unter Schlagworten wie *Lean Management, Lean Production, Outsorcing, Total Quality Management, Business Process Re-engineering* und wie diese Rezepte heißen mögen diskutiert wurde, wurde nun versucht auf den öffentlichen Sektor zu übertragen.

Deutlich wurde dabei aber auch, dass einige dieser Moden – *Downsizing, Reengineering, Total Quality Management* – nicht nur merkwürdige Partner sind, sondern sich direkt widersprechen. Downsizing geht davon aus, dass Mitarbeiter verzichtbar sind, TQM, dass sie eine unverzichtbare Ressource sind, Reengineerig beruht auf der Demontage bestehender Organisationen, TQM ist eine Philosophie kontinuierlicher, schrittweiser Verbesserungen. Wir haben es auch hier nicht mit einer einfachen, eindimensionalen Reformphilosophie zu tun, sondern mit dem bekannten Phänomen des widersprüchlichen magischen Mehrecks. Auch der private Sektor ist nicht ohne seine Widersprüche. Von daher kam schnell der Vorwurf auf, jetzt würde das Phänomen der ewig-neuen Management-Fads und -Gurus des privaten Sektors unkritisch auf den öffentlichen Sektor übertragen, ein Vorwurf, der nicht ganz von der Hand zu weisen ist.

Nicht zuletzt überträgt *Public Management* aber auch neuere theoretische Entwicklungen der Institutionenökonomie, wie etwa *Property-Rights-*, Transaktionskosten-, *Principal-Agent-* und Vertragstheorien, auf die Steuerungsprobleme komplexer Organisationen. Auch wenn diese Ansätze nicht widerspruchsfrei sind, stellen sie ohne Zweifel relevante Fragen an die interne Steuerung der öffentlichen Verwaltung.

2.4.3 Probleme politikwissenschaftlicher Verwaltungsforschung

Das politikwissenschaftliche Erkenntnisinteresse entwickelte sich wie oben dargestellt einerseits aus *inhaltlichen* Gründen weg von der Verwaltungsforschung in Richtung auf eine allgemeine Steuerungstheorie, allerdings wird sie seit geraumer Zeit auch nicht mehr in besonderem Maße *gefördert*. Ganz im Gegenteil, zwei Anträge auf Einrichtung eines eher sozialwissenschaftlich geprägten engeren verwaltungswissenschaftlichen Schwerpunktprogramms bei der Deutschen Forschungsgemeinschaft sind in den 90er-Jahren gescheitert. Auf die Phase der Euphorie in den 70er-Jahren folgte vielfach Enttäuschung sowohl auf Seiten der Praxis als auch auf Seiten der Wissenschaft. Dies muss aber nicht (nur) an der Beratung gelegen haben, sondern liegt zum Teil in der Sache selbst. Die zunehmende Einsicht, dass politische Steuerung komplex, voraussetzungsvoll und schwierig zu planen und umzusetzen ist, kann auch dazu führen, dass man sich politikwissenschaftliche Beratung erspart, da diese sowieso keine einfachen Antworten hervorbringt. Hier ist einer der Gründe für die Popularität der Managementorientierung und ihrer oft nicht gerade durch empirische Selbstzweifel geprägten Berater zu vermuten. Ein Grundproblem politikwissenschaftlicher Beratung im Bereich von Staats- und Regierungstätigkeit liegt darin, dass die ausdifferenzierten theoretischen Konstrukte und Erklärungen einfachen normativen Vorstellungen von Politik, Verwaltung und Demokratie zum Teil widersprechen, diese aber in der Öffentlichkeit und bei den Entscheidungträgern in Politik und Verwaltung selbst noch mächtig sind.

Wegfall der Forschungsförderung

Zudem – dies ist ein dritter Grund für die abnehmende Relevanz einer politikwissenschaftlich orientierten Verwaltungsforschung – gelang es nicht, politik- und sozialwissenschaftliche Verwaltungsforschung in nennenswertem Maße in der universitären Landschaft zu verankern.

Keine nennenswerte universitäre Institutionalisierung

> „The movement towards a social-science-based administrative science did not materialize into another autonomous discipline. The nonevent might have been expected: not only was the resistance of public law jurisprudence too strong but also the incentive among the social sciences was too weak to create a new seperate, powerful discipline" (Seibel 1996, S. 76)

Die eher bescheidene Nachfrage nach politik- und sozialwissenschaftlicher Verwaltungsforschung ist nicht zu trennen von den eher „unterentwickelten" Angebotsstrukturen in diesem Bereich.[10] Betrachtet man die universitäre Institutionalisierung, so gibt es zwar eine Reihe von Lehrstühlen[11], aber insgesamt wohl noch immer keine kritische Masse.

---

10 In Ländern mit einer besseren institutionellen Verankerung von Public Administration wie z.B. den USA, den Niederlanden und zunehmend auch den skandinavischen Ländern sieht die Situation besser aus, so dass davon ausgegangen werden kann, dass eine bessere Angebotsstruktur sich auch auf die Nachfrage auswirkt. Diese ist insbesondere dann wichtig, wenn durch aktuelle politische Problemlagen andere Themenbereiche auf die Agenda gesetzt werden, wie die Transformationsprozesse seit Ende der 80er Jahre, der Europäische Einigungsprozess oder die Krise des Sozialstaates.

11 In Konstanz gibt es im Fachbereich Politik- und Verwaltungswissenschaft 12 Lehrstühle, in Potsdam 8 im Bereich Politik- und Verwaltungswissenschaft. Je einen politik- bzw. sozialwissenschaftlich ausgerichteten Lehrstuhl für Verwaltungswissenschaft gibt es in Bamberg, Berlin, Darmstadt, Duisburg, Hagen, Hamburg, Münster, München and Oldenburg. An der „Deutschen Hochschule für Verwaltungswissenschaften" in Speyer gibt es 17 Lehrstühle, 5 juristische, 3 wirtschaftswissenschaftliche und 5 verwaltungswissenschaftliche, die aber eher juristisch geprägt sind. Nur ein Lehrstuhl ist jeweils explizit der Politikwissenschaft und der

Angesichts der beschriebenen Tendenzen in der politikwissenschaftlichen Verwaltungsforschung, d.h. weg von einer organisationsinternen Sicht, verwundert es wenig, dass die Politikwissenschaft neben der Organisationssoziologie (vgl. Schimank 1994, S. 243) eher zu den Stiefkindern in der Organisationsforschung gehört. Während die Beschäftigung mit organisationsinternen Vorgängen in der organisationswissenschaftlichen Debatte lange Zeit dominant war, wurde sie in der Politikwissenschaft systematisch und zunehmend vernachlässigt. So findet man in dem neuen Standardwerk des „state of the art" der Organisationstheorie (Ortmann/Sydow/Türk 1997) im Abschnitt „Nachbarschaftsbeziehungen" nur die Betriebswirtschaftslehre, die Psychologie und die Industriesoziologie (vgl. Bogumil/Schmid 2001, S. 23). Auch gibt es kaum mikropolitische Studien in öffentlichen Verwaltungen, obwohl sich diese in besonderem Maße dafür eignen, handelt es sich hierbei doch um Organisationen, bei denen der materielle Produktionsprozess eine eher untergeordnete Rolle spielt und bei denen Dienstleistungstätigkeiten und damit Informationsaustausch und Kommunikation eine größere Rolle spielen. Während insbesondere in der skandinavischen Politik- und Verwaltungswissenschaft (die dort übrigens immer noch unter dem Begriff *Statskundskap*, Staatslehre, firmiert), bereits in den siebziger Jahren eine organisationswissenschaftliche Wende eingeläutet wurde, die unter der Überschrift des New Institutionalism (March/Olsen 1989) inzwischen weltweite Anerkennung gefunden hat, wurde diese Entwicklung in Deutschland bisher nur sehr wenig rezipiert. In Skandinavien gibt es inzwischen eine ganze Reihe von Forschungsinstitutionen und Ausbildungsgängen, in denen diese enge Verknüpfung von Politik- und Organisationswissenschaften gepflegt wird, so dass man beinahe von einer „skandinavischen Schule" sprechen kann, die übrigens auch zu einer ganzen Reihe hervorragender politikwissenschaftlich inspirierter Lehrbücher geführt hat, die aber leider bisher nicht übersetzt sind.

In den 90er-Jahren führte die beschriebene Lücke im Bereich organisationsbezogener politikwissenschaftlicher Verwaltungsforschung in Deutschland dazu, dass, als sich die praktischen Bemühungen im Bereich der Binnenmodernisierung des Staates (wieder) drastisch verstärkten, die Politikwissenschaft – mit einigen wenigen Ausnahmen – kaum reagierte. Die zunehmenden Bemühungen im Bereich der Modernisierung des Staates unter dem Stichwort Public Management, hervorgerufen vor allem durch Haushaltskonsolidierungsprobleme, riefen zwar insgesamt eine rege verwaltungswissenschaftliche Tätigkeit hervor, aber diese war stark betriebswirtschaftlich geprägt und konzeptionell normativ und präskriptiv ausgerichtet. Vor allem die betriebswirtschaftlich inspirierte Managementlehre profilierte sich und viele Verwaltungen nahmen Kontakte mit Unternehmensberatungen auf.[12] Aus Sicht der Verwaltungspraxis steht das Ziel der Effizienzsteigerung im Vordergrund und hier fühlt(e) man sich von spezialisierten Unternehmen oder von Betriebswirten offenbar besser beraten.

Soziologie zuzurechnen. Darüber hinaus gab es einen verwaltungswissenschaftlichen Schwerpunkt in der Abteilung „Regulierung von Arbeit" im Wissenschaftszentrum Berlin, der aber nach dem Tode Frieder Nascholds im Jahr 2001 eingestellt wurde.

12 Unternehmensberatungen werden von allen Gebietskörperschaften stark nachgefragt. So zahlte z.B. das Land NRW in den 1990er Jahren für 73 relativ ähnliche Organisationsuntersuchungen auf Landesebene in den letzten Jahren ca. 80 Mio. DM an Unternehmensberatungen. Zahlen in ähnlicher Größenordnung werden auch für Berlin gemutmaßt.

Allerdings ist der Umfang empirisch gesicherten Wissens über die flächendeckenden praktischen Veränderungsprozesse in den Kommunal-, Landes- und Bundesverwaltungen angesichts der Zurückhaltung politik- und sozialwissenschaftlicher Forschung nach wie vor bescheiden (vgl. dazu auch Derlien 2002b). Es dominieren mit wenigen Ausnahmen[13] Selbstdarstellungen und Eigenevaluationen. Für die sozialwissenschaftliche Verwaltungswissenschaft in Deutschland wird diese Situation dann zum Problem, wenn es nicht mehr gelingt, die sich vollziehenden Veränderungen in den öffentlichen Verwaltungen empirisch nachzuvollziehen. Denn, auch wenn der Analyse zugestimmt wird, dass der Staat nicht mehr das politische Steuerungszentrum ist, wie er es einmal war, und vieles dafür spricht, dass es zu einem Strukturwandel von Staatlichkeit gekommen ist (vgl. Benz 2001), so ist es für die Politikwissenschaft und für die politisch-administrative Praxis natürlich nach wie vor wichtig, zu wissen,

Probleme, die veränderte Verwaltungsrealität empirisch zu erfassen

- wie politische Probleme und Programme administrativ verarbeitet werden,
- welche Rolle Aufbau, Arbeitsweise und Entscheidungsprozesse in öffentlichen Verwaltungen spielen,
- welches Personal im öffentlichen Sektor arbeitet,
- wie es ausgebildet wird,
- welche Formen der Aufmerksamkeitsverteilung innerhalb und zwischen organisatorischen Untergliederungen zu finden sind oder
- welche Umweltkontakte bestehen und wie diese strukturiert sind.[14]

Nur eine empirisch fundierte Analyse der Verwaltungsrealität und ihrer Veränderungen ermöglicht auch eine wissenschaftlich fundierte Ausbildung von Verwaltungswissenschaftlern. Dass sich die Verwaltungsrealität ändert und empirische sozialwissenschaftliche Analysen nötig sind, bestätigt eindruckvoll das folgende Zitat:

„Of all the areas of political science, no other has undergone a transformation comparable to that experienced by public administration over the past twenty years. This reflects in large part the changing nature of the practice of governments, especially in the developed world. Almost all the essential truths that guided practising public administrators and students of administration have now been challenged and often replaced. It is unclear wether any new doctrine has been agreed upon, but it is clear that the old values and practices are now profoundly contested" (Peters/Wright 1996, S. 628).

Erhebliche Veränderungen in der Verwaltungsrealität

Wir werden auf diesen Punkt in Kapitel 6 bei den Perspektiven politikwissenschaftlicher Verwaltungsforschung zurückkommen.

---

13 Die umfangreichste Förderung wissenschaftlicher Analysen von Modernisierungsprozessen leistet zur Zeit die Hans-Böckler-Stiftung, deren Budget allerdings äußerst begrenzt ist (vgl. die mit ihrer Hilfe herausgegebene „Gelbe Reihe" zu „Modernisierung des Staates", Berlin, Sigma 1993ff, z.B. Kißler/Bogumil/Greifenstein/Wiechmann 1997; Naschold/Oppen/Wegener 1998; Naschold/Bogumil 2000; Jann u.a. 2004, aber auch finanziert von der Wüstenrot-Stiftung Jaedicke/Thron/Wollmann 2000). Für die Landes- und Bundesebene gibt es Studien der Friedrich-Ebert-Stiftung sowie Untersuchungen aus Speyer (König/Füchtner 1998; 1999; Konzendorf 1998).

14 Politikwissenschaftliche Forschungen in diesem Bereich finden in Deutschland neben den in Fußnote 13 erwähnten Ansätzen von Forschungsförderung vor allem im Rahmen von Qualifizierungsarbeiten statt (vgl. z.B. Behnke 2002; Bogumil 2001; Dose 1997, Schnapp 2001; Töller 2000, Wegrich 2003).

2.5 Verwaltungswissenschaft(en) zwischen Multi- und Interdisziplinarität

Verschiedene
Rationalitäten des
Verwaltungshandelns
Der Gegenstand Verwaltung erfordert, darauf war einleitend hingewiesen worden, eine Einbeziehung der unterschiedlichen Referenzsysteme, denen öffentliches Handeln unterworfen ist (vgl. Offe 1974, S. 344; Jann 1998a, S. 50, Bogumil 2001, S. 26). Wenn Verwaltungshandeln immer verschiedenen Rationalitäten unterliegt:

- einem legalen Richtigkeitstest (*juristische* Rationalität), also die Frage der *Legalität*, der Gesetzmäßigkeit, der Gleichbehandlung und des Rechtsschutzes,
- einem Wirtschaftlichkeitstest (*ökonomische* Rationalität), also die Frage der *Effizienz* staatlichen Handelns,
- einem politischen Konsenstest (*politische* Rationalität im Sinne von *politics*), also die Frage der demokratischen Verantwortlichkeit und Kontrolle, d.h. der *Legitimität* der Verwaltung sowie
- einem funktionalen Wirksamkeitstest (*politische* Rationalität im Sinne von *policy*), also die Frage der *Effektivität* politischer und administrativer Maßnahmen,

diesen Tests immer gleichzeitig ausgesetzt und kein überwölbendes Rationalitätskriterium in Sicht ist, ist interdisziplinärer Austausch nötig, um den Gegenstandsbereich voll zu erfassen. Kommen gemeinsame Fragestellungen[15] hinzu, gibt es Anlass zur Hoffnung. So müsste es nicht nur die Politikwissenschaft, sondern auch die Managementlehre, die Rechtswissenschaft und die Ökonomie interessieren,

- welches Steuerungspotential Hierarchien noch haben;
- wie das prinzipal-agent Verhältnis in modernisierten Verwaltungen auszugestalten ist, ohne dass es zu Kontroll- und Steuerungsverlusten kommt;
- wie der governance-mix zwischen staatlicher Eigenerstellung, marktlicher Produktion und gesellschaftlicher Selbststeuerung auszugestalten ist oder
- welche Grenzen sich für die Ökonomisierung der Verwaltung ergeben.

Interdisziplinäre
Zusammenarbeit?
Dabei ist es unstrittig, dass die einzelnen Disziplinen auch weiter arbeitsteilig vorgehen. Disziplinen repräsentieren bestimmte Ordnungen und Regeln, also Fragestellungen und Erkenntnismethoden, die nicht ohne weiteres aufgegeben werden. Chancen einer stärkeren *interdisziplinären Zusammenarbeit* in den Verwaltungswissenschaften bestehen zudem eher *auf der Grundlage der disziplinären Stärken* einzelner Fächer. Interdisziplinarität beinhaltet aber nicht nur die Kenntnisnahme anderer Perspektiven (dies wäre eher Multidisziplinarität), sondern gewinnt ihren Charakter durch die *Nutzung* von Kenntnissen verschiedener Disziplinen durch die Übertragung von Methoden und Bausteinen aus einer Disziplin in die andere. Aus der stärkeren interdisziplinären Arbeit der Fachwissenschaften könnte sich dann eine Verwaltungswissenschaft als Interdisziplin oder

---

15 Nach Schuppert (2000, S. 46) ist die Arbeit mit interdisziplinären Verbundbegriffen nötig, um einen Dialog über die Disziplinen zu ermöglichen. Aus seiner Sicht sind dies: Öffentliche Aufgaben, Handlungsform, Steuerung, Verantwortung, Organisation, Kommunikation, Entscheidung und Verfahren.

Integrationswissenschaft[16] ergeben, wie es Klaus König aus Speyer vorschwebt, die über den Kenntnisstand der Fachwissenschaften hinausragt und sich damit dem Zustand annähert, in dem „die politisch-administrativen Institutionen, ihre Aufgaben, Organisationen, Entscheidungsprozesse, Personalverhältnisse zusammen mit ihrer sozialen, politischen und ökonomischen Umwelt fächerübergreifend" (König 1990, S. 305) erkannt und verstanden werden.

So gibt es, wie oben gesehen, wichtige gemeinsame Grundlagen in der alten Polizei- oder *Staatswissenschaft,* und es würde den modernen, auf den Staat bezogenen Wissenschaften sicherlich nicht schaden, wenn sie sich dieser Grundlagen wieder bewusst würden. Es wäre dann zu erkennen, dass Fragestellungen und Konzepte nicht so unterschiedlich sind, wie oft angenommen wird. In dieser Richtung wurde interdisziplinär ausgerichtet Mitte der 80er Jahre argumentiert, um die Diskussion über eine politikwissenschaftlich inspirierte Staatslehre[17] wieder zu beleben. Verbunden werden sollten aus der Staatslehre Aspekte der Staatsbildung und -rechtfertigung (Staatsbegriffe, Staatszwecke, Staatsformen, Staatsgewalt), aus der Innenpolitik Aspekte der staatlichen Willensbildung (Parlamentarismus, Parteien, Demokratie) und aus der neueren Verwaltungswissenschaft Aspekte des konkreten Staatshandelns (Leistungserbringung, Problemverarbeitung, vgl. Hesse/Ellwein 1986, S. 4ff.). Damit könnten ideengeschichtliche Rechtfertigungen und Begründungen (Was ist der Staat? Was soll der Staat?), politikwissenschaftliche Analysen (Wie funktioniert der demokratische Staat?) und verwaltungswissenschaftliche Ansätze (Was macht der Staat? Was bewirkt der Staat?) integriert werden. So spannend und anspruchsvoll dieses Programm auch klingt, weiter oben ist ausgeführt worden, dass es letztlich nicht realisiert wurde (als umfassender Überblick Benz 2001, Schuppert 2003).

Festzustellen ist damit, dass zwar ein interdisziplinärer Zugriff dem Gegenstandsbereich Verwaltung gegenüber angemessen wäre, sich aber in Deutschland aus verschiedensten Gründen bisher keine integrative *Interdiszplin* Verwaltungswissenschaft herausgebildet hat. Auch für die Zukunft sprechen vor allem zwei Gründe dagegen, dass sich dies ändern wird, dass sich also Juristen, Wirtschafts- und Sozialwissenschaften auf eine gemeinsame Herangehensweise an die Verwaltung einigen können: unterschiedliche Erkenntnisinteressen und methodologische Zugänge sowie die Ausdifferenzierung der Fachwissenschaften.

Zum einen verfolgen die Sozialwissenschaften im Unterschied zur normativ-juristisch geprägten Staats- und Verwaltungslehre ein eher empirisches und theoretisches Erkenntnisinteresse, d.h. sie stützen sich auf empirische Aussagen und befassen sich daher weniger mit der Sollstruktur formeller Regeln als mit den oft davon abweichenden tatsächlichen sozialen Vorgängen, die sie analysieren und er-

Verschiedene methodische Zugänge

---

16 Integrationswissenschaft meint in Anlehnung an König, dass sie sich nicht gegen die Einzelwissenschaften abtrennt und abgrenzt, sondern als Kernbereich der Verwaltungsforschung mit offenen Grenzen fungiert und zudem nicht die Geschlossenheit und Kohärenz der Fachwissenschaften entwickelt (König 1970, S. 247).

17 „Die Diskussion und die materielle Füllung von Begriff und Verständnis einer Staatslehre sind auch vor dem Hintergrund zu sehen, einer zunehmend fragmentierten politik- und verwaltungswissenschaftlichen Diskussion einen Rahmen zu geben, den theoretischen, empirisch-analytischen und methodischen Bemühungen Orientierung und Bezugspunkte zu liefern, sowie schließlich durch den Ausweis historischer Grundlagen und aktueller Praxisbezüge disziplinären Usurpationsansprüchen entgegenzuwirken, d.h. den Stellenwert der Politikwissenschaft zu verdeutlichen" (Hesse/Ellwein 1986: 5). Diese Überlegungen dürften in dieser Zeit auch Hintergrund der Etablierung einer Sektion „Staatslehre und politische Verwaltung" innerhalb der DVPW gewesen sein.

klären (vgl. Mayntz 1978, S. 2ff). Überspitzt gesagt geht es weniger darum, die Realität in Rechtsbegriffen abzubilden, normativ zu bewerten und präskriptiv zu verändern, sondern darum die Realität zu erklären und ihre Funktionsweise zu verstehen. Dies impliziert in der Regel einen ganz anderen methodischen Zugang.

Eigeninteressen der Fachdisziplinen

Zum anderen ist der Austausch zwischen den Disziplinen auch aus wissenschaftsinternen Gründen meist schwierig. Jede Wissenschaft wird bei dem Versuch, Interdisziplinarität herzustellen, von der Sichtweise ihres Faches ausgehen.[18] Wesentliche Gründe hierfür liegen zum einen in den eben erwähnten Erkenntnisinteressen und methodologischen Vorgehensweisen. Zum zweiten wird der Wert disziplinärer Eigenständigkeit innerhalb etablierter Disziplinen in der Regel höher geschätzt als mögliche Erkenntnisgewinne durch Öffnung gegenüber anderen Disziplinen (Probleme des Grenzgängertums). Und drittens kann der interdisziplinäre Diskurs Verständigungsprobleme im eigenen Fach heraufbeschwören. So weigert sich z.B. die Öffentliche Betriebswirtschaftslehre hartnäckig, die politikwissenschaftliche Erkenntnis des funktional erforderlichen engen Zusammenwirkens zwischen Politik und Verwaltung in ihr Theoriegerüst einzubeziehen, da es das von ihr propagierte Modell der dezentralen Ressourcenverantwortung erheblich verkompliziert und auch ihrer Vorstellung von einer demokratisch kontrollierten Verwaltung widerspricht.

Multidisziplinarität als realistisches Ziel

Insgesamt ist daher aus den Eigeninteressen der Disziplinen und der in ihnen Tätigen eher nicht damit zu rechnen, dass die Wissenschaft selbst die größte Triebkraft einer interdisziplinären Zusammenarbeit ist. Anstöße könnten daher eher aus der Praxis kommen, die unterschiedlichen Erkenntnisinteressen und methodologischen Zugänge lassen sich aber nur schwer überbrücken. In der Wissenschaft ist daher schon viel erreicht, wenn Interdisziplinarität auf der Grundlage einer *multidisziplinären* Zusammenarbeit einzelner Fächer überhaupt angestrebt wird. Diesbezüglich scheint uns die Situation in den Verwaltungswissenschaften im Vergleich zu manch anderen Disziplinen so schlecht nicht zu sein.

Wenn man abschließend die bisher aufgeführten Dimensionen verwaltungswissenschaftlicher Zugänge, nämlich die Fragestellungen nach Legalität, Effizienz, Effektivität und Legitimität der öffentlichen Verwaltung zum einen, sowie einen eher ex-ante/präskriptiven und einen eher ex-post/deskriptiven Ansatz zum anderen miteinander kombiniert, ergibt sich die in der folgenden Abbildung aufgeführte Übersicht.

---

18 Ein aktuelles Beispiel ist das Lehrbuch zur Verwaltungswissenschaft von Schuppert (2000). Hier wird der Anspruch einer Integrationswissenschaft erhoben, aber faktisch ist der dominierende juristische Zugriff nicht zu leugnen, auch wenn es ihm gelingt, immer wieder sozialwissenschaftliche Sichtweisen einzubauen. Die Kombination von Verwaltungsrecht und Verwaltungswissenschaft, von Sollen und Sein ist und bleibt aber der eigentliche Kern des Lehrbuchs, ein Problem, welches vor allem Juristen beschäftigt.

Abbildung 1: Dimensionen verwaltungswissenschaftlicher Fragestellungen[1]

	ex-ante normativ	ex-post deskriptiv
Legalität	Verwaltungsrecht (*Rechtswissenschaft, öffentliches Recht*)	Verwaltungsrecht Rechtstatsachenforschung (*Verwaltungsgerichte*)
Effizienz	(öffentliche) BWL (New) Public Management (*Management Consulting*)	Controlling Monitoring (*Rechnungshöfe*)
Effektivität	(positive) VWL Finanzwissenschaft (*Politikberatung*)	Politikfeldforschung Policy-Forschung Evaluationsforschung
Legitimität	Staatsrechtslehre Politikwissenschaft Politische Theorie	Politikwissenschaft
Strukturen und Funktionen	Verwaltungslehre	Verwaltungssoziologie Verwaltungsgeografie etc.

1   Alle Abbildungen ohne Quellenangaben sind von den Autoren selbst erstellt worden.

Bereits zu Beginn des Buches war betont worden, dass öffentliche Verwaltung seit langer Zeit Objekt einer ganzen Reihe von wissenschaftlichen Disziplinen ist. In Deutschland sind dies traditionell die Jurisprudenz mit den hoch differenzierten Bereichen des allgemeinen und besonderen Verwaltungsrechts, die Volkswirtschaftslehre vorrangig mit dem Fach Finanzwissenschaft, aber z.B. auch einer ökonomischen Theorie der Bürokratie, die Betriebswirtschaftslehre, die seit einiger Zeit eine eigenständige Verwaltungsbetriebslehre (ÖBWL) entwickelt, oder die Organisations- und Verwaltungssoziologie, aber etwa auch Fächer wie Verwaltungsgeschichte, Verwaltungsgeografie und Verwaltungspsychologie. Auch eine Verwaltungspolitologie wurde bereits als Spezialgebiet der Politikwissenschaft vorgeschlagen. Die Abbildung erlaubt es, diese unterschiedlichen Disziplinen und Zugänge ganz grob zu verorten:

–   präskriptive Ratschläge und Vorschriften, wie und durch welche Rechtsformen (z.B. des allgemeinen Verwaltungsrechts) die Legalität und Verfassungskonformität der öffentlichen Verwaltung zu gewährleisten sei, sind die klassische Domäne der normativ und dogmatisch argumentierenden Verwaltungsrechtswissenschaft,

            Verortung der Disziplinen

–   inwieweit dies dann im einzelnen Fall jeweils empirisch tatsächlich der Fall ist, untersucht das Verwaltungsrecht vor allem praktisch in verwaltungsgerichtlichen Verfahren, während eine empirisch argumentierende verwaltungsrechtliche Rechtstatsachenforschung nur sehr gering ausgeprägt ist,

–   wie ökonomische Effizienz (auch) in der öffentlichen Verwaltung zu erreichen ist oder sein sollte, ist wiederum der klassische Bereich der (öffentlichen) Betriebswirtschaftslehre (ÖBWL) bzw. dessen moderner Ableger des *Public Management*, und wird praktisch vor allem von der wachsenden Schar der im Bereich der öffentlichen Verwaltung aktiven Management-Consulting-Firmen vertreten,

–   während die ex-post Überprüfung dieser Effizienz Thema eines bisher nur sehr rudimentär ausgeprägten Verwaltungs-Controllings ist, die klassische externe Kontrolle der Wirtschaftlichkeit und Sparsamkeit der Verwaltung allerdings seit langem von den Rechnungshöfen wahrgenommen wird,

- die Effektivität und Problemlösungsfähigkeit öffentlicher Organisationen und Aktivitäten ist präskriptiv traditionell Gegenstand einer „positiv", d.h. auf der Grundlage klarer Prämissen und modelltheoretischer Annahmen argumentierenden Ökonomie, insbesondere der Finanzwissenschaft, aber natürlich auch aller möglichen anderen Wissenschaften und Berater, die politikberatend tätig sind,
- während die tatsächliche, ex post zu ermittelnde Effektivität und Wirkungsweise des öffentlichen Sektors von der klassischen Ökonomie eher stiefmütterlich behandelt wird, aber seit einiger Zeit Thema einer empirisch argumentierenden Politikfeld- oder Policy-Forschung ist und dort zur Entwicklung einer stark methodologisch orientierten Evaluationsforschung geführt hat,
- präskriptive Fragen der Legitimität, Eigenständigkeit und politischen Kontrolle der öffentlichen Verwaltung sind wiederum traditionelle Domäne einer normativ argumentierenden Staats(rechts)lehre, während Fragen der demokratischen Grundlegung, Steuerung und Qualität des Verwaltungshandelns selbstverständlich auch von der Politikwissenschaft und insbesondere von ihrem Teilgebiet der politischen Theorie behandelt werden,
- während die empirischen Fragen der tatsächlichen politischen Wirkungen und Auswirkungen des Verwaltungshandelns, z.B. auch auf Wahlen und politische Unterstützung, aber auch Fragen nach der Eigenständigkeit der Verwaltung, der Möglichkeit ihrer politischen Steuerung und ihrer Beziehungen z.B. zur Politik oder zu gesellschaftlichen Gruppen und Interessen, der Rolle von Verwaltung bei der Formulierung und Implementation von Politikinhalten den Kernbereich der Politikwissenschaft ausmachen,
- schließlich gibt es auch Fragestellungen, die sich ganz generell (und eher funktional) den Strukturen und Funktionen der öffentlichen Verwaltung widmen, hier wäre auf der eher präskriptiven Seite die klassische (juristische) Verwaltungslehre zu verorten,
- während die Erforschung der tatsächlichen Verwaltungsstrukturen und -funktionen von allen empirischen Sozialwissenschaften wahrgenommen wird.

Suche nach einer einheitlichen Verwaltungswissenschaft ist kontraproduktiv

Diese schematische Betrachtungsweise vermag sicherlich nicht die Vielfalt und Differenziertheit der unterschiedlichen möglichen und tatsächlichen verwaltungswissenschaftlichen Fragestellungen und Vorgehensweisen einzufangen. Besonders die Unterteilung in präskriptive und deskriptive Ansätze ist sehr krude, denn im Prinzip argumentieren natürlich alle Vorgehensweisen analytisch, beruhen auf normativen Annahmen und machen mehr oder weniger explizit präskriptive Vorschläge. Aber die Unterscheidung verdeutlicht doch, dass unterschiedliche Disziplinen mit notwendigerweise sehr unterschiedlichen Fragestellungen an der Untersuchung und Erklärung der öffentlichen Verwaltung beteiligt sind. Die Frage, ob es Verwaltungswissenschaften im Plural oder nur eine Verwaltungswissenschaft im Singular gibt, ist also müßig – selbstverständlich brauchen wir, um die öffentliche Verwaltung zu beschreiben, verstehen und erklären zu können, alle möglichen sozialwissenschaftlichen Disziplinen und Fragestellungen, von der Rechtswissenschaft über die Ökonomie bis hin zur Politikwissenschaft. Die Suche nach einer einheitlichen Verwaltungswissenschaft ist daher wenig hilfreich und kann sogar kontraproduktiv sein, denn sie droht, wichtige Erkenntnisgrundlagen der empirischen oder normativen Forschung auszugrenzen.

Auf der anderen Seite verdeutlicht die Abbildung aber auch, was die Themen einer modernen, sozialwissenschaftlich inspirierten und informierten Verwaltungswissenschaft sind oder zumindest sein sollten, nämlich sämtliche Felder der Abbildung: Es macht keinen Sinn, nach einer einheitlichen Disziplin oder Interdisziplin „Verwaltungswissenschaft" zu suchen, mit spezifischen Methoden und Erkenntnisinteressen, denn verwaltungswissenschaftliche Forschung unterscheidet sich prinzipiell nicht von anderen sozialwissenschaftlichen Disziplinen. Nach einem geflügelten Wort des Soziologen und Wissenschaftstheoretikers Hans Albert sind das problematischste an den modernen Sozialwissenschaften die künstlichen Grenzen, die sie versuchen untereinander aufzurichten. Jeglicher Abgrenzungs- oder Zuständigkeitswahn, der bestimmte Fragestellungen bestimmten Disziplinen ausschließlich zuweisen will, ist wenig hilfreich, ebenso natürlich jeglicher Ausschließlichkeitsanspruch valider Erklärungen. Gleichzeitig ist wissenschaftliche Arbeitsteilung unbedingt erforderlich, denn nicht alle Fragestellungen können kompetent von allen Verwaltungswissenschaftlern bearbeitet werden.

Der Fokus des vorliegenden Buches liegt in dieser Vielfalt allerdings ganz eindeutig auf der rechten Seite der Abbildung, und hier in der unteren Hälfte. Ausgehend von der banalen Erkenntnis, dass öffentliche Verwaltungen sich vor allem darin von anderen Organisationen unterscheiden, dass sie öffentlich sind, also der demokratisch legitimierten politischen Steuerung und Kontrolle unterliegen und auch unterliegen müssen, wird hier eine sozial- und vor allem politikwissenschaftlich inspirierte und untersetzte empirische Verwaltungswissenschaft präsentiert. Dies ist sicherlich nicht die einzige Sichtweise auf die öffentliche Verwaltung in Deutschland, aber doch eine, die von zentraler Bedeutung ist. Die Verwaltungswissenschaft ist keine präzise ausdifferenzierte Teil-Disziplin der Politikwissenschaft, die Übergänge zur Managementlehre, Verwaltungssoziologie, Regierungslehre und besonders zur politikwissenschaftlichen Organisations- und Institutionentheorie sind fließend. Dennoch kann die politikwissenschaftliche Verwaltungsforschung einschließlich der Policy-Forschung als einer der produktivsten Teile der Politikwissenschaft gelten. In einer Umfrage erklärten 1998 35% der deutschen Politikwissenschaftler, dass sie gegenwärtig auf dem Feld „Policy-Forschung, Verwaltungswissenschaft" forschen. Mit einem Anteil von 16% wird dieser Bereich als das wichtigste gegenwärtige Themenfeld der Politikwissenschaft eingeschätzt. Genau dieser Tradition fühlen sich die beiden Autoren dieses Buches verpflichtet.

Fokus dieses Buches

3. Institutioneller Aufbau der öffentlichen Verwaltung in Deutschland

3.1 Öffentliche Aufgaben und Staatstätigkeit

Eingangs ist darauf verwiesen worden, dass die öffentliche Verwaltung allgegenwärtig und komplex ist und sich von daher Versuchen eindeutiger Definitionen entzieht. Öffentliche Aufgaben berühren einen wesentlichen Teilaspekt öffentlicher Verwaltung, indem sie *inhaltlich* die Zwecke des Verwaltungshandelns beschreiben. Und mehr noch, die Eigenart des jeweiligen Aufgabenbereiches determiniert die Methoden und Instrumente der Aufgabenwahrnehmung ebenso wie die Form der Verwaltungsorganisation, ein Punkt, auf den noch zurückzukommen sein wird.

Öffentliche Aufgaben

Was öffentliche Aufgaben sind, kann nun empirisch beobachtet, analytisch erklärt oder normativ postuliert werden (vgl. Schuppert 1980, S. 310). Betrachtet man bestehende Systematisierungsversuche, so ordnet man entweder die vorhandenen öffentlichen Aufgaben nach bestimmten Kriterien, wie der Haushaltssystematik, Kriterien der Bürgernähe oder den Aufgabenträgern (Bund, Länder, Kommunen), oder erklärt den Bestand an öffentlichen Aufgaben analytisch, sei es verfassungsrechtlich (in dem man versucht, öffentliche Aufgaben aus dem Grundgesetz abzuleiten), systemtheoretisch (aufgrund gesamtgesellschaftlicher Steuerungserfordernisse) oder ökonomisch (auf der Grundlage eines ökonomischen Modells öffentlicher Aufgaben). So lassen sich öffentliche Aufgaben z.B. als solche erklären, die Private, aus welchen Gründen auch immer, nicht übernehmen (z.B. weil sie nicht marktfähig sind), oder normativ als Aufgaben mit Gemeinwohlbezug. Beispiele sind hier öffentliche Infrastruktureinrichtungen oder Bildungsmaßnahmen (die Ökonomen sprechen hier von meritorischen Gütern). Eine andere Möglichkeit ist es, auf staatliches Krisenmanagement zur Bewältigung wirtschaftlicher Problemlagen zu verweisen usw.

Systematisierungsversuche

Insgesamt geht es bei solchen Versuchen zur Bestimmung des öffentlichen Aufgabenbestandes immer um die Frage der angemessenen Aufgabenverteilung von Staat und Gesellschaft. Diese Aufgabenbestimmung ist aber sowohl historisch als auch im Ländervergleich sehr unterschiedlich, wie noch zu sehen sein wird. Sie hängt von der gesellschaftlichen Entwicklung und den dominierenden Vorstellungen zur Staatstätigkeit ab. Wenn somit die Frage der inhaltlichen Bestimmung öffentlicher Aufgaben immer eng verbunden ist mit den jeweiligen Vorstellungen von Staatstätigkeit, müssen wir uns, bevor in den folgenden Kapiteln die öffentliche Aufgabenwahrnehmung in Deutschland konkret dargestellt wird, zunächst kurz mit der Entstehung des modernen Staates (3.1.1), seinem Aufgabenspektrum (3.1.2) und den politischen Leitbildern zur Staatstätigkeit (3.1.3) beschäftigten.

Wie sieht die Aufgabenverteilung zwischen Staat und Gesellschaft aus?

3.1.1 Entstehung des modernen Staates

Entstehung des modernen Staates Der moderne Staat entsteht im territorial, politisch und kulturell fragmentierten Europa beim Übergang vom Mittelalter zur Neuzeit. An die Stelle des mittelalterlichen Personenverbundes tritt der Flächenstaat und statt persönlicher Eigentums- und Treueverhältnisse ist jetzt jeder, der sich auf einem bestimmten Territorium befindet, der dortigen Herrschaft und den Gesetzen unterworfen. Diese Entwicklung verlief in Europa jedoch ungleichzeitig. Vor allem in Deutschland stieß die Herausbildung des modernen Staates auf Probleme, da hier die politische Herrschaft sehr zersplittert war und es Probleme mit der Herausbildung einer nationalen Identität gab. Im 19. Jahrhundert und vor allem ab 1870/1871 mit dem deutschen Bund kam es aber auch in Deutschland zu einem Modernisierungsschub in Richtung moderner Staatlichkeit.

Zunehmende „Verstaatlichung" ursprünglich privater Aufgaben Die Herausbildung des modernen Staates war dabei mit einer zunehmenden „Verstaatlichung" ursprünglich privater Aufgaben verbunden (Benz 2001, S. 197). Führten noch im 17. Jahrhundert europäische Staaten Kriege mit Hilfe von privaten Militärunternehmern und Söldnern, setzen sich später stehende Heere durch. War die Schulbildung und Wissenschaft lange Zeit in der Hand der Kirchen und Gelehrten, begannen absolutistische Herrscher im 18. Jahrhundert Universitäten zu gründen. Wurde die Post zunächst von privaten Kurierdiensten befördert, wurde sie später zur Aufgabe des Staates. Ähnliches gilt für die ersten Eisenbahnen, die zunächst privat initiiert waren. Ursprünglich war sogar das Steuersystem „privatisiert" oder „outgesourced", d.h. Steuern wurden von damit beauftragten Privatleuten eingetrieben, die einen bestimmten Betrag abliefern mussten, ansonsten aber ihren Eigenbetrag maximieren konnten. Insgesamt dehnte sich die Staatstätigkeit im absolutistischen Wohlfahrtsstaat aus und der Staat übernahm neben dem Militär weite Bereiche der Produktion und Versorgung (Handel, Forstwesen, Verkehr, Jagd- und Fischfang), regulierte sozialpolitische Angelegenheiten (Armenfürsorge, Gesundheitswesen) und das öffentliche und private Leben durch so genannte „Policey-Verordnungen" (z.B. Kleiderverordnungen, Regulierung von Sitten und Gebräuchen, Religionsausübung, Ehe und Vormundschaft, Verbot von Bettelei). Genau in dieser Zeit entstand die oben erwähnte Policey-Wissenschaft als die Politik- und Verwaltungswissenschaft des aufgeklärten Absolutismus.

Einige dieser Vorschriften über private Lebensführung wurden im liberalen Staat im 19. Jahrhundert zwar wieder beseitigt, aber die Expansion der Staatsaufgaben setzte sich allen Beteuerungen zum Trotze fort, z.B. durch die Übernahme von Infrastrukturaufgaben (z.B. Abwasser, Wasserversorgung, Gasversorgung, Schlacht- und Viehhöfe) oder durch die Schaffung neuer Vorschriften im Handel oder im Arbeits- und Gesundheitsschutz. Überblicksartig ergibt sich folgendes Bild:

Expansion der Staatsaufgaben Deutlich wird, dass ausgehend vom absolutistischen Staat des 18. Jahrhunderts über den liberalen Verfassungsstaat des 19. Jahrhunderts hin zum demokratischen Wohlfahrtsstaat des 20. Jahrhunderts die Staatsaufgaben expandierten und zwar bezogen auf alle Formen staatlicher Tätigkeit (Regulierung, Förderung, Leistungserstellung). Dieser kurze Abriss zeigt auch, dass letztlich die Ursachen für Veränderungen von Staatlichkeit in den gesellschaftlichen Entwicklungen, in veränderten Handlungsbedingungen, neuen Anforderungen und dem politischen Umgang mit diesen liegen.

Abbildung 2: Entwicklung der Staatsaufgaben

Kompetenzarten Entwicklungsphasen	Regulierung	Förderung	Leistung, Produktion
Staat im Absolutismus	umfassende Regulierung des öffentlichen und privaten Lebens durch Policey-Verordnungen	merkantilistische Wirtschaftspolitik	Landesverteidigung und innere Sicherheit, Manufakturen, Forstwirtschaft, Transportwesen
Liberaler Verfassungsstaat	Deregulierung im privaten Bereich, Gewerbefreiheit, Regulierung privater Produktion, Arbeitsschutz, Gesundheitsschutz	Förderung von Gewerbe und Industrie, Zollpolitik	Übernahme von großtechnischen Infrastrukturaufgaben
Demokratischer Wohlfahrtsstaat	Marktregulierung, Raumordnung und Städtebau, Umweltschutz, Verbraucherschutz, Technikregulierung	Beschäftigungsförderung, regionale und sektorale Wirtschafts-, Technologie- und Forschungsförderung	Öffentliche Versorgungswirtschaft, Sozialversicherung und soziale Dienste, Bildungs- und Kulturpolitik

Quelle: eigene Darstellung nach Benz (2001, S. 199)

3.1.2 Aufgaben des modernen Staates

Im 20. Jahrhundert werden dem modernen Staat in der Regel folgende Merkmale zugeordnet (vgl. Benz 2001, S. 224ff.; Ellwein/Hesse 1997, S. 67ff.):

- Er erstreckt sich auf ein klar abgegrenztes, von den Bürgern und anderen Staaten *anerkanntes Gebiet.*
- Die Menschen sind nicht wie im Absolutismus Unterworfene einer Herrschaft, sondern gleichberechtigte Mitglieder in diesem Staat und verfügen als Staatsbürger über *Freiheits-, Beteiligungs- und soziale Rechte.*
- Die Menschen empfinden sich als Angehörige einer jeweils spezifischen *Staatsbürgernation.*
- Dem Staat kommen spezifische Funktionen zu, die in einer institutionellen Ordnung, der Verfassung, festgelegt werden, und die von anderen gesellschaftlichen Organisationen, wie z.B. Wirtschaftsunternehmen, nicht erfüllt werden können. Dazu gehört vor allem, dass der Staat über das *Monopol der physischen Gewalt* verfügt. Keine andere Instanz darf auf seinem Territorium Gewalt ausüben. Zudem ist staatliche Gewalt im Unterschied zur privaten Gewalt – etwa durch Terroristen – an Recht und Verfassung gebunden.
- Wesentliche Entscheidungen werden in *demokratisch gewählten Organen* (Parlamenten) gefällt und von dafür beauftragten Verwaltungen umgesetzt.

Merkmale des modernen Staates

Die institutionelle Ordnung und damit auch die Staatsfunktionen sind zwischen den einzelnen Staaten unterschiedlich ausgestaltet. Sie sind das Ergebnis politischer Prozesse und Entscheidungen und insofern auch veränderbar. Empirische Vergleiche der Staatsaktivitäten zeigen nun, dass es große Unterschiede zwischen einzelnen Nationalstaaten gibt. Dies ist vor allem das Ergebnis der im Jahr

Unterschiede zwischen den Staaten

49

1990 veröffentlichten bahnbrechenden Studie „Three Worlds of Welfare Capitalism" des dänischen Sozialwissenschaftlers Gøsta Esping-Andersen (Esping-Andersen 1990). Er unterschied idealtypisch zwischen konservativen (z.B. Deutschland), sozialdemokratischen (z.B. Schweden) und liberalen (z.B. USA) Wohlfahrtsstaaten (vgl. Abbildung 3). Das unterschiedliche Ausmaß an Staatstätigkeit kann seiner Ansicht nach durch Besonderheiten in der Regulierung des Arbeitsmarktes sowie durch das unterschiedliche Zusammenspiel öffentlicher und privater Sicherungsformen (Staat, Markt, Familie, Verbände) erklärt werden. Gründe für die Entwicklung unterschiedlicher Typen der Wohlfahrt sieht er vor allem in der politischen Situation in den jeweiligen Ländern und in der Stärke bestimmter Parteien.

Insbesondere unterscheidet er, wie jeweils Finanzierung, Leistungsberechtigte, Leistungsstandards und Umverteilungseffekte ausgestaltet sind, und kommt so zu drei verschiedenen Typen von „wohlfahrtsstaatlichen Regimes", wie sie in der folgenden Abbildung wiedergegeben sind. Der deutsche Sozialstaat entspricht dabei dem „konservativen Wohlfahrtsstaat", obwohl sicherlich auch bei uns die staatliche Vorsorge inzwischen weit über den engeren „Sozialversicherungsstaat" (Riedmüller/Olk 1994) hinausreicht. Entscheidend ist aber, dass die Frage, ob ein Wohlfahrtsstaat z.B. über Versicherungen oder über Steuern finanziert wird, ob Leistungsstandards minimal oder hoch sind etc., selbstverständlich erhebliche Auswirkungen auf die Ausgestaltung des öffentlichen Sektors hat.

Abbildung 3: Die drei Typen von Wohlfahrtsstaaten nach Esping-Andersen

	liberaler Wohlfahrtsstaat	konservativer Wohlfahrtsstaat	sozialdemokratischer Wohlfahrtsstaat
vorrangige Finanzierung	freiwillige Versicherung	Pflicht- Versicherung	Steuern
primäre Leistungsberechtigte	Bedürftige	Versicherte	alle
Leistungsstandards	minimal	beitragsabhängig	hoch
Leistungsbereiche	wirtschaftliche und soziale Existenzrisiken	Sicherung des individuellen Status	umfassende Versorgung
Umverteilung	gering	mittel	hoch
Charakteristikum	marktkonform, selektiv	differenziert	universalistisch
Beispiel	USA	Deutschland	Schweden

Diese Unterschiede in der Staatstätigkeit der wichtigsten OECD Staaten zeigen sich deutlich, wenn man sich die staatlichen Gesamtausgaben im Vergleich anschaut (vgl. Abbildung 4).

Abbildung 4: Staatliche Gesamtausgaben ausgewählter OECD-Länder[19]

	1970	1975	1980	1985	1990	1995	2000*
S	44,2	50,1	60,1	63,3	59,1	65,6	58,5
DK	40,2	48,2	56,2	59,3	56,0	59,3	53,4
SF	28,5	35,5	35,7	42,2	44,5	55,1	46,9
A	37,6	44,3	47,1	50,4	48,6	52,6	49,0
NL	41,3	50,6	55,8	57,1	54,1	51,3	47,7
N	34,9	39,8	43,9	41,5	49,7	47,6	47,0
FRG	38,3	48,4	47,9	47,0	45,1	49,8	46,8
UK	38,8	46,4	44,8	46,1	41,8	44,4	41,1
USA	31,0	34,0	33,2	35,5	35,2	34,9	32,2
J	19,0	26,8	32,0	31,6	31,3	35,6	39,8
OECD**	33,3	38,2	40,9	45,1	42,3	44,2	41,8
OECD/Europe	35,3	41,5	44,8	50,2	48,3	51,0	46,6

Quelle: OECD 1998, (http://www.oecd.org/puma/stats/window/), Eigene Berechnungen, Angaben in Prozent des nominalen Bruttoinlandsproduktes, Notes:(*) Estimates and projections. (**) Unweighted averages. Source: Economic Outlook n°65, June 1998, OECD/Analytical Databank, OECD

Zwar gibt es allgemeine Trends, denn die staatlichen Gesamtausgaben steigen kontinuierlich bis zum Jahr 1985 an, wonach eine erste Rückführung erfolgt, um dann bis 1995 wieder leicht anzusteigen. Auch werden die Staatsausgaben überall ab 1995 zurückgeführt. Es zeigt sich aber auch, dass diese Prozesse auf einem sehr unterschiedlichen Ausgabenniveau zwischen den einzelnen Ländergruppen stattfinden.

Vor dem Hintergrund dieser Unterschiede in der Staatstätigkeit und auch bezüglich der Aufgaben, die in verschiedenen Staaten wahrgenommen werden, ist festzustellen, dass es fast keine gesellschaftliche Aufgabe gibt, die nicht irgendwo schon einmal entweder staatlich oder privat organisiert worden wäre. Offenbar lassen sich keine durchgängig plausiblen Abgrenzungskriterien zwischen öffentlichen und privaten, hoheitlichen, nicht-hoheitlichen und gewerblichen Aufgaben ausmachen. Die Frage, welche Aufgaben der Staat zu erledigen hat, scheint damit vor allem eine *politische* Frage zu sein.

> Öffentliche Aufgaben sind politisch bestimmt

Allerdings gab es in der Staatswissenschaft verschiedenste Versuche, durch die Entwicklung spezieller Theorien zu begründen, welche Aufgaben der Staat zu übernehmen habe und welche nicht. So versuchte die juristische Staatslehre aus der Verfassung des Staates die zu erledigenden Aufgaben zu bestimmen. Die ökonomische Theorie der Staatsaufgaben postulierte, dass der Staat nur dann handeln darf, wenn der Markt versagt. Resümiert man diese Bemühungen, so zeigt sich, dass es zwar überzeugende Begründungen dafür gibt, dass der Staat wichtig ist und tätig werden muss, aber keine überzeugenden dafür, welche Aufgaben der Staat nun übernehmen soll und muss (vgl. ausführlicher Benz 2001, S. 186ff.). In der Politikwissenschaft geht man daher überwiegend davon aus, dass es keinen klaren Katalog von Aufgaben gibt, die ein Staat unbedingt erfüllen muss, sondern dass Umfang und Grenzen der Staatsaufgaben politisch veränderbar sind.

> Umfang und Grenzen der Staatsaufgaben sind politisch veränderbar

---

19 Hier werden die international gebräuchlichen Länderkürzel verwendet: Dänemark = DK, Deutschland = FRG, Finnland = SF, Großbritannien = UK, Japan = J, Neuseeland = NZ, Niederlande = NL, Norwegen = N, Österreich = A, Schweden = S.

Dennoch ist es möglich, zwischen unterschiedlichen Aufgabentypen staatlichen Handelns zu unterscheiden, wie dies exemplarisch bei Reichard (1993) zu finden ist.

Abbildung 5: Aufgabentypen staatlichen Handelns

```
                              ┌─────────────────────┐
                              │      Aufgabe        │
                              └─────────────────────┘
                    ┌───────────────────┴───────────────────┐
        ┌───────────────────────┐            ┌───────────────────────┐
        │ öffentliche Aufgabe   │            │ nicht-öffentliche     │
        │ (expliziter           │            │ Aufgabe (kein         │
        │ Gemeinwohl-Bezug)     │            │ expliziter            │
        │                       │            │ Gemeinwohl-Bezug)     │
        └───────────────────────┘            └───────────────────────┘
         ┌──────────┴──────────┐              ┌──────────┴──────────┐
  ┌────────────┐  ┌────────────┐      ┌────────────┐  ┌────────────┐
  │ staatliche │  │ staatliche │      │ staatliche │  │ Private    │
  │ Kernaufgabe│  │ Ge-        │      │ Annex-     │  │ Kernaufgaben│
  │(Gewähr-    │  │währleistungs│      │ oder       │  │            │
  │ leistung   │  │ aufgabe    │      │ Ergänzungs-│  │            │
  │ und Vollzug│  │(Gewähr-    │      │ aufgabe    │  │            │
  │ beim Staat)│  │leistung    │      │(Vollzug    │  │            │
  │            │  │durch Staat,│      │ durch Staat│  │            │
  │            │  │Vollzug     │      │ oder       │  │            │
  │            │  │durch Staat │      │ Private)   │  │            │
  │            │  │oder Private)│      │            │  │            │
  └────────────┘  └────────────┘      └────────────┘  └────────────┘
               ┌──────┴──────┐          ┌──────┴──────┐
         ┌──────────┐ ┌──────────┐ ┌──────────┐ ┌──────────┐
         │staatlicher│ │ privater │ │ privater │ │staatlicher│
         │ Vollzug  │ │ Vollzug  │ │ Vollzug  │ │ Vollzug  │
         └──────────┘ └──────────┘ └──────────┘ └──────────┘
                           └── = Contracting Out ──┘
```

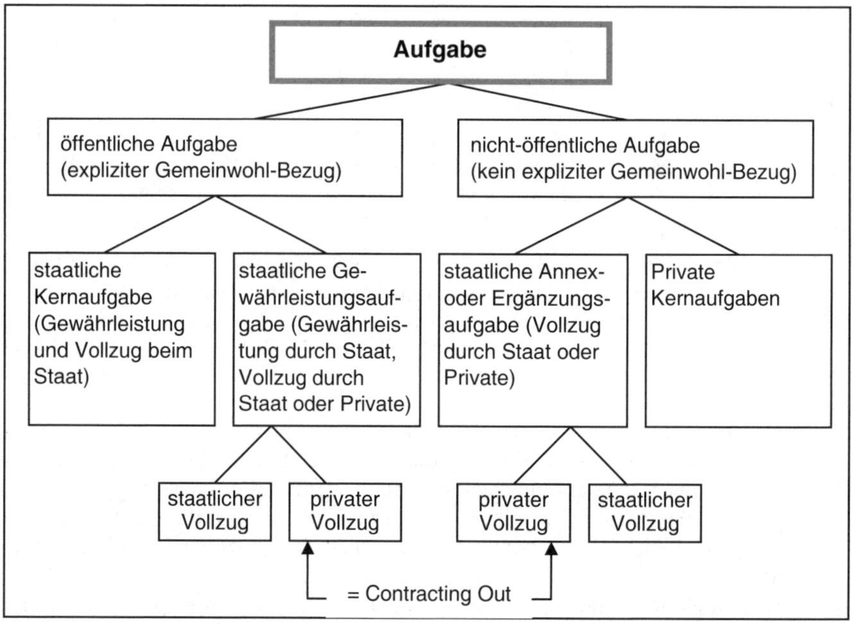

Quelle: eigene Darstellung nach Reichard 1993

Die Systematik macht deutlich, dass wir es im Wesentlichen mit vier Aufgabentypen zu tun haben:

Aufgabentypen

– *Staatliche „Kernaufgaben"*, die auf der Basis eines expliziten gesellschaftlichen Konsens vom Staat gewährleistet und selbst vollzogen werden müssen (z.B. Verteidigung, innere Sicherheit).

– *Staatliche Gewährleistungsaufgaben*, deren dauerhafte Erbringung zwar der Staat gewährleistet, bei deren Vollzug jedoch im Einzelfall zu prüfen ist, ob sie wirksamer bzw. kostengünstiger nach Maßgabe staatlicher Auftragserteilung und unter demokratischer Kontrolle von staatlichen Einrichtungen, von privaten Auftragnehmern oder von Organisationen des sog. Dritten Sektors erledigt werden können (z.B. Technische Überwachungsdienste, aber etwa auch Kindergärten, Seniorenheime bis hin zu Schulen oder Universitäten). Gerade in Deutschland spielt das sog. Subsidiaritätsprinzip, nach dem Aufgaben möglichst bürgernah und möglichst in Eigenverantwortung wahrgenommen werden sollen, seit dem „Kulturkampf" zwischen Bismarck und der katholischen Kirche eine große Rolle.

– *Staatliche Ergänzungsaufgaben*, bei denen es sich nach explizitem gesellschaftlichen Konsens um nicht-öffentliche Aufgaben handelt, die der Staat wahrnehmen könnte, sofern er dies wirksamer und wirtschaftlicher als Private tun kann (Beispiele könnten sein: Gebäudereinigung, Grünflächenpflege, Straßeninstandhaltung).

52

– *Private „Kernaufgaben"*, die auf der Basis eines gesellschaftlichen Konsenses von privaten gesellschaftlichen Institutionen (d.h. von kommerziellen Unternehmungen wie auch von Organisationen des sog. „Dritten Sektors") erledigt werden.

Die inhaltlichen Festlegungen der verschiedenen Aufgabentypen können jedoch, wie erwähnt, weder von der Wissenschaft erfolgen noch von einer übergeordneten Instanz vorgeschrieben werden. Wissenschaft kann allenfalls zur Klärung möglicher Bewertungskriterien beitragen und empirische Informationen bereitstellen, ob und wie diese Kriterien gegebenenfalls erfüllt werden bzw. wie die öffentliche Aufgabenwahrnehmung insgesamt stattfindet. Staatliche Aufgaben und die Frage, wie diese erledigt werden, können legitim aber nur über den demokratischen Prozess entschieden werden. Damit sind wir bei den politischen Leitbildern der Staatstätigkeit angelangt.

3.1.3 Politische Leitbilder der Staatstätigkeit

Wie gezeigt ist der ständige Prozess der Expansion staatlicher Aufgaben spätestens seit 1995 weltweit zum Stillstand gekommen. Insofern stellt sich die Frage, ob sich damit auch die politischen Leitbilder zur Staatstätigkeit verändern. Vieles spricht nun dafür, dass die alten Leitbilder des sozialdemokratischen Wohlfahrtstaates sowie des liberal-konservativen, auf privatwirtschaftliche Marktmechanismen setzenden Minimalstaates nicht mehr tragen.

> Alte Leitbilder tragen nicht mehr

Einerseits wurde mit dem Scheitern der „kommunistischen Kommandowirtschaft" und mit der Erosion des klassischen Staatsinterventionismus eine Neubewertung des Marktmechanismus vorgenommen, die Rückwirkungen auf das Verständnis von Staat und Verwaltung hat. Der Zusammenbruch der kommunistischen Kommandowirtschaft hat damit den „Sieg des Kapitalismus" mit sich gebracht. Andererseits gibt es aber auch im Rahmen privatwirtschaftlicher Marktmechanismen weiterhin zahlreiche Problemlagen wie z.B. Massenerwerbslosigkeit, Armut und soziale Ungleichheit. Deutlich wird, dass Staat, Verwaltung und öffentlicher Sektor nicht einfach Rahmenbedingungen privater Wirtschaft und Gesellschaft sind, sondern die von diesen hervorgerufenen Problemlagen mildern müssen. Der Staat wird also noch gebraucht für die Entwicklung der zivilen Gesellschaft und auch für die Erschließung neuer Märkte, so dass auch neoliberale Ideologien zu kurz greifen.

Mit der Krise des Wohlfahrtsstaates verbindet sich auch eine intensive Diskussion um den „Regulierungsstaat", also um die zunehmende Bedeutung von regulativer Politik (vgl. Czada/Lütz/Mette 2003). Unter regulativer Politik werden Instrumente wie Gebote, Verbote und Anreizprogramme subsummiert, die darauf abzielen, den Handlungsspielraum privater Akteure zu Gunsten des Gemeinwohls einzuschränken. Dabei geht es aber nicht nur um die Prozesse der Regelbildung, sondern auch um die Regelüberwachung und die Sanktionierung von Regelverstößen. In der Diskussion um den Aufstieg des Regulierungsstaates (Grande/Eberlein 1999, Majone 1996) steht die Frage der Neudefinition von Formen und Funktionen der Staatlichkeit im Vordergrund. Regulative Ordnungspolitik wird mit der Abkehr vom Keynesianismus zu Gunsten neoliberaler Marktkonzepte nun wichtiger als Verteilungspolitik. Vor allem aber entstehen durch die Privatisierung „natürlicher Monopole" im Verkehrs-, Medien und Kommunikationssektor, durch die ver-

> Bedeutungszuwachs regulativer Politik

stärkte Integration von Märkten insbesondere in Europa und durch zunehmende Umweltrisiken neue Regulierungsaufgaben.[20] Insbesondere durch die Privatisierungs- und Liberalisierungsmaßnahmen im Bereich der Infrastruktur- und Versorgungsleistungen (Energie, Telekommunikation, Post, vgl. König/Benz 1997, Eising 2000) wurden neue Regulierungsbehörden aufgebaut, die den Zugang und die Preise des jetzt eher wettbewerblich strukturierten Marktes regeln.

Das Wechselspiel der klassischen Leitbilder von Staat und Wirtschaft zum Ausgang des 20. Jahrhunderts hat sich also offenbar überlebt. Die überkommenen parteipolitischen Symboliken werden zunehmend irrelevant. Vieles spricht für das Aufbrechen einer neuen Phase im Verhältnis von staatlicher Regulierung, ökonomischem Wettbewerb und gesellschaftlicher Teilhabe. Es geht um die Neuentwicklung einer komplexen Regelungsstruktur der unterschiedlichen Wirkungsmechanismen unserer Gesellschaft, die neuerdings immer mehr als „Governance"-Strukturen bezeichnet werden.

Ohne hier auf die verschiedenen Begriffsprägungen und Verwendungskonzepte des Governance-Begriffes eingehen zu können (vgl. hierzu Benz u.a. 2003), lässt sich aus politikwissenschaftlicher Sicht sagen, dass mit dem Governance-Begriff eine neue *Betrachtungsweise* einhergeht. Bei der Analyse politischer Steuerungsmöglichkeiten wird zunehmend der Beitrag von zivilgesellschaftlichen und privatwirtschaftlichen Akteuren mit einbezogen. Der Staat ist nun nicht mehr die Institution, die sich vom Markt und der Gesellschaft klar unterscheidet (government), sondern Staat, Markt und soziale Netzwerke und Gemeinschaften gelten als institutionelle Regelungsmechanismen, die in unterschiedlichen Kombinationen genutzt werden. Man konzentriert sich nun auf die Steuerungs- und Koordinationsfunktion dieser institutionellen Strukturen und auf die Schaffung neuer Arrangements zwischen ihnen (vgl. ebd., S. 21f.). Aus dieser Perspektive können dann, so die These, Formen kollektiven Handelns in der Gesellschaft besser verstanden werden als mit dem Konzept des Staates oder des Regierungssystems. Neben diesem eher weiten Begriff von Governance als neuem Blickwinkel der Politikwissenschaft werden in einer engeren Bestimmung des Begriffes *inhaltliche Veränderungen der politischen Steuerung* subsumiert. Gemeint sind damit Tendenzen stärkerer gesellschaftlicher, ökonomischer und politischer Selbststeuerung und die daraus resultierende neue Kombination von Steuerungsmodi, die im Kern aus Verhandlungen, aber kombiniert mit Hierarchie und Anreizen bestehen.

Mit der im Herbst 1998 neu gewählten rot-grünen Bundesregierung ist auch auf Bundesebene ein neues Leitbild eingezogen, das einige dieser Problemlagen aufnimmt. Favorisierte die konservativ-liberale Regierung in ihrer Regierungszeit das Leitbild des „schlanken Staates" und nahm sie vor allem Anfang der 90er-Jahre in diesem Sinne einige Privatisierungsmaßnahmen[21] vor, so soll nun

Diskussion um
Governance-
Strukturen

Was bedeutet
Governance aus
politikwissen-
schaftlicher Sicht?

Aktivierender statt
schlanker Staat

---

20 Traditionelle Aufgaben regulativer Staatstätigkeit lagen im Bereich der Arbeitszeitregulierung, der Tierseuchenregulierung, des Baurechtes. Daneben gab es insbesondere im Bereich der technischen Sicherheit und im Bereich der Börsen- und Geldgeschäfte eine lange Tradition gesellschaftlicher Selbstregulierung (Czada/Lütz/Mette 2003, S. 13f.).

21 Zu nennen sind im Bereich der Bundesverwaltung die Deutschen Bundesbahn (seit 1.1.1994 Deutsche Bahn AG), die Unternehmen der Deutschen Bundespost (Postdienst, Postbank, Telekom) sowie die Flugsicherung (1993). Auf Bundesebene dominieren in dieser Zeit Privatisierungs- und Deregulierungsbemühungen. Im Zeitraum von 1982 bis 1994 wurden die Unternehmensbeteiligungen des Bundes von 958 auf weniger als 400 reduziert. Erzielt werden konnte ein Gesamterlös von 12 Mrd. DM und rund 1 Mio. Mitarbeiter schieden aus dem öffentlichen Dienst aus.

aus dem *schlanken* der *aktivierende Staat* werden. Ging es im schlanken Staat um die Konzentration auf staatliche Kernaufgaben und Aufgabenabbau gepaart mit individueller Verantwortung und gesellschaftlicher Selbstregelung (Jann/ Wewer 1998), will der aktivierende Staat die Handlungsfähigkeit des Staates durch Aufgabenumbau, Verantwortungsteilung und Leistungsaktivierung bewahren (Blanke/Plaß 2002).

Verantwortungs-teilung und Verantwortungs-stufung

Gemeint ist mit dem aktivierenden Staat ein Staat, der zu einer Optimierung der Abläufe in der Gesellschaft beiträgt, bestimmte Grundbedürfnisse (öffentliche Infrastruktur, Bildung, öffentliche Sicherheit, Rechtssicherheit, soziale Sicherung) sicherstellt und Eigeninitiative und gesellschaftliches Engagement unterstützt. Vor dem Hintergrund dauerhafter öffentlicher Haushaltsprobleme und der Notwendigkeit, Veränderungen staatlicher Aufgaben in demokratischen Prozessen durchzusetzen, was angesichts vorhandener Reformwiderstände und -blockaden nicht einfach ist, wird sich für eine Aufgabenentlastung des Staates durch Differenzierung verschiedener Verantwortlichkeiten ausgesprochen. In Weiterentwicklung des Konzeptes des Gewährleistungsstaates wird auf Verantwortungsteilung und Verantwortungsstufung gesetzt (Blanke/Plaß 2002, S. 12f.). Ausgehend von der politischen Führungsverantwortung soll der aktivierende Staat

Gewährleistungs-verantwortung

–   die *Gewährleistungsverantwortung* für eine öffentliche Aufgabe übernehmen, wenn im demokratischen Prozess ein wichtiges öffentlichen Interesse festgestellt worden ist,

Finanzierungs-verantwortung

–   nur dann die *Finanzierungsverantwortung* übernehmen, wenn keine marktgerechten Erlöse zu erzielen sind oder staatliche Finanzierung politisch beabsichtigt ist (z.B., um soziale Benachteiligungen auszugleichen), und

Vollzugs-verantwortung

–   nur dann die *Vollzugsverantwortung* übernehmen, wenn nichtstaatliche Dritte nicht verfügbar sind oder der Vollzug durch solche Dritte aus Risiko-, Gleichbehandlungs- oder Missbrauchsgründen ausscheidet.

Elemente stärkerer Selbstverantwortung und Selbststeuerung

Mittlerweile lassen sich bereits erste praktische Tendenzen absehen. Staatliche Stellen versuchen zunehmend, nicht mehr alles selber zu erledigen, sondern neue Formen der Selbststeuerung und Selbstverantwortung zumindest ergänzend aufzubauen. So werden zum einen vor allen in den verschiedenen Sozialversicherungszweigen die Bemühungen intensiviert, Elemente stärkerer Selbstverantwortung einzubauen. Man denke an die im Jahr 2001 beschlossene private Ergänzung zur gesetzlichen Rentenversicherung, an die Reformen im Bereich der Krankenversicherung oder an Teile der Hartzgesetze.

Zum anderen werden vor allem auf kommunaler Ebene seit Ende der 90er-Jahre die Versuche verstärkt, die Bürger stärker in die öffentliche Dienstleistungsproduktion einzubeziehen. Zu denken ist hier an neue Formen der Selbstverwaltung durch Bürger und Vereine (Clubhäuser, Schwimmbäder, Sport- und Freizeitanlagen, Senioreneinrichtungen, Sport- und Kulturveranstaltungen), an Formen der Selbstorganisation und Selbsthilfe von Vereinen und Initiativen (Selbsthilfegruppen in den Bereichen Gesundheit, Drogenabhängigkeit, Behinderung, Arbeitslosigkeit; Initiativen zur Verbesserung der Wohn- und Lebensqualität im Bereich Spielanlagen, Sauberkeit, örtliche Sicherheit, Kultur, Durchführung von Sanierungsarbeiten in Schulen und Kindergärten) sowie an die Förderung individuellen Engagements (Tauschbörsen nichtmarktlicher Dienstleistungen; Freiwilligenzentren; Spielplatzpatenschaften, Übernahme von Straßen- und Grünflächenpflegemaßnahmen, vgl. zum Gesamtkomplex Bogumil/Vogel 1999). Zudem ist hier auf die weiter oben schon erwähnte Enquetekommission „Zukunft des Bürgerschaftlichen Engagements" zu verweisen, die aufgrund der systematischen Bestandsaufnahme des bürgerschaftlichen Engagements in Deutschland, der Rahmenbedingungen und der Bedingungsfaktoren politische Handlungsempfehlungen entwickelt und im Sommer 2002 präsentiert hat (vgl. Enquete-Kommission „Zukunft des Bürgerschaftlichen Engagements" 2002).

3.2 Aufgabenverteilung und Verwaltungsaufbau im Bundesstaat[22]

3.2.1 Gewaltenteilung und föderaler Staatsaufbau

Gewaltenteilung als Herrschaftsprinzip

Gewaltenteilung kann als ein Grundprinzip politischer Herrschaftsgestaltung angesehen werden. Minderheits- und Mehrheitsdiktaturen sollen verhindert und in der politischen und sozialen Auseinandersetzung benachteiligten und unterlegenen Minderheiten eine mitwirkende Teilnahme eröffnet werden. Gewaltenteilung zielt darauf ab, übermäßige Machtkonzentrationen an einer Stelle zu verhindern und Sicherungen gegen Machtmissbrauch zu institutionalisieren, um einen dauerhaften gesellschaftlichen und politischen Integrationsprozess zu gewährleisten. Es geht also nicht nur um Machtkontrolle, sondern immer auch um Gemeinschaftsaktivierung (vgl. Steffani 1997, S. 29). Die wesentlichen Mittel der Gewaltenteilung sind Kompetenzaufgliederungen, Institutionalisierung von Kontrollinstrumenten und Institutionalisierung von Verfahren zur Gemeinschaftsaktivierung.

Horizontale und vertikale Gewaltenteilung

Im Staatsaufbau der Bundesrepublik gibt es laut Grundgesetz zwei zentrale Mechanismen der Gewaltenteilung, die klassische horizontale Gewaltenteilung zwischen Legislative, Exekutive und Rechtsprechung, sowie die vertikale Gewaltenteilung zwischen Bund und Ländern durch das Bundesstaatsprinzip. Auf beide Prinzipien soll kurz eingegangen werden.

Legislative, Exekutive und Judikative als horizontale Gewaltenteilung

Horizontale Gewaltenteilung geht auf die von Locke und Montesquieu entwickelte klassische Lehre von der Teilung der Staatsgewalt in die drei Gewalten Legislative, Exekutive und Judikative zurück. Auch in Deutschland wird die Staatsgewalt durch besondere Organe der Gesetzgebung, der vollziehenden Gewalt und der Rechtsprechung ausgeübt (Art. 20, Abs. 2 GG)[23]. Gesetzgebungskompetenzen üben nur der Bund und die Länder aus, zur vollziehenden Gewalt gehören Bund, Länder und Kommunen, und zur Rechtsprechung Bundes- und Landesgerichte (vgl. Abbildung 6).

---

22 Die Veränderung in der öffentlichen Aufgabenwahrnehmung durch die Europäische Union und die institutionellen Besonderheiten des europäischen Mehrebenensystems werden in Kapitel 5.4 dargestellt.

23 Dabei ist natürlich zu beachten, dass in einem parlamentarischen System wie in der Bundesrepublik Deutschland keine strikte Gewaltenteilung zwischen Parlament und Regierung vorhanden ist wie in einem präsidentiellen System (z.B. USA). Stattdessen sind Legislative und Exekutive im Parlament eng miteinander verflochten (vgl. z.B. Böhret/Jann/Kronenwett 1988, S. 208ff).

Abbildung 6: Staatsaufbau (BRD)

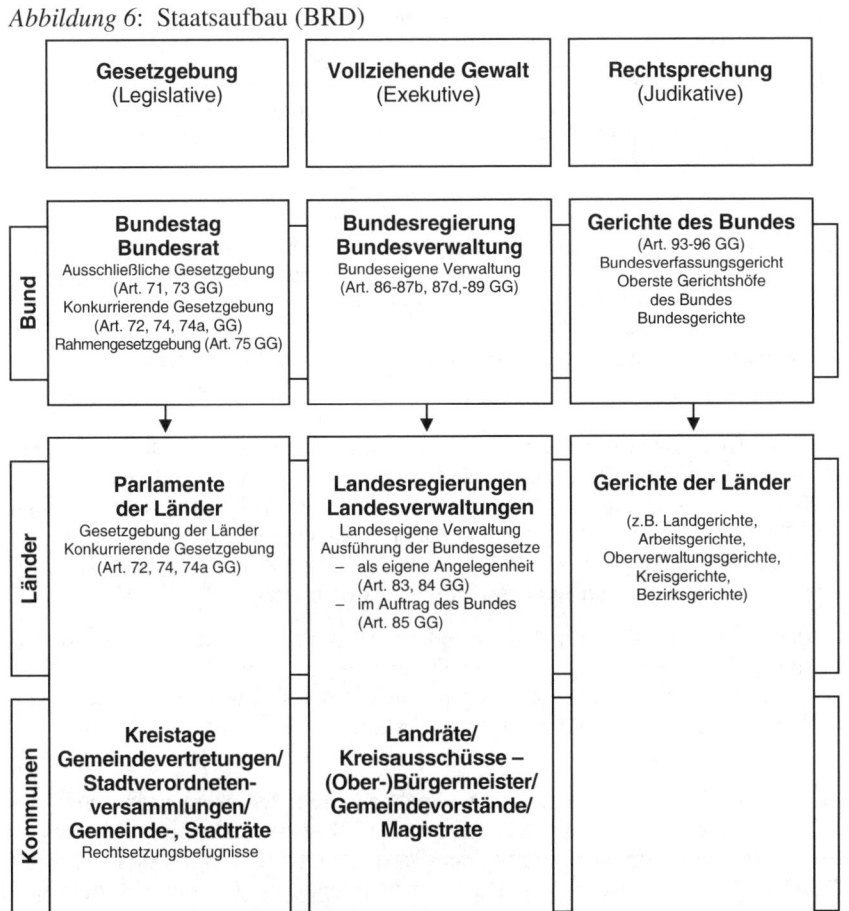

Quelle: eigene Darstellung nach Heyde/Ziller 2000, S. 3.

Das zweite wesentliche Prinzip im Staatsaufbau Deutschlands ist laut Grundgesetz die Bundesstaatlichkeit (Art. 20, Abs. 1 GG). Unter Föderalismus versteht man ein politisches Grundprinzip, demzufolge sich Einzelstaaten unter Wahrung ihrer Staatlichkeit zu einem Bund zusammenschließen (lat. foedus = der Bund). Die Einzel- oder Gliedstaaten, in diesem Fall die Länder, haben neben dem Bund eigene Hoheitsrechte und Zuständigkeiten, man spricht daher auch von der „Eigenstaatlichkeit" der deutschen Bundesländer. Grob gesagt lautet die Leitlinie des GG, dass alles, was im allgemeinen Interesse einheitlich geordnet und geregelt werden muss, in den Zuständigkeitsbereich des Bundes fällt, während in allen anderen Angelegenheiten grundsätzlich die Länder zuständig sind.

Föderalismus als vertikale Gewaltenteilung

Abbildung 7: Kompetenzverteilung nach dem Grundgesetz

	Bund	Länder

Gesetzgebung	– fast alle Gesetzgebungs-
	  kompetenzen
	  (ausschließliche, konkurrierende,
	  rahmensetzende)
		– wenig eigene Gesetzgebungs-
		  kompetenzen
		  (vor allem Polizei, Kultur, Kom-
		  munales)
		– Zustimmungs- und Einspruchs-
		  rechte

Verwaltung	– kaum eigene Verwaltungs-
	  kompetenz
	– meistens nur Rechtsaufsicht bei
	  der Durchführung
		– fast alle Verwaltungskompetenz
		– Durchführung fast aller Gesetze

Rechtssprechung	– oberste Bundesgerichte	– quantitatives Übergewicht der Landesgerichte

Institutioneller Kern des deutschen Bundesstaates

Die föderative Staatsform entspricht der deutschen Verfassungstradition, soll den Wettbewerb zwischen Regionen fördern, vor Machtmissbrauch schützen und eine überschaubare Politik ermöglichen. Ziel ist es, die Aufgaben zwischen Bund und Ländern so zu verteilen, dass sie auf der Ebene gelöst werden können, auf der es am besten möglich ist. Drei wesentliche Elemente machen den institutionellen Kern des deutschen Bundesstaates aus (Lehmbruch 2002, S. 103):

– der Exekutiv- oder Verwaltungsföderalismus mit der funktionalen Aufteilung von Gesetzgebung und Verwaltungskompetenzen,
– die Bundesratskonstruktion, also die Besetzung der zweiten Kammer durch Regierungsvertreter und nicht durch Parlamentarier, sowie
– die finanzwirtschaftlichen Verflechtungen im Steuerverbund.

Dieser Kern ist nach Lehmbruch weitgehend veränderungsresistent. Seit der Paulskirchenverfassung von 1849 gibt es das Basisarrangement, den Verwaltungsföderalismus, der den Vorrang der Gesetzgebung beim Bund sieht, aber mit Rücksicht auf die bereits vorhandenen Verwaltungen die Überlassung der inneren Verwaltung an die Länder delegiert. Dieses Basisarrangement wurde von Bismarck ergänzt durch Verhandlungsmechanismen mit den Bundesrat, während zu Beginn der Weimarer Republik das finanzpolitische Verbundsystem kreiert wurde.

3.2.1.1 Gesetzeszuständigkeiten

Gesetzgebungskompetenzen

Auch wenn das Bundesstaatsprinzip laut Grundgesetz nicht veränderbar ist (Art. 79, Abs. 3 GG), haben sich in der konkreten Aufgabenverteilung zwischen Bund und Ländern zahlreiche Änderungen ergeben. Ein anschauliches Beispiel hierfür ist die Verteilung der Gesetzgebungskompetenz in Deutschland. Im Prinzip haben nach dem GG (Art. 30) die Ländern die Gesetzgebungskompetenz, es sei denn, das Grundgesetz bestimmt es anders. Mittlerweile liegt jedoch durch zahlreiche Verfassungsänderungen der größte Teil der Gesetzgebungskompetenz beim Bund. Drei Formen der Bundesgesetzgebung lassen sich unterscheiden:

ausschließliche Gesetzgebung des Bundes

Bei der ausschließlichen Gesetzgebung des Bundes handelt es sich um Gegenstände, die wegen ihrer Eigenart nur vom Bund geregelt werden können, oder um Einheitlichkeit zu gewähren, für das ganze Bundesgebiet in gleicher Weise geregelt werden sollen. Gegenstände sind nach Art. 73 GG u.a.:

- Auswärtige Angelegenheiten, Verteidigung und Schutz der Zivilbevölkerung
- Staatsangehörigkeit im Bunde
- Freizügigkeit, Passwesen, Ein- und Auswanderung, Auslieferung
- Währung-, Geld- und Münzwesen, Maße, Gewichte, Zeitbestimmung
- Einheit des Zoll- und Handelsgebietes, Handels- und Schifffahrtsverträge, Waren- und Zahlungsverkehr mit dem Ausland, Zoll- und Grenzschutz
- Bundeseisenbahnen und Luftverkehr
- Post- und Fernmeldewesen
- Gewerblicher Rechtsschutz, Urheberrecht, Verlagsrecht
- Zölle und Finanzmonopole

Bei der *konkurrierenden Gesetzgebung* hat der Bund dann ein Gesetzgebungsrecht, wenn es zur Herstellung gleichwertiger Lebensverhältnisse notwendig erscheint. Solange der Bund mit Hinweis auf die „Gleichwertigkeit der Lebensverhältnisse" nach Art. 72 Abs. 2 GG von seinen Gesetzgebungsrecht noch keinen Gebrauch gemacht hat, haben die Länder die Gesetzgebungsbefugnis. Allerdings hat der Bund in zunehmendem Maße von seinen Möglichkeiten Gebrauch gemacht. Schwerpunkte der konkurrierenden Gesetzgebung sind nach Art. 74 GG: *konkurrierende Gesetzgebung*

- Wirtschaftsrecht, Arbeitsrecht, Sozialversicherung
- Kernenergie, Entsorgung
- Ausbildungsbeihilfen, Förderung der wissenschaftlichen Forschung
- Enteignung und Sozialisierung
- Kartellrecht
- Förderung der Land- und Forstwirtschaft, Sicherung der Ernährung
- Grundstückswesen, Bodenrecht, Wohungswesen
- Seuchenschutz, Arzneimittelverkehr, Zulassung zu Heilberufen
- Wirtschaftliche Sicherung der Krankenhäuser
- Schutz beim Verkehr mit Lebens- und Genussmitteln
- Schiffahrt und Wasserstraßen
- Straßenverkehr, Kraftfahrtwesen sowie Bau und Unterhaltung von Fernverkehrsstraßen
- Abfallbeseitigung, Luftreinhaltung, Lärmbekämpfung
- Transplantation, künstliche Befruchtung und Veränderung von Erbanlagen
- Besoldung und Versorgung der Angehörigen des öffentlichen Dienstes
- Umsatzsteuern, Lohn- und Einkommenssteuern, Körperschaftssteuern, Mineralölsteuer

Bei der *Rahmengesetzgebung* kann der Bund nur den rechtlichen Rahmen setzen und muss Raum lassen für die Ausfüllung durch die die Länder. Gegenstände sind hier nach Art. 75 GG: Rahmengesetzgebung

- Recht des öffentlichen Dienstes der Länder und Gemeinden
- Allgemeine Grundsätze des Hochschulwesens
- Allgemeine Rechtsverhältnisse der Presse
- Jagdwesen, Naturschutz und Landschaftspflege
- Bodenverteilung, Raumordnung und Wasserhaushalt
- Melde- und Ausweiswesen

Die Gegenstände der *Landesgesetzgebung* sind wie ausgeführt nicht explizit im GG erwähnt, sondern ergeben sich für alle Bereiche, für die nicht explizit der Bund zuständig ist und für die der Bund keine Gebrauch von der konkurrieren–den Gesetzgebung macht. Schwerpunkte sind Landesgesetzgebung

- Schul- und Hochschulrecht
- Presse und Rundfunkrecht
- Kommunalrecht
- Landesplanungsrecht
- Polizeirecht

59

- Bauordnungsrecht
- Straßenrecht
- Wasserrecht

Rechtsetzungs-
befugnis der
Kommunen Die *Rechtsetzungsbefugnis der Kommunen* wird durch den Erlass von Satzungen ausgeübt. Diese Rechtssetzungsbefugnis ergibt sich aus dem im GG gewährten Recht auf kommunale Selbstverwaltung (Art. 28 Abs. 2 GG). Das Recht, Satzungen zu erlassen, kommt den kommunalen Vertretungskörperschaften zu. Beispiele für kommunale Rechtssetzungen sind

- Hauptsatzungen
- Haushaltssatzungen
- Bebauungspläne
- Gebühren- und Beitragssatzungen
- Steuersatzungen, z.B. Gewerbesteuerhebesatz

3.2.1.2 Verwaltungszuständigkeiten

Verwaltungs-
föderalismus Die Verwaltungszuständigkeiten und insbesondere der geringe Anteil zentralstaatlicher Verwaltung in Deutschland sind eine Folge des Föderalismusprinzips (Verwaltungsföderalismus), des Gewaltenteilungsprinzips sowie der grundgesetzlich garantierten kommunalen Selbstverwaltung. Verwaltungszuständigkeit und Regelungskompetenz sind oft getrennt. Viele Verwaltungstätigkeiten, die Länder und Kommunen ausüben, werden durch einheitliche Bundesgesetze gesteuert. Der Bund bedient sich in der Regel der Verwaltung der Länder und der Kommunen. Dass die starke Verwaltungsdezentralisierung die staatliche Einheit nicht gefährdet, wird neben einer bundeseinheitlichen Rechtsordnung durch einen weitgehend bundeseinheitlich geregelten öffentlichen Dienst, eine nationale Parteienstruktur sowie ein bundeseinheitliches Wirtschaftssystem gewährleistet.

Verwaltungs-
zuständigkeiten Nach dem Grundgesetz (Art. 30, Art. 83) ist die Verwaltung in Deutschland vor allem Aufgabe der Länder und der Gemeinden. Anders als z.B. in den USA liegen Verwaltungs- und Gesetzgebungskompetenz meist nicht beim gleichen Träger. Folgende Verwaltungszuständigkeiten sind zu unterscheiden (vgl. auch Abbildung 7).

Bundeseigene
Verwaltung Nur in wenigen, im Grundgesetz ausdrücklich aufgeführten Fällen besteht eine bundeseigene Verwaltung mit eigenem Verwaltungsunterbau. Dies wird als der Bundesvollzug von Bundesgesetzen bezeichnet. Hierzu gehören der Auswärtige Dienst, die Bundesfinanzverwaltung (in der Bund und Länder allerdings auch zusammenarbeiten), die Bundeswasserstraßen und die Schifffahrt, der Bundesgrenzschutz, die Bundeswehrverwaltung und die Eisenbahnverwaltung. In diesen Fällen bestehen umfassende Weisungsrechte im hierarchischen Behördenaufbau, und der Bund trägt die gesamten Kosten.

Abbildung 8: Durchführung von Bundesgesetzen

Als eigene Angelegenheiten der Länder (Art. 84 GG)	Im Auftrag des Bundes (Art. 85 GG)	Durch Bundes-verwaltung (Art. 85 GG)	Gemeinschaftsaufgaben (Art 91a GG)
Bundesaufsicht bzgl. Gesetzmäßigkeit	Bundesaufsicht bzgl. Gesetzmäßigkeit u. Zweckmäßigkeit	Ausführung durch nachgeordnete Behörden	Mitwirkung des Bundes bei Landesaufgaben durch „gemeinsame Rahmenplanung"
Keine Weisungsrechte des Bundes (außer in besonderen Fällen bei gesetzlicher Regelung mit Zustimmung des Bundesrates)	Weisungsrecht des Bundes, im allgemeinen an die obersten Landesbehörden	Umfassende Weisungsrechte im hierarchischen Behördenaufbau	Unterrichtungsrechte von Bundesregierung und -rat
Allgemeine Verwaltungsvorschriften des Bundes mit Zustimmung des Bundesrates	Wie bei eigener Angelegenheit, ferner: Ausbildungsvorschriften und Einvernehmen des Bundes bei Bestellung von Leitern der Mittelbehörde	Bund organisiert eigene Behörden und bestellt ausführendes Personal	
Verwaltungskosten beim Land, Geldleistungen an Bürger bis 50% können vom Bund getragen werden (Art. 104a GG)	Bund trägt Verwaltungskosten; Minderanteil an Geldleistungen für Bürger kann beim Land liegen (Art. 104a GG)	Bund trägt sämtliche Kosten	Bund und Länder teilen die Kosten

Der Landesvollzug von Bundesgesetzen im Bundesauftrag, die so genannte Bundesauftragsverwaltung, ist ebenfalls eher selten. Hierzu gehören die Verwaltung der Bundesautobahnen und Bundesstraßen, die Luftverkehrsverwaltung, die Genehmigung von Kernkraftwerken und Anlagen zur Lagerung und Wiederaufbereitung radioaktiver Stoffe und die Verwaltung bestimmter Steuern. Im Rahmen der Bundesauftragsverwaltung besteht ein umfassendes Weisungsrecht des Bundes, und der Bund kann im Einzelfall die Länder anweisen, bestimmte Maßnahmen durchzuführen oder zu unterlassen, was vor allem im Bereich der Kernenergienutzung gelegentlich aufgetreten ist, allerdings immer sehr kontrovers war. Der Bund übt damit die Rechts- und die Fachaufsicht aus. Ferner bestimmt er die Ausbildungsvorschriften und ist bei der Bestellung der Leiter von Mittelbehörden beteiligt. Allerdings trägt der Bund auch die Kosten, wie zum Beispiel beim Bau der Autobahnen.

Bundesauftragsverwaltung

Die Regel des Verwaltungsvollzugs in Deutschland ist indes der Landesvollzug von Bundesgesetzen als eigene Angelegenheit der Länder. Die Länder dürfen hier die Einrichtungen der Behörden und das Verwaltungsverfahren selbst bestimmen. Praktisch können die Landesverwaltungen damit bei der Krankenhausplanung, bei der Sozial- und Jugendhilfe, im Umweltschutz, bei der Stadtsanierung und im Baurecht, im Straßenverkehrsrecht und im Ausländerwesen den Spielraum ausschöpfen, den die Gesetze lassen. Der Bund übt hier nur die Rechts-, aber keine Fachaufsicht aus. Die Verwaltungskosten werden hier vom Land getragen, Geldleistungen an die Bürger können bis zu 50% vom Bund getragen werden.

Landesvollzug von Bundesgesetzen als eigene Angelegenheit der Länder

Beim Landesvollzug von Landesgesetzen führen die Landesbehörden, zu denen auch die Kommunen zählen, die Gesetze selbstständig und ohne Mitsprache des Bundes aus. Wir werden hierauf in Kapitel 3.4 zurückkommen. Hierzu gehören vor allem der Denkmalschutz, Theater, Museen, Sport, Polizei, regionale Strukturpolitik, Wirtschaftsförderung, Landesplanung und Raumplanung.

Nur das Auswärtige Amt, die Bundeswasserstraßen, der Grenzschutz, die Finanzverwaltung, die Bundeswehrverwaltung sowie die Arbeitsverwaltung (als mittelbare) sind nach den Privatisierungen von Bahn, Post und Flugsicherung noch Bereiche mit einem eigenständigen bundesstaatlichen Behördenunterbau. Der gesamte Bildungsbereich, das Krankenhauswesen, die Polizei, Umweltschutzmaßnahmen, Straßenbaumaßnahmen (auch Autobahnen und Bundesstraßen), die Finanzämter, Energiemaßnahmen, viele soziale Dienste wie Sozialhilfe, Wohngeld oder Kriegsopferfürsorge und anderes mehr werden von Ländern und Kommunalbehörden bearbeitet. Unterteilt man nun die Verwaltungszuständigkeiten nach Sektoren, so ergibt sich folgendes Bild:

– In den Sektoren Auswärtige Angelegenheiten, Verteidigung, Finanz- und Steuerverwaltung liegt die Verwaltungszuständigkeit überwiegend beim Bund;
– in den Sektoren öffentliche Sicherheit und Ordnung, Rechtsschutz, Kultur (einschließlich Medien) und Bildungswesen bei den Ländern, und
– in den Sektoren innere Verwaltung und allgemeine Staatsaufgaben, Soziales, Gesundheitswesen, Wirtschaftsförderung, Verkehr und öffentliche Einrichtungen bei den Gemeinden.

3.2.1.3 Gemeinschaftsaufgaben und Politikverflechtung

Neben diesen getrennten Gesetzgebungs- und Verwaltungsbefugnissen ist eine Entwicklung zu Planungs-, Entscheidungs- und Finanzierungsverbünden zu beobachten, die 1969 durch die Einführung von *Gemeinschaftsaufgaben* (Hochschulbau, regionale Wirtschaftsstrukturverbesserung, Verbesserung der Agrarstruktur und des Küstenschutzes, Art. 91a GG) begann. Hier finanziert der Bund die Aufgabenerfüllung in der Regel zu 50% (in der Agrarstruktur zu 60% und im Küstenschütz zu 70%) und hat insofern auch Planungseinfluss durch die gemeinsame Rahmenplanung mit den Ländern. Darüber hinaus können Bund und Länder im Bereich der Bildungsplanung zusammenwirken (Art. 91b GG). So werden die Max Planck-Gesellschaft und die Deutsche Forschungsgemeinschaft im Bereich der wissenschaftlichen Grundlagenforschung je zur Hälfte von Bund und Ländern finanziert, im Bereich der anwendungsorientierten Forschung die Großforschungsanlagen wie das Fraunhofer-Gesellschaft oder das Deutsche Krebsforschungszentrum sogar zu 90% vom Bund. Eine weitere Durchbrechung der Aufgaben- und Ausgabentrennung von Bund und Ländern findet sich in Art. 104a GG, nach dem die Kosten des Bundesausbildungsförderungsgesetzes, des Wohngeldes und des Bundeserziehungsgeldes größtenteils vom Bund getragen werden, sowie bei Zuwendungen des Bundes im Bereich des Wohungsbaus, des Städtebaus sowie des Ausbaus von Verkehrswegen.

Die Vermischung der Aufgaben- und Verwaltungszuständigkeiten von Bund, Ländern und Kommunen führt zu einer gesonderten Form der Willensbildung, die in der Politikwissenschaft unter dem Stichwort *Politikverflechtung* diskutiert wird (vgl. Scharpf u.a. 1976; Benz 1997). Politikverflechtung ist eine typische Eigenschaft föderativ verfasster Staaten. Sie steht für alle Kompetenzverschränkungen, die staatsrechtlich autonome Entscheidungsträger des Bundes und der Länder zwingt, bei der Erfüllung der Aufgaben zusammenzuwirken. Sie bezeichnet in Deutschland eine Entscheidungsstruktur, in der die meisten öffentlichen Aufgaben nicht durch Entscheidungen einzelner Gebietskörperschaften, sondern durch Kooperation von Bund, Ländern und Kommunen und zunehmend auch der Europäischen Union wahrgenommen werden, so dass hier auch von einem kooperativen Föderalismus gesprochen wird. Politikverflechtung ist in Deutschland durch die Gemeinschaftsaufgaben, durch die Mitsprache der Länder im Bundesrat, durch den Steuerverbund (vgl. 3.6.) und den Verwaltungsföderalismus verfassungsmäßig institutionalisiert.

Der Bundesrat ist neben dem Bundestag das zweite Gesetzgebungsorgan des Bundes, über den die Länder an der Bundesgesetzgebung, bei der Verwaltung des Bundes und in Angelegenheiten der Europäischen Union mitwirken. Bekannt geworden ist insbesondere die Mitwirkung an den sogenannten Zustimmungsgesetzen, die nur in Kraft treten können, wenn der Bundesrat sie ausdrücklich billigt. Ihr Anteil ist von ca. 30% in den 1970er Jahren auf ca. 60% Ende der 1990er Jahre angestiegen. Die Zustimmungsgesetze sind im Einzelnen im Grundgesetz beschrieben. Es sind Gesetze, die in die Verwaltungshoheit der Länder eingreifen, die Finanzen der Länder beeinflussen oder die die Verfassung ändern. Auch können die wichtigsten Rechtsverordnungen und allgemeine Verwaltungsvorschriften nur mit Zustimmung des Bundesrates in Kraft treten. Bundesrat

Neben dieser vertikalen Form der Politikverflechtung gibt es auch horizontale Verflechtungen zwischen dezentralen Gebietskörperschaften, wenn diese Entscheidungen, die über das eigene Territorium hinausreichen, mit den anderen betroffenen Gebietskörperschaften abstimmen (dies wird als sog. „Dritte Ebene" bezeichnet). Beispiele für aus einer horizontalen Verflechtung entstandene Einrichtungen sind z.B. das ZDF, die Zentralstelle für die Vergabe von Studienplätzen oder die Ständige Konferenz der Kultusminister. Daneben gibt es zum Zweck der Koordination Besprechungen der Regierungschefs der Länder untereinander und mit dem Bundeskanzler, den Konjunkturrat, den Finanzplanungsrat, den Wissenschaftsrat sowie die Bund-Länder Kommission für Bildungsplanung und Forschungsförderungen. Insgesamt kann das Verwaltungsgefüge in Deutschland aufgrund der Mitwirkungsrechte der unteren Ebenen an Entscheidungen höherer Ebenen, der Freiräume beim Vollzug von Maßnahmen, dem Aufsichts- und Weisungssystem und der massiven finanziellen Verflechtungen de facto damit als ein in horizontaler und vertikaler Hinsicht ausgeprägtes Verbundsystem betrachtet werden, denn diese formal institutionalisierten Gremien der Bund-Länder-Zusammenarbeit werden durch eine Vielzahl informeller Gremien und Koordinationsmechanismen ergänzt. Hervorzuheben sind hier neben der institutionalisierten Interessenvertretung der Länder in Berlin durch die Landesvertretungen und eine Vielzahl hoch-spezialisierter und professionalisierter Abstimmungsgremien vor allem die von Frido Wagener (1979) als „Ressortkumpanei" oder „vertikale Fachbruderschaften" bezeichneten informellen Kontakte zwischen Fachbeamten auf verschiedenen Ebenen (etwa Kommune, Land, Bund bis hin zur EU; Beispiele wären Landwirtschaft, Verkehr oder auch Regionalpolitik), deren informell abgestimmte Standards und Absprachen durch die formell zuständigen politischen Gremien schwer zu kontrollieren und zu ändern sind. Horizontale
Verflechtung

Abbildung 9: Politik- und Verwaltungsverflechtung in Deutschland

	Vertikal (einschließlich des Bundes)	Horizontal (ohne Bund)
formal-institutionalisiert	– Bundesrat – Gemeinschaftsaufgaben – regionale Wirtschaft – Hochschulbau – Agrarstruktur – Bildung und Forschung – Auftragsverwaltung – OFD	– Ministerpräsidentenkonferenz – Kultusministerkonferenz – Sog. „Dritte Ebene" – Staatsverträge und Verwaltungs- abkommen – Medienstaatsvertrag – Vergabe von Studienplätzen

informell	– Landesvertretungen
	– Fachbruderschaften/
	  Ressortkumpanei
		– Fachministerkonferenzen
		– Arbeitskreise und Beratungs-
		  gremien

Bundesstaatlichkeit und die Politikverflechtung sind wichtige Themen der Politikwissenschaft. Zentrale Spannungslinien werden im Parteienwettbewerb im Bundesstaat, in territorialen Verteilungskonflikten und in der Einbettung des Bundesstaates in die EU gesehen (vgl. z.B. Lehmbruch 1998, Benz 1999, Benz/Lehmbruch 2002). Die Vor- und Nachteile von Politikverflechtung lassen sich nur aufgrund einer differenzierten Analyse einzelner Formen erfassen. Die Vorteile liegen generell in der Koordinierungsfunktion und der Herstellung von Stabilität und Flexibilität öffentlicher Aufgabenerfüllung, während die Nachteile in der Intransparenz, der Fragmentierung von Staatstätigkeit und in einer ineffizienten und ineffektiven Aufgabenerfüllung gesehen werden.

3.2.1.4 Reformdiskussionen

Entflechtung, Dezentralisierung und mehr Wettbewerb

Die Aufgabenerledigung im kooperativen Bundesstaat ist immer wieder Thema von Reformdiskussionen. Wurde diese lang Zeit trotz einiger kritischer Stimmen durchaus eher positiv betrachtet, verdichten sich in den letzten Jahren die kritischen Stimmen, die stärker die Reformblockaden und die mangelnde „Regierungsfähigkeit" in diesem System betonen (z.B. Bertelsmann-Stiftung 2000). Zwar gibt es über die grobe Richtung – Entflechtung, Dezentralisierung und mehr Wettbewerb – weitgehend Einigkeit, aber im Detail variieren die Vorschläge beträchtlich. Von der Schaffung radikal wettbewerbsföderalistischer Strukturen in einem dezentralisierten Einheitsstaat über Vorschläge zur Länderneugliederung, der Einführung eines strikten Steuertrennsystems oder anderen Maßnahmenpakete zur Entflechtung bis hin zu Vorschlägen über eine veränderte Zustimmungspflicht des Bundesrates oder eine Reform des Abstimmungsverhaltens im Bundesrat oder zur Reform des Länderfinanzausgleiches gibt es ein buntes Bild.

Probleme des Wettbewerbs-föderalismus

In der Reformdiskussion überschätzen nach Ansicht von Benz insbesondere die Verfechter eines Wettbewerbsföderalismus die Nachteile von Kooperation und Verflechtung und unterschätzen die Möglichkeiten des Wettbewerbs im bestehenden System (Benz 2002a, S. 392), so dass es seiner Ansicht nach keine überzeugenden Gründe für eine große Reform in Richtung Wettbewerbsföderalismus gibt, ganz abgesehen davon, dass sich diese auch nicht realisieren lassen würde. Zwar wird nicht bestritten, dass der kooperative Föderalismus hohe Entscheidungskosten mit sich bringt, aber vergessen wird, dass nicht alle Mängel und Problemlagen auf die institutionellen Strukturen des Föderalismus zurückzuführen sind (wie z.B. die Kosten der Deutschen Einheit, die Bildungsdebatte oder die Strukturprobleme in der Sozialversicherung).

Generell müssen angesichts der pfadabhängigen und komplexen Strukturkonfiguration des deutschen Föderalismus Reformen sorgfältig bedacht werden, damit sie umsetzbar sind und auch die intendierte Effekte erreichen (vgl. ausführlich den Band von Benz/Lehmbruch 2002). In letzter Zeit arbeiten verschiedene Kommissionen an diesen Themenbereichen, so eine Arbeitsgruppe zur Reform des Länderfinanzausgleiches und eine Arbeitsgruppe zur Reform der Gemeindefinanzierung. Im Oktober 2003 wurde zudem eine Bund-Länder-Kommission zur Modernisierung des Bundesstaates eingesetzt (Föderalismuskommission). Begrenzte
Reformmöglichkeiten

Nach Ansicht von Benz gibt es keinen festen Zusammenhang zwischen Staatsorganisation und Leistungsfähigkeit (2002b). Schlechte Kompromisse müssen nicht auftreten und sind auch in der Vergangenheit nicht immer aufgetreten. Kooperation bringt auch Interessenausgleich und Konfliktregulierung. Allerdings hat sich mit der Zunahme der Verteilungskonflikte der Parteienwettbewerb im Bundesstaat intensiviert und zunehmend auf bundesstaatliche Verhandlungsprozesse ausgewirkt. Auf der anderen Seite gibt es Anzeichen einer Veränderung des Parteiensystems in Richtung einer stärkeren Regionalisierung, die innerhalb der Parteien die Positionen der Ländervertreter stärkt (vgl. Benz 2003a, S. 36). Sollten sich parteipolitische Konfrontationen dadurch auflösen, eröffnen sich nach Benz Chancen für eine differenzierte Dezentralisierungspolitik. Diese zeichnet sich dadurch aus, dass der *Politikwettbewerb* um die Qualität der Aufgabenerfüllung gestärkt werden sollte und nicht so sehr der auf wirtschaftliche Ressourcen bezogene Standort- oder Steuerwettbewerb, der kaum unter fairen Bedingungen stattfindet und die ohnehin wirtschaftlich schwachen Länder überfordert (zu den Vorschlägen im Detail vgl. Benz 2003a, S. 37f). Mehr
Politikwettbewerb

3.2.2 Verwaltungsorganisation, Verwaltungsaufbau und Verwaltungsfunktionen

Grundsätzlich kann zwischen zwei denkbaren theoretischen Grundmodellen der Staatsorganisation, einer horizontalen gebietsbezogenen und einer vertikalen funktionsbezogenen, Verwaltungsorganisation unterschieden werden (Wagener 1976, Benz 2002b, vgl. auch Abbildung 10).

– *Horizontal* organisiert heißt, dass es in der Regel keinen durchgängigen Behördenapparat von der Bundes- bis zur Ortsebene gibt, sondern jede Verwaltungsebene ihren abgegrenzten und gebündelten Aufgabenbereich hat. Alle Aufgaben in einem Gebiet werden von einer Verwaltungseinheit erfüllt, deshalb nennt man dieses Modell auch Gebietsorganisationsmodell. Es kommt hier zu einer Bündelung von Verwaltungsaufgaben und einer einheitlichen Verwaltung. Zu diesem Organisationsmodell gehören Stichworte wie „Universalität des Wirkungskreises" und „Einheit der Verwaltung." Diese Aufgabenteilung zwischen den verschiedenen Gebietskörperschaften[24] ist ein Grundprinzip föderalstaatlicher Systeme. Die horizontale, gebietsbezogene Organisation war vor allem im Feudalismus vorherrschend, als ein König, Fürst oder Gebietsorganisations-
modell

---

24 Eine Gebietskörperschaft ist nach Frido Wagener „raumausfüllendes Verwaltungsgerüst mit eigener Rechtspersönlichkeit und unmittelbar gewählten Organen". Damit zählen Bund, Länder, Stadtstaaten und Kommunen zu den Gebietskörperschaften.

Gutsherr absoluter Gebietschef war, aber sie ist auch ein zentrales Grundelement der lokalen Selbstverwaltung, in der Gemeinden ja das Recht haben „alle Angelegenheiten der örtlichen Gemeinschaft (...) in eigener Verantwortung zu regeln" (Art 28, Abs. 2 GG). Auch Kreise gehören zu diesem Typus.

Aufgabenorganisationsmodell – Das funktionsbezogene oder *vertikale* Modell ist historisch jünger und trat vor allem dort auf, wo eine hochentwickelte, komplexe Industriegesellschaft besonderen Wert auf die optimale Erfüllung von öffentlichen Teilfunktionen legte. Es ist gekennzeichnet durch einen durchgängigen Behördenapparat. Für jede abgrenzbare Fachaufgabe wird eine spezielle Organisation geschaffen (z.B. staatliche Sonderbehörden). Hier dominiert die sektorale, spartenhafte Betrachtungsweise und ein aufgabenbezogenes Organisationsmodell. In Deutschland waren z.B. der Auswärtige Dienst, Eisenbahn, Post und Militär schon immer funktional organisiert, aber Beispiele wären auf Landesebene auch staatliche Bereiche wie Forstwirtschaft, Gewerbeaufsicht, Polizei oder Schule (vgl. Wagener 1981, S. 76f.).

Grundsätzlich erleichtert das Gebietsorganisationsmodell eher die Harmonisierung und den Ausgleich sich tendenziell störender Aufgaben und die demokratische Kontrolle „vor Ort", führt damit aber auch eher zur suboptimalen Erfüllung von Aufgaben aus fachlicher Sicht. Das Aufgabenorganisationsmodell führt zur Spezialisierung und Professionalisierung, damit aber auch zur Zentralisierung und erschwerten Kontrolle. In den unvergleichlichen Worten von Frido Wagener:

> „Die Entscheidenden und Durchführenden im Aufgabenorganisationsmodell neigen aus fachlicher Einseitigkeit zur Überschätzung der Bedürfnisse und damit zur überzogenen Erfüllung ihrer sektoral abgegrenzten öffentlichen Aufgaben. Sie orientieren sich säulenartig in der Form von Fachleuten, Oberfachleuten und Superfachleuten" (Wagener 1976, S. 36).

Der darin angelegte Konflikt lässt sich in Deutschland gut am Bereich der Umweltpolitik verdeutlichen: Normalerweise sind Anhänger der „Grünen" aufgrund ihrer Vorliebe für möglichst direkte demokratische Kontrolle eher Anhänger des Gebietsorganisationsmodells (starke lokale, bürgernahe und demokratisch kontrollierte Verwaltung), im Bereich des Umweltschutzes sind sie aber oft Verfechter starker staatlicher Sonderbehörden (staatliches Umweltamt, staatlicher Naturschutz), weil sie befürchten, dass bei Entscheidungen auf lokaler Ebene Umweltbelange hinter anderen Entscheidungskriterien zurückstecken müssen.

Abbildung 10: Grundmodelle der Verwaltungsorganisation

Gebietsorganisationsmodell	Aufgabenorganisationsmodell
– alle Aufgaben in einem Gebiet werden von einer Verwaltungseinheit erfüllt	– spezielle Organisation für jede abgrenzbare Fachaufgabe
– regionale Betrachtungsweise	– sektorale, spartenhafte Betrachtungsweise
– Bündelung von Verwaltungsaufgaben	– Einzelaufgabe entscheidend
– Einheit der Verwaltung	– aufgabenbezogenes Organisationsmodell
– Universalität des Wirkungskreises	
– horizontale Integration	– vertikale Integration
– Gebietskörperschaften: z.B. Kommunalverwaltung	– Sonderbehörden: z.B. Forstbehörden, Gewerbeaufsicht, Zoll
	– Spezialisierung
– Harmonisierung und Ausgleich sich tendenziell störender Aufgaben	– Zentralisierung
– suboptimale Erfüllung der Einzelaufgaben aus fachlicher Sicht	– überzogene Erfüllung der Aufgabe
	– suboptimale Koordination

In Deutschland kann man von einer abgeschwächten Gebietsorganisation ausgehen, in der aber viele Fachaufgaben in Sonderbehörden organisiert sind. Daher lassen sich grob drei Hauptverwaltungsebenen unterscheiden, die sich – horizontal organisiert – im Prinzip unabhängig gegenüberstehen: die Verwaltung des Bundes, die Verwaltung der Länder und die Kommunalverwaltung (vgl. hierzu und im folgenden Wagener 1981, 73ff.; Thieme 1981, S. 82ff. Hesse/Ellwein 1992, S. 304ff.; Miller 1995, S. 145ff., Benz 2002b). Die Gebietskörperschaften und ihre rechtlich unselbstständigen Wirtschaftsunternehmen sind zweifelsohne der wichtigste Bereich der öffentlichen Verwaltung in Deutschland. Daneben existieren noch die Anstalten des öffentlichen Rechts wie die Bundesanstalt für Arbeit, die Deutsche Bundesbank, die Sozialversicherungen, die öffentlich-rechtlichen Rundfunkanstalten sowie zahlreiche Quasi-Non-Governmental-Organisations (Quangos), die im Folgenden weitgehend vernachlässigt werden. Bezogen auf den Verwaltungsaufbau in Deutschland ergibt sich damit folgendes Bild (vgl. Abbildung 11). Abgeschwächte Gebietsorganisation

Der Gesamtaufbau der Verwaltungsstrukturen in Deutschland verkompliziert sich allerdings dadurch, dass es drei unterschiedliche Typen von Bundesländern gibt. In den *größeren Flächenländern* (Baden-Württemberg, Bayern, Hessen, Niedersachsen, NRW, Rheinland-Pfalz, Sachsen) existieren unterhalb der Landesebene die Regierungsbezirke bzw. Bezirksregierungen (zur aktuellen Reformdiskussion vgl. Bogumil 2004b).[25] Zudem gibt es in allen Flächenländern (also auch den *kleineren* wie z.B. Schleswig-Holstein oder dem Saarland, Brandenburg, Mecklenburg-Vorpommern, Thüringen) oberhalb der untersten örtlichen Verwaltung die Verwaltung der Landkreise und der kreisfreien Städte. Und die drei *Stadtstaaten* (Berlin, Hamburg, Bremen) sind kreisfreie Städte und Stadtstaaten zugleich (und damit den Ländern gleichgestellt). Damit lassen sich fünf Verwaltungsebenen unterscheiden (vgl. Abbildung 12).

---

25 In Mecklenburg-Vorpommern und Brandenburg hat man auf die Einrichtung von Regierungsbezirken verzichtet, in Thüringen und Sachsen-Anhalt wurde ein Landesverwaltungsamt als Mittelbehörde gegründet. In Niedersachsen hat die neue Landesregierung die Auflösung der Bezirksregierungen beschlossen (vgl. ausführlich Bogumil 2004, S. 41ff.). Argumente für oder gegen die Einrichtung von Regierungspräsidien finden sich bei Miller (1995, S. 184ff.), für die Entscheidungen in den ostdeutschen Ländern sind jedoch eher schlechte Erfahrungen mit den Bezirksverwaltungen als regionalen Ankern der zentralistischen SED-Herrschaft ursächlich (vgl. Wollmann 1996, S. 79).

Abbildung 11: Verwaltungsaufbau in Deutschland

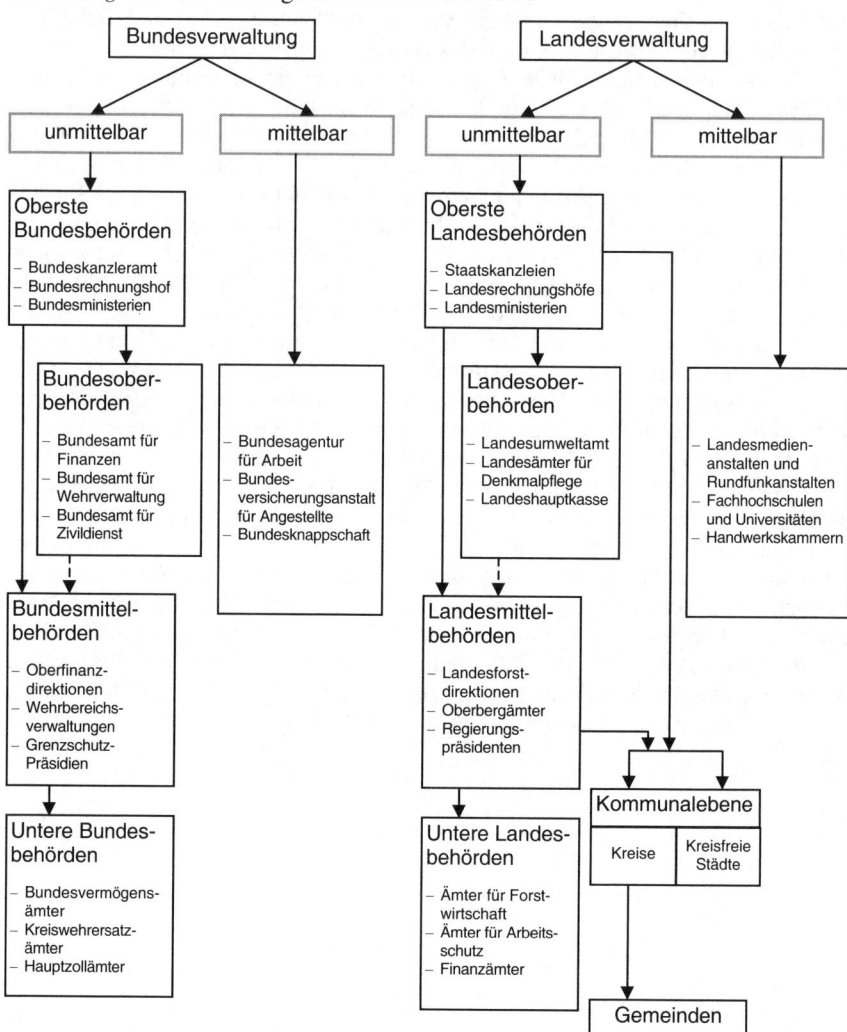

Abbildung 12: Verwaltungsebenen

	Vor der Verwaltungsreform (BRD) (1964)	Nach der Verwaltungsreform (BRD) (1981)	Vereinigtes Deutschland (2001)
Bund	1	1	1
Länder	11	11	16
Regierungsbezirke	33	26	29
Landkreise und	425	237	323
kreisfreie Städte		91	116
Gemeinden	24.411	8.513	13.416

Quelle: Statistisches Jahrbuch der Bundesrepublik 2002

68

Verwaltungen nehmen, wie eingangs angedeutet und im Folgenden zu sehen sein wird, oft sehr unterschiedliche Funktionen wahr. Verwaltungen sind abstrakt gesprochen „Herrschaftsinstrumente im Alltag" (Max Weber) und zugleich Dienstleistungsproduzenten. Der Bürger befindet sich nicht nur der Verwaltung gegenüber in sehr verschiedenen Rollen, auch das Verwaltungshandeln selbst ist hochgradig ausdifferenziert. Um diesen Besonderheiten gerecht zu werden, scheint es sinnvoll, grob zwischen verschiedenen Verwaltungsfunktionen zu unterscheiden, was nicht heißt, dass nicht eine Verwaltung parallel mehrere Funktionen wahrnehmen kann (Hesse/Ellwein 1997, S. 343f.):

– In der *Ordnungsverwaltung* geht es um den Vollzug und die Kontrolle von Gesetzen und Vorschriften (z.B. Gewerbeaufsichtsämter, Bauordnungsamt, Polizei). Das Verwaltungshandeln orientiert sich hier primär an den Vorschriften, allerdings gibt es dennoch einige Entscheidungsspielräume für die in der Verwaltung Beschäftigten.
– In der *Dienstleistungsverwaltung* geht es um die Erbringung technischer, personeller oder finanzieller Dienstleistungen (Bürgerämter, Sozialämter, insgesamt große Teile der Kommunalverwaltung). Sie ist natürlich auch an Vorschriften und Gesetze gebunden, aber auch fachliche Besonderheiten sind zu berücksichtigen. Zwischen beiden Anforderungen kann es durchaus zu Spannungen kommen.
– Die *politische Verwaltung* liefert Führungshilfen und Entscheidungsvorbereitungen für die politische Spitze (Ministerien). Hier spielen durch die Nähe zur Politik natürlich vor allem politische Überlegungen eine wichtige Rolle.
– Die *Organisationsverwaltung* kümmert sich um die Verwaltung der Verwaltung selbst, indem sie Personal einstellt und betreut, Organisationsmittel besorgt und pflegt und sich um die Finanzen kümmert (z.B. Hauptamt, Personalämter, Kämmerei).

Die Ordnungs- und Dienstleistungsverwaltung ist unmittelbar für die Erledigung öffentlicher Aufgaben zuständig, die Organisationsverwaltung für die Voraussetzungen der Aufgabenerledigung und die politische Verwaltung ist an der Bestimmung und Konkretisierung der Aufgaben selbst beteiligt. Die Mehrheit aller öffentlich Beschäftigten arbeitet in der Dienstleistungsverwaltung.

3.3 Bundesregierung und -verwaltung

Die Exekutive des Bundes besteht aus der Bundesregierung und der Bundesverwaltung. Die Bundesregierung besteht aus dem Bundeskanzler und den Bundesministern. Die Bundesverwaltung gliedert sich in die obersten Bundesbehörden, die nachgeordneten Behörden und die mittelbare Bundesverwaltung (vgl. Abbildung auf der übernächsten Seite).

Die zentrale Rolle für die Organisation der Bundesregierung spielt laut GG der Bundeskanzler, da die Bundesminister auf seinen Vorschlag hin vom Bundespräsidenten hin ernannt und entlassen werden. Eine Zustimmung des Parlamentes ist nicht erforderlich, da das Kabinettbildungsrecht beim Bundeskanzler liegt. Tritt der Bundeskanzler zurück, müssen auch die Minister zurücktreten. Die Arbeit der Bundesregierung wird durch drei Prinzipien geleitet (Art. 65 GG),

- Kanzlerprinzip
- Kabinettsprinzip und
- Ressortprinzip.

Zum einen bestimmt der Bundeskanzler die *Richtlinien* der Politik und trägt dafür die Verantwortung. Er leitet die Geschäfte der Bundesregierung, hat die allgemeinen Ziele für die innere und äußere Politik durch ein Regierungsprogramm festzulegen und für dessen Verwirklichung zu sorgen (Art. 65 GG). Zur Durchführung seiner Aufgaben bedient sich der Bundeskanzler des Bundeskanzleramtes, welches ihn über die laufenden Fragen der allgemeinen Politik und die Arbeit der Bundesministerien zu unterrichten hat, die Entscheidungen des Bundeskanzlers und die des Kabinettes vorbereitet und die Arbeiten der Ministerien koordiniert. Das Bundeskanzleramt wird in der Regel von einem Staatssekretär oder Bundesminister geleitet, der zugleich Beauftrager für die Nachrichtendienste des Bundes ist, der einzigen nachgeordneten Behörde des Bundeskanzleramtes. Daneben sind dem Bundeskanzleramt verschiedene Staatsminister zugeordnet, z.B. in letzter Zeit für Kultur und Medien. Neben dem Bundeskanzleramt ist dem Bundeskanzler mit dem Presse- und Informationsamt eine zweite oberste Bundesbehörde unterstellt, die meist von einem Staatsekretär geleitet wird.

Nach dem Kabinettsprinzip müssen bestimmte Entscheidungen der Bundesregierung gemeinsam vom gesamten Kabinett getroffen werden, etwa die Einbringung von Gesetzesvorhaben oder die Aufstellung des Bundeshaushalts. Weitere Informations- und Beschlusszuständigkeiten sind in der Gemeinsamen Geschäftsordnung der Bundesregierung geregelt (GGO), d.h. über wichtige Fragen, insbesondere über Meinungsverschiedenheiten, entscheidet die Bundesregierung als Kollegium. Dennoch ist dieses Kollegialprinzip in Deutschland im Gegensatz zu anderen Ländern wie etwa Schweden, wo es keine individuelle Ministerverantwortung gibt, nur gering ausgeprägt. Das Kabinett hat allenfalls die Beschlusskompetenz, aber nicht die Initiativfunktion.

Bundesminister   Im Prinzip legt der Bundeskanzler die Zahl der Ministerien und die Zuständigkeiten fest; seitdem es Koalitionsregierungen gibt, ist dies aber in der Regel Ergebnis von Koalitionsverhandlungen. Die Zahl der Minister schwankt zwischen 13 und 21 (zur Entwicklung und Logik des Ressortzuschnitts siehe Derlien 1996b). Waren es in der letzten Regierung Kohl 1994 noch 16 Ressorts ohne Bundeskanzleramt, sind es in der rot-grünen Regierung im Jahr 2002 erstmals nach langen Jahren wieder nur noch 13. Es sind im Einzelnen (zur Übersicht über Aufgaben und nachgeordnete Behörden im jeweiligen Geschäftsbereich siehe ausführlich www.bund.de):

- Das Bundesministerium des Auswärtigen. Es ist die zentrale Schaltstelle der deutschen Diplomatie, in der außenpolitische Analysen und Konzeptionen sowie konkrete Handlungsanweisungen für die deutschen Auslandsvertretungen erarbeitet werden. Diese vertreten unseren Staat, wahren seine Interessen und schützen deutsche Bürger im jeweiligen Gastland. Nachgeordnet sind z.B. die Botschaften und Konsulate im Ausland.
- Das Bundesministerium des Inneren. Es ist vor allem verantwortlich für die innere Sicherheit und den Schutz der Verfassung. Hierfür stehen ihm das Bundesamt für Verfassungsschutz, das Bundeskriminalamt und der Bundesgrenzschutz als Polizei des Bundes zur Verfügung. Daneben gehören noch die Gestaltung des öffentlichen Dienstes und der Sport zu seinem Aufgabenbereich.

70

Abbildung 13: Aufbau der Bundesverwaltung

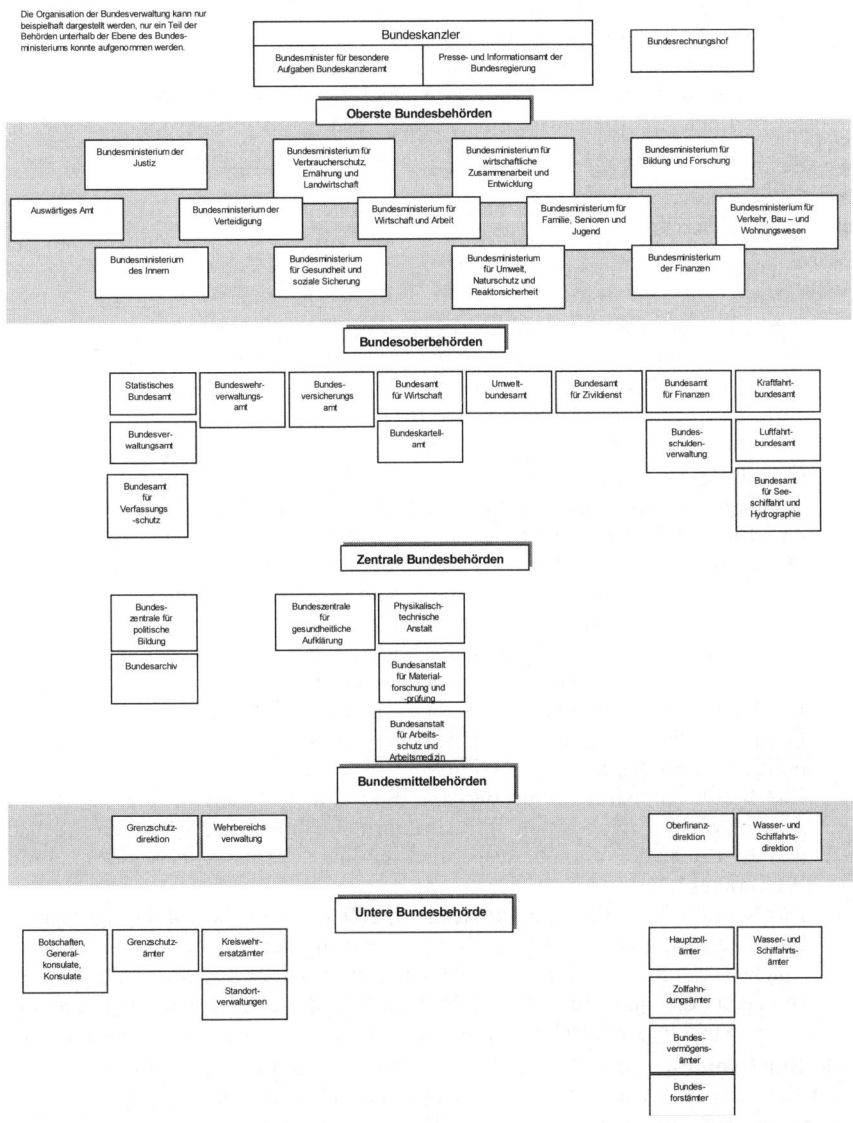

– Das Bundesministerium der Finanzen. Es ist zuständig für die Gestaltung der Finanzpolitik und die Grundausrichtung der Wirtschaftspolitik der Bundesregierung. Der Bundesfinanzminister koordiniert die Haushaltsvoranschläge der Ministerien und entwirft den jährlichen Haushaltsplan. Nachgeordnet ist z.B. die Bundesfinanzverwaltung.
– Das Bundesministerium für Verteidigung. Es ist zuständig für alle Aufgaben der militärischen Verteidigung, für den Einsatz der Bundeswehr im Rahmen von Auslandseinsätzen und für die gesamte Wehrverwaltung.

- Das Bundesministerium der Justiz. Es ist zuständig für die Sicherung und Fortentwicklung unseres Rechtsstaates. Im Rahmen der Rechtspolitik geht es um die Vorbereitung oder die Änderung und Aufhebung von Gesetzen.
- Das Bundesministerium für Wirtschaft und Arbeit. Es ist sowohl zuständig für die Ausgestaltung der Wirtschaftspolitik durch gesetzgeberische Funktionen, administrative und koordinierende Funktionen in der Wettbewerbs-, Regional- und Mittelstandspolitik als auch für den Bereich des Arbeitsrechtes und der Arbeitsmarktpolitik. Zu letzterem gehört insbesondere die Bundesagentur für Arbeit, die als mittelbare Bundesverwaltung in den Zuständigkeitsbereich des Ministeriums fällt.
- Das Bundesministerium für Umwelt, Naturschutz und Reaktorsicherheit. Es ist zuständig für alle Fragen der Umweltpolitik, des Naturschutzes und der Energiepolitik. Hier gibt es vielfältige Beratungsgremien wie den Sachverständigenrat für Umweltfragen, den wissenschaftlichen Beirat für globale Umweltveränderungen, aber auch das Umweltbundesamt.
- Das Bundesministerium für Verbraucherschutz, Ernährung und Landwirtschaft. Es ist zuständig für den vorsorgenden Verbraucherschutz, insbesondere im Bereich der Ernährung, und für die Agrarpolitik.
- Das Bundesministerium für Bildung und Forschung. Es ist zuständig für Grundsatz- und Koordinierungsaufgaben für die außerschulische berufliche Bildung, die Gesetzgebung zur Ausbildungsförderung, für die Grundsätze des Hochschulwesens, die Forschungsförderung und die Bildungsplanung.
- Das Bundesministerium für Familien, Senioren, Frauen und Jugend. Es ist zuständig für die Familienförderung (Kindergeld, Erziehungsgeld, Mutterschutz), die Seniorenförderung, die Kinder- und Jugendförderung, den Zivildienst, die Wohlfahrtspflege und das bürgerschaftliche Engagement.
- Das Bundesministerium für Gesundheit und soziale Sicherheit. Es ist zuständig für die wichtigsten Sozialversicherungszweige (Renten-, Kranken-, Pflegeversicherung), das Gesundheitswesen insgesamt, für die Behindertenpolitik und für das Sozialgesetzbuch.
- Das Bundesministerium für Verkehr, Bau und Wohnungswesen. Es ist zuständig für die wichtigsten Infrastrukturmaßnahmen, also für den Ausbau und die Pflege der Verkehrswege, und für eine angemessene Versorgung mit Wohnraum.
- Das Bundesministerium für wirtschaftliche Zusammenarbeit und Entwicklung. Es ist zuständig für die Planung und Umsetzung der Entwicklungspolitik der Bundesregierung durch die Entwicklung multilateraler und bilateraler Förderstrategien, die Unterstützung von Entwicklungsprojekten sowie die Förderung der entwicklungspolitischen Zusammenarbeit nichtstaatlicher Organisationen.

Ressortprinzip Die Bundesminister sind Mitglieder des Kabinetts und leiten ein Ressort innerhalb der vom Bundeskanzler bestimmten Richtlinien selbstständig und unter eigener Verantwortung (*Ressortprinzip*). Das Ressortprinzip ist ein entscheidendes Strukturprinzip der deutschen Verwaltung, denn in aller Regel interveniert der Bundeskanzler nicht in die Arbeit der einzelnen Ressorts. Nur wenn im Ausnahmefall eine Frage durch Richtlinienbestimmung des Bundeskanzlers entschieden wird, ist jeder Minister daran gebunden und muss diese Entscheidung wie seine eigene vertreten. Diese formale Anwendung der Richtlinienkompetenz ist in Deutschland allerdings äußerst selten. Generell sind die Minister in den jeweiligen Ministerien voll verantwortlich (*Ministerverantwortung*) und haben die ihnen nachgeordneten Behörden zu beaufsichtigen. Im Rahmen ihrer Ressortverantwortung können die Minister entscheiden, ob eine Aufgabe auf ministerieller Ebene oder in nachgeordneten Behörden wahrgenommen wird, und verfügen z.B. auch über die Personalhoheit.

Neben den Ministerien gehören das Bundespräsidialamt, die Verwaltungen des Bundestages und des Bundesrates, das Bundeskanzleramt, das Presse- und Informationsamt, der Beauftragte der Bundesregierung für Kultur und Medien und der Bundesrechnungshof zu den *obersten Bundesbehörden.* Diese sind dadurch gekennzeichnet, dass sie keiner anderen Behörde unterstellt, sondern unmittelbar einem Verfassungsorgan oder einer sonstigen politischen Spitze untergeordnet sind (Busse 1998, S. 124). Wie schon erwähnt, gibt es nur einige wenige oberste Bundesbehörden mit einem eigenem dreistufigen Behördenaufbau (Oberste Bundesbehörde, Bundesmittelbehörde, Bundesunterbehörde), nämlich die Bundesfinanzverwaltung, die Wasser- und Schifffahrtsverwaltung, die Bundeswehrverwaltung mit ca. der Hälfte aller Bundesbediensteten und der Bundesgrenzschutz. Einen eigenen Unterbau hat auch das Auswärtige Amt mit dem diplomatischen Dienst, der aus 141 Botschaften, 62 Generalkonsulaten und Konsulaten, 12 Ständigen Vertretungen und 7 sonstigen Auslandsvertretungen besteht (Stand 1.2.2002, vgl. Köster 2003). Die meisten anderen Ministerien verfügen nur über eine Ministerialverwaltung und einen begrenzten nachgeordneten Bereich.

Eine Übersicht über die vielfältige Ausgestaltung der nicht-ministeriellen Bundesverwaltung liefert die folgende Abbildung.

Abbildung 14: Die nichtministerielle Bundesverwaltung

	Unmittelbare Bundes-verwaltung	Mittelbare Bundes-verwaltung	Bundes-verwaltung in Privatrechtsform	Privatrechtliche Auftrags-verwaltung
Rechtskreis	öffentlich-rechtlich	öffentlich-rechtlich	privatrechtlich	privatrechtlich
Rechtsträger	Bundesrepublik Deutschland	juristische Person des öffentlichen Rechts	Privatrechtssubjekt in Bundeseigentum o. -beteiligung	Privatrechtssubjekt, Beliehener
Typus	Bundesoberbehörde Bundesmittelbehörde untere Bundesbehörde Beauftragte	Anstalt Körperschaft Stiftung (ö.R.)	GmbH AG e.V. Stiftung	GmbH AG e.V.
Errichtung durch	Gesetz	Gesetz oder Verordnung	nicht geregelt	nicht geregelt
Steuerung	Rechts- und Fachaufsicht	Rechtsaufsicht	Direktionsrecht des Eigentümers bzw. Anteilseigners	Vertrag
Typische Aufgaben	Sektorale Wirtschaftsaufsicht, Regulierung, „hoheitliche" Aufgaben	Sozialversicherung, Forschungsanstalten, Sondervermögen des Bundes	Bundesunternehmen, Finanzierungsträger i.d. Forschung, Entwicklungshilfe	Normung, Verbraucherschutz, Kultur

Beispiele			
– Statistisches Bundesamt – Bundesverwaltungsamt – Bundeskartellamt – Regulierungsbehörde für Telekommunikation und Post (RegTP) – Bundesinstitut für Arzneimittel und Medizinprodukte (BfArM) – Bundesaufsichtsamt für das Kreditwesen – Bundesamt für die Anerkennung ausländischer Flüchtlinge (BAFl) – Bundesbeauftragter für die Unterlagen der Staatssicherheit	– Bundesbank – Bundesanstalt für Arbeit – Bundesversicherungsanstalt für Angestellte – Bundesverband für den Selbstschutz – Kassenärztliche Bundesvereinigung – Bundesstiftung Mutter und Kind – Stiftung Preußischer Kulturbesitz – Treuhandanstalt (und Nachfolger)	– Deutsche Flugsicherung GmbH – DFG – Max-Planck-Gesellschaft – DAAD – Kreditanstalt für Wiederaufbau – Kernforschungszentrum Jülich GmbH – Gesellschaft für Strahlen- und Umweltforsch. GmbH – GMD – Goethe Institut Inter Nationes e.V. – Deutscher Entwicklungsdienst GmbH – GTZ – Stiftung Warentest – Post AG – Bahn AG – Telekom AG	– TÜV – Verbraucherzentrale „Bundesverband" – Verein Deutscher Ingenieure VDI – Deutsche Gesellschaft für Ernährung e.V. – Deutscher Motoryachtverband

nachgeordnete Behörden

Zur unmittelbaren nichtministeriellen Bundesverwaltung gehören die nachgeordnete Behörden. Sie sind in drei Stufen gegliedert, in Bundesoberbehörden, Bundesmittelbehörden und untere Bundesbehörden. Den Ministerien unmittelbar nachgeordnet sind die 67 *Bundesoberbehörden,* die einen speziellen Aufgabenbereich von ihrem Dienstsitz aus ohne eigene nachgeordnete Behörden bundesweit wahrnehmen (Wagener 1981, S. 82). Zu nennen sind hier z.B. das Bundeskriminalamt, das Statistische Bundesamt, das Bundesamt für Verfassungsschutz, das Bundeskartellamt, das Deutsche Patent- und Markenamt, das Kraftfahrtbundesamt, das Umweltbundesamt oder das Bundesversicherungsamt und der Deutsche Wetterdienst.

Bundesmittelbehörden und untere Bundesbehörden

Sofern nach dem Grundgesetz bundeseigene Verwaltung mit eigenem Verwaltungsaufbau zulässig ist, bestehen *Bundesmittelbehörden,* wie z.B. die die Wasser- und Schiffahrtsdirektionen, die Wehrbereichsverwaltungen, die Grenzschutzpräsidien, die Oberfinanzdirektionen als gemeinsame Behörde des Bundes und der Länder und entsprechende *untere Bundesbehörden* wie die Wasser- und Schifffahrtsämter, die Grenzschutz- und Bahnpolizeiämter, Hauptzollämter mit Zollämtern, Bundesvermögensämter und Bundesforstämter.

Mittelbare Bundesverwaltung

Neben dieser unmittelbaren Bundesverwaltung durch die Bundesministerien und die ihnen nachgeordneten Behörden gibt es noch die *mittelbare Bundesverwaltung* durch bundesunmittelbare Körperschaften, Anstalten und Stiftungen (Art. 86, 87 GG). Zu ihr gehören öffentlich-rechtlich verfasste Einrichtungen mit

74

Sonderaufgaben, die nicht in die unmittelbare Verwaltung eingegliedert sind. Überwiegend handelt es sich dabei um Institutionen der Sozialversicherung in Form von Anstalten, Körperschaften oder Stiftungen des öffentlichen Rechts, die durch Selbstverwaltungseinrichtungen gesteuert und daher dem unmittelbaren Zugriff von Bund oder Ländern entzogen sind. Die ehrenamtlichen Aufsichtsgremien sind meist paritätisch zwischen Vertretern der Arbeitgeber und der Versicherten (meistens durch die Gewerkschaften repräsentiert) besetzt. Diese Einrichtungen unterstehen grundsätzlich der Rechts-, aber nicht der Fachaufsicht des zuständigen Bundesministers. Zu nennen sind hier (vgl. hierzu auch BMI 2002, 27f.):

– die Bundesagentur für Arbeit mit einer Hauptstelle, zehn Landesagenturen und 181 lokalen Agenturen mit insgesamt 92.000 Beschäftigten,
– die Sozialversicherungsträger: also beim Bund die Bundesversicherungsanstalt für Angestellte und bei den Ländern 22 Landesversicherungsanstalten für die Arbeiter mit insgesamt 73.000 Beschäftigten,
– die Träger der gesetzlichen Krankenkassen und Pflegeversicherungen (Ortskrankenkassen, Ersatzkassen, Innungskrankenkassen, Betriebskrankenkassen) mit insgesamt 139.000 Beschäftigten,
– die Träger der gesetzlichen Unfallversicherung bei Arbeitsunfällen in Form von 93 Berufsgenossenschaften oder Unfallkassen mit insgesamt 30.000 Beschäftigten,
– die Bundesknappschaft für Bergleute mit 14.000 Beschäftigten,
– die Deutsche Bundesbank mit 16.500 Beschäftigten sowie
– Einrichtungen wie die öffentlich-rechtlichen Rundfunkanstalten, öffentlich-rechtliche Körperschaften wie die Industrie- und Handelskammern oder öffentlich-rechtliche Stiftungen (z.B. die Stiftung Preußischer Kulturbesitz).

3.4 Landesregierungen und -verwaltungen

Die Exekutive der Länder besteht aus den Landesregierungen (Staatsregierungen, Senate) und -verwaltungen. Die Länder sind für die Ausführung der meisten Bundesgesetze zuständig und setzen zugleich wesentliche Rahmenbedingungen für die Kommunalverwaltungen (durch Kommunalaufsicht, Gemeindeordnungen, Regelung von Verfahrensweisen). Zu dem eigenständigen Kompetenz- und Regelungsbereich der Länder gehört vor allem die *Kulturhoheit*, also der gesamte Bereich des Schulwesens, der Förderung von Wissenschaft und Kunst, des Baus und der Unterhaltung von Hochschulen, der Bereich *Innere Sicherheit* sowie die Gesetzgebung für Presse, Funk und Fernsehen. Allerdings lassen sich auch diese Aufgaben nicht immer nur durch die Länder wahrnehmen, so dass eine klare Aufgabenabgrenzung im Detail schwierig sein kann.

Die Landesministerien nehmen sowohl Regierungs- als auch Verwaltungsfunktionen wahr und verfügen daher in der Regel über einen eigenen Verwaltungsunterbau. Bei den Aufgaben der Landesverwaltung sind, wie oben schon angeführt, solche der *Bundesauftragsverwaltung*, der *Landesvollzug von Bundesgesetzen als eigene Angelegenheit der Länder* und der *Landesvollzug von Landesgesetzen* zu unterscheiden. Im ersten Fall führen die Länder Bundesrecht im Auftrag durch. Typische Bereiche sind die Verwaltung der Bundesautobahnen und der Bundesfernstraßen, der Vollzug der Wehrgesetze und der Vollzug von Gesetzen zur Erzeugung und Nutzung von Kernenergie. Hier können die Länder im Einzelfall vom Bund angewiesen werden. Der Bund trägt in der Regel die Kosten. Die Ausführung von Bundesangelegenheiten in eigener Kompetenz betrifft die Krankenhausplanung, die Sozial- und Jugendhilfe, den Umweltschutz, die Stadtsanierung, das Baurecht, das Straßenverkehrsrecht und das Ausländerrecht. In diesen Bereichen kann der Spielraum ausgeschöpft werden, der innerhalb der Bundesgesetze besteht. Der Bund verfügt hier nur über die Rechtsaufsicht. Zum Vollzug von Landesgesetzen gehören die Bereiche Erziehung und Bildung (Kindergärten, Schulen, Fachhochschulen, Uni, Erwachsenenbildung) sowie die Denkmalpflege, Theater, Museen, die Unterstützung des Sports, die Polizei, die regionale Strukturpolitik, Wirtschaftsförderung, Landesplanung und Raumordnung.

Aufgaben-
schwerpunkte

Deutlich werden die Aufgabenschwerpunkte der Länder in den Bereichen Recht/Innere Sicherheit und Bildungswesen auch an ihrem Anteil an den öffentlichen Ausgaben der entsprechenden Aufgabenbereiche (vgl. nachfolgendes Schaubild). Sie liegen bei der Öffentlichen Sicherheit und Ordnung, dem Rechtsschutz, der vorschulischen Bildung, den Schulen und den Hochschulen zwischen 60% und 97%, während zum Vergleich der Anteil der Länder an den staatlichen

Personal

Gesamtausgaben bei 21,6% liegt.

Abbildung 15: Öffentliche Ausgaben und Aufgabenbereiche der Länder

Aufgabenbereich	Öffentliche Ausgaben insgesamt 1999, in Mill. Euro	Ausgaben der Länder 1999, in Mill. Euro	Anteil der Länder an den öffentlichen Ausgaben insgesamt in %	Anteil der Ausgaben in einzelnen Aufgabenbereichen an den Gesamtausgaben der Länder in %
Pol. Führung u. zentrale Verwaltung	34283	12275	35,8	6,0
Auswärtige Angelegenheiten	20314	88	0,4	0,04
Verteidigung	24399	–	–	–
Öff. Sicherheit u. Ordnung	19452	11799	60,7	5,7
Rechtsschutz	9898	9542	96,4	4,6
Schulen u. vorschulische Bildung	55690	40090	72,0	19,5
Hochschulen	18643	16746	89,8	8,2
Förderung d. Bildungswesens	3582	1294	36,1	0,6
Sonstiges Bildungswesen	2664	1120	42,0	0,5
Wissenschaft und Forschung	8805	2471	28,1	1,2
Kulturelle Angelegenheiten	7917	3727	47,1	1,8
Soziale Sicherung	505783	21348	4,2	10,4
Gesundheit, Sport, Erholung	13956	5313	38,1	2,6
Wohnungswesen, Raumordnung	27998	6625	23,7	3,2
Ernährung, Landwirtschaft, Forsten	11251	3579	31,8	1,7
Energie- u. Wasserwirtsch., Gewerbe, Dienstl.	25981	7523	29,0	3,7
Verkehr- u. Nachrichtenwesen	22445	5990	26,7	2,9
Wirtschaftsunternehmen	13680	2565	18,8	1,2
Allg. Grund-, Kapitalvermögen, Sonderverm.	17139	2226	13,0	1,1
Allgem. Finanzwirtschaft	107413	51003	47,5	24,8
Insgesamt	951294	205324	21,6	100,0

Quelle: Stat. BA 2002; Wollmann/Kuhlmann 2003

76

Die Länder sind unter den Gebietskörperschaften mit einem Anteil von 51,4% diejenigen mit dem größten Personalbereich. Auf Landesebene waren im Jahr 2000 2,27 Mio. Personen beschäftigt (BMI 2002, S.24). Der größte Anteil des Personals befindet sich im Bereich von Bildung und Wissenschaft (ca. 47% aller Beschäftigten) gefolgt von dem Bereich Polizei/öffentliche Sicherheit und Ordnung und Rechtsschutz (ca. 20% aller Beschäftigten) und der Steuer- und Finanzverwaltung (ca. 7%). Die gesamten übrigen Aufgaben der Landesverwaltung werden also von nur ca. 25% der Beschäftigten wahrgenommen, darunter die politische Führung und zentrale Verwaltung mit einem Anteil von 12%. Die Verwaltung des Landes besteht also nur zum kleinen Teil aus Verwaltung im engeren Sinne, dominant ist vor allem der Dienstleistungsbereich.

Der Verwaltungsaufbau der Länder wird von ihnen selbst organisiert, so dass es hier durchaus Unterschiede gibt. Beeinflussbar sind auf der Landesebene

–   die Zahl der Ressorts und (begrenzt) die Anzahl der Sonderverwaltungszweige und Fachbehörden,
–   das Ausmaß an Dekonzentration von Aufgaben auf ortsnahe Träger,
–   die Frage des zwei- oder dreistufigen Verwaltungsaufbaus (also mit oder ohne der Ebene der Regierungsbezirke),
–   die interne Organisation der Landesministerien und Fachbehörden sowie
–   die Gestaltung der Rahmenbedingungen der kommunalen Selbstverwaltung.

Dennoch können einige allgemeine Grundsätze im Verwaltungsaufbau der Länder beschrieben werden, denn insbesondere innerhalb der drei Typen große Flächenländer, kleine Flächenländer und Stadtstaaten gibt es einige Ähnlichkeiten.

Die Landesregierungen bestehen aus den Ministerpräsidenten bzw. in den Stadtstaaten dem Regierenden Bürgermeister (Berlin), dem Bürgermeister (Bremen) und dem Ersten Bürgermeister (Hamburg) und den Landesministern bzw. in den Stadtstaaten den Senatoren. Die Regierungschefs werden vom Parlament gewählt, in den Stadtstaaten auch die anderen Regierungsmitglieder. Außer in den Stadtstaaten Berlin und Bremen hat der Ministerpräsident ähnlich dem Bundeskanzler die Richtlinienkompetenz inne. Landesminister wirken im Regierungskollegium mit und sind selbstständige Leiter eines Ministeriums. Im Aufbau der unmittelbaren Landesverwaltung lassen sich drei Ebenen ausmachen (vgl. auch Abbildung 16):

–   Oberste Landesbehörden und Landesoberbehörden als Zentralstufe: Zu den *obersten Landesbehörden* gehören die Landesministerien (zwischen 6 und 12) und der Landesrechnungshof, zu den *Landesoberbehörden,* die oft parallel zu den Bundesoberbehörden organisiert sind, in der Regel das Landesamt für Verfassungschutz, das Landesarchiv, das Statistische Landesamt, das Landesamt für Besoldung, das Landesdenkmalamt, das Landesbergamt, das Landesgewerbeamt, das Landesvermessungsamt und das Landesamt für Straßenwesen.

Abbildung 16: Aufbau der Landesverwaltung in NRW

	IM Innenministerium	JM Justizministerium	FM Finanzministerium	MWA Ministerium für Wirtschaft und Arbeit	MVEL Ministerium für Verkehr, Energie u. Landesplanung	MSKWS Ministerium für Städtebau u. Wohnen, Kultur u. Sport	MSGFF Ministerium für Gesundheit, Soziales, Frauen u. Familie	MSJK Ministerium für Schule, Jugend u. Kultur	MWF Ministerium für Wissenschaft und Forschung	MUNLV Ministerium für Umwelt u. Naturschutz, Landwirtschaft u. Verbraucherschutz
Obere Landesverwaltung	Landeskriminalamt; Landesvermessungsamt; Landesamt für Datenverarbeitung und Statistik; Gemeinsame Gebietsrechenzentren (Hagen, Köln, Münster)		Rechenzentrum der Finanzverwaltung; Landesamt für Besoldung und Versorgung; Bau- und Liegenschaftsbetrieb	Landesbetrieb Mess- und Eichwesen; Materialprüfungsamt; Landesanstalt für Arbeitsschutz	Landesbetrieb Straßenbahn; Geologischer Dienst		Landesversicherungsamt; Landesbeauftragter für den Maßregelvollzug			Landesamt für Ernährungswirtschaft und Jagd; Landesumweltamt; Landesanstalt für Ökologie, Bodenordnung und Forsten; 3 Staatliche Veterinäruntersuchungsämter
Staatliche Mittelinstanzen	5 Bezirksregierungen		5 Bezirksregierungen; 2 Oberfinanzdirektionen	5 Bezirksregierungen	5 Bezirksregierungen	5 Bezirksregierungen	5 Bezirksregierungen	5 Bezirksregierungen	5 Bezirksregierungen	5 Bezirksregierungen; 2 Direktoren der Landwirtschaftskammern als Landesbeauftragte

Untere Landes-verwaltung

50 Kreis-polizei-behörden	34 Justiz-vollzugs-anstalten und 12 Zweig-anstalten	137 Finanz-ämter	12 Staatliche Ämter für Arbeits-schutz	5 Bergämter	11 Versor-gungsämter	54 Schul-ämter	31 Ge-schäfts-führer der Kreisstellen der LWK als Ld.beauftr.
	4 Jugendar-rest-anstalten						12 Staatliche Umweltäm-ter
31 Landräte als untere staatliche Verwal-tungs-behörden							8 Ämter für Agrarord-nung
							13 Staatliche Forstämter
							22 Leiter von Forstämtern der LWK als Ld.beauftr.

vereinfachte Darstellung ohne Justiz, fett: oberste, obere, mittlere und untere Landesbehörden, normal: Landesbetriebe, Quelle: Bogumil 2004b; S. 155

Mittelebene — Regierungspräsidien und höhere Sonderbehörden als Mittelebene[26]: Zu den *Landesmittelbehörden* zählen die Bezirksregierungen oder Regierungspräsidien[27] sowie die Oberfinanzdirektionen. Bezirksregierungen als staatliche Mittelinstanzen stehen zwischen den Obersten Landesbehörden, den Ministerien, und den Unterbehörden, also den Kommunen. Sie haben insbesondere Bündelungs-, Koordinierungs- (Entlastung von Ministerien, Hilfe bei politischer Leitung, Koordinierung kommunaler Aufgaben) und Kontrollfunktionen (Aufsichtsbehörde und Widerspruchsinstanz). Das Spektrum der Zuständigkeit der Regierungspräsidien reicht von polizei- und ordnungsrechtlichen Angelegenheiten über die Kommunal-, Schul-, Bau- und Sparkassenaufsicht bis hin zu Aufgaben der Raum- und Landesplanung. Die Frage, ob man in Flächenländern Bezirksregierungen braucht, hängt von den Alternativen ab. Ohne Bezirksregierungen müssen ihre Aufgaben von den Ministerien und Oberbehörden und von den Kommunen wahrgenommen werden. Insofern wird allgemein davon ausgegangen, dass vor allem ihre koordinierende Funktion schwer zu ersetzen ist, da in ihnen Aufgaben aus verschiedenen Ressorts zusammenlaufen und ein Interessenausgleich stattfindet (zur aktuellen Reformdiskussion vgl. Bogumil 2004b). Bezirksregierungen gab es bisher in den sieben größeren Flächenländern, allerdings hat Niedersachsen sie im Jahr 2004 abgeschafft. Die Zahl der Bezirksregierungen pro Bundesland schwankt zwischen drei und acht. In Baden-Württemberg, Bayern und Hessen variiert die Größe zwischen 1,1 Mio. und 3,9 Mio. Einwohner, in NRW zwischen 2 Mio. (Detmold) und 5,3 Mio. Einwohnern (Düsseldorf).

Unterstufe — Untere Verwaltungsbehörden und Sonderbehörden als Unterstufe: Zu den *unteren Landesbehörden* im Rahmen staatlicher Sonderverwaltungen zählen z.B. die Finanzämter, die Forstämter, die Versorgungsämter, die Gewerbeaufsichtsämter, die Gesundheitsämter, die Katasterämter und die Straßenbauämter, wenn sie nicht in die Kommunen eingegliedert sind. Im Rahmen der allgemeinen Landesverwaltung sind hier die Landratsämter und Kreisverwaltungen zu nennen.

In den kleineren Flächenländern gibt es keine Landesmittelbehörden, in den Stadtstaaten nehmen die Landesregierungen, die hier als Senate bezeichnet werden, gleichzeitig Landes- und Gemeindeaufgaben wahr. Unterhalb der Senatsebene existieren in Stadtstaaten zudem die Bezirksverwaltungen.

Neben dieser unmittelbaren Landesverwaltung gibt es wie beim Bund eine mittelbare Staatsverwaltung durch Körperschaften, Anstalten und Stiftungen des öffentlichen Rechts. Körperschaften sind z.B. Landesversicherungsanstalten, Ortskrankenkassen, Industrie- und Handelskammern, Rechtsanwaltskammer, Handwerkskammer, Ärztekammer, Landwirtschaftskammern, Hochschulen etc., Anstalten, z.B. die öffentlich-rechtlichen Rundfunkanstalten, Landesmedienan-

---

26 Generell versteht man unter einer Mittelbehörde jene Teile der öffentlichen Verwaltung, die für einen Teil des Landes zuständig sind und über einen nachgeordneten oder unteren Organisationsbereich verfügen. Hier sind als erstes die Bezirksregierungen oder Regierungspräsidien zu nennen. Daneben gibt es in verschiedenen Ländern auch einige Landesbehörden mit regionalen Zuständigkeiten sowie höhere Kommunalverbände.

27 Bezirksregierungen entstanden im 19. Jahrhundert als regionale Bündelungsbehörden, um die Vorgaben einzelner Ressorts auf regionaler Ebene wieder zusammenzuführen. In dem Begriff „Regierung" wird die Stellvertreterfunktion deutlich. Die Bündelung ressortspezifischer Entscheidungen war von Anfang an eine Kernfunktion der Bezirksregierungen.

80

stalten, die Landesbanken und die Sparkassen. Ebenfalls zur mittelbaren Staatsverwaltung gehören die kommunalen Gebietskörperschaften, soweit ihnen staatliche Aufgaben der Vollzugsebene übertragen sind. Dies ist z.B. in Niedersachsen im Bereich des Wasser- und Abfallrechtes, der Naturschutzverwaltung, der
Raumordnung und der Bauaufsicht der Fall.

3.5 Kommunalverwaltung

3.5.1 Kommunen im Bundesstaat

Der Begriff „Kommune" heißt wörtlich aus dem Lateinischen übersetzt Gemeinde, allerdings werden mit diesem Begriff sowohl die Gemeinden, die kreisfreien
Städte, die kreisangehörigen Städte und die Landkreise bezeichnet. Juristisch
sind die Kommunen Körperschaften des öffentlichen Rechtes. Im Rahmen der
föderalstaatlichen Ordnung der Bundesrepublik sind sie als Träger der grundgesetzlich garantierten kommunalen Selbstverwaltung (Art. 28, Abs. 2 GG) eine
eigene Ebene im Verwaltungsaufbau. In ihrem Gebiet sind sie grundsätzlich die
Träger der gesamten örtlichen öffentlichen Verwaltung. Neben ihnen gibt es auf
der lokalen Ebene untere Behörden des Bundes und des Landes als Sonderbehörden (z.B. Zoll, Polizei, Finanz- oder Arbeitsamt).

Definition
Kommunen

Die Größe der Kommunen variiert zwischen den Bundesländern erheblich.
Während es im vereinten Deutschland bundesweit 13.416 Gemeinden (Stand
2001) gibt, ist z.B. NRW nach dem Saarland das Flächenland mit der geringsten
Anzahl an Gemeinden (396), da es hier im Unterschied zu den anderen Flächenländern seit der Gebietsreform in den 70er-Jahren (vorher waren es in NRW insgesamt 2.347 Gemeinden) keine Gemeinden mit weniger als 2.000 Einwohnern
und nur 3 Gemeinden mit weniger als 5.000 Einwohnern gibt. In Bayern liegt die
Anzahl der Gemeinden dagegen bei 2.056 oder in Baden-Württemberg bei 1.111.
Obwohl in NRW damit über 20% der Bevölkerung leben, liegt der Anteil an der
Zahl aller Kommunen in Deutschland bei knapp 3%, ein deutlicher Beleg für die
sehr unterschiedlichen Gemeindegrößen.

Unterschiedliche
Gemeindegrößen

Auch wenn die Kommunen zu den drei Hauptverwaltungsebenen gehören,
so sind sie *staatsrechtlich* Teil der Länder und unterliegen damit ihrem Auf-
sichts- und Weisungsrecht. Wenn im engeren Sinne von staatlicher Verwaltung
gesprochen wird, sind nur der Bund und die Länder gemeint, da nur sie über eine
jeweils eigene staatliche Hoheitsmacht verfügen. Die konkrete Ausgestaltung der
kommunalen Aufgaben, Befugnisse und Strukturen wird durch die jeweilige Lan-
desverfassung und durch von den Ländern erstellte Kommunalverfassungen geregelt. Dazu gehören in NRW z.B. die Gemeindeordnung (GO), die Kreisordnung, das
Kommunalwahlgesetz, das Kommunalabgabengesetz, das Gesetz über den Kommu-
nalverband Ruhrgebiet und das Gesetz über kommunale Gemeinschaftsarbeit. Die
wichtigsten Regelungen finden sich in der GO. Grundsätzlich verfügen die Gemeinden zur Verwirklichung des Selbstverwaltungsrechtes im Rahmen der Gesetze von
Bund und Land über die Organisations-, Personal-, Finanz-, Planungs-, Satzungs-,
Gebiets- und Aufgabenhoheit. Die Fach- und Rechtsaufsicht über die kommunale
Verwaltung hat das Land. Diese werden durch die Bezirksregierungen (wenn vorhanden), die Landkreise und das Innenministerium ausgeübt.

Staatsrechtlich Teil
der Länder

3.5.2 Aufgaben

Aufgabenbereiche

Die Kommunen nehmen vor allem Aufgaben in den Sektoren innere Verwaltung und allgemeine Staatsaufgaben, Soziales, Gesundheitswesen, Wirtschaftsförderung, Verkehr und öffentliche Einrichtungen wahr. Damit liegt ein Großteil von Verwaltungsaufgaben in Deutschland in der Zuständigkeit der Gemeinden und Gemeindeverbände. Dazu nehmen die Gemeinden nach Art. 83ff. GG einerseits Aufgaben des Bundes und des Landes als untere Verwaltungsinstanz wahr (übertragener Wirkungskreis = Auftragsangelegenheiten), andererseits verfügen sie aber auch durch Art. 28 GG über eine Fülle von Aufgaben in eigener Verantwortung (Selbstverwaltungsangelegenheiten).

Auftragsangelegen-
heiten

Zu den *Auftragsangelegenheiten* gehört das Melderecht, das Bauaufsichtsrecht, Ausländerangelegenheiten, Zivilschutz und das Ordnungsrecht. Aufgabenbereiche sind hier die Kraftfahrzeugzulassung, das Ausländerwesen, das Pass- und Meldewesen, die Lebensmittelüberwachung, die Schulaufsicht oder das Gewerberecht. In diesem Bereich der mittelbaren Staatsverwaltung bestehen bei der Gestaltung der Ziele keine Handlungsspielräume für die Kommunen. Insbesondere bei den Auftragsangelegenheiten nach Bundesrecht besteht ein umfassendes Weisungsrecht. Die Aufsichtsbehörden haben nicht nur die Rechts- sondern auch die Fachaufsicht. Die Auftragsangelegenheiten unterliegen in der Regel nicht der Zuständigkeit der kommunalen Vertretungen, sondern hier ist der hauptamtliche Verwaltungschef (i.d.R. Bürgermeister oder Landrat) zuständig für die Durchführung (vgl. Schäfer/Stricker 1989, S. 39). Rechtsverordnungen des Landes und das Gesetz zur Funktionalreform regeln, welche dieser Pflichtaufgaben zur Erfüllung nach Weisung alle Gemeinden zu erfüllen haben und welche auf die kreisfreien Städte und Kreise übertragen werden.

Selbstverwaltungs-
angelegenheiten

Bei den *Selbstverwaltungsangelegenheiten* als nichtstaatliche Aufgaben der örtlichen Selbstverwaltung sind

- die *freiwilligen* Aufgaben (z.B. Einrichtung und Unterhaltung von Grünanlagen, Museen, Schwimmbäder, Theater, Sportstätten, Jugendeinrichtungen, Büchereien, Altentreffs, Bürgerhäusern; Förderung von Vereinen; Wirtschaftsförderung; Partnerschaften mit anderen Städten) und
- die *Pflichtaufgaben* (z.B. Gemeindestraßen, Bebauungspläne, Bauleitplanung, Kindergärten, Jugendhilfe, Sozialhilfe, Wohngeld, Schulverwaltung, Volkshochschulen, Förderung des Wohnungsbaus, Abfallbeseitigung, Abwasserbeseitigung) zu unterscheiden.

Bei den Selbstverwaltungsaufgaben ist die Gemeindevertretung[28] durchweg die höchste Entscheidungsinstanz. Hier gilt die Zuständigkeit der Kommunalvertretung. Dennoch gibt es in Abhängigkeit von den einzelnen Aufgabenbereichen unterschiedliche Steuerungsmöglichkeiten. Die größten Gestaltungsmöglichkeiten für die Kommunalpolitik befinden sich im Bereich der freiwilligen Aufgaben, da hier *auch* die Ziele gesetzt werden. Die staatlichen Ebenen üben hier nur Rechtsaufsicht aus, d.h. sie kontrollieren, ob die Gemeinden bei der Erfüllung ihrer Aufgaben nicht gegen Gesetze verstoßen. Allerdings ist der Anteil der freiwilligen Selbstverwaltungsangelegenheiten durch die Verengung des kommunalen Finanzrahmens und rechtliche Vorgaben der EU, des Bundes und der Länder unter dem Po-

---

28 Die Gemeindevertretungen werden je nach Bundesland mitunter auch als Rat, Gemeinderat oder Stadtrat bezeichnet.

stulat der Schaffung gleichwertiger Lebensverhältnisse zurückgegangen. Im Bereich der pflichtigen Selbstverwaltungsaufgaben liegt der kommunalpolitische Gestaltungsspielraum im Weg, vorgegebene Ziele zu erreichen. Die Ausübung dieser Aufgaben ist durch Bundes- und Landesgesetze vorgeschrieben, die staatlichen Ebenen üben natürlich auch hier die Rechtsaufsicht aus, aber bei der Ausführung der Aufgaben gibt – es je nach Detaillierungsgrad der Rahmengesetze – z.T. erhebliche Handlungsspielräume.

3.5.3 Kommunalverfassungen

Im Rahmen der grundgesetzlichen Garantie kommunaler Selbstverwaltung haben die Länder einen erheblichen Spielraum zur Schaffung eigenständiger *Kommunalverfassungen*, den sie auch nutzen. Dabei haben die Länder sowohl auf historische Vorbilder zurückgegriffen als auch Vorbilder der Kommunalverfassungen der Besatzungsmächte berücksichtigt.[29] Prinzipiell wird in Deutschland bei den Kommunalverfassungstypen (in den Flächenländern) bis Anfang der 90er-Jahre je nach dominantem Typisierungsmerkmal entweder zwischen monistischen oder dualistischen Systemen (bezieht sich auf die Kompetenzverteilung zwischen Rat und Verwaltung) oder – orientiert an den Organen, denen Kompetenzen zugeordnet werden – zwischen der norddeutschen Ratsverfassung, der süddeutschen Ratsverfassung, der rheinischen Bürgermeisterverfassung und der unechten Magistratsverfassung unterschieden (vgl. Knemeyer 1993; 1998; andere Typisierungsvorschläge finden sich bei Stargard 1995a; b).

Ausgehend von Ostdeutschland[30] entwickelte sich seit 1991 ein durchgängiger Trend zur *Reform der Kommunalverfassungen* in Richtung süddeutsche Rat-Bürgermeisterverfassung (mit baden-württembergischer Prägung) mit einem direkt gewählten Bürgermeister und der Einführung von Bürgerbegehren und Bürgerentscheiden. Bürgerentscheid und Bürgerbegehren sind nach Baden-Württemberg (1956) und den ostdeutschen Ländern in Schleswig-Holstein (1990), Hessen (1993), Rheinland-Pfalz (1993), NRW (1994), Bremen (1994), Bayern (1995), Niedersachsen (1996), dem Saarland (1997) und Hamburg (1998) in die GO aufgenommen worden. Bis auf Baden-Württemberg sind in allen Flächenländern die Kommunalverfassungen verändert worden. Damit werden auf lokaler Ebene die über 40 Jahre existierenden repräsentativ-demokratischen Formen politischer Entscheidungsfindung durch *direktdemokratische* Formen[31] ergänzt (vgl. Jung 1995;

Marginalien: Kommunalverfassungstypen — Reform der Kommunalverfassungen

---

29 Einheitliche Kommunalverfassungen gab es nur 1850 in Preußen, allerdings auch nur für drei Jahre, und dann während der nationalsozialistischen Herrschaft durch die Deutsche Gemeindeordnung von 1935. Die Gemeindeverfassungssysteme orientieren sich fast immer auch an den historischen Vorbildern. So sind schon in Preußen sowohl bezüglich des Rheinlandes, Westfalens und Nassaus im frühen 19. Jahrhundert als auch später bezüglich Schleswig-Holsteins und Hannovers immer die in den Regionen bestehenden Kommunalverfassungen anerkannt und fortgeschrieben worden (vgl. von Saldern 1998).

30 Schon in der noch von der DDR-Volkskammer verabschiedeten DDR-Kommunalverfassung vom 17.5.1990 wurden Volksbegehren und -entscheid aufgenommen in der Absicht, ein Stück basisdemokratisches Erbe der ostdeutschen „Revolution" zu bewahren.

31 Bei direkter Demokratie handelt es sich um eine Form der Willensbildung, Konfliktregelung und Entscheidungsfindung, bei der die Entscheidungsbetroffenen unter Umgehung von Repräsentanten Sach- oder Personalentscheidungen treffen (vgl. Luthardt/Waschkuhn 1997, S. 72). Bei den Sachentscheidungen sind Volksinitiative, Volksbegehren und Volksentscheid

1999; Henneke 1996, Schefold/Neumann 1996; Bovenschulte/Buß 1996; Knemeyer 1997; 1998; Schliesky 1998; Wollmann 1998b) und die kommunale Verfassungswelt erfährt bei allen noch bestehenden Unterschieden eine kaum für möglich gehaltene Vereinheitlichung. Dies ist umso beachtenswerter, als es sich hierbei um einen dezentralen politischen Entscheidungsprozess handelt, denn die Kommunalverfassungen liegen in der Kompetenz der Bundesländer.

Direktwahl des Bürgermeister war umstritten

Insbesondere die Einführung der Direktwahl des Bürgermeisters kann als das Ergebnis eines von Parteienpräferenz, von Expertenwissen und vom Interessenkampf der Landespolitik geprägten Entscheidungsprozesses betrachtet werden. So war die SPD nicht nur in NRW (vgl. hierzu im Detail Bogumil 2001: 176), sondern auch in Hessen, Rheinland-Pfalz, Niedersachsen und Schleswig-Holstein lange Zeit gegen eine Direktwahl des Bürgermeisters. Nach Derlien hat die CDU eine Präferenz für die exekutive Führerschaft und die SPD eine Präferenz für monistische Systeme, die auf eine Parlamentarisierung der Kommunalpolitik hinauslaufen. Eng zusammen mit diesen Leitbildern hängen Vorstellungen von der Gemeinde als Kommunalpolitik oder als kommunale Selbstverwaltung (vgl. Derlien 1994: 66).

Von politikwissenschaftlicher Seite wird immer wieder darauf hingewiesen, dass die behauptete Überlegenheit des süddeutschen Modells empirisch nicht bewiesen ist (vgl. Derlien 1994; Voigt 1992). Dennoch war die norddeutsche Ratsverfassung seit langem in der Kritik, vorgetragen seit Mitte der 80er Jahre vor allem von Gerhard Banner, aber unterstützt durch die Stadtdirektoren in NRW, die Konrad-Adenauer-Stiftung und die Befürworter des süddeutschen Modells aus der Wissenschaft (Knemeyer, Wehling). Dabei kam diesen sicher zugute, dass Effizienz- und Managementargumente seit Mitte der 80er Jahre zunehmend wichtiger wurden. Durchgesetzt hat sich das süddeutsche Modell bzw. Teile des süddeutschen Modells aber erst mit dem *Argument der Direktwahl* und der damit verbundenen Einbindung der Bürger (zum Zusammenhang zwischen Wertewandel und neuen Politikformen auf kommunaler Ebene vgl. Gabriel 1997). Deutlich wird dies z.B. in NRW. Hier wurde die Direktwahl des Bürgermeisters und die Abschaffung der Doppelspitze zunächst von einem Landesparteitag der SPD 1991 mit großer Mehrheit abgelehnt. Dann sorgten zwei Faktoren dafür, dass die Beschlüsse auf einem SPD Parteitag im Januar 1994 revidiert werden. Zum einen drohte ein Volksentscheid zur Einführung der Direktwahl und der Abschaffung der Doppelspitze seitens der CDU und der F.D.P., welcher angesichts eines ähnlichen Volksentscheides in Hessen im Jahr 1991, bei dem sich 82% der Bürger für die Direktwahl ausgesprochen hatten, erfolgverspre-chend erschien. Zum anderen gab es den sogenannten Scharpingeffekt – gemeint ist die erstmalig durchgeführte Basiswahl des Parteivorsitzenden in der SPD, die die Akzeptanz direktdemokratischer Formen stärkte.

Bezogen auf die politische (und auch wissenschaftliche Auseinandersetzung) ist damit festzustellen, dass die Befürworter der Verwaltungseffizienz gegenüber den eher partizipationsorientiert und gewaltenteilend argumentierenden Vertretern ironischerweise erst dann die Oberhand gewannen, als sie das Argument der

---

auf Bundes- und Landesebene sowie Bürgerbegehren und Bürgerentscheid auf kommunaler Ebene zu nennen, bei den Personalentscheidungen die Direktwahlmöglichkeiten des Bürgermeisters oder Landrates auf kommunaler Ebene. Direkte Demokratie wird hier nicht als Alternativmodell zur repräsentativen Demokratie aufgefasst, sondern als eine andere Form des Entscheidungsverfahrens.

demokratischen Funktion der Direktwahl zunehmend betonten und sich so mit dem mutmaßlichen Willen von breiten Teilen der Bevölkerung verbinden konnten. Dabei spielt sicher auch das Aufleben direkter Demokratieformen beim Zusammenbruch des SED-Regimes („Wir sind das Volk") eine Rolle, denn dem in den alten Bundesländern geläufigen Argument, dass die Bürger nicht „reif" seien für mehr direkte Demokratie, war der Boden entzogen, wenn selbst die Menschen in den neuen Bundesländern nach über 50 Jahren Diktatur sich als „reif" erwiesen hatten, ihr Schicksal selbst in die Hand zu nehmen (vgl. Wehling 1999b). Die faktische Durchsetzung wesentlicher Elemente der süddeutschen Kommunalverfassung ist also im Ergebnis ein Reflex der Verstärkung plebizitärer Elemente, des Ausbaus von Bürgerbeteiligung durch die Möglichkeit der Direktwahl (ähnlich argumentierend Hennecke 1999, S. 135), und weniger das Ergebnis der schon lange andauernden Debatte um das Verhältnis zwischen Kommunalvertretung und dem Hauptverwaltungsbeamten (vgl. hierzu grundlegend Schmidt-Eichstaedt 1985).

Die Einführung von Bürgerentscheiden und Bürgerbegehren ist in der Regel weniger umstritten, musste aber in einigen Bundesländern erst durch Volksbegehren auf Landesebene (Bremen, Bayern) durchgesetzt werden. Das erste Bundesland nach Baden-Württemberg war Schleswig-Holstein, wo als Reaktion auf die Barschel-Affäre sowohl auf Landes- als auch auf Kommunalebene Bürgerbegehren und Bürgerentscheide eingeführt wurden. Wurde das kommunale Referendum in Baden-Württemberg seit den 50er-Jahren eher wenig genutzt und häufig durch die Kommunalvertretung behindert (vgl. Wehling 1989), so deutet sich nun an, dass „das direkt-demokratische Pflänzlein (...) durchaus Wurzeln zu schlagen begonnen hat" (Wollmann 1998a: 417). Allerdings gibt es nach wie vor nicht unerhebliche Verfahrenshindernisse (Quoren, Negativkataloge, Zulässigkeitsentscheidung; vgl. Schefold/Neumann 1996: 120ff., Wollmann 2002, Rehmet/Mittendorf 2002).

Durch den komplementären Einbau direktdemokratischer Instrumente in Form von *Sach-* und *Personal*entscheidungen ist die duale Rat-Bürgermeisterverfassung die Leitverfassung in Deutschland geworden. Orientiert an den klassischen Unterscheidungen[32] gehen nun alle GOen von einer *dualistischen*[33] Kompetenzverteilung mit *einem direkt gewählten Bürgermeister* aus. Dieser ist überall Verwaltungschef, und nur in Hessen muss er sich bei der Verwaltungsleitung im Magistrat absprechen (kollegiale anstatt monokratische Leitung). Allerdings sind damit nicht alle Unterschiede zwischen den GOen beseitigt. Unterschiede im Institutionenarrangement zwischen einzelnen Bundesländern bestehen auch weiterhin

Bürgerbegehren und Bürgerentscheide

---

32 Traditionell unterscheidet man vier Merkmale: die Verteilung der originären (Erst-)Zuständigkeiten zur Wahrnehmung von Selbstverwaltungsangelegenheiten (monistisch, dualistisch, trialistisch); die Verbindung oder Trennung der Funktion des Verwaltungschefs (Ein- bzw. Zweiköpfigkeit), die Struktur der Verwaltungsführung (monokratisch, kollegial) sowie den Wahlmodus der Verwaltungsführung (direkt, indirekt).

33 Allerdings könnte man die in Hessen geltende Magistratsverfassung als trialistisch bezeichnen, nachdem der Bürgermeister dort auch direkt gewählt ist. Die Beibehaltung der kollegialen Verwaltungsführung bei gleichzeitiger Urwahl des Bürgermeisters wird vielfach als in sich unstimmig kritisiert (z.B. Banner 1999, Wehling 1999b). Dies ist auch der Grund, warum in Schleswig-Holstein mit der Einführung der Direktwahl die Magistratsverfassung abgeschafft wurde.

- bezüglich der Doppelspitze, denn in einigen Bundesländern ist zur Gewährleistung der Kontrollfunktion des Rates gegenüber dem erstarkten Bürgermeister die Trennung von Ratsvorsitz und Verwaltungsspitze als Machtre-
gulativ beibehalten worden. Auch hier ist der Bürgermeister der Verwaltungschef, aber die Leitung der Gemeindevertretung kommt dem Gemeinde-
vorsteher bzw. dem Vorsitzenden der Vertretungskörperschaft zu,
- bezüglich der Kompetenzverteilung zwischen Kommunalvertretung und
Verwaltung,
- bezüglich der Wahlzeit des Bürgermeisters,
- bezüglich der Durchführungsbedingungen von Bürgerbegehren und Bürgerentscheiden und
- bezüglich der Möglichkeiten des Kumulierens (ein Kandidat auf einer Liste
kann bis zu drei Stimmen erhalten) und des Panaschierens (Kandidaten von
einer Liste können auf die andere geholt werden).

Knemeyer nimmt nun die Doppelspitze als neues Unterscheidungskriterium und
macht neben dem Sonderfall der unechten Magistratsverfassung in Hessen nunmehr *zwei kommunale Verfassungstypen* aus:

- die duale Rat-Bürgermeisterverfassung unter einer Spitze (Baden-Württemberg, Bayern, Nordrhein-Westfalen, Rheinland-Pfalz, Saarland, Sachsen, Thüringen) und
- die duale Rat-Bürgermeisterverfassung mit zwei Spitzen (Brandenburg,
Mecklenburg-Vorpommern, Niedersachsen[34], Sachsen-Anhalt, Schleswig-
Holstein; vgl. Knemeyer 1998, S. 112).

Noch keine neue Verfassungstypologie vorhanden

Ob diese Unterscheidung anhand der „Spitzen" wirklich trägt und Erklärungen
für unterschiedliche Kommunalverfassungstypen liefert, erscheint jedoch zweifelhaft angesichts der geringen Machtfülle des Ratsvorsitzenden, denn dieser hat
neben der Leitungskompetenz der Ratssitzung nur die Ladungs- und Tagesordnungskompetenz. Von einer Doppelspitze im eigentlichen Sinne kann kaum die
Rede sein. Wichtiger scheinen andere Unterschiede zu sein, wie die institutionelle Ausgestaltung der Stellung des Bürgermeisters, der z.B. in NRW nicht über
die Machtfülle verfügt, die ihm in Baden-Württemberg zukommt, die Wahlzeit
oder die Möglichkeiten des Kumulierens und Panaschierens. Die Typologie von
Knemeyer trägt daher nicht. Zur Zeit wird an einer neuen Typologie gearbeitet,
die auf den Unterschieden zwischen eher konkurrenz- oder konkordanzdemo-
kratischen Strukturen aufbaut (vgl. Bogumil 2002c, S. 33; Holtkamp 2003).

---

34 Niedersachsen ist ein Sonderfall, denn zum einen kann auch der Bürgermeister zum Ratsvorsitzenden gewählt werden und zum anderen besitzt der Vorsitzende des Rates nicht die
Ladungskompetenz und nur die eingeschränkte Tagesordnungskompetenz.

3.6 Personal im öffentlichen Dienst

3.6.1 Strukturprinzipien der Personalwirtschaft im öffentlichen Dienst

Die *Personalwirtschaft* im öffentlichen Dienst in Deutschland hat mehrere Besonderheiten:

- eine parlamentarische Verantwortung für den Stellenplan,
- eine speziell auf den öffentlichen Dienst ausgerichtete Ausbildung und die damit verbundene begrenzte Mobilität des Personals,
- die lebenslängliche Bindung, die auch weitgehend über Beamte hinaus durch tarifvertragliche Unkündbarkeitsregeln und arbeitsrechtliche Praxis gilt, sowie
- die Einbindung in ein engmaschiges gesetzliches Regelwerk (Bundesbeamtengesetz, Beamtenrechtsrahmengesetz, Bundeslaufbahnverordnung und die landesrechtlichen Laufbahnvorschriften, BAT).

Diese Besonderheiten prägen die Ausgestaltung des Personalwesens im öffentlichen Dienst. Hier wird nun vor allem auf den Beamtenstatus und das Laufbahnsystem eingegangen, quantitative und qualitative Trends werden in Kapitel 3.6.2 und die Aus- und Weiterbildung in Kapitel 3.6.3 erläutert.

Art. 33 GG regelt, dass die Ausübung hoheitsrechtlicher Befugnisse in der Regel Angehörigen des öffentlichen Dienstes zu übertragen sind, die in einem öffentlich-rechtlichen Dienst- und Treueverhältnis stehen. Gemeint sind damit die Beamten (vgl. §2 BRRG). Bei hoheitlichen Aufgaben (Polizei, Schulen, Hochschulen, Finanzverwaltung) müssen in Deutschland also nach wie vor Beamte eingestellt werden. Allerdings gibt es erste Anzeichen für eine Auflockerung dieses Prinzips.   *Beamtenstatus*

Historisch ist das Beamtentum aus dem Fürstendienst der Einzelstaaten entstanden. War zu Beginn des 17. Jahrhunderts der Bedienstete dem Lehnsherren auf lehns- und privatrechtlicher Grundlage verpflichtet, beginnt mit dem Zeitalter des Absolutismus die Verrechtlichung des Beamtentums. Die Entfaltung des Beamtenrechts geht mit einer detaillierten Rechtsstellung einher. Merkmale sind

- der Beamteneid, der allgemeine Treuepflicht, politische Zurückhaltung und Neutralität verbürgen soll,
- die Sicherung der Unabhängigkeit der Amtsführung,
- die Einführung einer eigenen Disziplinargerichtsbarkeit und
- die Ausbildung eines differenzierten Laufbahnsystems.

Mit der Weimarer Reichsverfassung werden die Anstellung auf Lebenszeit, die Regelung von Ruhegehalt und Hinterbliebenenversorgung, die Haftung des Staates bei Amtspflichtverletzung eines Beamten sowie die Gewährleistung der Freiheit der politischen Gesinnung ergänzt. Auch heute noch ist das Beamtenverhältnis durch das Laufbahnprinzip, das Lebenszeitprinzip, die Treuepflicht, die Unparteilichkeit, die Fürsorgepflicht sowie die Hauptberuflichkeit gekennzeichnet.

Das Recht der Beamten wird durch staatliche Rechtsnormen bestimmt. Die rechtliche Stellung des Beamten sieht einige besondere Pflichten des Beamten vor. Beamten sollen dem ganzen Volk dienen (nicht einer Partei), ihre Aufgaben unparteiisch und gerecht erfüllen und bei der Amtsführung auf das Wohl der

Allgemeinheit Bedacht zu nehmen (§ 35 BRRG). Vergleicht man ihre Stellung mit der von Angestellten, so ergibt sich folgendes Bild:

Abbildung 17: Vergleich Beamte/Angestellte

	Beamte	Angestellte
Unkündbarkeit (Lebenszeitprinzip)	Ja	Nein
Versorgung	Alimentation	Gehalt
	Pension	Rente
Streikrecht	Nein	Ja
Besondere Treuepflicht	Ja	Nein
Regelung der Arbeitsverhältnisse	Gesetz	Tarifvertrag
Disziplinarrecht	Ja	Nein
Rekrutierung für	Laufbahn	Dienstposten

Abbildung 18: Besoldung im öffentlichen Dienst

Besoldungs-gruppe[35]	Beispiel	Vorbildung	BAT
A2	Oberamtsgehilfe, Schaffner, Wachtmeister	Hauptschule	IXb
A3	Oberaufseher, Oberschaffner		IXa
A4	Amtsmeister, Hauptschaffner		
A5	Oberamtsmeister		VIII
A6	Sekretär, Lokführer	Realschulabschluß o. Hauptschule + Berufsausbildung	VII
A7	Obersekretär, Polizeimeister		VIa, VIb
A8	Hauptsekretär		Vc
A9	Inspektor, Polizeikommissar	Abitur und/oder Fachhochschule	Vb, Va
A10	Oberinspektor, Polizeioberkommissar		IVb
A11	Amtmann		IVa
A12	Amtsrat, Lehrer (Grundschule)		III
A13	(Regierungs-, Studien-) Rat	Hochschulstudium	IIb, IIa
A14	Oberrat		Ib
A15	Direktor		Ia
A16	Leitender Direktor, Ministerialrat		I
B1	Direktor und Professor		
B2	Ministerialrat (Land)		
B3	Ministerialrat (Bund)		
B4	Leitender Ministerialrat		
B5	Ministerialdirigent (Land)		
B6	Ministerialdirigent (Bund), Oberbürgermeis-ter (bis zu 100.000 Einwohnern)		
B7	Ministerialdirigent (stv. AL)		
B8	Regierungspräsident		
B9	Ministerialdirektor		
B10	Direktor des Bundesrates		
B11	Staatssekretär		

Orientierung an Laufbahngruppen

Die Zugangsvoraussetzungen bei der Einstellung von Beamten sind für alle Bereiche der Verwaltung einheitlich geregelt. Dabei müssen die Ausbildungsvoraussetzungen für die einzelnen Laufbahnen und Fachrichtungen erfüllt sein. Laufbahnen sind Ordnungen der Berufswege der Beamtenschaft. Unterschieden

---

35 Beispiele für die Besoldung der Beamten sind: A2 (von 1412-1616 Euro), A 16 (4128-5247 Euro), B1 (4700 Euro), B11 (10353 Euro), Stand 1.1.2002.

wird in Deutschland zwischen den vier Laufbahngruppen, dem einfachen, mittleren, gehobenen und höheren Dienst. Schon im 19. Jahrhundert wurden zwischen diesen Laufbahngruppen feste Bildungsgrenzen installiert. Die Laufbahn des höheren Dienstes war im allgemeinen Verwaltungsdienst im Gegensatz zum Militärdienst Personen ohne wissenschaftliche Vorbildung verschlossen.

Auch das heutige Laufbahnrecht spiegelt diese Bildungsgrenzen im Kern noch wieder, auch wenn sie durch andere Aufstiegsmöglichkeiten durchlässiger wurden. Für den höheren allgemeinen Verwaltungsdienst ist eine universitäre wissenschaftliche Ausbildung Voraussetzung, in der Regel eine juristische, für den gehobenen Dienst die Fachhochschulausbildung (meist in internen Fachhochschulen[36]) und für den mittleren Dienst die Realschulausbildung als Einstieg in den internen Vorbereitungsdienst in Form des dualen Systems. Eine laufbahngerechte Vorbildung ist eine der wesentlichen Voraussetzungen für die Tätigkeiten im öffentlichen Dienst. Deutlich wird dies auch an der Besoldungsstruktur im öffentlichen Dienst (vgl. Abbildung 18).

3.6.2 Quantitative Entwicklungstrends

3.6.2.1 Allgemeiner Überblick

Der öffentliche Dienst umfasst die Personen, die in einem Dienstverhältnis zu einer öffentlich-rechtlichen Anstalt, Körperschaft oder Stiftung stehen. Die Zahl der im öffentlichen Dienst befindlichen Personen hat sich von 1950 bis 1990 ständig erhöht, so dass die Zahl der öffentlich Beschäftigten pro 1000 Einwohner von 46 auf 78 anwuchs. Durch die deutsche Vereinigung sind noch einmal ca. 1,8 Mio. Personen dazugekommen, so dass es im Jahr 1991 6,7 Mio. Beschäftigte im öffentlichen Sektor gab, das entspricht 84 Beschäftigten auf 1000 Einwohner. Seit 1991 gibt es nun einen kontinuierlichen Personalabbau. Insgesamt wurden zwischen 1991 und dem Jahr 2000 ca. 27% der Beschäftigten abgebaut.

Bis 1990 kontinuierlicher Personalanstieg, danach starke Personalreduzierungen

Abbildung 19: Beschäftigte im öffentlichen Dienst von 1950-2000

Jahr	Beschäftigte im öffentlichen Sektor	% Teilzeit	pro 1000 Einwohner
1950	2,282	2,9	45,7
1960	3,152	6,2	56,9
1970	3,876	9,8	63,9
1980	4,658	13,3	75,7
1990	4,92	17,7	77,8
1991	6,738	15,8	84,2
2000	4,91	25	59,7

Quelle: Derlien 2002a, S. 233, sowie eigene Berechnungen nach: Statistisches Bundesamt 2001, Fachserie 14, Reihe 6

---

36 Seit 1973 gibt es zunächst in Berlin und Baden-Württemberg solche interen Verwaltungsfachhochschulen, seit 1979 auch für die Bundesebene. Sie sind in Trägerschaft des jeweiligen Landes und des Bundes und keine rechtsfähigen Körperschaften. Der Zugang erfolgt über Auswahlverfahren der verschiedenen Einstellungsbehörden. Die ausgewählten Personen müssen als Inspektorenanwärter auf Widerruf 18 Monate studieren und 18 Monate praktische Berufserfahrung sammeln. Der Zugang über eine externe Fachhochschulausbildung in den öffentlichen Dienst ist dagegen immer noch die Ausnahme in Deutschland.

Die Zahl der öffentlich Beschäftigten ist im Jahr 2000 mit 60 Beschäftigten pro 1000 Einwohner auf einen Stand wie zu Beginn der 70er-Jahre zurückgefallen. Dieser Rückgang beruht auf verschiedenen Maßnahmen, zu denen vor allem die Privatisierung von Bahn und Post (ca. 0,8 Mio Beschäftigte), die Verkleinerung der Bundeswehr, der drastische Abbau des Personalüberhangs in den ostdeutschen Kommunal-[37] und Landesverwaltungen sowie ingesamt die sehr restriktive Personalpolitik zu zählen sind. Hinzu kommt, dass der Anteil der Teilzeitbeschäftigten ebenfalls erheblich gewachsen ist: Er stieg von 1960 bis zum Jahr 2000 von 6,2% auf 25%. Deutschland dürfte damit mittlerweile im internationalen Vergleich über einen der kleinsten öffentlichen Dienste verfügen (vgl. Derlien 2002a, S. 232).

Feminisierung und Teilzeitarbeit Ein weiterer allgemeiner Trend ist die zunehmende *Feminisierung*. Die Frauenquote im unmittelbaren öffentlichen Dienst stieg von 25,9% im Jahr 1960 auf 49,6% im Jahr 2000. Bei den 1,1 Mio. Teilzeitbeschäftigten im unmittelbaren öffentlichen Dienst im Jahr 2000 beträgt der Frauenanteil 84%, während der Frauenanteil bei den Vollzeitbeschäftigten bei 38,1% liegt. Man erkennt daran, dass die höheren Frauenquoten im öffentlichen Dienst insgesamt auch verknüpft sind mit dem größeren Anteil an Teilzeitbeschäftigten.

Betrachtet man nun die quantitative Entwicklung des öffentlichen Dienstes nach weiteren Kriterien, so ergibt sich folgendes Bild:

---

37 Mitte 1991 hatten die ostdeutschen Kommunen eine Beschäftigtendichte von 41,6 pro 1.000 Einwohnern und lagen damit zweimal so hoch wie die westdeutschen Kommunen (mit 20,8). Der massive Stellenabbau, in den die ostdeutschen Kommunen sogleich eintraten, ist daran abzulesen, dass das kommunale Personal von 1991 bis 1999 um 49% reduziert wurde, während es in Westdeutschland in diesem Zeitraum „nur" 10% waren. Die Beschäftigtendichte liegt 1999 aber mit 22,1 immer noch über der in Westdeutschland mit 17,9 (Berechungen von Sabine Kuhlmann). Auf Landesebene wurde in den ostdeutschen Ländern das Personal für denselben Zeitraum um 25,9% reduziert, während es in den westdeutschen Ländern 6,9% waren. Auch hier liegt die Beschäftigtendichte in Ostdeutschland mit 31,7% zu 27,3% im Jahr 1999 noch höher.

Abbildung 20: Quantitative Entwicklung des öffentlichen Dienstes

Jahr (jeweils 30.6., 1960 2.10.)		1960		1990		2000	
Merkmal		Anzahl	Anteil in %	Anzahl	Anteil in %	Anzahl	Anteil in %
Unmittelbarer öffentlicher Dienst		3 043 100	95,3	4 655 600	94,6	4 420 895	90
Mittelbarer öffentlicher Dienst		148 000	4,7	264 000	5,4	487 988	10
insgesamt		**3 152 100**	**100**	**4 919 600**	**100**	**4 908 883**	**100**
Gebietskörper-schaft[1]	Bund	1 266 800	42,2	1 362 800	29,3	575 639	13
	Länder	1 003 800	33,4	1 934 700	41,5	2 273 257	51,4
	Gemeinden	733 500	24,4	1 358 100	29,2	1 571 999	35,6
	Gesamt	3 004 100	100	4 655 600	100	4 420 895	100
Ausgewählte Aufgaben bereiche[2]	Bildung	361 800	12,2	809 200	20	1 428 054	33,4
	zentrale Verwaltung	370 800	12,5	480 300	11,9	644 363	15,1
	Gesamt	2 958 800	100	4 048 000	100	4 277 488	100
Statusgruppe[1]	Beamte	1 321 400	44,0	2 054 400	44,1	1 818 849	41,1
	Angestellte	698 000	23,2	1 575 200	33,8	1 965 452	44,5
	Arbeiter	984 700	32,8	1 026 000	22,1	636 594	14,4
	Gesamt	3 004 100	100	4 655 600	100	4 420 895	100
Laufbahngruppe	Einfacher/ Mittlerer Dienst	1 198 700	65,7	1 576 900	56,2	1 637 891	45,9
(Beamte+	Gehobener Dienst	467 800	25,6	798 600	28,4	1 291 680	36,2
Angestellte,	Höherer Dienst	159 300	8,7	431 300	15,4	637 815	17,9
ohne Militär) [1]	Gesamt	1 825 800	100	2 806 800	100	3 567 336	100
Teilzeitarbeit [1]	Teilzeit	185 800	6,2	838 300	18,0	1 104 561	25
	Gesamt	3 004 100	100	4 655 600	100	4 420 895	100
Frauen [1] [3][4]	Frauen	731 900	25,9	1 866 200	42,3	2 191 395	49,6
ohne Militär	Gesamt	2 824 500	100	4 412 300	100	4 234 335	100

1) unmittelbarer öffentlicher Dienst
2) ohne Bundeseisenbahnvermögen und Zweckverbände
3) für 1960 ohne Teilzeitbeschäftigte mit weniger als der Hälfte der regulären Arbeitszeit
4) für 1960 bis 1990 ohne Teilzeitbeschäftigte

Quelle: Derlien 2002a, S. 231, aktualisiert durch: Statistisches Bundesamt 2001. Fachserie 14, Reihe 6

3.6.2.2 Gebietskörperschaften

Der größte Bereich im öffentlichen Dienst ist der unmittelbare öffentliche Dienst, die Gebietskörperschaften, der im Jahr 2000 einen Anteil von 90% ausmacht. Der Anteil des mittelbaren öffentlichen Dienstes, das sind vor allem die Sozialversicherungssysteme und die Arbeitsverwaltung, liegt allerdings mittlerweile auch schon bei 10%, nachdem er 1960 noch bei knapp 5% lag.

Dominanz der Gebietskörper-schaften, vor allem von Ländern und Kommunen

Abbildung 21: Beschäftigte im öffentlichen Dienst 2000

	Beschäftigte	in %
Bund[38]	575.639	11,7
Länder	2.273.257	46,3
Gemeinden[39]	1.571.999	32,0
Mittelbare Verwaltung	487.988	10,0
Total	4.908.883	100

Quelle: Statistisches Bundesamt 2001, Fachserie 14, Reihe 6

Der Kern des unmittelbaren öffentlichen Dienstes, also der Gebietskörperschaften, arbeitet nun wiederum im Jahr 2000 vor allem auf Landes- (51,4%) und Kommunalebene (35,6%). Der Anteil des Bundes ist von 42% im Jahr 1960 auf nunmehr 13% stark gesunken. Dies liegt zum Teil an der in den 90er Jahren durchgeführten Privatisierung von Bahn und Post, aber auch an dem überproportionalen Anwachsen des Bildungssektors, der sich in der Kompetenz der Länder befindet.

3.6.2.3 Aufgabenbereiche

Dominanz des Bildungsbereiches

Betrachtet man die Aufgabenbereiche, so umfasst der Bildungsbereich mittlerweile 33,4% des unmittelbaren öffentlichen Dienstes in Deutschland (1960 noch 12,2%). Das Personal hat sich in dieser Zeit vervierfacht. Diese Entwicklung liegt im internationalen Trend. Der typische deutsche Beamte ist mittlerweile der Lehrer. Der Anteil der allgemeinen Verwaltung liegt dagegen insgesamt gesehen seit 30 Jahren relativ konstant zwischen 12% und 15%.

Der größte Aufgabenbereich auf Bundesebene ist nach wie vor der Verteidigungsbereich. Hier befinden sich im Jahr 2000 320.000 Personen (darunter 187.000 Berufs- und Zeitsoldaten), das sind 64% der Bundesbeschäftigten im engeren Sinne.[40] Weitere 48.000 Beschäftigten arbeiten in der Finanzverwaltung, 42.500 beim Bundesgrenzschutz und dem BKA, 17.000 in der Wasser- und Schifffahrtsverwaltung sowie 9.000 beim Auswärtigen Amt.

Der größte Anteil des Personals auf Länderebene befindet sich dagegen im Bereich von Bildung und Wissenschaft (ca. 47% aller Beschäftigten auf Landesebene) gefolgt von dem Bereich Polizei/öffentliche Sicherheit und Ordnung und Rechtsschutz (ca. 20% aller Beschäftigten) und der Steuer- und Finanzverwaltung (ca. 7%). Die gesamten übrigen Aufgaben der Landesverwaltung werden also von nur ca. 25% der Beschäftigten wahrgenommen, darunter die politische Führung und zentrale Verwaltung mit einem Anteil von 12%. Die Verwaltung des Landes besteht also nur zum kleinen Teil aus Verwaltung im engeren Sinne, dominant ist vor allem der Dienstleistungsbereich.

---

38 einschließlich Bundeseisenbahnvermögen
39 einschließlich Zweckverbände
40 Zu den Beschäftigten auf Bundesebene im engeren Sinne (502.020 im Jahr 2000) sind noch die 72.000 Beschäftigten des Bundeseisenbahnvermögens hinzuzählen.

Abbildung 22: Personal der Länder nach Aufgabenbereichen

Aufgabenbereich	Personal der Länder zum 30.6.2000	
	Beschäftigte	in %
Schulen und vorschulische Bildung	817.400	36
Polizei	273.600	12
Hochschulen	237.900	10,5
Rechtsschutz	189.700	8,3
Steuer- und Finanzverwaltung	153.600	6,8
diverse andere	601.100	26,4
Insgesamt	2.273.300	100

Quelle: BMI 2002, S. 24

Auf kommunaler Ebene liegen die Aufgabenschwerpunkte bezüglich des Personaleinsatzes im Bereich Soziale Sicherung, allgemeine Verwaltung sowie Dienstleistungstätigkeiten in öffentlichen Unternehmen, vor allem im Bereich Krankenhäuser. Insbesondere in den Bereichen Soziale Dienste, Gesundheitswesen und Wohnungsbau ist die kommunale Ebene seit Anfang der 60er-Jahren immer wichtiger geworden und übernimmt hier Tätigkeiten, die früher auf Landesebene angesiedelt waren. Insgesamt zeigt sich auf kommunaler Ebene eine große Vielfalt von Tätigkeiten, so dass hier keine typischen Berufe existieren. Man findet vom fachlich-beruflichem Spektrum neben dem für Verwaltungsfragen zuständigen Mitarbeitern sehr unterschiedliche Bereiche. Zu nennen sind hier die technischen Berufe im Bauwesen, Umweltschutz, Ver- und Entsorgung, Verkehr, Gewerbekontrolle, Vermessungsdienst, Sozialarbeiter und Sozialpädagogen im Sozialdienst, Ärzte und Pflegepersonal im Gesundheitsdienst, Erzieher und Pädagogen in Heimen, Kindergärten und Volkshochschulen, Gärtner und Gartenarbeiter im Grünflächenbereich, künstlerisches Personal in Theatern, Orchestern und Museen, Beschäftigte der Feuerwehr und Beschäftigte im Bibliotheksdienst.

Abbildung 23: Kommunalpersonal nach Aufgabenbereichen

Aufgabenbereich	Kommunalpersonal zum 30.6.2000	
	Beschäftigte	in %
Allgemeine Verwaltung	249.000	15,8
Öffentliche Sicherheit und Ordnung	115.000	7,3
Schulen	128.000	8,2
Wissenschaft, Forschung, Kulturpflege	86.000	5,4
Soziale Sicherung	281.000	17,9
Gesundheit, Sport, Erholung	84.000	5,4
Bau- und Wohnungswesen, Verkehr	138.000	8,8
Öffentliche Einrichtungen, Wirtschaftsförderung	155.000	9,9
Krankenhäuser	278.000	17,7
Sonstige	58.000	3,7
Insgesamt	1.502.211	100%

Quelle: BMI 2002, S. 26

3.6.2.4 Status- und Laufbahngruppen

Schon lange gibt es Vorschläge zur Unitarisierung des öffentlichen Dienstrechtes, aber seit dem Scheitern der Reformversuche 1973 ist dieses Thema aufgrund der fehlenden verfassungsändernden Mehrheit kaum mehr ernsthaft angepackt worden. Allerdings hat sich durch weitgehende leistungsrechtliche Angleichungen der Unterschied zwischen Beamten und Angestellten deutlich verringert.

Wachsender Angestelltenanteil Quantitativ ist der Angestelltenanteil im unmittelbaren öffentlichen Dienst am höchsten, er beträgt 45%, während der Anteil der Arbeiter 14% und der Anteil der Beamten 41% beträgt. Während der Beamtenanteil seit Jahrzehnten relativ stabil ist, hat sich der Anteil der Angestellten zu Gunsten der Arbeiter deutlich ausgedehnt. Betrachtet man nun die verschiedenen Ebenen, so befinden sich insbesondere die Beschäftigten in Kommunalverwaltungen mit einem Anteil von 62% im Status des Angestellten, 26% sind hier Arbeiter und nur 12% Beamte.[41] Insofern gibt es in der Kommunalverwaltung im Vergleich zum gesamten öffentlichen Dienst eine „Angestellten-Lastigkeit" (Reichard 1998, S. 512). Dass dagegen in Land und Bund Beamten dominieren, liegt vor allem am hoheitlichen Aufgabenspektrum. Im Bund gibt es nahezu einen 2/3-Anteil an Beamten, in den Ländern liegt er immerhin auch deutlich über 50%.

Abbildung 24: Statusgruppen in den Gebietskörperschaften

in %	Bund	Länder	Kommunen	Insgesamt
Beamte	63,6	55,1	11,7	41,1
Angestellte	20,2	38,5	62,8	44,5
Arbeiter	16,2	6,4	25,5	14,4

Quelle: Statistisches Bundesamt 2001, Fachserie 14, Reihe 6

Veredelung Im Jahr 2000 befinden sich 18% der im unmittelbaren öffentlichen Dienst Beschäftigten im höheren Dienst, 1960 waren es noch 9%. Der gehobene Dienst umfasst 36,2% (vorher 25,6%), der einfache und mittlere 45,9% (vorher 65,7%). Damit ist nun knapp über die Hälfte aller Beschäftigten in den beiden höchsten Stufen eingruppiert, während dies vor 40 Jahren nur bei knapp einem Drittel der Personen der Fall war, ein Prozess, den Derlien als „Veredelung" bezeichnet (Derlien 2002a, S. 238). Das frühere Bild einer „Zwiebel" im Aufbau des öffentlichen Dienstes hat sich damit insofern geändert, als dass diese Zwiebel unten schmaler und insgesamt länglicher geworden ist.

3.6.3 Führungskräfte und Personalrekrutierung

Führungsbegriff Grundsätzlich wird der Begriff der Führung sehr vieldeutig verwendet. Führung in der Verwaltung wird oft angesehen als zielorientierte soziale Einflussnahme auf das Mitarbeiterverhalten zur Erfüllung gemeinsamer Aufgaben. Danach gibt es eine Vielzahl von Führungspositionen, vom Behörden- zum Abteilungsleiter bis zu denjenigen, die einen oder mehrere Kollegen anleiten. Ein derart weiter Führungsbegriff ist natürlich nicht sinnvoll. Versucht man nun, den Begriff der

---

41 Allerdings variiert der Beamten- und Angestelltenanteil mit der Stadtgröße. So liegt der Beamtenanteil in NRW in den kreisfreien Städten 1990 bei 21,3%, während er in den kleinen Städten deutlich geringer ist (vgl. Tabelle 14, Schulenburg 1999, S. 44).

leitenden Führungsperson näher zu bestimmen, so lässt sich auch nicht die Laufbahnkategorie des höheren Dienstes dafür verwenden, da sie sowohl Führungs- als auch Fachpersonal umfasst und auch zahlenmäßig mittlerweile 17,9% des unmittelbaren öffentlichen Dienstes umfasst, was, wie oben gesehen, 638.000 Personen entspricht.

Sinnvoll scheint es daher zu sein, von Führungskräften zu sprechen, wenn ihnen erhebliche *Personalführungsfunktionen* zukommen (mitunter auch als Führungsspitzenkräfte bezeichnet). Dies ist in Ministerien in der Regel ab der Ebene des Unterabteilungsleiters der Fall (B6), mitunter auch schon auf der Referatsleiterebene. Im nachgeordneten Bereich sind dies etwa Direktoren von Schulen oder Leiter von Sonderbehörden (A16). Insgesamt handelt es sich bei diesem Personenkreis in Deutschland traditionell überwiegend um Beamte. Personalführung

In Deutschland gibt es keine besonderen Eliteschulen für die *Ausbildung* des öffentlichen Dienstes wie in Großbritannien oder Frankreich.[42] Dennoch verfügen die meisten Führungskräfte über eine ähnliche Ausbildung.[43] Sie haben in der überwiegenden Mehrheit ein dreijähriges juristisches Studium mit zweijährigem Vorbereitungsdienst durchlaufen. Zwar sind wirtschafts- und sozialwissenschaftliche Studiengänge im Prinzip mit dem juristischen gleichgestellt, aber die Juristenausbildung mit der Integration des Vorbereitungsdienstes und Studiums in einem zweistufigen Ausbildungsgang hat gegenüber anderen Fachrichtungen den Vorteil, dass mit der Absolvierung der 2. Staatsprüfung eine unmittelbare Zugangsvoraussetzung für den höheren Verwaltungsdienst vorliegt. Der Juristenanteil liegt daher insgesamt in den Ministerien auf Bundesebene seit über 30 Jahren relativ konstant bei 65%, gefolgt von knapp 15% Ökonomen, die vor allem in Folge der Versuche keynesianischer Globalsteuerung ihren Weg in den öffentlichen Dienst fanden (Derlien 2000, S. 14). Diese Zahlen variieren allerdings zwischen den einzelnen Fachministerien. So findet man etwa im Bundesinnenministerium einen Juristenanteil von 70%, während dieser Anteil im Bundeswirtschaftsministerium immerhin noch 40% beträgt und damit auch hier noch vor den Wirtschaftswissenschaftlern liegt (vgl. Hauschild 1998, S. 581). Dominanz juristischer Ausbildung

Neben der Dominanz juristischer Ausbildung ist die *Dominanz der Laufbahnkarriere* ein zweites wesentliches Merkmal für die Rekrutierung von leitenden Führungskräften in der deutschen Ministerialbürokratie. So kommen von den leitenden Führungskräften in Ministerien auf ihrer ersten Führungsposition 78% aus dem öffentlichen Dienst und nur 22% von außerhalb, davon ca. 10% aus der Wirtschaft. Auf der zweiten Führungsebene sind es dann nur noch 13%, die außerhalb des öffentlichen Dienstes rekrutiert werden.[44] Dominanz der Laufbahnkarriere

---

42 An der Hochschule für Verwaltungswissenschaften in Speyer werden vor allem Juristen postgradual ausgebildet, an den Universitäten Konstanz und Potsdam finden sozialwissenschaftlich orientierte verwaltungswissenschaftliche Studiengänge statt. Keiner dieser Hochschulen kommt jedoch der Status einer zentralen Universität zur Ausbildung der Verwaltungselite zu, wie ihn beispielsweise Oxford, Cambridge oder die Ecole Nationale d' Administration in Paris innehaben.

43 Ausbildung ist die Vermittlung des Bildungsstandes, der für die Berufsaufnahme erforderlich ist. Fortbildung baut darauf auf und soll die Ausbildungsinhalte über den durch berufliche Tätigkeit gewonnenen Erfahrungsschatz funktionsbezogen erweitern.

44 Die Angaben beziehen sich auf Daten zur Bundeselite aus den Jahren 1949 bis 1984, denen die Lebensläufe von 900 Personen zu Grunde liegen (vgl. Derlien 1990). Aktuellere Daten auf dieser breiten Grundlage sind für Deutschland nicht verfügbar. Eine Analyse der Lebensläufe der 61 Minister, parlamentarischen und beamteten Staatssekretäre im Jahr 2004 zeigt jedoch, dass zumindest für diese nicht mehr von einer Dominanz des Juristenmo-

Die weitgehend juristisch geprägte Ausbildung für den höheren Dienst und die Orientierung am Laufbahnbeamten sind zwei Gründe für ein gemeinsames Grundverständnis unter den leitenden Führungskräften. Es wird verstärkt durch gemeinsame Fortbildungsveranstaltungen. So gibt es im Bereich der *Fortbildung* für die leitenden Führungskräfte spezielle Lehrgänge. Auf Bundesebene hat die Bundesakademie für öffentliche Verwaltung als zentrale Fortbildungsinstitution ein eigenes Konzept zur Fortbildung von Führungskräften entwickelt, in dem stufenweise ausgehend vom Kern eines vierwöchigen Lehrgangs für Referatsleiter Führungskräfte geschult werden.[45] Weitere Zielgruppen sind Unterabteilungsleiter und Abteilungsleiter in Minsterien, neuerdings auch Staatssekretäre (Hauschild 1998, S. 589). Auf Landesebene gibt es eigene Fortbildungsakademien in Bayern (seit 1968) und Baden-Württemberg (seit 1986), in denen 14- bzw. 15-monatige Führungslehrgänge organisiert werden. Die jeweiligen Führungsakademien sind den Staatskanzleien zugeordnet. In einigen anderen Bundesländern (Rheinland-Pfalz, Hessen, Niedersachsen, Saarland, Schleswig-Holstein und für die Bundesanstalt für Arbeit) gibt es für Mitarbeiter des höheren Dienstes seit 1991 ein Führungskolleg der Hochschule Speyer für den höheren Dienst.

Alle diese Maßnahmen der Führungskräftefortbildung sind nicht systematisch mit Personalentwicklungskonzepten verbunden, so dass die Teilnahme an diesen Maßnahmen also mit keinem Anspruch auf einen besseren Dienstposten verbunden ist, aber es verstärken sich die Hinweise, dass hier Formen von Elitenbildung entstehen (Derlien 2002a, S. 244), zumal die Teilnehmerzahlen für diese Maßnahmen begrenzt sind.

Zusammenfassend hängt die Besetzung der Führungspositionen im öffentlichen Dienst in Deutschland also zum einen von den Laufbahnvoraussetzungen und möglicherweise von spezifischen Fortbildungen ab. Zum zweiten ist insbesondere in der Ministerialverwaltung die Besetzung von Führungspositionen ab einer bestimmten Ebene auch politisch beeinflusst, worauf in Kapitel 4.4 einzugehen sein wird.

---

nopols ausgegangen werden kann (Schwanke 2004, S. 19). Hier haben fast 1/3 der Bundeselite ein Studium im Bereich der Geistes- und Sozialwissenschaften absolviert, und nur knapp ¼ ein Studium der Rechtswissenschaft. 10% der Führungskräfte haben sowohl Politikwissenschaften als auch Jura studiert und nur 8% Wirtschaftswissenschaften. Auch bei den beamteten Staatssekretären, die noch am ehesten mit den Untersuchungspersonen von Derlien vergleichbar sind, sind Juristen und Geistes- bzw. Sozialwissenschaftler mit jeweils einem Anteil von 37% gleichauf, während die Wirtschaftswissenschaftler nur auf 13% kommen.

45 An dieser Einrichtung werden jährlich ca. 400 Seminare mit 8.000 Teilnehmern durchgeführt, über 50% kommen aus dem höheren und knapp 40% aus dem gehobenen Dienst. Daneben gibt es noch die Bundesfinanzakademie, die Polizei-Führungsakademie, die Führungsakademie der Bundeswehr, die Bundesakademie für Sicherheitspolitik, die Aus- und Fortbildungsstätte des Auswärtigen Amtes und der Deutschen Bundesbank (Hauschild 1998, S. 588).

3.7 Finanzen und Haushalt

3.7.1 Finanzverfassung und Verteilung des Steueraufkommens

Die Finanzverfassung Deutschlands sieht einerseits eine Verteilung der Steuereinnahmen nach Ebenen, d.h. zwischen Bund, Ländern und Kommunen vor (Art. 106 und 107 GG). Dem Bund stehen ausschließlich die Mineralölsteuer, die Tabaksteuer, die Kaffee- und Teesteuer und sonstige Bundessteuern wie die Straßengüterverkehrs-, die Kapitalverkehrs-, die Versicherungs- und die Wechselsteuer zu. Dies sind die Steuern, die von überregionaler Belastungswirkung sind und einen einheitlichen Besteuerungssatz erforderlich machen. Die Ländern verfügen über die Erbschaftsteuer, die Kraftfahrzeugsteuer, die Biersteuer, die Grunderwerbsteuer und sonstige Landessteuern, und die Kommunen über die Gewerbe-, Grund-, Getränke- und Hundesteuer. Diese Steuern, die nach dem Trennsystem verteilt werden, machen im Jahr 2001 aber nur ca. 28% des Gesamtertrages an Steuern aus.

Verteilung der Steuereinnahmen

Neben den Steuern, deren Erträge nur einer staatlichen Ebene allein zufliesen, gibt es andererseits Steuern, die zwischen den Ebenen aufgeteilt werden. Wir haben es also, verstärkt noch durch die Finanzreform 1969, mit einer Mischung aus Trenn- und Verbundsystem in der deutschen Finanzordnung zu tun. Diese so genannten Gemeinschaftssteuern fließen Bund und Ländern gemeinsam zu. Es sind die Einkommensteuer (mit Lohnsteuer), die Körperschaftsteuer und die Umsatz-(Mehrwert-)steuer zu. Bund und Länder teilen sich die Körperschaftssteuer und die Einkommensteuer hälftig, wobei hinsichtlich der letzteren vorab ein Teil (15%) an die Gemeinden abgeführt wird. Damit liegt der Anteil von Bund und Ländern an der Einkommenssteuer bei je 42,5%, an der Körperschaftsteuer dagegen bei je 50% (zur Finanzverfassung vgl. Renzsch 1991; Hennecke 2001; Bajohr 2003). Die hälftigen Anteile von Bund und Ländern an der Körperschaftssteuer und der Einkommensteuer ist im Grundgesetz festgeschrieben (Art. 106 Abs. 3), nur über den Anteil der Gemeinden an der Einkommensteuer kann per einfachem Bundesgesetz mit Zustimmung des Bundesrates entschieden werden. Der 15%tige Anteil der Kommunen wird nach der Höhe der Einkommensteuerleistungen ihrer Bürger berechnet.

Die Steuergesetzgebungskompetenz ist in Art. 105 GG geregelt. In die ausschließliche Zuständigkeit des Bundes fallen nur die Zölle und die Finanzmonopole. Da die Zollkompetenz weitgehend auf die Europäische Union übergegangen ist und im Bereich der Finanzmonopole nur das Branntweinmonopol besteht, hat dieser Bereich kaum noch eine Bedeutung. Wenig Bedeutung hat auch die ausschließliche Gesetzgebungskompetenz der Länder, in die die örtlichen Verbrauchs- und Aufwandssteuern (Vergnügungs-, Getränke-, Hunde-, Jagd- und Spielgerätesteuer) fallen. Der Kernbereich der Steuergesetzgebung ist mithin die konkurrierende Zuständigkeit des Bundes, von der dieser immer mehr Gebrauch gemacht hat, so dass er hier eine eindeutige Dominanz aufweist. Sogar die Kraftfahrzeugsteuer und die Erbschaftsteuer, deren Aufkommen ausschließlich den Ländern zusteht, wird über Bundesgesetze geregelt. Allerdings wird die Dominanz des Bundes dadurch gemildert, dass bei allen Steuern, deren Aufkommen ganz oder teilweise den Ländern und den Gemeinden zufließt, die Zustimmung des Bundesrates erforderlich ist.

Steuergesetzgebungskompetenz

Abbildung 25: Verteilung des Steueraufkommens

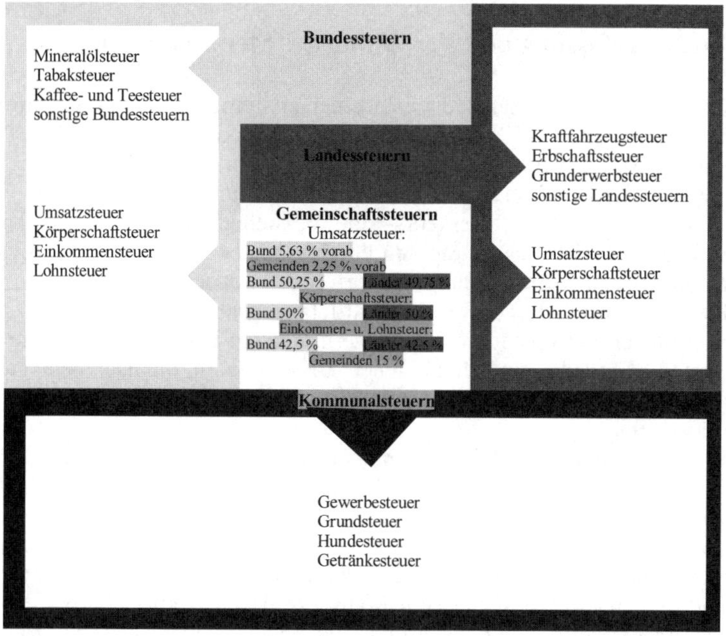

Bundessteuern

Mineralölsteuer
Tabaksteuer
Kaffee- und Teesteuer
sonstige Bundessteuern

Kraftfahrzeugsteuer
Erbschaftssteuer
Grunderwerbsteuer
sonstige Landessteuern

Landessteuern

Umsatzsteuer
Körperschaftsteuer
Einkommensteuer
Lohnsteuer

Gemeinschaftssteuern
Umsatzsteuer:
Bund 5,63 % vorab
Gemeinden 2,25 % vorab
Bund 50,25 %   Länder 49,75 %
Körperschaftssteuer
Bund 50%   Länder 50 %
Einkommen- u. Lohnsteuer:
Bund 42,5 %   Länder 42,5 %
Gemeinden 15 %

Umsatzsteuer
Körperschaftsteuer
Einkommensteuer
Lohnsteuer

Kommunalsteuern

Gewerbesteuer
Grundsteuer
Hundesteuer
Getränkesteuer

Rolle des Bundes

Dem Bund kommt in der Haushalts- und Finanzpolitik also eine bedeutende Rolle zu, denn neben der erwähnten Dominanz in der Steuergesetzgebung

- bestimmt er über die Rechtsgrundlagen der Sozialversicherung,
- wirkt er durch die Zuständigkeit für die Europäische Union an überstaatlichen Rahmenbedingungen mit,
- verwaltet er den größten staatlichen Einzelhaushalt mit einem Volumen um die 250 Mrd. Euro, und
- betreibt damit stets Ordnungs- und Verteilungspolitik und setzt damit Anreize oder Hemmnisse für Wachstum und Beschäftigung.

Allerdings haben auch die Länder über den Bundesrat einen nicht unerheblichen Einfluss auf die Finanzpolitik. So wird z.B. die Verteilung der *Umsatzsteuer* durch Bundesgesetz unter Zustimmung des Bundesrates festgelegt und ist damit natürlich häufig Gegenstand von Auseinandersetzungen. Daraus, dass 1986 der Bund noch 65% und die Länder 35% des Aufkommens der Umsatzsteuer erhielten, während das Verhältnis im Jahr 2000 bereits bei 50,25% zu 49,75% lag, wird ersichtlich, dass sich das Verteilungsverhältnis im Lauf der Jahre ständig zu Gunsten der Länder verändert hat (Heyde/Ziller 2000, S. 10, zitiert nach Wollmann/Kuhlmann 2003). Seit 1999 erhält der Bund vorab 5,63% des Aufkommens zur Finanzierung eines zusätzlichen Zuschusses zur gesetzlichen Rentenversicherung. Auch die Gemeinden erhalten vorab einen Anteil des Umsatzsteuerertrags (von 2,25%), der als Ausgleich für den Wegfall der Gewerbekapitalsteuer vorgesehen wurde.

Nach der Steueraufteilung zwischen Bund und Ländern (erste Stufe) werden die Steuern zwischen den Ländern verteilt (zweite Stufe). Für die Einkommens-

und Körperschaftsteuer gilt in der Regel das Prinzip des örtlichen Aufkommens, wonach der Länderanteil an den Gemeinschaftssteuern sowie die Landessteuern dem Land zustehen, das sie eingenommen hat. Die Einkommensteuern fließen dem Land zu, in dem der Arbeitnehmer seiner Wohnsitz hat (Wohnsitzprinzip), bei der Körperschaftsteuer gilt das Betriebsstättenprinzip, das heißt die Steuer wird auf alle Länder verteilt, in denen ein Unternehmen Filialen betreibt. Die Mittel, die den Ländern dagegen aus der Umsatzsteuer zufließen, werden zu ¾ nach deren Einwohnerzahl und zu ¼ nach Bedürftigkeit verteilt (vgl. Kammerhoff 2003).

Als dritte Stufe der Steuerverteilung gibt es seit 1969 den Länderfinanzausgleich, um ein gewisses Gefälle zwischen „reichen" und „ärmeren" Ländern auszutarieren. Ziel ist nicht die Nivellierung der Finanzausstattung, sondern die Annäherung der finanzschwachen Länder an die durchschnittlich verfügbare Finanzkraft. Zur Durchführung des Länderfinanzausgleichs werden aus Beiträgen der ausgleichspflichtigen Länder Zuschüsse an die ausgleichsberechtigten Länder gezahlt. Die Berechnung erfolgt nach einem System von Messzahlen, bei dem u.a. die Steuereinnahmen der Länder, die Einwohnerzahl und die Bevölkerungsdichte berücksichtigt werden. Betrachtet man nun den die Ergebnisse des Länderfinanzausgleichs einschließlich der Bundesergänzungszuweisungen, ergibt sich folgendes Bild.

Abbildung 26: Länderfinanzausgleich/Bundesergänzungszuweisungen

Bundesland	Finanzausgleich insgesamt	Länderfinanz- ausgleich	Bundesergänzungs- zuweisungen
		2002 in Mill. EUR	
insgesamt		7399	15768
Baden-Württemberg	*-1640*	*-1640*	
Bayern	*-2038*	*-2038*	
Berlin	+5227	+2670	+2557
Brandenburg	+2363	+534	+1829
Bremen	+1167	+407	+760
Hamburg	*-190*	*-190*	
Hessen	*-1904*	*-1904*	
Mecklenburg-Vorpommern	+1802	+435	+1367
Niedersachsen	+1293	+486	+807
Nordrhein-Westfalen	*-1627*	*-1627*	
Rheinland-Pfalz	+995	+417	+578
Saarland	+716	+138	+578
Sachsen	+4216	+1036	+3180
Sachsen-Anhalt	+2596	+600	+1996
Schleswig-Holstein	+397	+111	+286
Thüringen	+2393	+565	+1828

Länderfinanzausgleich: + (ausgleichsberechtigt) – (ausgleichspflichtig), vorläufiges Ergebnis, Quelle: Stat. BA 2004; 243

Baden-Württemberg, Bayern, Hessen, NRW und Hamburg gehören zu den Geberländern, die anderen zu den Nehmerländern. Bemerkenswert ist nun, dass sich die Rangfolge der Länder hinsichtlich der Finanzkraft aufgrund des Länderfinanzausgleichs und der Bundesergänzungszuweisungen nahezu umkehrt. Angesichts dieser „Rangverschiebung" wundert es nicht, dass einige Geberländer das Bundesverfassungsgericht angerufen haben, das in seinem Urteil vom 11.11.1999 den Gesetzgeber aufgefordert hat, bis Ende 2004 den Finanzausgleich neu zu gestalten.

Bundesergänzungs-
zuweisungen

Als vierte Stufe der Steuerverteilung gewährt der Bund aus seinen Mitteln gemäß §11 Finanzausgleichsgesetz sowie auf der Grundlage von Art. 107 GG seit 1995 leistungsschwachen Ländern sowie zum Ausgleich von Sonderlasten Bundesergänzungszuweisungen. Hiermit sollen besondere Erfordernisse, die durch den Länderfinanzausgleich nicht abgedeckt sind, geregelt werden.

Steuervolumen nach
Steuerart

Nun sagt die Verteilung der Steuerarten noch nichts über das Steuervolumen aus. In der folgenden Abbildung ist nun das Steueraufkommen nach Steuerarten dargestellt. Deutlich wird, dass die Gemeinschaftssteuern mit einem Anteil von knapp 72% die entscheidende Steuerart in Deutschland ist. Dagegen nehmen sich die Anteile der Landessteuern mit 4% und der Kommunen mit 7% vergleichsweise bescheiden aus.

Abbildung 27: Steueraufkommen in Deutschland nach Steuerarten (2001)

Steuerart	in Mill. EUR	Anteil am Gesamtaufkommen in %
Gemeinschaftssteuern, darunter:	347170	71,8
Lohnsteuer	163880	33,9
Veranlagte Einkommenssteuer	9521	2,0
Nicht veranlagte Steuern vom Ertrag	24565	5,1
Zinsabschlagssteuer	8961	1,9
Körperschaftssteuer	1309	0,3
Umsatzsteuer	104463	21,6
Einfuhrumsatzsteuer	34472	7,1
Bundessteuern, darunter:	79277	16,4
Mineralölsteuer	40690	8,4
Tabaksteuer	12072	2,5
Solidaritätszuschlag	11069	2,3
Ländersteuern darunter:	19628	4,1
Vermögenssteuer	291	0,1
Erbschaftssteuer	3069	0,6
Grunderwerbssteuer	4853	1,0
Kraftfahrzeugsteuer	8376	1,7
Rennwett- und Lotteriesteuer	1918	0,4
Feuerschutzsteuer	293	0,1
Biersteuer	829	0,2
Zölle	3191	0,7
Gemeindesteuern darunter:	34399	7,1
Gewerbesteuer	24533	5,1
Grundsteuer	9076	1,9
Gesamtsteueraufkommen	483665	100,0

Quellen: Stat. BA 2002; kassenmäßige Steuereinnahmen vor der Steuerverteilung 2001, Wollmann/Kuhlmann 2003, Bajohr 2003, 38, eigene Berechnung

Betrachtet man die finanzielle Entwicklung der letzten 30 Jahre, so sind zwei zentrale Trends auszumachen. Zum einen ist der Anteil der Sozialabgaben am Bruttoinlandsprodukt von 12,6% im Jahr 1970 auf 19,8% im Jahr 1998 angewachsen. Hätte man zu diesem Zeitpunkt noch den Anteilswert von 1970, wären die Sozialabgaben um 230 Mrd. geringer als sie es tatsächlich sind. Hier zeigt sich eindeutig, warum hier strukturelle Reformen von Nöten sind. Zum anderen ist der Anteil der Steuereinnahmen von 24% im Jahr 1970 auf 21,7% 1998 gesunken. Diese Lücke von 2,5% entspricht einen Steuerausfall von ca. 50 Mrd. Euro (vgl. zu den Daten Sarrazin 1999a).

Defizitärer Bundeshaushalt

Insbesondere der Bundeshaushalt ist durch einen steigenden Anteil an der gesamtstaatlichen Verschuldung (von 46% im Jahr 1970 auf 64% im Jahr 1996), einen fallenden Anteil seiner Ausgaben an den staatlichen Gesamtausgaben (von 45% auf 38%) sowie einen fallenden Anteil der Steuereinnahmen an den gesamten staatlichen Einnahmen (von 54% auf 42%) gekennzeichnet. Diese katastrophale Lage hat vor allem zwei Gründe. Zum einen wurde auch der Bund Opfer der stark gesunkenen Ergiebigkeit von Lohn- und Einkommensteuer sowie Körperschaftssteuer. Auch der seit 1995 erhobene Solidarzuschlag konnte hier keine Abhilfe schaffen. Zum anderen hat der Bund in erheblichem Umfang Einnahmeanteile an die Länder abgeben müssen. So ließen sich die westdeutschen Länder die Mindereinnahmen durch die Einbeziehung der ostdeutschen Länder in den Länderfinanzausgleich durch Abtretung von Anteilen an der Umsatzsteuer bezahlen ebenso wie die Neuregelung der Kindergeldzahlung im Zusammenhang mit der Lohn- und Einkommensteuer. Als Ausgleich für die Zuständigkeit der Länder für den Schienenpersonennahverkehr im Zuge der Bahnreform erhalten diese jährlich ca. 6,5 Mrd. Euro aus dem Mineralölsteueraufkommen. Zudem muss der Bund die Bundesergänzungszuweisungen an die neuen Länder tragen.

Reformvorstellungen

Reformvorstellungen zum bundesstaatlichen Finanzausgleich gibt es viele und schon seit längerer Zeit. Wenn jedoch nicht gleichzeitig die Finanzbeziehungen zwischen Bund und Ländern neu geregelt werden, besteht recht wenig Hoffnung auf eine grundlegende Reform (Sarrazin 1999c). Thilo Sarrazin schlägt hier auf der Grundlage von Berechungen aus dem Jahr 1996 vor, die Einnahmenverteilung radikal zu vereinfachen, indem

– der Bund künftig alle Einnahmen aus der Umsatzsteuer erhält und sich damit insgesamt aus den Verbrauchssteuern finanziert,
– die Länder (und Kommunen) im Gegenzug die gesamten Einnahmen aus Steuern auf das Einkommen erhalten
– der horizontale Länderfinanzausgleich künftig nur einstufig stattfindet, so dass die ärmeren Länder auf 90% des Bundesdurchschnittes kommen, und
– der Bund die Gesetzgebungskompetenz für die Bemessungsgrundlage und den Tarif bei der Einkommen- und Körperschaftsteuer behält, die Länder aber die Möglichkeit erhalten, in eigener Zuständigkeit Zuschläge bis zu 10% zu erheben (ebd., S. 248).

3.7.2 Öffentliche Haushaltswirtschaft

Etathoheit des Parlamentes

Zum Wesen der parlamentarischen Demokratie gehört das Budgetrecht oder die Etathoheit des Parlamentes. Der Gesetzgeber entscheidet über den zur staatlichen Aufgabenerledigung erforderlichen Finanzbedarf und dessen Deckung in Form von Haushaltsplänen. In diesem Zusammenhang wird schon des längeren an Prinzipien zur Anleitung budgetären Handelns gearbeitet. Die Grundzüge des derzeitigen Haushaltsrechts in Bund, Ländern und Kommunen sind 1969 im Zuge der Haushaltsreform, in der es darum ging, die öffentlichen Haushalte in die Globalsteuerung mit einzubeziehen, sowie durch die Verabschiedung des vom Bund erlassenen Haushaltsgrundsätzegesetzes des Bundes und der Länder und der Bundeshaushaltsverordnung entstanden. Vor allem die Grundsätze der Vollständigkeit, der Einheit, der Ausgeglichenheit, der Jährlichkeit, der Vorherigkeit, der Wirtschaftlichkeit und Sparsamkeit, der Gesamtdeckung, der Fälligkeit, der Bruttoveranschlagung, der Einzelveranschlagung und sachlichen Bindung, der Haushaltsklarheit und Haushaltswahrheit sowie der Öffentlichkeit prägen die öffentliche Haushaltswirtschaft.

Kameralistische
Haushaltsführung

Der Haushalt ist also das zentrale Instrument zur Sicherung parlamentarischen Einflusses. Er ist Ausdruck des politischen Wollens und soll von der Verwaltung umgesetzt werden. Um diese Umsetzung nachzuprüfen, legt die finanzwirtschaftliche Einnahmen- und Ausgabenrechnung (kameralistische Haushaltsführung) mit ihren ausdifferenzierten Instrumenten der Budgetkontrolle viel Wert auf die Ordnungsmäßigkeit der Mittelverwendung. Kameralistik ist daher vor allem ein formales externes Rechnungswesen (gegenüber vorgesetzten Behörden, Parlament, Rechnungshof) und kein internes Rechnungswesen, mit dem Steuerungsziele der Organisation betrachtet werden können. Steuerungsrelevante Informationen über die Wirtschaftlichkeit und Wirksamkeit des Verwaltungshandelns fehlen in der Kameralistik weitgehend, während formale Rechenschaftslegung gut unterstützt wird. Damit – so ein immer wieder geäußerter Kritikpunkt – läuft aber auch eine parlamentarische Kontrolle der Verwaltung weitgehend leer. Hinzu kommen weitere Defizite kameralistischer Haushaltsführung.

Defizite

- Da Einnahme- und Ausgabekonten voneinander getrennt sind, gibt es keinen systematischen Zusammenhang zwischen Mittelherkunft und Mittelverwendung. Wenn man aber keine Kosteninformationen hat, kann auch kein Kostenbewusstsein entstehen.
- Es werden grundsätzlich nur Geldzahlungen erfasst, nicht aber Werteverzehr von Sachanlagen (Abschreibungen, kalkulatorische Zinsen, Mieten und Pachten).
- Bestimmte Kosten (z.B. Personal) werden nicht verursachergerecht zugeordnet, sondern in Sammelnachweisen veranschlagt.
- Es gilt das Kassenwirksamkeitsprinzip, das heißt nur die tatsächlichen Einnahmen und Ausgaben in einem Jahr werden erfasst, so dass keine gute Planung möglich ist.

Der rechtlich vorgeschriebene Aufbau der Haushaltspläne zwischen den föderalen Ebenen unterscheidet sich erheblich. Sie sind jedoch nach wie vor im Kern kameralistisch organisiert. Im Folgenden sollen beispielhaft die wichtigsten Bestimmungen zum kommunalen Haushaltsrecht skizziert werden, zumal dieses zur Zeit den größten Veränderungen unterliegt (vgl. weiter unten). Sollte das kommunale Haushaltsrecht ursprünglich zur Globalsteuerung der gesamtwirtschaftlichen Entwicklung beitragen, richtet sich angesichts der geringen finanziellen Spielräume der Blick zunehmend auf die Möglichkeiten, aus dem Haushaltsplan Informationen für die politische Steuerung zu gewinnen.

Kommunales
Haushaltsrecht

Zentral im kommunalen Haushaltsrecht ist die Unterscheidung zwischen Verwaltungs- und Vermögenshaushalt. Einen kurzen Überblick über die Zuordnung der wesentlichen Ausgaben und Einnahmen vermittelt die folgende Tabelle:

Abbildung 28: Verwaltungs- und Vermögenshaushalt im kommunalen Haushaltsrecht

	Verwaltungshaushalt	Vermögenshaushalt
Einnahmen	– Steuereinnahmen (Grund-, Gewerbe- und Einkommensteuern) – Gebühreneinnahmen (v.a. Abwasser/Abfall/Straßenreinigung) – Schlüsselzuweisungen – Mieten/Pachten – Erstattung von Verwaltungskosten – Zuführungen vom Vermögenshaushalt	– Zuführung vom Verwaltungshaushalt – Einnahmen aus der Veränderung des Anlagevermögens – Zuweisung und Zuschüsse für Investitionen – Entnahme aus den Rücklagen – Aufnahme von Krediten
Ausgaben	– Personalausgaben – Gebäudeunterhaltung – Transferleistungen (Sozial- und Jugendhilfe) – Kreisumlage – Beschaffung vermögensunwirksamer Geräte – Zinsen – Büromaterialkosten – Zuführung zum Vermögenshaushalt	– Tilgung von Krediten – Ausgaben für die Veränderung des Anlagevermögens – Zuführung zu Rücklagen – Zuführungen an den Verwaltungshaushalt

Die „Haushaltsphilosophie", die hinter dieser Systematik steht, lässt sich leicht umreißen: Aus den laufenden Einnahmen soll nach Abzug der regelmäßig anfallenden Ausgaben ein Überschuss erwirtschaftet werden, der vom Verwaltungshaushalt in den Vermögenshaushalt transferiert wird, um dort wichtige Investitionen vornehmen zu können. Diesen Überschuss nennt man in der Regel „freie Spitze", wobei zu berücksichtigen ist, dass von dem Überschuss noch die Pflichtzuführungen des Verwaltungshaushaltes abgezogen werden müssen, um die „freie Spitze" errechnen zu können. Die Pflichtzuführungen entsprechen den Ausgaben im Vermögenshaushalt für Kredittilgung und -beschaffung. Damit sollten also Einnahmeüberschüsse des Verwaltungshaushaltes in den Vermögenshaushalt transferiert werden, während Einnahmen des Vermögenshaushalts *in der Regel* nicht an den Verwaltungshaushalt überwiesen werden dürfen. Dabei bleibt festzuhalten, dass die Verwaltungs- und Vermögenshaushalte im Prinzip kein Defizit erwirtschaften dürfen (Grundsatz des Haushaltsausgleichs). Viele Städte können angesichts der aktuellen Haushaltskrise im Gegenteil keine freie Spitze erwirtschaften, sondern die Verwaltungshaushalte weisen ein Defizit aus, das durch kurzfristige Kredite abgedeckt werden muss. Dies führt dazu, dass diese Kommunen in einigen Bundesländern Haushaltssicherungskonzepte aufstellen müssen, die von den kommunalen Aufsichtsbehörden zu prüfen sind.

Der Verwaltungs- und Vermögenshaushalt ist in zehn Einzelpläne gegliedert, so dass sich beispielsweise im Einzelplan 1 ausschließlich die öffentlichen Haushaltsmittel für den Bereich Sicherheit und Ordnung finden. Die Einzelpläne sind weiter untergliedert in sachbezogene Abschnitte (z.B. 1.3 Feuerschutz) und Unterabschnitte. In den Unterabschnitten werden die Einnahmen und Ausgaben nach einem Gruppierungsplan präsentiert, die sich bei den Ausgaben am Verwendungszweck orientieren. Auch dieser Gruppierungsplan ist noch feiner gegliedert, so dass jede Haushaltsstelle für eine kleine Organisationseinheit den ge-

> „Freie Spitze" als Ziel der Haushaltspolitik

nauen Finanzierungszweck bestimmt. Finanzmittel, die im Rahmen der traditionellen Haushaltsplanung beispielsweise der Feuerwehr für die Anschaffung von Dienst- und Schutzkleidung bereitgestellt werden, können weder bei sich abzeichnenden Engpässen für die Anschaffung eines Feuerlöschers noch für das Durstlöschen beim alljährlichen Feuerwehrfest verwendet werden. Wird das Geld für diesen Verwendungszweck nicht ausgegeben, fließt es am Jahresende an die Kämmerei zurück, nicht selten mit der Folge, dass man nächstes Jahr für diesen Zweck wieder weniger Mittel zugewiesen bekommt. Der im Sinne der Neuen Politischen Ökonomie rationale Verwaltungsmitarbeiter verausgabt das Geld also spätestens im Dezember („Dezemberfieber") relativ unabhängig davon, ob sich die Schutzanzüge mittlerweile in der Feuerwehrwache stapeln oder nicht.

Reformmaßnahmen Diese Probleme der Kameralistik haben nun zu verschiedenen Reformmaßnahmen geführt. So hat man in den Kommunen teilweise die Budgetierung eingeführt, wodurch die Haushaltsstellen gegenseitig deckungsfähig wurden und Ausgabenreste auf das nächste Jahre übertragen werden können. Die Budgetierung wurde durch eine Experimentierklausel in den Gemeindeordnungen aller Bundesländer abgedeckt, durch die rechtliche Regelungen, die der Realisierung des Neuen Steuerungsmodells entgegenstehen, auf Antrag der Kommunen ausgesetzt werden können.

Will man in diesem Bereich zu grundsätzlichen Änderungen kommen, gibt es prinzipiell zwei Strategien.

– die Ergänzung der Kameralistik sowie
– die Ersetzung durch die kaufmännische Buchführung.

Für beides ist der Aufbau einer Kosten- und Leistungsrechnung notwendig. Mit dieser soll der Aufwand, der zur Erstellung von Produkten notwendig ist, erfasst werden. Dies erfordert

– eine Erfassung der Abschreibungen, der kalkulatorischen Zinsen auf eigene Kapitalien,
– die Vornahme interner Verrechnungen,
– eine klare Zuordnung von Personal- und Sachaufwand zu den einzelnen Produkten sowie
– eine systematische Berücksichtigung zukünftiger Belastungen.

Aufbau produkt-
orientierter Haushalte In vielen Modernisierungskommunen wird nun seit einigen Jahren auf kameraler Basis versucht, einen produktorientierten Haushalt aufzubauen. Dazu wird in einem ersten Schritt eine produktorientierte Darstellung des kameralen Haushaltes vorgenommen, also die Haushaltsmittel werden einzelnen Produkten zugeordnet. Die Stadtverwaltung Düsseldorf nennt dies z.B. „Werkstattbericht Produktorientierter Haushalt". Im vierten Bericht 1999 sind 35 Ämter vertreten, also mehr als die Hälfte der Verwaltung. Grundlage der Darstellung ist eine gemeinsame Leitlinie zur Erarbeitung der Produktbeschreibungen. 92 Unterabschnitte des kameralen Haushaltes finden sich in einer produktorientierten Zuordnung wieder. Es handelt sich hierbei um die Abbildung des zahlungswirksamen Werteverzehrs und noch nicht um eine Einbeziehung kalkulatorischer Kosten.

In einem zweiten Schritt wird für einzelne Ämter (in Düsseldorf sind es 6) oder flächendeckend (Detmold) auf die produktorientierte Darstellung des kameralen Haushaltes eine Kosten- und Leistungsrechnung aufgebaut und sukzessive eingearbeitet. Die Einnahme- und Ausgaberechnung ist deckungsgleich mit dem kameralen Haushalt, hinzu kommen Abschreibungen (über einen Anlagenspiegel in Detmold), die aber nur fiktiv errechnet werden und keine wirklichen Rückstellungen sind, kalkulatorische Zinsen und Mieten sowie interne Verrechnungen (z.B. im EDV-Bereich feste Sätze für PC, Scanner u.a.). Die Daten hierfür werden größtenteils geschätzt, aus der Erfahrung hergeleitet und sind nur zum kleineren Teil Ergebnis einer genauen Zeit- und Mengenerfassung. Dabei stellt sich immer die Frage, wie umfassend die Gemeinkosten auf die Kostenträger verrechnet werden können. Es handelt sich auch nicht immer um eine Kostenträgerrechnung,[46] sondern zum Teil um eine Kostenstellenrechnung. Wichtig ist nach Aussagen von Verantwortlichen vor allem eine einheitliche Softwarelösung, so dass Buchungen gemeinsam für den kameralen und produktorientierten Haushalt vorgenommen werden können. Entscheidende Probleme liegen zudem in der Messung von Qualität[47] und in der Frage der Tiefe der notwendigen Daten für steuerungsrelevante Zwecke.[48]

3.8 Kontrolle des Verwaltungshandelns

Der deutsche Begriff der Kontrolle setzt ein Gegenüber voraus, das kontrolliert wird, sei es eine Maschine, eine Person oder eine Verwaltung. Kontrolle bedeutet Überprüfung, ob ordnungsgemäß gehandelt wurde. Es geht jedoch nicht um Optimierung, wie z.B. beim Controlling, welches umfassender ansetzt. Kontrolle ist bescheidener und überprüft, ob sich die Verwaltung so verhalten hat, wie es erwartet wurde (vgl. Püttner 1998, S. 663f.) In Deutschland gibt es eine Vielzahl von Verwaltungskontrollen. Inhaltlich kann man bei den externen Kontrollen grob zwischen der rechtlichen, der finanziellen und der politischen Kontrolle unterscheiden.

3.8.1 Rechtliche Kontrolle: Gerichte

Die Bundesrepublik Deutschland ist ein Rechts- und Verfassungsstaat, in dem alle an die verfassungsmäßige Ordnung des Grundgesetzes gebunden sind, auch der parlamentarische Gesetzgeber und die Exekutive.

Rechtsstaatlichkeit

---

46 Eine Kostenträgerrechnung ordnet die Kosten spezifischen Produkten zu, also z.B. dem Produkt Baugenehmigung. Sie ist sehr aufwendig, so dass sogar viele Privatunternehmen bloß eine differenzierte Kostenstellenrechnung haben. Die Entscheidung für das eine oder andere ist abhängig von der Frage, was man damit will und in welchem Verhältnis der Aufwand und der Nutzen zueinander stehen. Die Kostenstellenrechnung ordnet dem Ort der Kostenentstehung die Kosten zu, also z.B. der Poststelle.

47 Meist werden die Grund- und Leistungsdaten im Haushaltsbuch vor allem durch quantitative Kennziffern erläutert: die Anzahl der Nutzer, Besucher, Teilnehmer, Bearbeitungshäufigkeit, Fallzahlen u.ä.. Qualitative Aspekte beschränken sich in der Regel auf allgemeine Beschreibungen, meist Tätigkeitsbeschreibungen.

48 In der Modernisierungsdiskussion zeigt sich zunehmend, dass die Frage nach der Tiefe der steuerungsrelevanten Daten sehr unterschiedlich gehandhabt wird und sich daher auch die Unterschiede in den Erfolgsmeldungen bezüglich des Termins, zu dem ein produktorientierter Haushalt existiert, erklären.

„Rechtsstaatlichkeit bedeutet, dass die Ausübung staatlicher Macht nur auf der Grundlage der Verfassung und von formell und materiell verfassungsmäßig erlassenen Gesetzen mit dem Ziel der Gewährleistung von Menschenwürde, Freiheit, Gerechtigkeit und Rechtssicherheit zulässig ist" (Stern 1984, 781).

Rechtsstaatlichkeit umfasst die Garantie der Grundrechte, Gewaltenteilung, die Rechtsbindung aller Staatsorgane, die Rechtssicherheit sowie einen gerichtlichen Schutz gegenüber Rechtsverletzungen durch die öffentliche Gewalt. Die Kontrolle der Rechtsstaatlichkeit obliegt der dritten Gewalt, der Judikative, der Rechtsprechung. Die rechtsprechende Gewalt hat durch das GG eine starke Stellung erhalten, denn nach Art. 19 Abs. 4 GG steht jedermann, der sich durch die öffentliche Gewalt in seinen Rechten verletzt fühlt, der Rechtsweg offen, Art. 93 garantiert die Verfassungsbeschwerde und Art. 92 beauftragt die Richter mit der rechtsprechenden Gewalt.

Gerichtszweige

In Deutschland gibt es jedoch keine einheitliche Gerichtsbarkeit, sondern verschiedene Gerichtszweige. Zu unterscheiden ist grob zwischen

– der *Verfassungsgerichtsbarkeit* durch das Bundesverfassungsgericht und die Landesverfassungsgerichte und
– den fünf *Fachgerichtsbarkeiten* (Zivil- und Strafgerichtsbarkeit, Verwaltungsgerichtsbarkeit, Finanzgerichtsbarkeit, Arbeitsgerichtsbarkeit und die Sozialgerichtsbarkeit).

Bundesverfassungsgericht

Herrschaft und Vorrang der Verfassung gegenüber dem Gesetzgeber und anderen staatlichen Organen sind die Wurzeln der Verfassungsgerichtsbarkeit. Für den Bund ist hier das Bundesverfassungsgericht (BVG) zuständig, welches nicht nur das oberste Gericht des Bundes ist, sondern zugleich ein Verfassungsorgan. Damit steht es gleichberechtigt neben anderen obersten Verfassungsorganen wie dem Bundespräsidenten, dem Bundestag, dem Bundesrat oder der Bundesregierung und kann diese sogar in ihre Schranken verweisen. Vereinfacht ausgedrückt ist das Bundesverfassungsgericht die Hüterin der Verfassung. Es kontrolliert den Gesetzgeber, ob er beim Erlass der Gesetze gemäß den Vorschriften des GG handel, überwacht im Wege der Verfassungsbeschwerde Behörden und Gerichte, schlichtet Streitigkeiten zwischen Verfassungsorganen, beschließt über das Verbot politischer Parteien und über die Verwirkung von Grundrechten.

Kompetenzen des BVG

Die wichtigsten Kompetenzen umfassen die konkrete Normenkontrolle, die abstrakte Normenkontrolle, Organstreitigkeiten und Verfassungsbeschwerden. Das Bundesverfassungsgericht wird niemals von sich aus tätig, sondern nur, wenn es im Rahmen der gesetzlichen Vorschriften angerufen wird (Art. 93-100 GG). Die Entscheidungen werden in geheimer Beratung getroffen. Es besteht aus zwei Senaten mit je 8 Richtern, die jeweils für 12 Jahre gewählt sind. Eine Wiederwahl ist nicht möglich. Die Richter werden je zur Hälfte vom Bundestag durch einen speziellen Wahlausschuss und vom Bundesrat gewählt, wobei jeweils eine 2/3 Mehrheit nötig ist.

Die Gerichtshoheit zwischen Bund und Ländern ist bei jeder der oben genannten Fachgerichtsbarkeiten so verteilt, dass die obersten Gerichtshöfe Bundesgerichte und alle anderen in der Regel Landesgerichte sind. Daher erklärt sich auch die Zahl von 21.500 Richtern auf Länderebene, der nur 500 Richter auf Bundesebene gegenüberstehen (BMI 2002, S. 32). Der Aufbau der Gerichtszweige ist jeweils verschieden, jedoch umfasst er meist drei Instanzen. Bei den Richtern ist zwischen Berufsrichtern und ehrenamtlichen Richtern zu unterscheiden. Generell sind die Richter bei der Ausübung ihrer Tätigkeit unabhängig und nur dem Gesetz unterworfen. Die Berufsrichter werden auf Lebenszeit berufen, die ehrenamtlichen Richter nur für eine bestimmte Amtszeit.

Das öffentliche Recht unterteilt sich in Verfassungsrecht, Strafrecht, Prozessrecht, Verwaltungsrecht, Polizei-, Schul-, Beamten-, Sozial- und Steuerrecht. Hier soll nun kurz auf die Verwaltungsgerichtsbarkeit eingegangen werden. Sie ist historisch entstanden als Instrument zur Sicherung des Rechtsstaates, also zur Bindung öffentlicher Gewalt an Recht und Gesetz und zur Sicherung bürgerlicher Freiheitsrechte. Die ersten Formen einer eigenständigen Verwaltungsgerichtsbarkeit entwickelten sich in den sechziger und siebziger Jahren des 19. Jahrhunderts in den deutschen Staaten. Eine einheitliche bundesweite Regelung gibt es erst mit dem GG von 1949 (vgl. hierzu und im Folgenden von Oertzen/Hauschild 1998, S. 675f.). Verwaltungs-
gerichtsbarkeit

Wesentliche Bestimmungen der Verwaltungsgerichtsbarkeit sind in der 1960 erlassenen Verwaltungsgerichtordnung enthalten. Sie begründet zum einen in einer Art Generalklausel die Zuständigkeit der Verwaltungsgerichte für alle öffentlich-rechtlichen Streitigkeiten, soweit es nicht um Verfassungsbeschwerden oder einem anderen Rechtsweg durch Gesetz zugewiesene Bereiche wie das Sozialrecht und das Finanzrecht handelt. Zum anderen regelt sie den Aufbau und die Organisation der Verwaltungsgerichtsbarkeit. Dabei sind drei Instanzen vorgesehen: Organisation

- als 1. Instanz insgesamt 52 Verwaltungsgerichte, größtenteils orientiert an den Verwaltungsgrenzen innerhalb der Bundesländer. Die Senate sind mit jeweils drei Berufsrichtern und zwei ehrenamtlichen Richtern besetzt.
- als 2. Instanz 16 Oberverwaltungsgerichte, die in einigen Ländern auch Verwaltungsgerichtshöfe heißen. Die Senate sind hier mit jeweils drei Berufsrichtern besetzt.
- als 3. Instanz das Bundesverwaltungsgericht mit Sitz in Leipzig. Die Senate sind mit jeweils 5 Berufsrichtern besetzt.

Die Verwaltungsgerichte sind funktionell und organisatorisch selbständig sowie personell und sachlich unabhängig. Sie werden nur tätig, wenn sie durch Klage eines Betroffenen mit einem konkreten Fall befasst werden, es gilt hier also der Individualrechtschutz und nicht die Popularklage. Als besondere Verfahrensart ist darüber hinaus das Normenkontrollverfahren zu erwähnen, nach dem Rechtsvorschriften überprüft werden können. Dieses findet immer vor den Oberverwaltungsgerichten statt.

Insgesamt kommt es in der Verwaltungsgerichtsbarkeit angesichts ständig steigender Zahlen von Hauptverfahren zu Verfahrensdauern von über 12 Monaten. Deshalb wird häufig von dem Instrument des vorläufigen Rechtsschutzes Gebrauch gemacht. Darüber hinaus wurde versucht, durch eine Vereinfachung der Prozessvorschriften und einen Ausbau der Richterstellen die Verfahrenszeiten zu verringern.

3.8.2 Finanzielle Kontrolle: Rechnungshöfe

Die Geburtsstunde der Rechnungsprüfung in Deutschland liegt weit zurück. 1714 wurde von König Friedrich Wilhelm I. die Preußische Generalrechenkammer gegründet. Sie war eine selbständige Zentralbehörde mit Sitz in Berlin und unterstand direkt dem König. Als dann im deutschen Kaiserreich von 1871 ein Geburtsstunde der
Rechnungsprüfung einheitlicher Rechnungshof des Deutschen Reiches gegründet wurde, war hier schon das Anliegen der Parlamente, mit Hilfe der Rechnungsprüfung die Regierung besser zu kontrollieren dominant und nicht mehr das Interesse des Monarchen an Kontrolle seiner Beamten (vgl. hierzu und im Folgenden von Wedel 1998).

Aufgaben der Rechnungshöfe

Nach dem GG führen nun die 17 Rechnungshöfe im Bund und den 16 Ländern Verwaltungskontrolle in Form staatlicher Finanzkontrolle durch. Für die Einnahmen und Ausgaben der EU ist der Europäische Rechnungshof zuständig. Die Rechnungshöfe prüfen generell die Haushalts- und Wirtschaftsführung des Staates hinsichtlich seiner Ordnungsmäßigkeit (Rechtsmäßigkeit, Vollständigkeit, Richtigkeit) und seiner Wirtschaftlichkeit (Verhältnis von Kosten und Zweck). Damit ist ihr Auftrag deutlich ausgeweitet gegenüber den historischen Vorbildern. Jeder Rechnungshof prüft den Haushalt in seinem Bereich. Alle Rechnungshöfe sind unabhängig voneinander, auch existiert keine Über- oder Unterordnung. Mitunter werden allerdings gemeinsame Prüfungen vorgenommen, wenn z.B. Haushaltsmittel verschiedener Gebietskörperschaften für einen Zweck gemeinsam verausgabt werden.

Organisation

Die Rechnungshöfe sind Oberste Bundes- und Landesbehörden und damit von der Verwaltung unabhängig. Sie sind zudem weder der Exekutive noch der Legislative weisungsgebunden, sondern stehen im System der Gewaltenteilung zwischen ihnen. Prüfungsstoff und Bewertung bestimmen sie im Rahmen der Gesetze nach eigenem Ermessen, wobei sie Prüfungswünsche der Parlamente soweit wie möglich berücksichtigen. Die Mitglieder der Rechnungsprüfungsämter, der Präsident, der Vizepräsident, die Abteilungs- und Prüfungsgebietsleiter sind unabsetzbar und verfügen über richterliche Unabhängigkeit. Organisatorisch unterstützt werden die Rechnungshöfe durch ihnen nachgeordnete Rechnungsprüfungsämter.

Prüfungsformen

In der Regel prüfen die Rechnungshöfe stichprobenartig. Zudem gibt es unterschiedliche Formen der Prüfung, von der allgemeinen Prüfung über die Projektprüfung, die Schwerpunktprüfung, die Querschnittsprüfung hin zur Programmprüfung (vgl. hierzu im Einzelnen von Wedel 1998, S. 700). Die Ergebnisse der Erhebungen werden in der Regel mit den geprüften und übergeordneten Stellen erörtert, in Prüfungsmitteilungen zusammengestellt und dann der geprüften Stelle und der Aufsichtsbehörde übersandt.

Wirkungen

Die Ergebnisse der Prüfungen sind einmal im Jahr in einem Jahresbericht dem zuständigen Parlament zu überreichen. Dieser Jahresbericht ist Grundlage für die Entlastung der Regierungen. Der größte Teil der Prüfergebnisse ist indes in diesem Bericht nicht enthalten, da viele Beanstandungen während der Prüfung behoben oder anschließend in Erörterungen ausgeräumt werden können. Daneben können die Rechnungshöfe auch jederzeit Sonderberichte erstellen oder werden vom Parlament oder der Regierung zu Beratungszwecken konsultiert. Die Wirkung der Rechnungshöfe liegt in der Regel in der Güte ihrer Argumente und in der Angst vor ihnen, so dass sie sehr stark präventiv wirken. Zwar gibt es keine Rechtsverpflichtung, Beanstandungen auszuräumen, aber der Ruf sachlicher Objektivität und die öffentliche Wahrnehmung erzielen in der Praxis durchaus ihre Wirkungen.

3.8.3 Politische Kontrolle: Parlament und Öffentlichkeit

Bei der politischen Kontrolle der Verwaltung kann man zwischen der parlamentarischen Kontrolle und der Kontrolle durch die Öffentlichkeit unterscheiden. Die Parlamente haben im Prinzip universelle Kontrollrechte, das heißt die Kontrolle kann sich auf die Aufgabenerfüllung, die Rechtmäßigkeit und die Wirtschaftkeit beziehen. Allerdings handelt es sich meist um punktuelle und keine systematischen Kontrollen, da für letztere die Kontrollkapazität fehlt. Zudem fehlt es in der Regel an Sanktionsmöglichkeiten gegenüber der Verwaltung (jedenfalls auf den staatlichen Ebenen) und insbesondere bei den jeweiligen Mehrheitsfraktionen an Interesse zumindest an öffentlichen Formen der Kontrolle, da sie häufig eng mit den Verwaltungen verwoben sind und ihre Kompetenzen eher informell ausnutzen. Insofern werden solche Instrumente wie Untersuchungsausschüsse, Akteneinsichtsrechte und parlamentarische Anfragen insbesondere von der jeweiligen Parlamentsopposition genutzt.

Parlamentarische Kontrolle

Als manchmal wirksamere Form der Verwaltungskontrolle wird die „Öffentlichkeit" angesehen, also die durch Massenmedien vermittelte allgemeine Öffentlichkeit, die bereichsbezogene fachlich-wissenschaftliche Öffentlichkeit und die durch Interessengruppen gebildete fachgebundene Öffentlichkeit (Püttner 1998, S. 672). Dabei sind es meist einzelne Personen, die aus Interesse oder Verärgerung einzelne Vorgänge überprüfen und die Öffentlichkeit als Druckmittel einsetzen. Die Verwaltung gerät so unter Rechtfertigungszwang. Da einzelne Verwaltungen aber sehr unterschiedlich vom allgemeinen öffentlichen Interesse berührt sind, ist es wichtig, dass es daneben noch die Kontrolle durch die Fach-Öffentlichkeit gibt, wie z.B. in den Bereichen Wissenschaft und Kunst. Darüber hinaus gibt es in einigen Bundesländern und in vielen Kommunen institutionalisierte Formen der Öffentlichkeitskontrollen durch Bürgerbeauftragte oder Ombudsmänner.

3.8.4 Administrative Kontrolle: Aufsicht

Neben der rechtlichen, finanziellen und politischen Verwaltungskontrolle, die durch Rechnungshöfe, Verwaltungsgerichte und das Parlament vollzogen wird, gibt es noch eine administrative Kontrolle durch die Exekutive: die Aufsicht (vgl. hierzu und im Folgenden Döhler 2004). Hierbei kann grundsätzlich zwischen der Ministerialaufsicht, der Bundesaufsicht und der Kommunalaufsicht unterschieden werden. Gemeinsam ist allen Aufsichtsfunktionen, dass ihnen ein hierarchisches Element innewohnt, allerdings unterscheidet sich die Intensität dieser hierarchischen Kontrolle und das Ausmaß an kooperativen Elementen von Verwaltungshandeln je nach Aufsichtsfunktion.

Die verbreitetste Form der Aufsicht, die Ministerialaufsicht, dient der Kontrolle der Durchsetzungsfähigkeit der Ministeriumsabsichten. Während im Rahmen der Rechtsaufsicht über die Einhaltung dienstrechtlicher und anderer Normen gewacht wird, geht es im Rahmen der Fachaufsicht auch über die „Zweckmäßigkeit" des Verwaltungshandelns. Die Ministerialaufsicht innerhalb der unmittelbaren Verwaltung erstreckt sich oftmals auf die Rechts- und Fachaufsicht, während bei der Aufsicht gegenüber der mittelbaren Verwaltung aufgrund ihrer größeren „Staatsferne" meist nur eine Rechtsaufsicht üblich ist.

Ministerialaufsicht

Zentrales Aufsichtsinstrument ist auf Ministerialebene ist der „Erlass", dessen Inhalt von der Bekanntmachung beliebiger Rechtsnormen, über Auskunftsersuchen, bis hin zur terminierten Weisung reichen kann (Döhler 2004). Die Grenze zwischen Bitte, Wunsch und Weisung ist dabei häufig schwer zu ziehen. Die Aufsicht erstreckt sich grundsätzlich auf alle Funktionsbereiche der nachgeordneten Verwaltung. Weitgehend in die Eigenverantwortung delegiert sind aber mittlerweile Personal-, Organisations- und Haushaltsangelegenheiten, wobei im vorgesetzten Ministerium regelmäßig ein Zustimmungsvorbehalt verbleibt. Die Intensität wie auch der Hierarchiegehalt der Aufsicht hängen in erheblichem Maße von den „Besonderheiten der Aufgabe" ab. Während manche Behörden, wie etwa das Umweltbundesamt und besonders das Bundeskartellamt, beachtliche Entscheidungsfreiräume für sich reklamieren konnten, dominiert andernorts, speziell auf der Ebene von Landesbehörden, nach wie vor eine hierarchisch geprägte Aufsicht.

Bundesaufsicht

Im Fall der Bundes- und der Kommunalaufsicht werden eigenständig legitimierte Gebietskörperschaften beaufsichtigt, was den Hierarchiegehalt deutlich mindert (Döhler 2004). Das gilt insbesondere für die Bundesaufsicht. Nach Art. 84 Abs. 2 GG überwacht der Bund die regelkonforme Ausführung von Bundesgesetzen durch die Länder. Mit Zustimmung des Bundesrates (Art. 85 Abs. 5 GG) könnte der Bund sogar Weisungen an die Länder erteilen, was im Unterschied zur Bundesauftragsverwaltung (Art. 85 Abs. 2 GG) bisher allerdings nicht vorgekommen ist.

Kommunalaufsicht

Die Kommunalaufsicht wird hier als Sammelbegriff für die Kontrolle kommunalen Verwaltungshandelns durch Aufsichtsbehörden der Ländern verstanden (vgl. hierzu und im Folgenden Wegrich 2003). Da im deutschen Verwaltungsförderalismus ein erheblichen Teil des Gesetzesvollzugs an die lokale Ebene delegiert ist, üben hier die Länder vor allem durch die Innenministerien und, soweit vorhanden, die Regierungspräsidien, die Aufsichtsfunktion aus. In den Regierungspräsidien bündelt sich die Ministerial- und die Kommunalaufsicht. Sie nehmen einerseits Dienst-, Fach- und Rechtsaufsicht über nach geordnete staatliche Behörden (z.B. Behörden des Arbeits- und Immissionsschutzes, Polizei, Staatshochbau, Schulen, Stiftungen) sowie Fach- und Rechtsaufsicht gegenüber den Kommunen wahr, insbesondere die Genehmigung der kommunalen Haushalte. Ebenfalls zur Aufsichtsfunktion zu zählen ist, dass der Regierungspräsident als Rechtsmittelinstanz über Widersprüche gegenüber Entscheidungen nachgeordneter Behörden fungiert. Diese Aufsichtsfunktionen sind allerdings je nach Bundesland in manchen Bereichen zwischen Bezirksregierungen, Sonderbehörden und Ministerien aufgeteilt.

Kooperative Verhandlungs-beziehungen?

Trotz der Aufsichtsfunktion des Landes verfügt die kommunale Ebene über ein gewisses Maß an Autonomie, da sie die Gebiets-, Organisations-, Personal-, Planungs-, Finanz- und Satzungshoheit innehat und sich im Rahmen des Rechtsschutzes (Verfassungsbeschwerde oder verwaltungsgerichtliche Klage) gegen Eingriffe des Landes wehren kann. Zudem hat die Implementationsforschung aufgezeigt, dass in der Regel die Implementationsspielräume auf lokaler Ebene nicht unbeträchtlich sind. In der Praxis spricht daher einiges dafür, dass trotz weitgehender Aufsichtsrechte Konflikte zwischen Ländern und Kommunen vor allem im Rahmen kooperativer Verhandlungsbeziehungen ausgetragen werden. Der je nach Bundesland durchaus differierende hierarchischen Zuschnitt in den Beziehungen zwischen Land und Kommunen weicht somit zunehmend einer „Vertrauens-" bzw. „Beratungsaufsicht". Allerdings wird die hierarchische Steuerung nicht vollständig durch kooperative Handlungsformen verdrängt, denn der wenn auch selektive Einsatz formaler Aufsichtsmittel verbleibt als Rute im Fenster (vgl. Wegrich 2003, S. 219). Nach Wegrich deutet sich – zumindest im Handlungsfeld Städtebaurecht – zudem an, dass in westdeutschen Ländern (Schleswig-Holstein, Niedersachsen) formale Aufsichtsmittel defensiver angewandt werden als in ostdeutschen Länder (Brandenburg, Sachsen-Anhalt). Allerdings zeigt sich im Rahmen der aufsichtsbehördlichen Kontrolle von Haushaltssicherungskonzepten in NRW, dass sich auch in westdeutschen Ländern die Aufsichtsbehörden keineswegs nur auf eine „Moderatorenrolle" beschränken, sondern detaillierte Einsparauflagen entwickeln verbunden mit der deutlichen Drohung, dass bei Kooperationsverweigerung mit einem nicht genehmigten Haushalt zu rechnen sei (vgl. Bogumil/Holtkamp/Wollmann 2003, S. 43).

4. Interne Strukturen und Prozesse öffentlicher Organisationen

Während die bisherige Darstellung öffentliche Verwaltung vorrangig aus der Makro-Perspektive betrachtet hat, sich also vor allem auf Aufgaben und inter-organisatorische Beziehungen öffentlicher Organisationen auf verschiedenen Ebenen und in verschiedenen Sektoren bezogen hat, geht es im Folgenden um das „Innenleben" solcher Organisationen. Im Mittelpunkt steht die Mikro-Perspektive, also intra-organisatorische Strukturen und Prozesse. Dies ist die klassische Perspektive der Organisations- und Verwaltungssoziologie (vgl. Mayntz 1997, Derlien 1984).

Mikro-Perspektive

Zunächst ist festzuhalten, dass die öffentliche Verwaltung aus einer großen Vielfalt unterschiedlicher öffentlicher Organisationen besteht. Neben den bekannten und besonders sichtbaren Ministerien auf Bundes- und Landesebene und den Kommunal- und Kreisverwaltungen gibt es eine Fülle von

Vielfalt von öffentlichen Organisationsformen

- nachgeordneten Behörden (von der Polizei über den Denkmalschutz oder die Gesundheitsämter bis hin zu Forschungsanstalten und Forstämtern),
- Oberbehörden (vom Bundesamt für den Zivildienst bis zur Regulierungsbehörde Post und Telekommunikation),
- Anstalten (von der Bundesanstalt für Finanzdienstleistungsaufsicht bis hin zur Bundesanstalt für Vereinigungsbedingte Sonderaufgaben),
- Körperschaften (von der Bundesversicherungsanstalt bis hin zur Bundesagentur für Arbeit) und
- öffentlich-rechtlichen Stiftungen (von der Stiftung Mutter und Kind bis hin zur Stiftung Preußischer Kulturbesitz)[49].

Eine Universität ist somit genauso eine öffentliche Organisation wie eine Strafvollzugsanstalt, eine Schule oder ein Museum. Im allgemeinen Sprachgebrauch spricht man oft von Behörden, und auch im Verwaltungsverfahrensgesetz heißt es lapidar „Behörde im Sinne dieses Gesetzes ist jede Stelle, die Aufgaben der öffentlichen Verwaltung wahrnimmt" (§1 Abs. 4 VwVfG). Die meisten Schulen und Universitäten würden sich allerdings heute wohl dagegen verwahren, als „Behörde" bezeichnet zu werden, und auch die Bundesanstalt für Arbeit will ja eine Bundesagentur werden, um damit zumindest nach außen den Wandel von einer Behörde zum modernen Dienstleister zu vollziehen. Dennoch gibt es ein Merkmal, das zumindest in der alltäglichen Wahrnehmung mit fast allen öffentlichen Organisationen verbunden wird und als charakteristisch für deren interne Strukturen und Prozesse gilt, das der Bürokratie.

Behörde als Sammelbegriff

---

49 Einen guten Überblick nicht nur über die Bundesbehörden liefert www.bund.de.

4.1 Bürokratie und Bürokratiekritik

4.1.1 Merkmale bürokratischer Organisation

Bürokratie als
Schimpfwort

Der Begriff der Bürokratie ist zunächst als Schimpfwort erfunden worden (vgl. Albrow 1972). Er geht auf den Franzosen *de Gournay* zurück, der – lange vor der französischen Revolution – damit die Herrschaft des „Büros", die nicht-legitimierte Herrschaft von Subalternen kritisiert hat. Er definierte damit Büro-kratie ganz explizit als vierte Herrschaftsform neben Monarchie, Aristokratie und Demokratie, als Regierungsform, in der Regieren und Verwalten zum Selbstzweck geworden sei. Erst viel später, zu Beginn des 20. Jahrhunderts, wurde dieser Begriff und das damit zusammenhängende Konzept von Max Weber „neutralisiert" und objektiviert.

> Max Weber, geboren 1864 in Erfurt, studierte Jura, Geschichte, Nationalökonomie und Philosophie in Heidelberg, Göttingen und Berlin. 1886 promovierte er an der juristischen Fakultät in Berlin mit einer Arbeit *„Zur Geschichte der Handelsgesellschaften im Mittelalter"*, drei Jahre später folgte die Habilitation über die *„Die römische Agrargeschichte in ihrer Bedeutung für das Staats- und Privatrecht"*, ebenfalls in Berlin. 1893 wird er auf die Professur für Nationalökonomie in Freiburg berufen, 1897 wechselt er nach Heidelberg, wo er bis 1903 ordentlicher Professor bleibt. Nach einer längeren, zunächst krankheitsbedingten Pause nahm er erst 1919 mit einem Lehrstuhl für Gesellschaftswissenschaft, Wirtschaftsgeschichte und Nationalökonomie in München die Lehrtätigkeit wieder auf, stirbt aber bereits 1920 an einer Lungenentzündung. Neben seiner wissenschaftlichen Arbeit engagierte sich Weber für sozialpolitische Fragen, unter anderem im „Verein für Socialpolitik" und seit 1889 im „Evangelisch-sozialen Kongress".
>
> Das Werk Max Webers ist äußerst vielfältig und umfangreich. Neben eher historischen Werken umfasst es vor allem Werke zur Philosophie und Methode der Sozialwissenschaften, religionssoziologische Werke über die Rolle der protestantischen Ethik bei der Entwicklung des modernen Kapitalismus und schließlich sein posthum veröffentlichtes Hauptwerk „Wirtschaft und Gesellschaft", in dem er die Grundzüge einer verstehenden Soziologie entwickelt. Von besonderer Bedeutung für die Politik- und Verwaltungswissenschaft sind Max Webers Überlegungen zur Bürokratie und zur Rolle des Politikers. In „Wirtschaft und Gesellschaft" konzipiert Max Weber den Idealtypus der bürokratischen (legalen) Herrschaft, die er mit den Formen der traditionellen (patriarchalischen) und der charismatischen Herrschaft kontrastiert. Für Max Weber war die Herausbildung einer Bürokratie Ausdruck der Rationalisierung der Institutionen in einer zunehmend als berechenbar und beherrschbar empfundenen natürlichen Welt, zugleich sah Weber Bürokratie als die effizienteste Herrschaftsform an. 1919 skizzierte Weber in seinem Vortrag „Politik als Beruf" einen neuen Typus des Berufspolitikers. Dieser neue Typ des Berufspolitikers lebe nicht nur „für" die Politik, sondern auch „von" der Politik und werde den traditionellen Honoratioren-Politiker verdrängen.
>
> Rund 80 Jahre später prägt Max Webers Analyse nach wie vor viele Vorstellungen über Politik und Verwaltung. Mit seinem umfassenden Werk gilt Max Weber als einer der Begründer der Soziologie und der modernen Sozialwissenschaften, mit seiner Analyse zur Bürokratie kann er zudem als Wegbereiter der modernen Organisationstheorie und der Verwaltungswissenschaften gelten.
>
> Jan Tiessen

In einem berühmten Zitat postuliert Max Weber

> „Die rein bureaukratische, also: bureaukratisch-monokratische aktenmäßige Verwaltung ist nach allen Erfahrungen die an Präzision, Stetigkeit, Disziplin, Straffheit und Verlässlichkeit, also: Berechenbarkeit für den Herrn wie für die Interessenten, Intensität und Ex-

tensität der Leistung, formal universeller Anwendbarkeit auf alle Aufgaben, in all diesen Bedeutungen: formal rationalste Form der Herrschaftsausübung." (Weber 1921)

Als Merkmale einer solchen Bürokratie hebt er besonders hervor:[50]

Merkmale der Bürokratie

- Hauptamtliches Personal (Trennung von Amt und Person und von öffentlichen und privaten Mitteln);
- Einstellung und Beförderung nach Leistung (Professionalisierung);
- Arbeitsteilung und Spezialisierung;
- Hierarchische Über- und Unterordnung (Autoritätshierarchie mit Dienstweg);
- Regelgebundenheit sowie
- Schriftlichkeit, Aktenmäßigkeit.

Bei der Interpretation dieser Merkmale ist ihr historischer Kontext zu betonen (vgl. Derlien 1989). Für Max Weber ist bürokratische Organisation eine wichtige Errungenschaft, weil sie überkommene feudale, willkürliche Herrschaftsformen ersetzt, also etwa die Aneignung öffentlicher Mittel durch die Besitzer von Ämtern, die Ausübung dieser Ämter und die Einstellung und Beförderung auf der Grundlage von Vererbung, Nepotismus oder Zugehörigkeit zu einer bestimmten Gruppe, unklare, kollegiale Zuständigkeiten und Verantwortlichkeiten, unprofessionelle Verwaltung durch Amateure und Begünstigte und insbesondere undurchschaubare und unkontrollierte Willkür. Fachlichkeit, Unpersönlichkeit, Berechenbarkeit sind daher zentrale Merkmale des Weberschen Bürokratiebegriffs. Dass dies auch heute noch wichtige Errungenschaften sind, kann man sich schnell verdeutlichen, wenn man sich z.B. vorstellt, man benötige in einigen Teilen Afrikas oder in Weißrussland dringend eine behördliche Genehmigung.

Beachtung des historischen Kontextes

Die Webersche Bürokratietheorie gehört sicherlich zu den wichtigsten Grundlagen der Verwaltungswissenschaft, und sie ist auch im gesamten Kanon der Sozialwissenschaften eine der bekanntesten und einflussreichsten Theorien. Allerdings ist sie auch immer wieder selektiv oder falsch interpretiert worden, etwa als allgemeingültige empirische Beschreibung vorhandener Organisationsformen oder als normative und präskriptive Vorschrift, als Modell, wie öffentliche und formale Organisationen gestaltet werden sollten. Beides trifft für den Weberschen Idealtypus gerade nicht zu, der bestimmte in der Wirklichkeit vorfindbare Merkmale typologisch, in einem „Idealtypus" zusammenfasst. Eine mögliche und sinnvolle Frage ist aber, ob denn vorhandene Organisationen die Merkmale bürokratischer Organisationen aufweisen.

Idealtypus

Tatsächlich weisen öffentliche Organisationen in Deutschland, insbesondere im Kernbereich von Ministerial- und Kommunalverwaltung die klassischen bürokratischen Merkmale in hohem Maße auf. Die von Max Weber besonders hervorgehobenen Merkmale der professionellen Verwaltung, also Hauptamtlichkeit, Einstellung und Beförderung nach Leistung und Seniorität sind bereits im Abschnitt 3.6 „Personal" ausführlich behandelt worden und finden sich besonders ausgeprägt im deutschen Beamtenrecht: Der Beamte wird aufgrund seiner i.d.R. durch einen Abschluss nachgewiesenen Qualifikation für eine bestimmte Laufbahn eingestellt (etwa allgemeiner Verwaltungsdienst, Forstdienst, Schuldienst, Bauverwaltung etc.), er steht zu seinem Dienstherrn in einem besonderen Vertragsverhältnis, wird für seine Tätigkeit geldlich entlohnt (alimentiert) und die Arbeitsmittel, derer er sich bedient, sind nicht sein persönlicher Besitz. Wie

Empirisch finden sich viele bürokratische Merkmale

---

50 Da Weber Bürokratie an unterschiedlichen Stellen definiert, gibt es keine definitive Enumeration, vgl. umfassend Mayntz 1968.

Hans-Ulrich Derlien bemerkt, besitzt heute kein Wissenschaftler die teuren Laboreinrichtungen, mit denen er arbeitet, und während der Kavallerist sich früher in der Regel selbst ausrüsten musste, „ist es für uns ganz undenkbar, dass sein historischer Nachfolger, der Panzeraufklärer, noch im Besitz dieses Verwaltungsmittels ist" (Derlien 1989, S. 323).

Die übrigen oben aufgeführten Merkmale bürokratischer Organisationen können unter den gängigen Begriffen „Aufbauorganisation", also formale Gliederung durch Arbeitsteilung und Hierarchie, und „Ablauforganisation", also Regelgebundenheit, Aktenmäßigkeit und Schriftlichkeit zusammengefasst werden, wobei beide Organisationsmerkmale voneinander abhängen.

4.1.1.1 Aufbauorganisation: Spezialisierung und Hierarchie

Arbeitsteilung Die deutsche Verwaltung ist durch eine starke Arbeitsteilung, Spezialisierung und Differenzierung gekennzeichnet – auf die Vielfalt der deutschen Behördenlandschaft ist ja verschiedentlich verwiesen worden. Schematisch kann man unterschiedliche Typen von Spezialisierung und Differenzierung danach unterscheiden, ob sie zwischen (inter-organisatorisch) oder innerhalb von Organisationen (intra-organisatorisch) stattfindet, und ob es sich um horizontale oder vertikale Differenzierung handelt.

Abbildung 29: Formen von Spezialisierung und Differenzierung

	inter-organisatorisch	intra-organisatorisch
horizontal	– mehr Ressorts, Ministerien – mehr Dezernate	– mehr Abteilungen – mehr Referate – mehr Sachgebiete
vertikal	– mehr Dezentralisierung – mehr nachgeordnete Behörden (Dekonzentration) – mehr Auslagerungen, Outsorcing	– mehr Hierarchieebenen

Horizontale Differenzierung So wird zunehmende Arbeitsteilung und Spezialisierung auf der horizontalen Ebene in der Anzahl von Fachressorts, Ministerien oder Dezernaten und innerhalb dieser durch die Anzahl von Abteilungen, Referaten oder Sachgebieten deutlich. Vertikal gibt es Dezentralisierung etwa im Rahmen kommunaler Selbstverwaltung, aber auch durch die Zunahme nachgeordneter Fachbehörden und die verschiedenen Formen der Auslagerung etwa in Landesbetriebe, über GmbHs bis hin zur reinen Privatisierung. Innerhalb von Organisationen ist die Erhöhung der Anzahl von Hierarchieebenen zu nennen, also etwa Hauptabteilungen, Abteilungen, Referatsgruppen, Referate, Sachgebiete etc. Der Grund für diese zunehmende Arbeitsteilung liegt, einmal abgesehen von internen Gründen (s.u.), in der mit dem Begriff „requisite variety" benannten Beobachtung, dass die Fähigkeit einer Organisation auf eine komplexe Umwelt zu reagieren, eine entsprechende Eigenkomplexität erfordert. Eine Verwaltung in einer kleinen Gemeinde wird so mit einigen wenigen Abteilungen auskommen, eine Großstadtverwaltung kommt nicht umhin, nicht nur das Sozialamt vom Jugendamt zu trennen, sondern auch innerhalb des Sozialamts oder z.B. des Bauamts verschiedene Sachgebiete auszuweisen (Hochbau, Tiefbau etc.).

Vorteile der Spezialisierung Der große Vorteil dieser Spezialisierung ist natürlich die Fachkompetenz. Kindergärtnerinnen sind nicht für Bauanträge zuständig und Polizisten nicht für

116

die Gesundheitsvorsorge – dafür gibt es speziell ausgebildete Mitarbeiter und Facheinheiten. Eine gesicherte, feste Zuständigkeit ist ein großer Vorteil sowohl für die Kunden und Klienten der Verwaltung als auch für die politisch Verantwortlichen.

Zur Beschreibung und Analyse der horizontalen Differenzierung von Organisationen oder von organisatorischen Feldern unterscheidet man seit dem grundlegenden Werk von Gullick/Urwick (1937) folgende Organisationsprinzipien:

- nach Objekt (divisional): alle Personen, die für die selbe öffentliche Aufgabe arbeiten, werden in einer Einheit zusammengefasst (Beispiel: Umwelt, Denkmalschutz);
- nach Verrichtung (funktional): alle Personen einer Berufsgruppe bzw. alle, die mit den selben Kenntnissen und Techniken arbeiten (Planungsabteilung, Haushalt, Bibliothek, Forschung, Labore);
- nach Klientel (klientelistisch): alle die mit den selben Personen- oder Sachgruppen arbeiten (Frauenministerium, Jugendamt);
- nach Bezirk (regional): alle in einem abgegrenzten Bezirk (Bezirksamt, Quartiersmanagement).

Es gibt keine „beste" Lösung der Organisation von Aufgaben, sondern jedes dieser Organisationsprinzipien hat Vor- und Nachteile. In der Realität findet man eine Kombination der verschiedenen Prinzipien, die naturgemäß zu Koordinationsproblemen führt und immer wieder hinterfragt wird und werden muss. Jedes Organisationsprinzip hat Vor- und Nachteile

Im Rahmen der vertikalen Differenzierung ist insbesondere das Prinzip der hierarchischen Linienorganisation für bürokratische Organisationen von entscheidender Bedeutung. Im klassischen Einliniensystem ist jede Organisationseinheit genau einer anderen unterstellt. In dieser klassischen Autoritätshierarchie gibt es also feste, eindeutige Strukturen für Kommunikation, Weisungen und Kontrolle. Verantwortlichkeiten sind klar verteilt, und damit auch Zuständigkeiten. Wer Bafög braucht, bekommt es nicht im Bauamt, aber auch nicht in einem Büro, das für einen anderen Stadtteil oder Buchstaben zuständig ist. Hier liegt einer der Gründe für die klassische Bürokratiekritik: Man muss erst die für sein Anliegen „zuständige" Einheit finden, und das ist manchmal nicht ganz einfach. Vertikale Differenzierung

Für die vertikale Differenzierung und Organisation sind zwei weitere Prinzipien von großer Bedeutung, nämlich Leitungsspanne und Leitungstiefe. Die Leitungsspanne, auch Kontrollspanne genannt (engl. *span of control*) gibt an, wie viele Einheiten oder Personen einer übergeordneten Einheit (oder einem Vorgesetzten) unmittelbar, also auf der direkt folgenden Leitungsebene, unterstellt sind. Die Leitungstiefe gibt dann die Anzahl der Leitungs- oder Organisationsebenen an, aus denen eine Organisation besteht. Offensichtlich hängen beide Konzepte eng zusammen: je größer die Leitungs- oder Kontrollspanne, desto geringer die Leitungstiefe, also desto flacher die Organisation (bei einem festen Bestand von Personal). Auch hier gibt es keine einfachen „optimalen" Bezugsgrößen, keinen einfachen „best way" der Organisation, obwohl es seit längerem generell eine Präferenz für eine möglichst geringe Leitungstiefe gibt (Minimalebenenprinzip, also „flache Organisationen") (vgl. ausführlich Reichard 1987, S. 184ff.). Der Sinn einer starken vertikalen Differenzierung, also vieler Hierarchieebenen, liegt selbstverständlich in dem Ziel der möglichst direkten Weisung und Kontrolle: je kleiner die Leitungsspanne, desto besser können untergeordnete Einheiten überwacht werden. Leitungsspanne und Leitungstiefe

Eine differenzierte Hierarchie über- und untergeordneter Einheiten mit eindeutigem Dienstweg (Einliniensystem) sowie eine klare Kompetenzverteilung mit starker Entscheidungszentralisation (und als Folge erheblicher Leitungstiefe) sind klassische Merkmale von Bürokratien. Diese Aufgabenzuweisungen sind wiederum in Form von Geschäftsverteilungsplänen schriftlich fixiert, die die innerbehördliche Arbeitsteilung und vor allem eindeutige Zuständigkeiten festschreiben. Im Prinzip kann so jede Aufgabe, jeder „Vorgang", jedes Schreiben, das eine Behörde erreicht, aufgrund des Geschäftsverteilungsplans einer eindeutig zuständigen Einheit zugewiesen werden.

4.1.1.2 Ablauforganisation: Aktenmäßigkeit und Geschäftsordnung

Regelbindung und Standardisierung

Aber nicht nur die Aufbauorganisation ist in einer Bürokratie schriftlich fixiert, sondern auch die Ablauforganisation, also die Prozesse, nach denen innerhalb der Organisation gearbeitet werden soll. Eine Bürokratie zeichnet sich aus durch ein System von genau definierten Verfahrensweisen für die Erfüllung von Aufgaben (Mayntz 1968, S. 480), Bürokratisches und damit Verwaltungshandeln ist also stark regelgebunden und standardisiert. Die Verwaltung handelt, im Prinzip, nur aufgrund schriftlich fixierter (und damit transparenter, überprüfbarer) Regeln, und sie dokumentiert ihre Aktivitäten schriftlich (Aktenmäßigkeit).

Beide Prinzipien, Regelgebundenheit und Aktenmäßigkeit, haben erhebliche Vorteile. Zusammen mit Hierarchie und Spezialisierung verhindern sie, so zumindest die theoretische Annahme, Willkür und Inkompetenz und ermöglichen rechtsstaatliche und demokratische Führung und Kontrolle der Verwaltung. Sie sind die Garanten von Fachlichkeit, Berechenbarkeit und Unpersönlichkeit, d.h. der Behandlung „ohne Ansehen der Person", „sine ira et studio". Aus diesem Grund regeln Geschäftsordnungen oft bis ins kleinste Detail, wie Prozesse innerhalb der Bürokratie ablaufen sollen, also von der Behandlung der Eingänge (Wer sieht welche Eingänge? Wer entscheidet über die Verteilung? Wie werden Aktenzeichen vergeben?), die Bearbeitung von Vorgängen (Wer ist zeichnungsberechtigt? Wie müssen andere Einheiten beteiligt werden? Welche Form soll ein Vermerk haben?) bis hin zu Fragen bei der Abwicklung „besonderer Dienstgeschäfte" (Kontakte mit Klienten oder Interessengruppen, Dienstreisen und Dienstgänge) und der Dienst- oder Hausordnung.

So wird in klassischen Geschäftsordnungen u.a. geregelt, wer mit welcher Farbe Vermerke abzeichnen darf (Leitungsebene mit grün, Staatssekretäre mit rot, Abteilungsleiter mit violett etc.), welche Zeichen auf einem Schreiben was bedeuten sollen, welche Vorgänge „vor Abgang z.Kts." gegeben werden müssen usw. Der Sinn dieser Vorschriften ist, dass im nachhinein auf jeder Akte erkennbar sein muss, wer sie gesehen und daher „abgezeichnet" hat bzw. wer welche „Verfügungen" auf die Akte geschrieben hat – alles im Interesse der Berechenbarkeit und Nachprüfbarkeit. In einer klassischen Bürokratie müssen Probleme a.d.D., „auf dem Dienstweg", gelöst werden, d.h. Eingänge werden in der untersten Ebene bearbeitet und laufen dann die Hierarchieleiter hoch, bis sie vom jeweils zuständigen „Letztentscheider", ggf. dem Minister oder Bürgermeister, entschieden und unterzeichnet werden. Der Dienstweg ist die getreue Abbildung der innerbehördlichen Verantwortung.

Bei umfangreicher Spezialisierung, Hierarchisierung, Aktenmäßigkeit und Regelgebundenheit ist die gegenseitige Kommunikation, Integration und Koordination der unterschiedlichen Einheiten ein besonderes Problem, denn es kann

118

keineswegs davon ausgegangen werden, dass alle Einheiten einer Organisation, also etwa das Umwelt- und das Verkehrsamt einer Kommune die gleichen Interessen verfolgen und nach den gleichen Rationalitätskriterien entscheiden, vom Jugendamt ganz zu schweigen. Eine bürokratische Organisation ist also keineswegs konfliktfrei, ganz im Gegenteil. Größere Spezialisierung bedeutet gleichzeitig fachliche Vertiefung und Verengung, selektive Problemperzeption oder auch „tunnel view" und im Extrem Fachidiotentum. Straßenbauämter sind dafür da, dass sie sich mit Straßenbau beschäftigen, für Landschaftsschutz, Denkmalpflege, Gewässerschutz und Wirtschaftsförderung sind andere Einheiten zuständig. Ein zentrales Problem für bürokratische Organisationen ist daher die Koordination unterschiedlicher Interessen und die Lösung der zwischen ihnen auftretenden Konflikte.

4.1.2 Koordination

Jeder kennt Koordinationsprobleme öffentlicher Organisationen. Kaum ist die Straße nach langwierigen Bauarbeiten fertig, wird sie wieder aufgerissen, weil noch irgendwelche Kabel verlegt werden müssen. Während die Agrarverwaltung die intensive Viehzucht durch Sonderprogramme fördert, versucht die Umweltverwaltung die Verseuchung der Bäche durch Gülle zurückzudrängen, die Verkehrsverwaltung plant eine neue Autobahn und einen Verkehrsflugplatz und der Naturschutz will ganze Areale jeglicher Nutzung entziehen.

4.1.2.1 Bürokratische Koordination

Zur Bewältigung dieser überall verbreiteten Koordinationsprobleme in einer differenzierten, hoch-spezialisierten Verwaltung, hinter denen sich natürlich unterschiedliche politische Interessen und Präferenzen verstecken, gibt es klassische bürokratische Koordinationsmechanismen:

–   Federführung bedeutet, dass für jede Aufgabe eine und nur eine Organisationseinheit verantwortlich ist. Doppelzuständigkeiten darf es, so zumindest die Theorie, nicht geben. Jeweils eine Einheit ist dafür zuständig, dass die Aufgabe bewältigt wird, sie hat aber gleichzeitig dafür zu sorgen, dass andere Stellen, die daran ein Interesse haben oder von Entscheidungen betroffen sind, beteiligt werden. Dies geschieht zunächst im Rahmen der

Formen
bürokratischer
Koordination

–   Mitzeichnung, d.h. Vorschläge, Verfügungen, Anordnungen, Pläne der Verwaltung müssen anderen, beteiligten Stellen zugeleitet werden und dürfen erst entschieden werden, wenn diese, eben durch ein schriftliches Kürzel, bestätigt haben, dass sie den Vorgang gesehen haben und damit einverstanden sind – auch hier ist die Rationalität wiederum die Nachvollziehbarkeit der Verantwortlichkeit: Die Straßenbaubehörde soll nicht behaupten können, dass sie von der geplanten Kabelverlegung oder dem geplanten Naturschutzgebiet nichts gewusst habe. Umgekehrt wird die federführende Einheit gezwungen, andere zu beteiligen. Bei größeren Planungsvorhaben, bei denen inter-organisatorische Abstimmungen notwendig sind, ist so gesetzlich vorgeschrieben, dass alle möglichen „Träger öffentlicher Belange" zu beteiligen sind.[51] Selbstver-

---

51   Die Beteiligung der betroffenen Öffentlichkeit liegt dagegen nicht auf der Ebene der innerbürokratische Verfahren und Prozesse, um die es hier geht.

ständlich können die umfassenden intra- oder auch inter-organisatorischen Konflikte nicht immer durch einfache schriftliche Mitzeichnung gelöst werden. Das nächste klassische bürokratische Koordinationsinstrument ist daher die

– Besprechung, in der die beteiligten Organisationen oder Organisationseinheiten versuchen, ihre unterschiedlichen Sichtweisen und Interessen zu lösen. Wie bei den anderen Instrumenten auch, geht es immer gleichzeitig um Informationsbeschaffung und -verarbeitung und um Konfliktlösung und Konsensbildung. Jeder kennt wiederum die klassische und frustrierende Antwort, wenn bürokratische Akteure mal wieder nicht erreichbar sind: „Die Damen und Herren befinden sich gerade in einer Besprechung". Abgesehen von der Frage, ob alle Besprechungen in Umfang, Dauer und Beteiligung notwendig sind, ist doch offenkundig, dass sie ein klassisches und unverzichtbares bürokratisches Instrument sind, auch in Zeiten von Videokonferenzen und email. Wenn die Zahl der beteiligten oder interessierten Akteure zu umfangreich wird, gibt es schließlich die Möglichkeit der

– Anhörung, bei der nicht nur „formal" Mitzeichnungsberechtigte an der Entscheidungsfindung beteiligt werden, sondern der Kreis anzuhörender Akteure und Interessen noch weiter ausgeweitet wird, in der Regel auch in die Richtung externer, also nicht- oder halb-öffentlicher Akteure (Kammern, Interessenverbände, Firmen, Bürgerinitiativen etc.).

4.1.2.2 Positive und negative Koordination

Die offenkundigen erheblichen Koordinationsprobleme innerhalb des öffentlichen Sektors wurden bereits erwähnt. Diese zeigen sich nicht nur in manifesten Koordinationsfehlschlägen (die berühmte „Soda-Brücke", die einfach nur so da in der Landschaft herumsteht, ohne den eigentlich geplanten Anschluss), sondern insbesondere auch in erheblichen zeitlichen Verzögerungen, z.B. bei der Bewilligung von Investitionsvorhaben, oder bei generellen Mängeln der gegenseitigen Unterstützung und Integration staatlicher Vorhaben, etwa im Bereich der Regionalentwicklung, der Bildungspolitik oder der Kommunalpolitik.

Koordinations-
probleme

Darauf, dass dieses immer wieder beklagte Koordinationsversagen nicht einfach auf die Unfähigkeit oder Unwilligkeit der beteiligen Akteure zurückzuführen ist, hat Fritz Scharpf in einem berühmten Aufsatz über „Komplexität als Schranke politischer Planung" hingewiesen (1973a). Sein Ausgangspunkt ist, dass Politik und Verwaltung durch Differenzierung und Arbeitsteilung zwar eine der Umwelt entsprechende und angemessene Eigenkomplexität erreichen können (siehe oben „requisite variety"), dass es jedoch viel schwieriger ist, die realen Problemzusammenhänge und Interdependenzen, die es in der sozio-ökonomischen Umwelt der Verwaltung gibt, durch entsprechende Verknüpfungen und Mechanismen innerhalb des politisch-administrativen Systems zu reproduzieren. Regionalentwicklung hängt z.B. nicht nur von Wirtschaftsförderung ab, sondern von Verkehrspolitik, Arbeitsmarktpolitik, Umweltpolitik, Bildungspolitik usw.

Selektive Perzeption

Politische und gesellschaftliche Problemverarbeitung und damit administratives Handeln findet zunächst in den Basiseinheiten statt, also den Referaten oder Sachgebieten, die eben „federführend" sind. Der Preis für deren Spezialisierung und Expertise ist die selektive Perzeption, d.h. jede Einheit konzentriert sich auf ihre Zuständigkeiten und nimmt Probleme außerhalb kaum oder überhaupt nicht wahr oder hält sie zumindest für weniger wichtig. Das zentrale Anliegen der Stra-

120

ßenbauer ist nun einmal der Bau von Straßen, und nicht die Erhaltung von Feuchtbiotopen für Krötenwanderungen. Aus diesem Grund sind interdependente Probleme schwer zu bearbeiten und (mögliche) negative Folgewirkungen des eigenen Handelns in anderen Bereichen werden oft nicht gesehen oder bewusst ignoriert.

Eine mögliche Lösung dieses Dilemmas besteht darin, Entscheidungen „hochzuzonen", sie zu zentralisieren. Dies führt aber in der Regel eher zu einer Verschlechterung als zu einer Verbesserung der Entscheidungsqualität, denn „auf dem Dienstweg" nach oben findet ja eine notwendige Informationsverdichtung und damit ein Informationsverlust statt. Wenn man interdependente Probleme lösen will, braucht man aber mehr, nicht weniger Informationen. Übertriebene Zentralisierung führt also zu Informationsverlust und vor allem zu einer Überlastung der Hierarchie sowohl bezüglich ihrer Informationsverarbeitungs- wie auch ihrer Konfliktlösungskapazität. Wenn zu viele Entscheidungen „nach oben" abgeben werden, wird in aller Regel der Zeitbedarf steigen und die Qualität von Entscheidungen sinken.

Eine andere Strategie wäre, die dezentralen Koordinationskapazitäten von Organisationen zu erhöhen. Hier spielt die Unterscheidung von negativer und positiver Koordination eine Rolle:

– *Negative Koordination* bezeichnet die normale Praxis: Die Initiative zur Problemverarbeitung geht von einer spezialisierten Einheit aus und ist dieser zugeordnet, und diese ist vorrangig auf das eigene Problem fixiert, ansonsten interessiert nur, inwieweit andere Bereiche negativ durch vorgesehene Lösungen und Maßnahmen betroffen sind. Um die eigene Problemlösungsfähigkeit nicht zu früh einzuschränken, werden andere Bereiche und Interessen daher so spät wie möglich einbezogen, damit sie die eigene Problemlösung nicht stören, typischerweise mit dem Instrument der Mitzeichnung. Es wird also abgeklärt, inwieweit andere Einheiten mit einer Lösung „nicht leben" können, und nicht, inwieweit sie ggf. selbst etwas zur Lösung des Problems beitragen könnten. negative Koordination

– *Positive Koordination* will genau dies erreichen: Auf der Grundlage einer Analyse des gesamten interdependenten Problemzusammenhangs sollen Maßnahmen aus unterschiedlichen Bereichen ausgewählt werden, die einander unterstützen und gemeinsam zur Problemlösung beitragen. Dies bedeutet aber, dass in allen voneinander abhängigen Entscheidungsbereichen alle infrage kommenden Entscheidungsalternativen gemeinsam und gleichzeitig zur Disposition gestellt werden müssen. positive Koordination

Dass reale Verwaltungen in aller Regel negative Koordination vorziehen ist allerdings nicht einfach auf deren Unfähigkeit, Bequemlichkeit oder das Vorherrschen von Fachidioten zurückzuführen, sondern kann mit den entstehenden „Koordinationskosten" erklärt werden. Dazu benutzt Scharpf ein ganz einfaches Zahlenbeispiel: In Abbildung 30 haben wir es mit drei Entscheidungsbereichen (z.B. Referaten oder Ämtern) zu tun, bei der ein Amt zwei Handlungsalternativen mit den anderen beiden abklären muss. Hier sind also vier gegenseitige Abhängigkeiten oder Relationen zu prüfen. Wenn im gleichen Beispiel jede Einheit zwei Alternativen präsentiert hätte, deren gegenseitige Abhängigkeiten zu prüfen wären, wären dies schon 24 Relationen oder Koordinationsschritte (Abbildung 31).

Abbildung 30: Negative Koordination

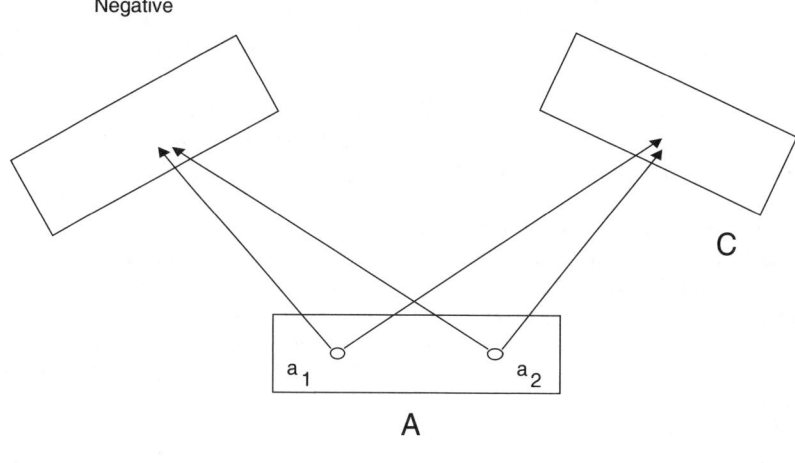

$$R_n = (n-1)a$$

Abbildung 31: Positive Koordination

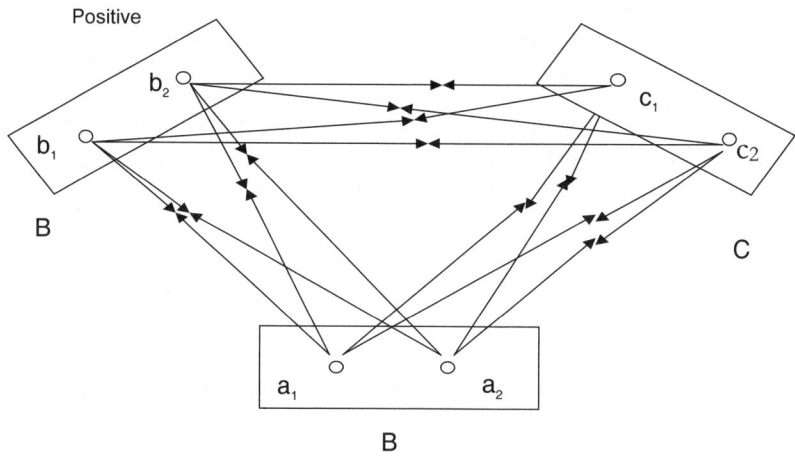

$$R_n = n * (n-1)a^2$$

Die Zahl der jeweils notwendigen Prüfungen kann durch einfache Formeln ermittelt werden (auf den „Beweis" dieser Formeln wird hier verzichtet). Dies bedeutet aber folgendes: Wenn wir es statt nur mit drei mit fünf Einheiten zu tun hätten, die jeweils nur drei Alternativen ins Gespräch bringen, steigt der Koordinationsbedarf im Rahmen der negativen Koordination auf immerhin 12 zu prüfende Möglichkeiten, nämlich $(5-1)*3 = 12$. Bei positiver Koordination wären dies aber bereits $5*(5-1)*9 = 180$ Alternativen. Schon diese rein schematische Betrachtung verdeutlicht, warum Organisationseinheiten, wann immer es möglich ist, den Mechanismus der negativen Koordination wählen werden: der normativ vorzuziehende Weg der positiven Koordination führt sehr schnell zu einer

Überlastung der Informations- und Konfliktverarbeitungskapazitäten von Organisationen. In den Worten von Scharpf:

> „Selbst wenn es im Entscheidungsprozess keine verfestigten Interessen und auf Machtpotentiale gestützten Veränderungswiderstände gäbe, wenn also alle Beteiligten prinzipiell innovationsbereit und für rationale Argumentation offen wären, selbst dann müsste der Versuch der simultanen Problematisierung und positiv koordinierten Veränderung interdependenter Entscheidungsbereiche (...) notwendigerweise in der Frustration des totalen Immobilismus enden" (Scharpf 1973a, S. 93).

Allerdings gibt es eine spezifische Form der inner-bürokratischen Koordination und Abstimmung, die verhältnismäßig gut funktioniert, die aber auch alles andere als unproblematisch ist, nämlich die von Frido Wagener zunächst als „vertikale Ressort-Kumpanei" (1975, S. 134) oder, etwas freundlicher, als „Fachbruderschaften" (1979, S. 238ff.) bezeichnete Koordinierungsbürokratie. Gemeint ist damit die vertikale, nicht nur organisations- sondern auch ebenenübergreifende, Zusammenarbeit bestimmter Fachverwaltungen. Im Kern geht es darum, dass sich z.B. zwischen den zuständigen Behörden etwa im Bereich Agrar-, Verkehrs- oder auch Umweltverwaltung notwendigerweise über die Jahre enge Kontakte entwickeln, die sowohl lokale (Kommunalverwaltung), regionale (Mittelinstanzen), landesweite (Landesministerien) und bundesweite Organisationen umfassen können und z.T. sogar bis auf EU-Ebene ausgedehnt werden. Das, worauf sich diese „Fachbrüder und -schwestern" aus ihrer sektoralen, „fachlichen" Sicht geeinigt haben, kann oft nur sehr schwer auf der jeweils politisch zuständigen Ebene verändert werden. Etwas zugespitzt formuliert: Wenn sich die Verkehrsplaner im Bundesministerium mit ihren Kollegen auf Landesebene, und die wiederum mit den Kollegen im Regierungspräsidium und im Kreis auf den Ausbau einer bestimmten Strasse geeinigt haben, und sich zudem auch einig sind, dass dabei bestimmte Standards unbedingt einzuhalten sind (etwa Fahrbahnbreite, Kurvenradien), dann ist dies von den jeweils politisch verantwortlichen Gremien kaum noch zu verändern. Sobald der Kreistag (oder etwa eine andere Fachbehörde) versuchen wird, Einfluss auf diese Maßnahme zu nehmen, kann ihnen vorgehalten werden, dies sei bereits mit den anderen Ebenen abgestimmt, und der Versuch dieses Ergebnis infrage zu stellen würde ggfs. das gesamte Projekt torpedieren.

Besonders problematisch wird diese vertikale Koordination, wenn sie mit finanziellen Anreizen verbunden ist. Die inhaltliche Politikverflechtung der Fachverwaltungen wird dann durch eine ebenenübergreifende Mischfinanzierung unterstützt, die dazu führt, politische Handlungsspielräume weiter einzuschränken, denn schließlich will man öffentliche Mittel ja möglichst „mitnehmen" und „nicht verschenken". Wagener weist darauf hin, dass es dabei subjektiv nicht bösartig zugeht, sondern durchaus löblich, denn es geht darum, die eigene fachliche Aufgabenwahrnehmung zu optimieren. Im Ergebnis führt dies allerdings zu einer politisch unkontrollierten Selbstbestimmung der Fachbürokraten. In den Worten von Wagener:

> „In den Ministerien von Bund und Ländern und in den Spitzenstellungen der Großstädte und Landkreise ist der öffentliche Dienst heute jedenfalls weidlich damit beschäftigt, den Standard der öffentlichen Aufgabenerfüllung und teilweise auch die Erfindung neuer öffentlicher Aufgaben mit Hilfe von Gesetzen, Erlassen und Programmen, insbesondere aber durch Geld, an dessen Annahme man Bedingungen knüpft, zu steuern. (...) der besonders gute Ministerialbeamte hat (...) die Formulierung schon im Vorfeld der Entscheidung soweit vorbesprochen, heruntergekoordiniert, abgestimmt und mit klein wenig Änderungsstoff für die partout nicht zu überzeugenden Politiker angereichert, dass im Ergebnis genau das aus dem gesetzgeberischen Ratifizierungsprozess herauskommt, was die Ministe-

Ressort-Kumpanei

rialbürokraten für angemessen und machbar halten. Dies ist gewöhnlich nicht wenig. Es ist genau geregelt und entspricht einem hohen Standard" (Wagener 1979, S. 242).

Also gerade auch die zu perfekte vertikale Koordination fachlicher Standards und Interessen kann zu kontraproduktiven Ergebnissen führen. Die Schlussfolgerungen von Frido Wagener aus dem Jahre 1979 sind an Deutlichkeit kaum zu übertreffen:

> „Es ist festzuhalten, dass die Leitungsebene des öffentlichen Dienstes im bundesdeutschen Staat der Gegenwart ganz im Gegensatz zum Verfassungsverständnis unserer Staatsrechtslehre Art und Umfang der öffentlichen Aufgabenerfüllung nicht etwa nur mitbestimmt, sondern in pragmatischer Illegalität weitgehend selbst bestimmt" (ebda. S. 243).

4.1.3 Bürokratiekritik und Bürokratieabbau

Es wurde bereits erwähnt, dass Bürokratiekritik erheblich älter ist als die formale Definition bürokratischer Merkmale durch Max Weber. Bürokratiekritik zeichnet sich zunächst aus durch einen ungemein diffusen Charakter. Es gibt vermutlich in Deutschland, aber das gilt sicherlich auch für andere Länder, kaum eine einfachere und billigere Art und Weise sich öffentlichen Beifall zu sichern als „die Bürokratie" anzuprangern. Ein kurzer Blick in die aktuelle Presse zeigt dies. Dabei werden sehr unterschiedliche Phänomene kritisiert, z.B.

Aspekte der Bürokratiekritik

–   bürokratische Sprache: gestelzte, unverständliche bis absurde Vorschriften und Bescheide;
–   bürokratisches Verhalten: Unpersönlichkeit, Unfreundlichkeit, langsame und schwerfällige Bearbeitung, Verantwortungsscheu, Kontrollfixierung;
–   bürokratische Persönlichkeit: Rigidität, Dogmatismus, Risikovermeidung, Zielverschiebung (Mittel wird zum Zweck);
–   bürokratische Vorschriften: Verrechtlichung und Überregelung, für die Betroffenen nicht einsehbare und nachvollziehbare Regelungen, die Eigeninitiative einengen, Kosten verursachen und Aktivitäten verzögern;
–   bürokratische Geschäftsprozesse und Organisationsstrukturen: Zuständigkeitswirrwar, negative Auswirkungen der selektiven Problemwahrnehmung, Überbetonung formaler Richtigkeit gegenüber Effizienz und Effektivität;
–   bürokratische Verselbstständigung: unkontrollierte Machtausübung, fehlende politische Loyalität, Klientelismus usw.

Zum einen beinhalten alle diese Kritikpunkte natürlich viele Stereotypen. Sie sind in vielen Bereichen unberechtigt, weil sie die Wirklichkeit allenfalls grob karikieren. Aus Umfragen wissen wir, dass „der Bürokratie" alle diese negativen Merkmale zugeschrieben werden, dass aber, je konkreter gefragt wird, die Befragten ihre praktischen Erfahrungen mit öffentlichen Bürokratien und Bürokraten viel positiver bewerten. Zum anderen liegen diese Kritikpunkte aber auch keinesfalls alle auf der gleichen Ebene und sind schon gar nicht alle auf eine einzige Ursache zurückzuführen. Es ist daher hilfreich und sogar unbedingt notwendig zu differenzieren: Dabei kann man mindestens vier Dimensionen der Bürokratiekritik unterscheiden:

Dimensionen der Bürokratiekritik

–   Aufgaben: zu viel Staat;
–   Regulierung: zu viele Vorschriften, bessere Vorschriften;
–   Verfahren: Dysfunktionen bürokratischer Organisation, bessere Verwaltung und

124

– Verselbständigung: Probleme der bürokratischen Kontrolle, Verhältnis Verwaltung und Politik (siehe hierzu gesondert unten 4.3).

4.1.3.1 Aufgaben: zu viel Staat

Ein erheblicher Teil der gängigen Bürokratiekritik ist eigentlich eine Kritik des modernen Interventionsstaates. Diese Ebene der Bürokratiekritik kritisiert im Kern, dass es zu viele staatliche Interventionen in zu vielen Bereichen gibt. Dies ist offenkundig eine alte und kontroverse, aber vollkommen legitime und notwendige politische Diskussion. Dennoch wird hier oft der Sack „Bürokratie" geschlagen, und eigentlich der Esel Sozialstaat, oder präziser sozialer Rechtsstaat gemeint. Hierunter fällt z.B. die Kritik

Kritik am Interventionsstaat

– an der wachsenden Staatsquote, die vor allem etwas mit sozialstaatlicher Umverteilung zu tun hat;
– am Wachstum und Umfang staatlicher Aufgaben – also etwa Gleichstellungs-, Klima- oder Sozialpolitik – auch das hat vorrangig etwas mit politischen Schwerpunkten zu tun, und weniger mit Bürokratie;
– am Wachstum der öffentlichen Verwaltung – hier muss man wissen und zur Kenntnis nehmen, dass es dieses Wachstum zumindest in Deutschland seit vielen Jahren nicht mehr gibt, und dass auch die großen Wachstumsraten der siebziger Jahre vor allem in Dienstleistungsbereichen stattfanden: der typische deutsche Beamte ist Lehrer oder vielmehr Lehrerin, dann kommen Polizisten (siehe oben 3.6 Personal).

Jenseits dieser Kritk am Interventionsstaat behauptet die ökonomische Theorie der Bürokratie (grundlegend Downs 1966, Niskanen 1971) allerdings, dass ein erheblicher Anteil des Wachstums öffentlicher Budgets, Regelungen und Personals „endogen", also durch interne Merkmale bürokratischer Organisationen erklärt werden kann. Verwaltungsangehörige werden nicht als uneigennützige Diener des Allgemeinwohls aufgefasst, sondern als ganz normale Nutzenmaximierer, die vor allem eigennützige Ziele wie Einkommen, Prestige, Sicherheit oder Macht verfolgen. Aufgrund der Merkmale bürokratischer Organisationen, insbesondere der asymmetrischen Informationsverteilung und der beschränkten Kontrollkapazität der Vorgesetzten und der Politik, nutzen die Mitglieder der Bürokratie ihre Handlungsspielräume für ihre eigenen Interessen. Dies führt u.a. zu einem Überangebot öffentlicher Güter und Dienstleistungen zu überhöhten Kosten. Bürokraten agieren als „Budgetmaximierer", indem sie aus eigennützigen Gründen versuchen, die Anzahl der ihnen unterstellten Mitarbeiter oder das von ihnen kontrollierte Budget zu maximieren. Wenn, wie es früher z.B. in der bürokratisierten Reichs- oder Bundesbahn üblich war, die Besoldung von Stationsvorstehern von der Anzahl ihrer Untergebenen abhängig ist, werden diese selbstverständlich versuchen, deren Anzahl zu erhöhen. Mit anderen Worten wachsen Bürokratien nach dieser Erklärung nicht vorrangig aufgrund externer Anforderungen, sondern aufgrund ihrer internen Strukturen. Die erste Formulierung dieses „Gesetzes vom Wachstum der Bürokratie" stammt von dem englischen Wissenschaftler und Satiriker C. Northcote Parkinson und wurde als Parkinsons Gesetz bekannt (Parkinson 1957).

endogene Erklärungen für Bürokratiewachstum

4.1.3.2 Regulierung: Normenflut und Verrechtlichung

Überregulierung Ein weiterer Kernpunkt der modernen Bürokratiekritik ist die Kritik staatlicher Regulierung, und zwar nicht nur bürokratieintern, sondern vor allem gegenüber Wirtschaft und Gesellschaft. Hier geht es im Kern um die Reduzierung von Regeln und Vorschriften, um De-Regulierung. Dies ist die Kritik an der Gesetzes- und Verordnungsflut, an den „überflüssigen" oder „schlechten" Gesetzen und Vorschriften. Diese Diskussion wird in Deutschland seit den siebziger Jahren unter den Stichworten der Überregulierung, Normenflut oder Verrechtlichung geführt (Voigt 1993).

Auch dies ist zunächst eine politische, keine technische, bürokratische Diskussion. Die Änderung der Handwerksordnung ist, wie gut zu beobachten ist, ein politischer Kraftakt, kein bürokratischer. Die Abschaffung von „bürokratischen Hemmnissen" im Arbeits- oder Umweltrecht hat vor allem etwas damit zu tun, welche Rechte wie geschützt werden sollen und für wie schützenswert man diese Rechte im Abwägungsprozess hält. Auch unser Steuerrecht ist ja nicht so überaus kompliziert, weil wildgewordene, hyperaktive Beamte im Finanzministerium außer Kontrolle geraten sind, sondern weil es sehr gut informierte und aktive Interessengruppen gibt, denen es gelungen ist, ihre (durchaus berechtigten) Interessen im Steuerrecht durchzusetzen. Diese Interessen lassen sich jedoch nicht bürokratisch abweisen, sondern allein politisch.

Dennoch ist die Kritik der Überregulierung im Sinne von (ausführlich Mayntz 1980)

– Umfang,
– Dichte,
– Genauigkeit,
– Kosten,
– Effektivität und
– Problemlösungsfähigkeit von staatlichen Regelungen

selbstverständlich auch ein Problem der Bürokratie. Nicht nur Verwaltungsvorschriften, sondern selbstverständlich auch Rechtvorschriften und Gesetze werden in Deutschland zu allererst von staatlichen Bürokratien, insbesondere von der Ministerialbürokratie vorbereitet und ausformuliert. Eine gelegentlich insbesondere von Ministerialbürokraten vertretene Auffassung, nach der für alles, was gut geregelt ist, die Bürokratie verantwortlich sei, und für die Überregelung die Politik, beschreibt eine nicht ganz überzeugende Arbeitsteilung.

Ent-Bürokratisierungsbemühungen Ent-Bürokratisierung im Sinne von Vorschriftenreduzierung und Rechtsvereinfachung hat auch in Deutschland eine lange Tradition (siehe auch unten 5.2.2). Die letzte große Entbürokratisierungswelle gab es hier Ende der 1970er, Anfang der 1980er-Jahre. Damals hatten z.B. alle Bundesländer (zu diesem Zeitpunkt bekanntlich nur 11) eigene Entbürokratisierungskommissionen eingesetzt (als Überblick Seibel 1986). Auf Bundesebene wurde 1983 eine Unabhängige Kommission für Rechts- und Verwaltungsvereinfachung eingesetzt, nach ihrem Vorsitzenden, dem Parlamentarischen Staatssekretär im Bundesministerium des Inneren, auch „Waffenschmidt-Kommission" genannt. Mit dieser Kommission holte die Bundesregierung im Prinzip allerdings nur nach, was fast alle Bundesländer seit 1979 vorexerziert hatten, nämlich eine überfällige Rechtsbereinigung des schwer zu überblickenden Vorschriftendschungels. Viel mehr als Rechtsbereinigung war bei den Entbürokratisierungskommissionen der Länder nicht herausgekommen (Seibel 1986), und viel mehr kam auch beim Bund nicht heraus (zum Folgenden Jann/Wewer 1998).

126

Die „Waffenschmidt-Kommission" verabschiedete eine Reihe von Zwischenberichten und Berichten (insgesamt sieben) mit einer Fülle von Anregungen (z.B. den ersten und zweiten Bericht zur Verwaltungsvereinfachung [1985 und 1986], zur „Beschleunigung von Genehmigungsverfahren" [1990], zur „Erleichterung von Gewerbeansiedlung in den neuen Bundesländern" [1992] usw.) und zwischen 1983 und 1993 ergriff die Bundesregierung auch etliche Maßnahmen auf diesem Gebiet. Aufgrund einer umfassenden Durchsicht der geltenden Rechtsvorschriften durch die zuständigen Bundesressorts wurden in drei Rechtsbereinigungsgesetzen und zwei Rechtsbereinigungsverordnungen 15 Gesetze und 30 Verordnungen ganz aufgehoben sowie 400 Einzelvorschriften in mehr als 100 Gesetzen gestrichen oder vereinfacht. Einzelne Rechtsgebiete wurden eigenständig vereinfacht, z.B. im Steuerrecht oder im Baurecht.

Um sicherzustellen, dass nur „notwendige, wirksame und verständliche Regelungen" in die Entwürfe von Gesetzen und Verordnungen aufgenommen werden, hatte die Bundesregierung bereits in den achtziger Jahren einen Katalog von Prüffragen verabschiedet („Blaue Prüffragen"), die bei jedem Gesetzesentwurf zu berücksichtigen waren. Auf Grundlage der Erfahrungen mit diesen Prüffragen verabschiedete die Bundesregierung 1989 ein weiteres Bündel von Maßnahmen zur Verbesserung der Rechtsetzung und von Verwaltungsvorschriften.

Dass auch die Bundesregierung mit diesen Bemühungen keineswegs zufrieden war, zeigt sich u.a. darin, dass in den 90er Jahren, noch vor Einsetzung des Sachverständigenrates „Schlanker Staat", ein neuer Anlauf auf diesem Gebiet genommen wurde. Es wurde ein gesonderter „Deregulierungsbericht" eingeführt, eine weitere Deregulierungskommission gegründet (1987) und schließlich noch eine Kommission „Zur Beschleunigung von Genehmigungsverfahren" (nach ihrem Vorsitzenden „Schlichter-Kommission") eingesetzt.

Inzwischen hat die zweite Regierung Schröder wiederum „Bürokratieabbau" zu einem Schwerpunkt ihres Regierungsprogramms gemacht und dazu einen „Masterplan Bürokratieabbau" entwickelt (http://www.bmi.bund.de). Deutlicher kann man kaum unterstreichen, dass offenbar alle bisherigen Bemühungen auf diesem Gebiet unzureichend waren. Diesmal werden besonders Probleme in den Bereichen Arbeitsmarkt und Selbstständigkeit, Wirtschaft und Mittelstand sowie Forschung und Technologie betont, und das Ministerium für Wirtschaft und Arbeit spielt eine zentrale Rolle. Die Bundesregierung hatte die Industrie aufgefordert, besondere Bereiche der Überregulierung zu benennen, und die daraufhin vorgelegten Vorschläge verschiedener Interessengruppen sind in einem umfangreichen Gutachten zusammengefasst (Kroker/Lichtblau/Röhl 2003).

In diesem Zusammenhang ist weiter zu beachten, dass die verschiedenen staatlichen Modernisierungsbemühungen, insbesondere in Verbindung mit Outsourcing und Privatisierung, zumindest in den Augen einiger Beobachter eher einen Bedarf an Re-Regulierungen mit sich bringen und daher in die Richtung eines neuen „regulatory state" weisen (Majone 1997). Gerade die OECD und die EU beschäftigen sich daher in letzter Zeit intensiv mit dem Bereich „better regulation". Die EU hatte dazu eine Kommission eingesetzt, die einen umfangreichen Bericht herausgegeben hat (nach dem Vorsitzenden „Mandelkern Bericht" genannt, BMI 2002), und auch die Bundesregierung hat in letzter Zeit ihre Aktivitäten z.B. im Bereich „Gesetzesfolgenabschätzung" verstärkt (Böhret/Konzendorf 2002). Allerdings ist eine klar erkennbare Regulierungspolitik, z.B. im Sinne des Gewährleistungs- oder aktivierenden Staates, bisher nicht sichtbar.

Bedarf an Re-Regulierungen

4.1.3.3 Verfahren: Vor- und Nachteile bürokratischer Organisation

Dysfunktionen bürokratischer Organisation

Schließlich geht es unter dem Stichwort der Bürokratiekritik um die bekannte Kritik an der internen Arbeitsweise von Behörden und öffentlichen Organisationen, also um übertriebene Formalisierung, Hierarchisierung, aber auch Arbeitsteilung und Professionalisierung, die amtsintern u.a. zu langsamer und schwerfälliger Bearbeitung, internen Koordinationsproblemen zwischen und in Behörden und mangelhaftem Kostenbewusstsein, und gegenüber Kunden und Klienten u.a. zu Bürgerferne, Unpersönlichkeit, mangelnder Dienstleistungs- und Kundenorientierung, der bekannt-berüchtigten Verwaltungssprache und generell zu einer unzureichende Information und Transparenz der Verwaltung führen.

Auf der Grundlage der Erfahrungen der Entbürokratisierungskommissionen der Länder der siebziger und achtziger Jahre hat Wolfgang Seibel (1986) darauf hingewiesen, dass diese Dysfunktionen bürokratischer Organisation nur die Kehrseite durchaus positiver und erwünschter Funktionen sind, sowohl für die Bürgerinnen und Bürger wie für den Staat oder die Politik:

Positive und negative Wirkungen bürokratischer Verhaltensweisen

– Die strikte *bürokratische Arbeitsteilung* hat für den Staat den Vorteil der dauerhaften spezialisierten und kompetenten Aufgabenwahrnehmung, für den Bürger wird so die verlässliche Zuständigkeit einer bestimmten Einheit garantiert. Allerdings ist diese Arbeitsteilung auch verantwortlich für die beschriebenen Phänomene der selektiven Problemperzeption und die damit verbundene vorherrschende negative Koordination, während sie sich für den Bürger oft als undurchschaubares Zuständigkeitslabyrinth darstellt.

– Die klassische *Regelbindung* ermöglicht auf der Seite des Staates erst die kontinuierliche und verlässliche Steuerung der Verwaltung, für den Bürger ist sie die Garantie der Berechenbarkeit und möglichen Kontrolle des Verwaltungshandelns. Umgekehrt führt sie auch intern zu Verrechtlichung und Überregelung bis hin zu einer „pragmatischen Vorschriftenreduktion im Vollzug" (Frido Wagener), bei der sich die Verwaltung aus der Überfülle relevanter Vorschriften diejenigen heraussuchen kann, die gerade „passen" (Wagener 1979). Für den Bürger ist die Regelbindung Ursprung bürokratischer Komplexität, Distanz und Abgehobenheit – bis hin zu den Verhaltensweisen der „bürokratischen Persönlichkeit" (Rigidität, Zielverschiebung etc.), die letztendlich zu einer Verrechtlichung aller möglichen Lebensbereiche führt und die „Herrschaft der Bürokratie" stabilisiert.

– *Hierarchie* ist für den Staat eine weitere notwendige Bedingung der Steuerung von Verwaltungseinheiten, und für den Bürger garantiert sie klare Verantwortlichkeitsketten und Einspruchsmöglichkeiten. Innerhalb der Bürokratie kann sie allerdings auf der einen Seite bei den Beschäftigten zu Motivationsverlusten, Verantwortungsscheu und Risikovermeidung führen, andererseits zu Informations- und Konfliktüberlastung bei den Vorgesetzten. Zusammen mit Regelbindung liegen hier einige der Ursachen für langsame, schleppende Bearbeitung und mangelhafte flexible Berücksichtigung spezifischer Bürgerinteressen („Bürgerferne").

– *Professionalität* des Personals garantiert für den Staat wie für die Bürger die notwendige Fachkompetenz bei der Erledigung öffentlicher Aufgaben, aber die Kehrseite ist hier auf der Seite des Staates die Überbetonung bis hin zur Verabsolutierung professioneller Interessen, für die Bürger Überheblichkeit und professionelle Besserwisserei (die Bürger wissen nicht, was gut für sie ist).

Abbildung 32: Funktion und Dysfunktion bürokratischer Organisation

Organisations-merkmale	Funktion		Dysfunktion	
	Für den Staat	Für den Bürger	Für den Staat	Für den Bürger
Arbeitsteilung	Spezialisierung, Kompetenz-garantie	Zuständigkeits-garantie	Selektive Per-zeption/Negativ-koordination	Zuständigkeits-labyrinth
Regelbindung	Steuerungs-entlastung	Berechenbar-keit	Kontrollüberlas-tung	Verrechtlichung der Lebenswelt, Verfah-renskomplexität
Hierarchie	Steuerung und Kontrolle	Verantwortlich-keit	Motivationsver-lust, Konfliktver-dichtung	Einschränkung de-zentraler Flexibilität
Professionalität	Fachkompetenz	Fachkompetenz	Betriebsblindheit	„Expertokratie"

Quelle: Seibel 1986

Seibel kann so zeigen, dass Entbürokratisierung selbstverständlich nicht nur positive Effekte hat, sondern Risiken und Chancen, für den Staat oder präziser für die Politik, aber auch für Bürgerinnen und Bürger beinhaltet. Für die Entbürokratisierungskommissionen der siebziger und achtziger Jahre sieht er im Ergebnis Vorteile am ehesten beim „großen Publikum", also bei organisierten Interessen und Unternehmen, und weniger beim „kleinen Publikum" der einzelnen öffentlichen Klienten und Kunden. Offenbar ist dies auch die zentrale Stoßrichtung der aktuellen Kampagne des Bürokratieabbaus. Es ist aber ohnehin fraglich, inwieweit die „normalen" Bürgerinnen und Bürger derzeit wirklich unter der klassischen Bürokratie leiden, jenseits aller Vorurteile und Stereotypen, insbesondere, wenn man davon ausgeht, dass dieser „normale Bürger" durchschnittlich nur ca. zwei bis drei Behördenkontakte jährlich aufweisen kann. Außer in bestimmten „Lebenslagen" (Umzug, Autokauf, Hausbau) ist die Bürokratie vor allem Ansprechpartner bestimmter ausgewählter Gruppen (vor allem der sozial Schwachen) und tatsächlich vor allem des „großen Publikums" der Unternehmen und Freiberufler.

4.2 Bürokratie in Deutschland: Strukturen der Aufbauorganisation

Im Folgenden soll es darum gehen zu skizzieren, inwieweit öffentliche Organisationen in Deutschland tatsächlich dem bürokratischen Idealtypus entsprechen und wo sie ggf. warum von diesem abweichen. Dazu werden die beiden klassischen Bereiche Ministerien und Kommunalverwaltung betrachtet.

4.2.1 Organisation der Ministerien

4.2.1.1 Aufbau- und Ablauforganisation

Ministerien unterstützen einerseits die Regierungstätigkeit, indem sie politische Entscheidungen des Ministers oder der Ministerin vorbereiten, andererseits sind sie als oberste Bundes- oder Landesbehörden auch an der Durchführung der Gesetze, der Implementation von Politik beteiligt, in ihnen wird also regiert und verwaltet. Während Landesministerien vor allem in Ländern ohne Mittelinstanz

Aufgaben der Ministerien

auch vielfältige Vollzugsaufgaben wahrnehmen, bedienen sich die Bundesministerien im Wesentlichen der nachgeordneten Bundesbehörden – wenn der Bund überhaupt in die Implementation seiner Gesetze eingebunden ist (siehe 3.2). Zu den Aufgaben der Ministerien gehören neben diesen Vollzugsaufgaben, also der Steuerung und Überwachung nachgeordneter Behörden und des Gesetzes- und Haushaltsvollzugs, auch eine Reihe für die Politik wichtiger Hilfsaufgaben wie die Beantwortung parlamentarischer Anfragen, die Vorbereitung von Reden und generell die Aufbereitung und Zusammenstellung relevanter Informationen. Zentrale Aufgabe der Ministerien ist aber die Programmentwicklung, also der Entwurf und, vor allem, die Novellierung von Gesetzen, die Entwicklung von Rechtsverordnungen und Verwaltungsvorschriften, die Aufstellung des jeweiligen Haushalts und generell die Entwicklung und Planung neuer *Policies.*[52]

Aufbau der Ministerien

Im Prinzip sind *Ministerien* im Wesentlichen einheitlich und nach bürokratischen Merkmalen aufgebaut. Im Folgenden wird dies anhand der Bundesministerien erläutert; Landesministerien weisen die gleichen Merkmale auf, sind allerdings kleiner und verfügen i.d.R. z.B. nicht über parlamentarische Staatssekretäre:

– An der Spitze des Ministeriums steht der politisch ernannte *Minister* oder die *Ministerin*. Diese sind keine Beamte, nach dem Grundgesetz dürfen sie auch keine weitere berufliche Tätigkeit ausüben.
– Jedem Minister sind (auf Bundesebene) ein oder zwei *parlamentarische Staatssekretäre* zugeordnet, die den Minister bei der Erfüllung der Regierungsaufgaben insbesondere hinsichtlich der Verbindung zum Bundestag und Bundesrat unterstützen und hier auch vertreten. Auch die parlamentarischen Staatssekretäre sind keine Beamten, sondern es handelt sich, wie der Name schon sagt, um Mitglieder des Parlaments. Mit dem Rücktritt des Ministers scheiden auch sie aus.
– An der Spitze jedes Ministeriums stehen ein oder mehrere *beamtete Staatssekretäre*, die den Minister nach innen in der Leitung der Ressorts unterstützen und als Behördenchefs die Dienstvorgesetzten der Mitarbeiter sind.
– Als *Stabseinrichtungen* für die Leitung gibt es Ministerbüros mit persönlichen Referenten und Pressestellen, gelegentlich auch Stäbe für besondere Aufgaben (etwa in der 13. Legislaturperiode im BMI die „Stabstelle Moderner Staat – Moderne Verwaltung").
– Die Ministerien gliedern sich in *Abteilungen, Unterabteilungen* und *Referate*. Diese werden von Ministerialdirektoren, Ministerialdirigenten sowie in den Referaten von Minsterialräten geleitet.

Im Kern sind Ministerien bürokratisch organisiert

Auf den ersten Blick weisen Ministerien damit alle Merkmale einer klassischen bürokratischen Organisation auf, insbesondere starke Arbeitsteilung, hierarchische Kommunikation in einem Einliniensystem und Professionalisierung. Die Basiseinheit der Ministerien, in denen die vielfältigen Aufgaben wahrgenommen werden, sind die Referate. Die Vielzahl von Referaten, insbesondere von sogenannten „Kleinstreferaten" mit nur wenigen Mitarbeitern, wird seit vielen Jahren kritisiert, weil die übergroße Spezialisierung übergreifende Problemsichten eher erschwert und dem Mechanismus der negativen Koordination Vorschub leistet.

---

52 Die umfassendste Studie über die deutsche Ministerialverwaltung, die im Gefolge der Projektgruppe Regierungs- und Verwaltungsreform entstand, liegt leider nur auf English vor, Mayntz/Scharpf 1975, siehe auch dies. 1973.

Insgesamt verfügen die Bundesministerien derzeit über ca. 1000 Referate, ca. 210 Unterabteilungen und 110 Abteilungen.

Abbildung 33: Aufbau eines Ministeriums

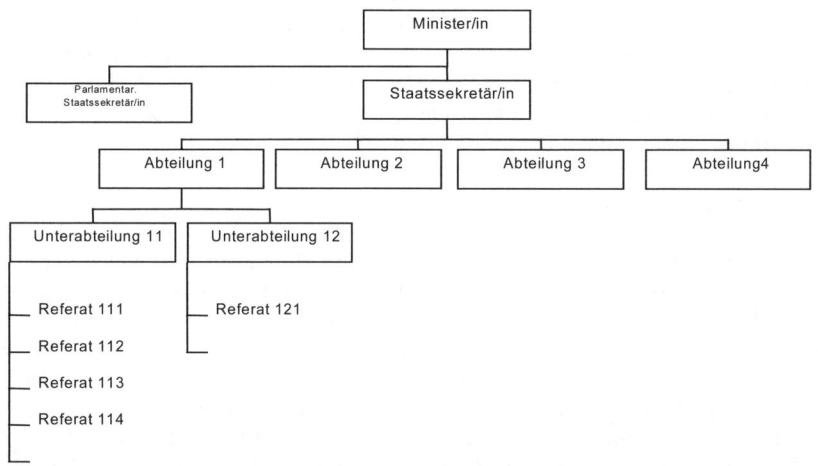

Die vorherrschende Programmformulierung in den Ministerien ist bereits in den siebziger Jahren von Mayntz/Scharpf (1973) als „reaktive Politik" kritisiert worden, die vor allem heteronom, d.h. von äußeren Einflüssen und durch bürokratische Strukturen beeinflusst und daher in ihrer Reichweite und Zielsetzung als begrenzt, kurzfristig und umweltanpassend zu charakterisieren sei. Demgegenüber formulierten sie den Anspruch einer „aktiven Politik", d.h. einer politik- und leitungsbestimmten Programmformulierung, die eine umfassende, längerfristige und umweltverändernde Politik unterstützen sollte. Von den in diesem Zusammenhang von der Projektgruppe Regierungs- und Verwaltungsreform vorgeschlagenen Veränderungen der klassisch-bürokratischen Strukturen wurden nur wenige umgesetzt (vgl. Müller 1977), immerhin weisen unsere Ministerien aber gelegentlich auch andere als typisch-bürokratische Strukturen auf.

Auf die Bedeutung von *Stäben*, also Organisationseinheiten, die nicht in der hierarchischen Linie stehen und der Leitungsebene direkt zugeordnet sind, wurde bereits hingewiesen. Allerdings haben sich die von der Projektgruppe vorgeschlagenen umfassenden Planungsstäbe nicht durchgesetzt; heute findet man Stäbe in aller Regel nur zur direkten Unterstützung des Ministers oder für begrenzte besondere Aufgaben (s.o.). Dies hat sicherlich auch etwas mit den durch Stäben hervorgerufenen Konflikten in Organisationen zu tun. Überspitzt gesagt werfen Stäbe Linienorganisationen vor, sie seien „Fachidioten" und nicht in der Lage, ihre Aufgaben in einen größeren Zusammenhang einzuordnen, während wiederum die Fachleute in der Linie den Stäben vorwerfen, sie würden sich kontinuierlich besserwisserisch in Angelegenheiten einmischen, in denen sie über keinerlei Kompetenz verfügten.

Aus diesen Gründen sind auch andere Organisationsformen, etwa eine professionell-teamartige Organisation mit einer weniger starren Festlegung des Aufgaben- und Verantwortungsbereichs einzelner Mitarbeiter und einer eher netzwerkartigen Kommunikations- und Kontrollstruktur, z.B. in *Projektgruppen,* in der Ministerialbürokratie äußerst selten. Das gleiche gilt für Formen der Matrix- oder Mehrlinienorganisation, in denen Einheiten gleichzeitig zweien oder

131

sogar mehreren Einheiten untergeordnet werden. Solche Organisationsformen sind nicht ausgeschlossen, aber sie sind der klassischen bürokratischen Einlinienorganisation mit eindeutigen Kommunikations- und Kontrollstrukturen fremd.

Aus den gleichen Gründen, d.h. klare Zurechenbarkeit und Verantwortlichkeit, dominiert auch in der Ministerialbürokatie Aktenmäßigkeit und Schriftlichkeit. Die Art und Weise der Aufgabenerledigung, insbesondere auch die Formen der Koordination und der Kontakte nach außen, ist in einer Gemeinsamen Geschäftsordnung der Bundesministerien (GGO) schriftlich fixiert, die zwar in den letzten Jahren vereinfacht und abgespeckt wurde, aber die klassische bürokratische Ablauforganisation nicht infrage stellt.

4.2.1.2 Bonn-Berlin

Doppelter Regierungssitz

Eine Besonderheit der Ministerialverwaltung des Bundes ist schließlich der doppelte Regierungssitz in Berlin und Bonn (vgl. Jann/Wewer 1998). Dieser ist eine Folge des Beschlusses des deutschen Bundestages vom Juni 1991 für Berlin als Bundeshauptstadt und für Bonn als Bundesstadt. Die wichtigsten Entscheidungen in diesem Zusammenhang, nämlich die Festlegung des sog. Kombinationsmodells mit Bundesministerien zukünftig sowohl in Berlin wie in Bonn und der Beschluss, welche Bundesministerien mittelfristig nach Berlin gehen und welche in Bonn verbleiben sollten, wurden bereits im gleichen Jahr im Bundeskabinett gefasst und war durch politische Kompromisse mit der beteiligten Region (Bonn, NRW) und den Beschäftigten des Bundes geprägt.

Eckpunkte des Berlin-Bonn-Gesetzes

Allerdings dauerte es bis zum April 1994, bis diese Eckpunkte im sog. Berlin/Bonn-Gesetz festgeschrieben wurden. Dazu gehören die Sicherstellung einer „dauerhaften und fairen Arbeitsteilung zwischen der Bundeshauptstadt Berlin und der Bundesstadt Bonn", die Ansiedlung des „Kernbereichs der Regierungsfunktionen" in Berlin, „Erhalt und Förderung politischer Funktionen" in Bonn in den Politikbereichen Bildung und Wissenschaft, Forschung und Technologie, Telekommunikation, Umwelt und Gesundheit, Ernährung, Landwirtschaft und Forsten, Entwicklungspolitik, Verteidigung, Kompensation für Bonn und für die Mitarbeiter in Bonn, Bundesministerien in beiden Städten; Dienstsitze aller Ministerien in beiden Städten, Bewahrung des „größten Teils der Arbeitsplätze der Bundesministerien in der Bundesstadt Bonn".

Bereits 1992 hatte das Bundeskabinett beschlossen und dem Bundestag mitgeteilt, dass etwa zwei Drittel der Arbeitsplätze der Ministerien in Bonn verbleiben sollten. Gleichzeitig sollten alle Ministerien Dienstsitze in beiden Städten unterhalten, wobei die Berliner Dienstsitze der Bonn-Ministerien etwa 10% des Personalbestandes der Ministerien umfassen sollten. Diese Festschreibungen des Regierungsumzuges, insbesondere das sog. „Kombinationsmodell", wurden von Beginn an kritisiert, weil es u.a. zu einer erschwerten Koordination und Kommunikation zwischen und sogar innerhalb der Ministerien, zu sub-optimaler Kommunikation zwischen Parlament und Regierung, zu einer Duplikation von Funktionen in Berlin und Bonn, zu umfangreicher, unnotwendiger Reisetätigkeit, zu größerer Distanz zwischen politischer Führung und Mitarbeitern, zu einer Zwei-Klassengesellschaft wichtigerer (Berlin-) und unwichtigerer (Bonn-)Ministerien und schließlich auf längere Sicht zur „Rutschbahn" sämtlicher Ministerien von Bonn nach Berlin führen werde.

Nachdem der Regierungsumzug im Sommer 1999 durchgeführt wurde ist es tatsächlich zu einer schnellen Verlagerung aller wichtigen Regierungsfunktionen nach Berlin gekommen. Von Beginn an haben Ressortchefs der sog. Bonn-Ministerien erklärt, dass die vorgesehenen 10% Beschäftigte in Berlin nicht ausreichen und haben begonnen, größere Teile der Ministerien nach Berlin zu verlagern. So verwundert es auch nicht, dass Ende 2002 noch 11.700 Mitarbeiter in Bonn arbeiten und bereits 8.700 in Berlin. Insgesamt gibt es kontinuierliche Forderungen, diese Doppelstrukturen aufzulösen und sämtliche Ministerien nach Berlin zu verlagern, was aber bisher aus regionaler Rücksicht nicht aufgegriffen wurde.

4.2.2 Organisation der Kommunalverwaltung

Kreise und Gemeinden verfügen im Rahmen der landesrechtlichen Bestimmungen über die *Organisationshoheit* in ihrem Gebiet, d.h. sie verfügen über das Recht auf eigenverantwortliche Gestaltung ihrer internen Organisation. Dies umfasst sowohl die Wahl der Organe, die Organisation der gemeindlichen eigenen Verwaltung und die Regelung der „inneren Verfassung" der Gemeinde durch Erlass der Hauptsatzung und der Geschäftsordnung. Die Organisationsgewalt über die gemeindliche Verwaltung gilt sowohl für Selbstverwaltungsaufgaben als auch für Auftragsangelegenheiten. Dabei ist der Bürgermeister als Verwaltungschef verantwortlich für die Leitung und Verteilung des Geschäftsgangs der gesamten Verwaltung (z.B. § 53, 1 GO NW). Er ist Dienstvorgesetzter der Wahlbeamten, Beamten, Angestellten und Arbeiter. Disziplinarvorgesetzter ist allerdings die Aufsichtsbehörde. Der Bürgermeister verfügt damit über das *Organisationsrecht*, in das die Gemeindevertretung nur in gesetzlich geregelten Ausnahmefällen eingreifen darf, wie bei der Regelung der Geschäftsbereiche der Beigeordneten. Der Bürgermeister kann selbständig einen Geschäfts- und Organisationsverteilungsplan erlassen und durch Einzelanweisungen die Geschäfte auf die Verwaltungsmitarbeiter verteilen.

Der hauptamtliche Bürgermeister ist kommunaler Wahlbeamter.[53] Er ist verantwortlich für die Leitung und die Beaufsichtigung des Geschäftsganges der gesamten Verwaltung, die Leitung und Verteilung der Geschäfte und bereitet die Beschlüsse der Gemeindevertretung, der Bezirksvertretungen und der Ausschüsse vor. Zudem verfügt er über eine Beanstandungspflicht, wenn er der Meinung ist, dass gegen geltendes Recht verstoßen wird. Hier gibt es eine aufschiebende Wirkung und die Aufsichtsbehörde entscheidet. Der hauptamtliche Bürgermeister hat weiterhin ein Widerspruchsrecht mit aufschiebender Wirkung gegenüber Ratsbeschlüssen, die seiner Meinung nach das Wohl der Gemeinde gefährden. Dieser Beschluss muss dann noch einmal im Rat behandelt werden. Ein weiterer Widerspruch ist unzulässig.

Hauptamtlicher Bürgermeister als Verwaltungschef

Bei der Darstellung der inneren Organisation der Gemeinden kann ebenfalls zwischen der Aufbauorganisation und dem Ablauf des Verwaltungshandelns unterschieden werden. Die Aufbauorganisation in Kommunalverwaltungen orientiert sich weitgehend einheitlich in Gemeinden aller Größenklassen und Länder an dem schon in den 50er Jahren entwickelten, aber mehrfach neueren Entwicklungen angepassten Verwaltungsgliederungsplan der Kommunalen Gemeinschaftsstelle (KGSt).

Aufbauorganisation

---

53 Gegenüber dem früheren ehrenamtlichen Bürgermeister, der in Großstädten eine Aufwandsentsschädigung von ca. 30.000 Euro erhielt, verfügt der hauptamtliche Bürgermeister nun über ein jährliches Einkommen von ca. 110.000 Euro. Allerdings liegt zum Vergleich dazu das Einkommen des Vorstandssprechers von städtischen Versorgungsunternehmen mitunter bei fast 260.000 Euro.

Abbildung 34: Verwaltungsgliederungsplan der KGSt[54]

1 Allgemeine Verwaltung	2 Finanzverwaltung	3 Rechts-, Sicherheits- und Ordnungsverwaltung	4 Schul- und Kultur-Verwaltung	5 Sozial-, Jugend- u. Gesundheitsverwaltung	6 Bauverwaltung	7 Verwaltung für öffentliche Einrichtungen	8 Verwaltung für Wirtschaft und Verkehr
10 Hauptamt	20 Kämmerei	30 Rechtsamt	40 Schulverwaltungsamt	50 Sozialamt	60 Bauverwaltungsamt	70 Stadtreinigungsamt	80 Amt für Wirtschafts- und Verkehrsförderung
11 Personalamt	21 Kasse	31 nicht besetzt	41 Kulturamt	51 Jugendamt	61 Stadtplanungsamt	71 Schlacht- und Viehhof	81 Eigenbetriebe
12 Statistisches Amt	22 Steueramt	32 Ordnungsamt	42 Bibliothek	52 Sportamt	62 Vermessungs- und Katasteramt	72 Marktamt	82 Forstamt
13 Presseamt	23 Liegenschaftsamt	33 Einwohner- u. Meldeamt	43 Volkshochschule	53 Gesundheitsamt	63 Bauordnungsamt		
14 Rechnungsprüfungsamt	24 Amt für Verteidigungslasten	34 Standesamt	44 Musikschule	54 Krankenhäuser	64 Wohnungsförderungsamt		
		35 Versicherungsamt	45 Museum	55 Ausgleichsamt	65 Hochbauamt		
		36 nicht besetzt	46 Theater		66 Tiefbauamt		
		37 Feuerwehr	47 Archiv		67 Grünflächenamt		
		38 Zivilschutzamt					

54 In kleineren Kommunen gibt es nicht so starke Ausdifferenzierungen.

134

Wie unschwer zu erkennen ist, ist auch die Kommunalverwaltung hochgradig arbeitsteilig organisiert und stark hierarchisiert. Die zentrale organisatorische Gliederungsgröße ist das Amt. Die Ämter sind die den Vollzug der kommunalen Aufgaben tragenden Organisationseinheiten, die nach außen hin selbständig in Erscheinung treten. Die Amtsleiter haben die Fach- und Dienstaufsicht gegenüber ihren Mitarbeitern und verfügen damit über erhebliche Machtpotenziale.

Der Gliederungsplan ordnet die Ämter acht Aufgabenhauptgruppen zu. Diese unter fachlichen Gesichtspunkten gebildete Systematik ist die Basis für den organisatorischen Aufbau der Verwaltung. Unter diesen Hauptaufgabengruppen werden die Ämter der Verwaltung nach der Zuständigkeit aufgeteilt und zwar mit Hilfe zweistelliger arabischer Zahlen. Die Ämter sind dann noch weiter aufgegliedert in Abteilungen (dreistellig) und Sachgebiete (vierstellig). Insgesamt sind folgende Arbeitseinheiten von unten nach oben zu unterscheiden: Stelle, Sacharbeitsgruppe, Sachgebiet, Abteilung, Amt, Dezernat. Eine Ausnahme von der fachlichen Gliederung bilden die Querschnittsämter, deren Aufgaben darin bestehen, das Funktionieren der Verwaltung sicherzustellen. Die wichtigsten Querschnittsämter sind das Hauptamt, das Personalamt und die Kämmerei.

Einzelne Abweichungen von diesem Gliederungsplan sind in der Regel ortsbedingten Umständen geschuldet, insbesondere in den kreisfreien Städten sind die Abweichungen jedoch marginal. Die Zahl der Ämter hängt vor allem von der Größe der Stadtverwaltung ab. So gab es z.B. in der größten Stadt NRWs, in Köln mit über 1 Mio. Einwohnern Anfang 1995 56 Ämter, und in der Gemeinde Rödinghausen (8.000 Einwohner) im Kreis Herford nur acht Ämter. Die Stadtverwaltung Köln verfügte damals über 23.700 Mitarbeiter und die Gemeinde Rödinghausen über 82 Mitarbeiter.

Der Gliederungsplan sagt aber noch nichts über die politischen und administrativen Zuständigkeiten innerhalb der Verwaltung aus. Hier ist in der Regel der Dezernatsverteilungsplan aufschlussreicher. Er ordnet einzelne Verwaltungsbereiche den jeweils zuständigen Beigeordneten zu. Dezernate sind also Geschäftsbereiche der Beigeordneten, die von der Gemeindevertretung für eine bestimmte Zeit (z.B. acht Jahre) gewählt sind. Über die Zahl der Beigeordneten und den Dezernatsverteilungsplan entscheidet ebenfalls die Gemeindevertretung innerhalb des von der Gemeindeordnung vorgegebenen Rahmens. Der Zuschnitt und die Anzahl der Dezernate ist deshalb oft politisch motiviert oder an den Kenntnissen des Dezernenten orientiert. In den kreisfreien Städten in NRW gibt es minimal vier, maximal 11 Beigeordnete (Schulenburg 1999, S. 47). Die Dezernenten sind die direkten (Pfeifer 1995, S. 50) Vorgesetzten der Amtsleiter. Gemeinsam mit dem Bürgermeister bilden die Beigeordneten hier die Verwaltungskonferenz, welche in der Regel einmal die Woche tagt, und in der alle grundlegenden Angelegenheiten der Stadtverwaltung entschieden werden.

Im letzten Jahrzehnt hat sich einiges im Organisationsaufbau der Kommunalverwaltungen geändert, so dass man nicht mehr flächendeckend von der Gültigkeit des KGSt-Organisationsmodells und der eben dargestellten Hierarchieebenen ausgehen kann. Vor allem in vielen Mittel- und Großstädten sind im Zuge des NPM neue Organisationsformen (Fachbereiche) geschaffen worden, ohne dass bisher ein neues halbwegs einheitliches Organisationsmodell zu erkennen wäre (vgl. Kapitel 5.2.3 und Bogumil/Naschold 2000).

Zusammenfassend ist trotz aller Reformen der letzten Jahre davon auszugehen, dass sowohl im Bereich der Ministerial- wie der Kommunalverwaltung noch immer die klassischen bürokratischen Merkmale der strikten Arbeitstei-

Gliederungsplan

Veränderungen durch NPM

lung, der hierarchischen Kommunikation und Kontrolle sowie der Aktenmäßigkeit und Professionalität gelten und dass dies auch für den weitaus größten Teil der diesen Behörden nachgeordneten Organisationen gilt.

4.2.3 Begriffe der Aufbauorganisation

Abschließend soll kurz noch einmal die Begrifflichkeit der unterschiedlichen Aufbauorganisationen zusammengefasst werden, denn entgegen der Vorstellung, in der juristisch geprägten Verwaltung seien Begriffe eindeutig besetzt, herrscht einige Verwirrung in der deutschen Verwaltungssprache. „Abteilung" ist die oberste Organisationsebene in Ministerien, aber eine eher untergeordnete Ebene in der Kommunalverwaltung. „Dezernate" in Bezirksregierungen entsprechen Referaten auf Ministerialebene. Vor allem aber die Bezeichnung „Amt" verfügt in der Verwaltung über noch viel mehr sehr unterschiedliche Bedeutungen (das Verwaltungslexikon Eichhorn u.a. 2003 enthält auf über sechs Seiten beinahe 50 Stichworte zu diesem Thema). Z.B. ist ein Amt

– nach dem Dezernat die oberste Organisationsebene in der Kommunalverwaltung (z.B. Einwohnermeldeamt, Rechtsamt),
– eine Verwaltungsgemeinschaft von Gemeinden (z.B. in Schleswig-Holstein und Brandenburg),
– im Dienstrecht die Bezeichnung der Übertragung einer funktionsgebundenen Aufgabe an eine Person, die dann ein Amt innehat und eine Amtsbezeichnung führen darf (z.B. Präsident des Umweltbundesamtes, Staatssekretär, Abteilungsleiter, Professor), und schließlich
– die Bezeichnung bestimmter staatlicher Behörden (sowohl auf der oberen Ebene, etwa Umweltbundesamt, Bundeskriminalamt, wie auf der unteren Ebene, Amt für Agrarordnung, Gesundheitsamt, siehe auch Arbeitsamt oder Finanzamt).

Wie diese verschiedenen Bezeichnungen systematisch vergleichbar sind, verdeutlicht die folgende Abbildung:

Abbildung 35: Aufbauorganisation in Ministerien und Kommunen

	Ministerium (Bund und Land)	Kommune (Gemeinde und Kreis)
oberste politische Leitung	Regierungschef (Bundeskanzler, Ministerpräsident)	Verwaltungschef (Bürgermeister, Landrat)
politische Leitung des einzelnen Ressorts	Minister (kein Beamter)	Beigeordneter, Dezernent (Wahlbeamte)
administrative Leitung	(beamteter) Staatssekretär	siehe oben
horizontale Differenzierung nach	Ressort	Dezernat
vertikale Differenzierung nach	– Abteilung – Unterabteilung – Referat	– Dezernat – Amt – Abteilung – Sachgebiet

4.3 Entscheidungen in der Verwaltung

Wenn man die Bedeutung interner Strukturen und Prozesse der Verwaltung analysieren und verstehen will, ist es hilfreich, mit Entscheidungsprozessen zu beginnen. Hier bietet sich wiederum eine Orientierung an dem einfachen Phasen- oder Zyklenmodell (Policy Cycle) der Politikfeld- oder Policy-Forschung an, das die Phasen der Politikformulierung (policy formation), Politikumsetzung oder -durchführung (policy implementation) sowie Bewertung (evaluation) und ggf. Beendigung (termination) unterscheidet (Jann/Wegrich 2003). Ein zentrales Ergebnis der empirischen Verwaltungsforschung besteht darin, gezeigt zu haben, dass öffentliche Verwaltungen oder allgemeiner öffentliche Organisationen, in allen diesen Phasen eine entscheidende Rolle spielen:

– im Bereich der Politikformulierung z.B. bei der Vorbereitung von Gesetzen, Regierungsprogrammen, Plänen und im Budgetprozess, aber auch schon in der Phase des Agenda Setting und der Problemdefinition,
– aber auch während der Implementationsphase, da öffentliche Organisationen nur sehr unvollständig durch Gesetze gesteuert werden können (Grenzen der legislativen Programmsteuerung) und daher bei der Umsetzung über erhebliche Handlungsspielräume verfügen,
– und schließlich auch bei der Evaluation politischer Programme, weil es in erster Linie der Verwaltungsapparat ist, der in der Lage ist, entsprechende Informationen zu generieren und zu analysieren.

Politikformulierung und -durchführung können so als kontinuierlicher Entscheidungsprozess verstanden werden, d.h. in und mit Verwaltungen wird entschieden über die Definition sozialer Wirklichkeit (was ist ein/das Problem?), über politische Ziele und Prioritäten, über Sinn und Zweck, Nutzen und Kosten alternativer Maßnahmen und Programme, über die Rechtsform politischer Programme, ihre Finanzierung, über Zweck- oder Zielprogramme, über jeden einzelnen Schritt der Implementation und schließlich auch über den Erfolg oder Misserfolg politischer Programme oder administrativer Maßnahmen. In jeder Phase des Policy-Cycle wird entschieden, dabei sind nicht einzelne Entscheidungen, der einzelne Auswahlakt des essenzielle Element, sondern der gesamte Entscheidungsprozess determiniert das Ergebnis, den Output.

Im Folgenden soll es darum gehen, einige empirische und theoretische Erkenntnisse der Verwaltungs- und Organisationswissenschaft über diese Prozesse kurz zusammenzufassen. Es soll gefragt werden, wie tatsächlich entschieden wird und welche Bedeutung verwaltungsinterne Strukturen und Prozesse für den Policy-Output des politisch-administrativen Systems haben, also für Politikinhalte und deren Umsetzung.

4.3.1 Politikformulierung und Planung

In der Phase des Agenda Setting, der Problemdefinition und der Politikformulierung geht es im Prinzip um Entscheidungen über zukünftige Aktivitäten: Welche Probleme sollen durch welche Maßnahmen, Instrumente und Programme zukünftig wie bearbeitet werden? Dies ist das klassische Problem der Planung.[55]

---

55 In der Frühphase der westdeutschen Verwaltungsforschung wurden daher Probleme der Politikformulierung und -umsetzung fast ausschließlich unter der Überschrift „Politische Planung" behandelt, siehe etwa Ronge/Schmieg 1973 oder Naschold/Väth 1973.

Planung hat umgangssprachlich und auch wissenschaftlich verschiedene Bedeutungen, aber im Kern geht es jeweils um einen Entwurf, der den Weg zu einem Ziel ebnet (nach lateinisch planum = eben). Kern ist also jeweils die Sicherung vor ungewissen Zukünften durch eine rationale, d.h. Zweck-Mittel-orientierte Zukunftsorientierung. Es geht um „vorausschauendes Setzen von Zielen und gedankliches Vorwegnehmen der ihrer Verwirklichung erforderlichen Verhaltensweisen", oder in der Diktion von Luhmann um „Entscheidungen über künftige Entscheidungen". Nach einer anderen klassischen Definition von Frido Wagener ist Planung der Übergang vom Zufall zum Irrtum. Tatsächlich gehört Planung zum Standardrepertoire der öffentlichen Verwaltung in Deutschland.

4.3.1.1 Planung in der Bundesrepublik Deutschland

In einer ganz groben Systematisierung kann man drei verbreitete öffentliche Planungsarten unterscheiden:

Planungsarten
- In der *Raumplanung* geht es um Festlegungen der zukünftigen Nutzung des knappen Gutes „Raum", also von Flächen oder Grundstücken, z.B. durch kommunale Bauleitplanung und Flächennutzungsplanung, aber auch durch regionale Raumordnungspläne oder etwa durch die Festlegung von Naturschutzgebieten.
- Bei der *Finanzplanung* geht es um Festlegungen, für welche öffentlichen Aktivitäten wann wie viel Geld bereitgestellt werden soll und kann. Das zentrale Instrument ist hier das jährliche Budget (auf allen Ebenen der Verwaltung und nicht zuletzt für jede einzelne öffentliche Organisation), aber es gibt zumindest auch Versuche längerfristiger Finanzplanungen, etwa „mifrifi" (mittelfristige Finanzplanung).
- Daneben gibt es in zahlreichen Sektoren und Ressorts der Verwaltung *Fachplanungen*, also etwa Hochschulentwicklungspläne, Krankenhausbedarfspläne, Seniorenpläne, Frauenförderpläne.

Offensichtlich wäre es sinnvoll und hilfreich, wenn alle diese Pläne – im Sinne positiver Koordination – kontinuierlich aufeinander abgestimmt und miteinander koordiniert wären. Dies ist insbesondere in den sechziger und siebziger Jahren unter der Überschrift *integrierte Entwicklungsplanung* diskutiert und versucht worden. Die Erfahrungen mit diesem Instrument sind allerdings eher ernüchternd. Eine wirkliche integrierte Entwicklungsplanung, in der alle relevanten Raum-, Finanz- und Fachplanungen für einen längeren Zeitraum aufeinander abgestimmt werden, gibt es allenfalls für kleinere Entwicklungsgebiete. Ansonsten überfordert eine solche Planung sowohl die Informations- wie die Konfliktlösungskapazitäten unseres politisch-administrativen Systems (siehe oben unter Koordination).

Eine zweite Systematisierung unterscheidet Planungsarten nach dem Grad ihrer Verbindlichkeit, also

- *Aufgabenplanung*, in der allgemeine Aufgaben einer Organisation oder eines Politikfeldes definiert werden (etwa das Regierungsprogramm zu Beginn einer Legislaturperiode);
- *Programmplanung*, bei der bestimmte umfangreiche staatliche Vorhaben festgelegt werden (etwa im Bundesverkehrswegeplan);

– *Projektplanung*, in der die Durchführung spezifischer Projekte programmiert wird (etwa die Trassierung einer Autobahn oder der Ausbau bestimmter Forschungsschwerpunkte), und schließlich
– *Maßnahmenplanung*, bei der eine einzelne Maßnahme im Detail „durchgeplant" wird (etwa der Bau einer einzelnen Brücke oder die Festlegung eines bestimmten Schutzgebietes).

Im Prinzip kann man öffentliche Planungen also nach dem Grad der Konkretisierung von materiellen (Zielen), zeitlichen, räumlichen und finanziellen Festlegungen unterscheiden. Für die Verwaltungsforschung ist in diesem Zusammenhang relevant, wie diese Pläne und Entscheidungen zu Stande kommen durch welche verwaltungsinternen und -externen Strukturen und Prozesse sie beeinflusst werden.

4.3.1.2 Rationale Entscheidungstheorien und begrenzte Rationalität

Die klassische Entscheidungstheorie hat ein klares normatives Bild von rationalen (Planungs-) Entscheidungen, die etwas nach folgendem Schema ablaufen sollten:

– Definition und Analyse der zu lösenden Probleme,   Rationale Planung
– Definition der zu erreichenden Ziele,
– Suche nach möglichen Alternativen der Zielerreichung (Mittel-Zweck-Analyse),
– Analyse der jeweiligen Kosten und Nutzen verschiedener Alternativen (einschließlich der wahrscheinlichen Effektivität der Problemlösung),
– vergleichende Analyse der Alternativen sowie
– Auswahl der besten Alternative zur Erreichung der festgelegten Ziele.

So, oder so ähnlich, sollte rational entschieden werden. Leider ist aber ein zentrales Ergebnis der modernen Organisationsforschung, dass dieses normative Modell fast immer unrealistisch ist. Von zentraler Bedeutung ist in diesem Zusammenhang das Konzept der „begrenzten Rationalität", der *bounded rationality* des Nobelpreisträgers Herbert A. Simon (vgl. hierzu ausführlich Bogumil/ Schmid 2001, Kapitel 2).

Herbert A. Simon (geboren 1916) war Wirtschafts- und Verwaltungswissenschaftler und in beiden Bereichen sehr erfolgreich. Er gilt als eigentlicher Begründer der verhaltenswissenschaftlichen Entscheidungstheorie. 1978 erhielt er den Nobelpreis für Wirtschaftswissenschaften für seine mathematisch hochkompetenten Beiträge zur Theorie und Computertechnologie rationaler Problemlösungsverfahren. In der Organisationstheorie wurde er berühmt durch seine Kritik des unrealistischen Nutzenmaximierungsmodells der Mikroökonomie und sein Modell der „bounded rationality". Eines seiner Vorbilder war Barnard, der auch ein Vorwort zu Simons Dissertation „Administrative Behavior" von 1945 schrieb.

Für Simon war die anwendungsorientierte Erforschung von Verwaltungssystemen nur auf der Grundlage entscheidungstheoretischer Analyse des Verwaltungshandelns möglich. Ausgangspunkt seiner Auseinandersetzung mit Organisationsproblemen war die öffentliche Verwaltung, wie dem Vorwort seiner Dissertation zu entnehmen ist:

„Diese Studie soll Handwerkszeug für die Wissenschaft von der öffentlichen Verwaltung bereitstellen. Sie ist aus der Überzeugung entstanden, dass uns in diesem Bereich noch die angemessenen sprachlichen und begrifflichen Mittel fehlen, um Wesen und Bedeutung selbst einer einfachen Verwaltungsorganisation in einer Weise zu erfassen, die als Grundlage für die wissenschaftliche Beurteilung der Tauglichkeit ihrer Struktur und Arbeitsweise dienen kann" (Simon 1955, S. X).

Ähnlich wie Barnard zielt Simon aber letztlich auf eine allgemeine Organisationstheorie, die sich allerdings primär auf den Verwaltungsbereich von Organisationen bezieht (administrative organization). Da er streng naturwissenschaftlich ausgebildet war – und heute würde man vielleicht salopp sagen, einer der ersten „Computerfreaks" – hoffte er auf heuristische Problemlösungsprogramme zur Lösung von Managementproblemen, während Barnard auf die intuitiven Fähigkeiten des Managers setzte. Simon arbeitete schon in den frühen 50er-Jahren an Problemlösungsprogrammen zur Simulation künstlicher Intelligenz mit dem Ziel, die Entscheidungskunst des Managements durch computergestützte Technik zu ersetzen.

Bounded rationality — Nach Simon beabsichtigen Akteure durchaus rational zu entscheiden und zu planen, können dieses Ziel aber nie erreichen, weil unser Wissen und unsere Kapazität, Informationen zu verarbeiten, begrenzt sind. Individuen und Organisationen haben daher Erkenntnisgrenzen, wenn es darum geht

–   klare Ziele zu formulieren und zu ordnen, denn unser Wissen über die Bedingungen, die die Konsequenzen von Entscheidungsalternativen beeinflussen, ist immer fragmentarisch;[56]
–   einen Überblick über mögliche Handlungsalternativen und deren Konsequenzen zu erhalten;
–   Handlungsalternativen zueinander und zu Zielsetzungen zuzuordnen und zu bewerten;
–   und zu beeinflussen oder zu kontrollieren – oder auch nur vorherzusagen –, was andere potentielle Akteure unter unterschiedlichen Bedingungen unternehmen werden.

Satisficing — Reale Menschen oder Organisationen sind nach Simon also keine Optimierer oder Maximierer, sondern *Satisficer*, sie suchen nur so lange nach Alternativen, bis sie eine Lösung gefunden haben, die „gut genug", *good enough* erscheint.

4.3.1.3 Inkrementalismus und Durchwursteln

Inkrementalismus — Genau dies ist auch der Ausgangspunkt der Lehre vom Inkrementalismus oder vom „Sich-Durchwursteln" (*muddling through*), wie sie sich selbstironisch bezeichnet. Sie möchte in erster Linie realistisch beschreiben und erklären, wie politisch-administrative Systeme handeln und entscheiden, dabei wird zwischen den beiden Elementen Regierung und Verwaltung nicht weiter differenziert. Untersuchungsgegenstand ist die „Administration". Politik ist nach dieser Auffassung ein kontinuierlicher Prozess der Problemlösung. Diese Aufgabe muss von der jeweiligen Administration erfüllt werden. Zentrale Fragestellung ist daher: Wie werden politische Entscheidungen getroffen und wie sollten sie sinnvollerweise getroffen werden?

Ansatzpunkt der Argumentation ist auch hier die Auseinandersetzung mit einem rationalen oder synoptischen Modell der Entscheidungsfindung, wie es z.B. von Anhängern umfassender, langfristiger Planung vorgeschlagen wird. Charles E. Lindblom, der bekannteste Vertreter und „Erfinder" der Lehre vom „Sich-Durchwursteln" (vgl. Lindblom 1975 und Braybrooke/Lindblom 1972),

---

56 Das menschliche Wissen und die menschliche Rationalität sind begrenzt, und daher basieren viele Handlungen nicht auf der unmittelbaren Wahrnehmung von Daten und Kausalgesetzen der realen Welt, sondern auf kulturell geformten und sozial konstruierten Überzeugungen (vgl. Scharpf 2000, S. 51).

behauptet dagegen, dass Administrationen nicht, wie im rationalen Modell unterstellt, zunächst Ziele und Zwecke des politischen Handelns genau ermitteln und festlegen, dann sämtliche Strategien (Mittel) zur Erreichung dieser Ziele erarbeiten und schließlich die für das gesetzte Ziel beste oder geeignetste Strategie auswählen (Zweck-Mittel-Abwägung). Eine umfassende, „rationale" Planung in diesem Sinne ist nicht nur unmöglich; es ist auch verfehlt, dieses Modell nur anzustreben. Statt dessen ist für administratives Handeln eine *Strategie der unkoordinierten kleinen Schritte* (*disjointed incrementalism*) bei der Entscheidungsfindung rational und sinnvoll (vgl. zu dieser Darstellung Böhret/Jann/Kronenwett 1979, S. 263, die hier weitgehend übernommen wurde).

Charles E. Lindblom (geb. 1918) promovierte 1945 an der an der University of Chicago in Volkswirtschaft, anschließend wechselte er 1946 an die Yale University, wo er bei seiner Emeritierung 1980 eine Professur für Wirtschafts- und Politikwissenschaft innehatte. Wie auch die Arbeiten von Robert Dahl, Anthony Downs, Thomas Schelling u.a. steht auch Lindbloms Werk an der Schnittstelle zwischen den Wirtschafts- und Sozialwissenschaften. Zum einen behandelt er Fragen der Politikwissenschaft mit dem konzeptionelle Fokus und den Methoden der Wirtschaftswissenschaften, zum anderen bringt er politikwissenschaftliche Standpunkte in die Wirtschaftswissenschaften ein. Wichtige Publikationen Lindbloms sind unter anderem „Unions and Capitalism" (1949); „Politics, Economics and Welfare" (mit R. A. Dahl, 1953), „A Strategy of Decision" (mit D. Braybrooke 1963), „The Intelligence of Democracy" (1965), „Politics and Markets" (1966), „The Policy-Making Process" (1968), „Usable Knowledge" (mit D. K. Cohen, 1979), „Inquiry and Change" (1990) and „The Market System" (2001).

Von bahnbrechender Bedeutung ist jedoch vor allem Lindbloms 1959 veröffentlichter Aufsatz über die „Wissenschaft des Sich-Durchwurstelns" (The Science of Muddling Through), der ihn zu einem der in den Sozialwissenschaften am häufigsten zitierten Autoren machte. Zur Blütezeit politisch-administrativer Planung und des Glaubens an durch immer bessere technische Systeme unterstützte, rationale Entscheidungssysteme zeichnet Charles E. Lindblom ein völlig neues Bild politischer und administrativer Entscheidungsprozesse. Sie seien weniger als planvolle, rationale Problemlösungsaktivitäten zu verstehen sondern vielmehr als das Ergebnis eines sich Durchwurstelns in kleinen, unkoordinierten, inkrementellen Schritten, die bestenfalls in einer schrittweisen Problemlösung mit kleinen Verbesserungen münden. Dieses Modell des „muddling through" versteht Lindblom zum einen deskriptiv als eine Beschreibung tatsächlicher Entscheidungsprozesse, zum anderen aber auch normativ, als die einer Demokratie angemessenen Entscheidungsform, da sie die schrittweise Einbindung verschiedener gesellschaftlicher Interessen erlaube.

Obwohl er als Wirtschaftswissenschaftler dem Markt als politischen Koordinationsmechanismus zunächst aufgeschlossen gegenüber steht, wurde Lindblom im Laufe der Zeit zunehmend skeptischer gegenüber den Leistungen der freien Marktwirtschaft, die durch Machtasymmetrien geprägt sei und somit vor allem große organisierte Interessen bevorzuge. In seinem bisher letzten Buch „The Market System" von 2001 systematisiert er diese Kritik und entwirft Vorschläge einer alternativen Marktwirtschaft.

Jan Tiessen

Der Begriff der *inkrementalen Politik*, der sich auch im Deutschen durchgesetzt hat, bedeutet dabei nach Lindblom:

Was ist inkrementale Politik?

- Politische oder administrative Entscheidungen orientieren sich normalerweise am status quo und streben nur jeweils kleine Verbesserungen an (marginale Veränderungen).
- Dadurch wird eine schrittweise Problemlösung (sequentielle Problemverarbeitung) erreicht. Probleme sollen und können nicht endgültig „gelöst" wer-

den, sondern es wird nach einem angemessenen Fortschritt in einer vermutlich erfolgversprechenden Richtung gesucht.
– Dabei werden nicht adäquate Mittel für feststehende Zwecke gesucht, sondern die Zwecke werden umgekehrt an vorhandene Mittel angepasst. Die wichtigsten Impulse für politische Entscheidungen ergeben sich nicht aus übergeordneten Zielen, sondern aus aktuellen Missständen.

Inkrementale Politik ist weiterhin dadurch charakterisiert, dass sie *„disjointed"*, d.h. unkoordiniert abläuft. Dies bedeutet:

– Problemlösung wird nicht von irgendwelchen Zentren kontrolliert, sondern findet unkoordiniert, durch eine Vielzahl von Entscheidungseinheiten statt, wie dies für hochgradig arbeitsteilige Organisationen typisch ist;
– dadurch werden Interessen und Informationen von verschiedenen Seiten berücksichtigt;
– die Beiträge dieser verschiedensten Entscheidungsträger werden durch einen Prozess der gegenseitigen Anpassung (partisan mutual adjustment) zusammengebracht und ausgeglichen, bei dem keine Entscheidungseinheit andere dominieren oder unterdrücken kann (siehe oben negative Koordination).

Der hier beschriebene Vorgang der politischen Entscheidungsfindung als ein Prozess der permanenten und partiellen Anpassung an veränderte Problemlagen und relevante Interessen ist nach Ansicht Lindbloms das in der politisch-administrativen Realität verbreitete Verhalten. So wie hier beschrieben, handeln Administrationen wirklich.

Das klassische Beispiel für inkrementale Entscheidungen ist der jährliche Budgetprozess, wie ihn der amerikanische Politikwissenschaftler Aaron Wildavsky in einer berühmten Studie über den Budgetprozess in den USA beschrieb (1984, zuerst 1964). Auch beim Budget wird ja nicht jedes Jahr wieder bei politischen Zielen und Handlungsalternativen begonnen, sondern das alte Budget ist Ausgangspunkt der politischen Verhandlungen und wird dann, je nach *„partisan mutual adjustment"* marginal fortgeschrieben. In noch einfacheren Worten kann der Entscheidungsprozess folgendermaßen beschrieben werden: Regierung und Verwaltung werden auf ein Problem aufmerksam und unternehmen etwas. Sie warten, wer daraufhin interveniert. Wenn der Protest zu umfangreich wird, unternehmen sie wiederum etwas, um die Unzufriedenen so gut es geht zu beruhigen, und warten dann wiederum, wer auf diese Anpassung hin klagt, usw. (vgl. zu dieser Beschreibung Cohen 1969).

Vorteile inkrementaler Politik Nach Ansicht Lindbloms ist diese Strategie der unkoordinierten kleinen Schritte des „Sich-Durchwurstelns" nicht nur eine realistische Beschreibung politisch-administrativer Prozesse, sondern das für ein demokratisches System angemessene und sinnvolle Verhalten. Lindblom sieht u.a. folgende Vorteile:

– Die menschliche Entscheidungsfähigkeit und Möglichkeit, Informationen aufzunehmen und zu verarbeiten, wird nicht überfordert: „etwas ‚vernachlässigen', heißt etwas ‚überhaupt erst analysierbar machen'; nach Vollständigkeit zu streben, bedeutet zuweilen, sich ein unbrauchbares Ergebnis einzuhandeln" (Lindblom/Braybrooke 1972, S. 150).
– Weil das Wissen über die Zukunft prinzipiell unsicher ist, ist die schrittweise Veränderung des status quo der sicherste Weg, um Risiken zu vermeiden. Da Veränderungen jeweils nur geringfügig sind, können sie nach dem Prinzip des „Versuch und Irrtum" (trial and error) vorgenommen wer-

142

den. Wenn eine Entscheidung sich als falsch erweist, sie z.B. andere als
die gewünschten Folgen hat, kann sie leicht wieder revidiert werden (vgl.
hierzu auch Karl Poppers Begriff des „piecemeal social engineering"; ders.
1945, S. 139ff.).

– Die durch inkrementales Vorgehen getroffenen Entscheidungen zeichnen
sich dadurch aus, dass sie weitgehend akzeptiert werden, da sie ja nur ge-
ringfügige Änderungen vornehmen und durch den Prozess der gegenseitigen
Anpassung die verschiedensten Interessen berücksichtigen. Daraus folgt aber
auch, dass die Politik richtig ist, denn „Einigung auf eine bestimmte Politik
ist (...) der einzige brauchbare Test für die Richtigkeit einer Politik" (Lindblom 1975, S. 168).

– Schließlich entspricht die inkrementale Politik in idealer Weise einer pluralistischen Gesellschaft. Durch die dezentralisierte Entscheidungsfindung wird
eine Vielzahl der vorhandenen gesellschaftlichen Interessen berücksichtigt
und somit eine gewisse Vollzähligkeit der in der Gesellschaft vorhandenen
Werte erreicht. Inkrementalismus ist daher die dem Pluralismus angemessene Form der Entscheidungsfindung. Ähnlich wie im ökonomischen Markt-
modell entsteht durch die marginalen und unkoordinierten Entscheidungen
der isolierten Entscheidungsträger ein gesellschaftlich optimaler Zustand.

Inkrementale Politik bedeutet dabei nicht, dass auf jegliche Analyse oder Planung
verzichtet wird. Es geht nur darum, den Stellenwert rationaler Analyse in politisch-
administrativen Entscheidungsprozessen realistisch einzuschätzen und einzuordnen. In Anlehnung an Lindblom unterscheidet Wildavsky daher zwei „reine" Modelle „synoptischer" und „inkrementaler" Politik (Wildavsky 1979, S. 114ff.).

Abbildung 36: Modelle synoptischer und inkrementaler Politik

	„reines synoptisches Modell"	„reines inkrementales Modell"
Institution	Plan	Markt Politik
Information	umfassend	begrenzt
Akteure	zentral hierarchisch	dezentral unabhängig
Grundlage	Erkenntnis Analyse	Verhandlung Anpassung
Irrtum	Vermeidung	Korrektur
Kriterium	Richtigkeit	Übereinstimmung

Die klassische Institution synoptischer Entscheidung ist der Plan, der idealtypisch umfassende Information erfordert, die zentral und hierarchisch erhoben
und aggregiert wird. Grundlage „richtiger" Pläne ist die „richtige" Erkenntnis
und umfassende Analyse. Faktische und normative Irrtümer müssen möglichst
vermieden werden, da sie in umfassenden Plänen erhebliche negative Auswirkungen haben. Das Kriterium, ob ein umfassender Plan angenommen werden
sollte, ist daher, ob er „richtig" ist, auf richtiger Erkenntnis basiert.
Synoptisches Modell

Demgegenüber geht es im reinen inkrementalen Modell prinzipiell nur um
begrenzte Information, die dezentral und unabhängig voneinander in vielen Einheiten erhoben und verarbeitet wird. Grundlage inkrementaler Politik sind Verhandlung und Anpassung, Irrtümer können nicht vermieden werden, es geht im
Gegenteil darum, sie möglichst schnell zu machen. Das Kriterium inkrementaler
Inkrementales Modell

Politik ist die Übereinstimmung der beteiligten Akteure, und die typischen Institutionen sind sowohl der Markt wie die Politik.

Wildavsky behauptet nun keinesfalls, dass politisch-administrative Entscheidungsprozesse nur und ausschließlich inkremental ablaufen oder ablaufen sollten. Aber er insistiert, dass diese Prozesse immer aus Interaktionen und Analyse (Erkenntnis) bestehen und dass politische Interaktionen und Verhandeln nicht durch rationale Analyse und Erkenntnis ersetzt werden können und sollen. Als Ergebnis hält er eine Daumenregeln bereit: Das Verhältnis von 1/3 Analyse (Policy Analysis) und 2/3 Interaktion scheint ihm eine sinnvolle und anzustrebende Mischung bei Entscheidungen über staatliche Policies zu sein.

4.3.1.4 Garbage Can

In der gleichen Tradition sog. „nicht-rationaler" Entscheidungstheorien, die allerdings keineswegs behaupten, dass in Politik und Verwaltung irrational entschieden würde, sondern die die Aufmerksamkeit von normativen aber unrealistischen Modellen auf realistische Prozesse und die ihnen innewohnenden Rationalität lenken wollen, steht ein vor allem von James March und Johan P. Olsen entwickeltes Modell, dass sie durchaus selbstironisch Garbage-Can oder auf Deutsch Mülleimer-Modell von Entscheidungen genannt haben (zuerst Cohen/March/Olsen 1972, March/Olsen 1976, vgl. auch Bogumil/Schmid 2000, Kapitel 2).

Entscheidungs-
prozesse in mehr-
deutigen Situationen Ausgangspunkt sind Entscheidungs- und Lernprozesse unter den Bedingungen von Mehrdeutigkeit und Unklarheit (*ambiguity*). Solche Situationen sind durch beschränktes Wissen und Kontroversen sowohl über die zugrunde liegenden Probleme, die zur Lösung geeigneten Technologien und gleichzeitig durch inkonsistente oder sogar unoperationale Zielsysteme gekennzeichnet. Anhand einer klassischen, natürlich stark vereinfachenden Matrix von Thompson/Tuden kann dies verdeutlicht werden (Thompson/Tuden 1959, de Leon 1998):

Abbildung 37: Handeln in mehrdeutigen Situationen

		Ziele	
		klar eindeutig	widersprüchlich konfliktär
Instrumente/ Technologien	sicher	Berechnung Bürokratie Hierarchie	Verhandlung Repräsentation Pluralismus
	unsicher	Beurteilung Kollegium Profession	Abstimmung Netzwerk

Hierarchie In Situationen, in denen sowohl über die zu erreichenden Ziele wie auch über die dafür adäquaten Instrumente und Technologien Einigkeit besteht, also etwa wenn es darum geht, eine Straße zu bauen oder Wohngeld auszuzahlen, sind technokratische, bürokratische und hierarchische Entscheidungsregeln angemessen.

Verhandlung Es gibt aber auch Situationen, in denen zwar klar ist, wie ein Problem zu lösen wäre, aber durchaus nicht, welche Ziele eigentlich verfolgt werden sollen. Ein Beispiel sind typische Verteilungsprobleme, wenn also klar ist, dass etwa die Gesundheitskosten gesenkt werden müssen, aber durchaus kontrovers, wer dafür aufkommen soll (Ärzte, Patienten, Pharmakonzerne, Krankenhäuser). Diese Probleme werden i.d.R. durch Verhandlungen gelöst, in denen die wichtigsten Akteure und Interessen repräsentiert sind. Ein klassisches Beispiel sind Tarifverhandlungen.

Eine ganz andere Situation entsteht, wenn zwar die zu erreichenden Ziele eindeutig und unkontrovers sind, allerdings unklar und kontrovers bleibt, wie diese Ziele zu erreichen wären. Das klassische Beispiel ist hier wiederum die Gesundheit, aber auch Bildung gehört dazu: Wenn wir zum Arzt gehen, wollen wir gesund werden. Wie dies zu erreichen ist, ist aber unklar. Probleme dieser Art werden i.d.R. „professionell" gelöst, d.h. sie werden einer Profession zugewiesen, der man das notwendige Wissen zutraut, die man aber gleichzeitig von den Folgen ihrer Handlungen entlastet und die ggf. kollektiv entscheidet. Ärzte können nur bei schweren Kunstfehlern verklagt werden; Studenten, die bei ihren Hochschullehrern nichts lernen, haben kaum eine Chance sich zu wehren. Bei Entscheidungsbedarf gibt es ein Kollegium von Ärzten oder eine Prüfungskommission von Professoren. Profession

Besonders interessant sind schließlich Situationen, in denen es weder Einigkeit über die Ziele unseres Handelns gibt, noch darüber, was eigentlich zu tun sei und wirksam sein könnte. Genau dies sind die Probleme, die typischerweise der Politik und damit natürlich auch der Verwaltung zugewiesen werden. Über das allgemeine Ziel der Bildungs- und Forschungsförderung besteht noch Einigkeit, aber welche konkreten Ziele dabei vorrangig sind (Förderung der Allgemeinbildung oder der Eliten, Natur- oder Sozialwissenschaften) und wie dies erreicht werden soll (Privatschulen und Privatuniversitäten, Studiengebühren oder mehr staatliches Geld), bleibt kontrovers und unklar.

Genau hier setzt die Garbage-Can Theorie an. Sie behauptet, dass alle nur einigermaßen komplexen Entscheidungsprozesse und Problemlösungen aus vier weitgehend voneinander unabhängigen „Strömungen" (Cohen/March/Olson 1990, S. 333) bestehen: Garbage-Can Theorie

– Lösungen, die nach Problemen suchen, auf die sie angewendet werden könnten (man denke nur an neue Kommunikationstechnologien, Reorganisationsvorschläge, Führungsinformationssysteme u.ä.),
– Teilnehmer, die nach Gelegenheiten suchen, in relevanten Entscheidungsprozessen eine gewichtige Rolle zu spielen,
– Situationen, die es erlauben oder erfordern, Entscheidungen zu treffen oder einen Entscheidungsprozess abzuschließen (z.B. regelmäßige Gelegenheiten wie das jährliche Budget, aber auch unverhoffte Krisen), und schließlich auch
– Probleme, die ganz unabhängig von vorhandenen Lösungen, Aktivisten und Gelegenheiten darauf warten, bearbeitet zu werden.

Diese vier grundlegenden Entscheidungsströme, so diese Theorie, existieren weitgehend unabhängig voneinander, ihre Interaktionen sind stark situationsabhängig und deshalb nur schwer vorhersehbar. Konkrete Entscheidungsprozesse ähneln daher besagtem Mülleimer, in dem die vier Ströme mehr oder wenig zufällig zusammentreffen. Offensichtlich gibt es verschiedene Mülleimer, und welche Lösungen mit welchen Akteuren wann zusammenkommen, hängt u.a. davon ab, welches Etikett die einzelnen Mülleimer tragen (daher die Bedeutung von Organisationsstrukturen).

Kingdon (1995) hat diesen Ansatz auf Prozesse der Politikformulierung übertragen und dabei besonders auf die Gelegenheitsstrukturen, die „*windows of opportunity*" für innovative und kontroverse Entscheidungen verwiesen. Auch windows of opportunity

145

wenn die Garbage-Can Theorie gelegentlich wie eine Karikatur konkreter Entscheidungsprozesse erscheinen mag (damit der Inkrementalismustheorie sehr ähnlich), so lenkt sie doch unsere Aufmerksamkeit auf unbestreitbare Phänomene, wie z.B. darauf, dass in Organisationen keineswegs immer aufgrund rationaler Analysen entschieden wird, sondern dass vorhandene Lösungen, wenn sich die Gelegenheit ergibt, gern auf neue Probleme angewendet werden. So hat die Elbe-Flut im Jahre 2002 dazu geführt, dass zum einen seit langem kontroverse Ausbaupläne von den Gegnern gestoppt, zum anderen vorhandene Pläne zum Ausbau und zur Reorganisation des Katastrophenschutzes endlich durchgesetzt werden konnten (Radunz 2003). Die Vorschläge der Hartz-Kommission waren keineswegs allesamt neu, aber der „Vermittlungsskandal" in der Bundesanstalt für Arbeit schuf ein „window of opportunity", eine einmalige Entscheidungsgelegenheit zur Verbindung seit langem diskutierter Lösungen mit neuen Problemen und vor allem mit wichtigen Akteuren (Weimar 2003, Schmid 2003).

Handeln unter
Unsicherheit und mit
Zielkonflikten

Insgesamt lenken alle diese Theorien unsere Aufmerksamkeit darauf, dass arbeitsteilige, bürokratische Organisationen sehr konfliktär sind, insbesondere gilt dies für öffentliche Organisationen. Sie leben mit permanenter Unsicherheit und immanenten Zielkonflikten. Daher widmen sie sich zu unterschiedlichen Zeiten unterschiedlichen Problemen, gleichzeitig beschäftigen sie sich aber mit widersprüchlichen Zielen in verschiedenen Teilen der Organisation. Während die Verkehrsabteilung versucht, Autobahnen zu bauen, versucht die Umweltabteilung, sie zu verhindern. Öffentliche Organisationen versuchen diese Unsicherheiten aufzufangen und organisatorisch zu verarbeiten, z.B. durch Arbeitsteilung, Regelbindung, Hierarchie und negative Koordination. Um die eigene Informations- und Konfliktlösungskapazität nicht permanent zu überlasten, handeln solche Organisationen wann immer es geht auf der Grundlage von Routine, von *Standard Operating Procedures*, anstelle von gründlicher Analyse, Planung und Prognose. Genau dies ist der tiefere Grund der bekannten bürokratischen Maximen „das haben wir schon immer so gemacht" und „das haben wir noch nie so gemacht".

4.3.1.5 Politikberatung

Politiker werden oft
beraten

Politikberatung ist ein schillernder Begriff. Göttrik Wewer weist in einem lesenswerten Übersichtsartikel (Wewer 2003) darauf hin, dass es kaum eine Berufsgruppe gibt, die ständig so viele gute Ratschläge bekommt wie Politiker: von Parteifreunden, von Journalisten, von Lobbyisten, aus dem Parlament, der Wirtschaft, der Wissenschaft, der Familie, bei Empfängen, auf der Straße, im Taxi, und natürlich auch in Form von Expertisen, Memoranden, Gutachten oder auch Anhörungen und Beiräten. Im Folgenden soll es um offizielle und organisierte Politikberatung gehen, die also von Verbänden, Unternehmen, Kommissionen, Wissenschaftlern, professionellen Beratern und ähnlichen zur Verfügung gestellt wird. Politikberatung spielt im Prozess der Politikformulierung und Entscheidung über zukünftige Policies eine wichtige Rolle, und zunehmend auch im Prozess der Implementation.

Bedeutung der
Politikberatung

Für die Verwaltungswissenschaft ist Politikberatung aus zwei miteinander verbundenen Gründen von Bedeutung. Zum einen ist offenkundig, dass professionelle Bürokratien die wichtigsten Berater der Politik und unserer Politiker sind, denn es ist ihre zentrale Aufgabe, die in unseren extrem arbeitsteiligen und spezialisierten öffentlichen Organisationen vorhandenen umfangreichen Informationen zu filtern, zu verdichten und entscheidungsreif zu präsentieren. Zum

146

Teil produziert der öffentliche Sektor in einer Vielzahl von Forschungsanstalten, Stiftungen etc. eigene wissenschaftliche Politikberatung. Zum anderen ist ein Großteil der normalerweise unter der Überschrift Politikberatung laufenden Aktivitäten in Wirklichkeit Verwaltungsberatung. Die Ergebnisse von Gutachten, Expertenkommissionen, Anhörungen, Enqueten usw. sind in aller Regel so umfangreich und so speziell, dass sie wiederum nur von den Experten in den Verwaltungen im Detail gelesen und verarbeitet werden können, die diese Ergebnisse dann wiederum für die politischen Spitzen aufbereiten. Das ist auch gar nicht zu beklagen, denn das ist ja der Sinn arbeitsteiliger Organisationen.

Politik- und Verwaltungsberatung in diesem Sinne kann nach verschiedenen Kriterien unterschieden werden, z.B.

– wissenschaftlich oder interessengeleitet,
– dauerhaft oder zeitlich begrenzt,
– kommerziell oder gemeinnützig,
– bestellt oder ungefragt usw.

Allerdings zeigt schon eine oberflächliche Betrachtung, dass diese Unterscheidungen alles andere als einfache Dichotomien sind. Welche wissenschaftliche Untersuchung ist vollkommen interessenfrei, und wie sieht es mit wissenschaftlichen Expertisen des Instituts der Deutschen Wirtschaft oder des Öko-Instituts in Freiburg aus? Ist ein Gutachten, weil es von den Gewerkschaften oder dem BUND bestellt und bezahlt wurde, unwissenschaftlich? Sind bei universitären An-Instituten bestellte Gutachten kommerziell oder gemeinnützig, und sagt das etwas über ihre Qualität aus? Idealtypisch lassen sich aufgrund der jeweils vorherrschenden Struktur der *Nachfrage* vier große Felder von Politikberatung unterscheiden (vgl. Wewer 2003, S. 370):

– *Organisationsberatung*, die sich auf die Verbesserung von Abläufen und Strukturen, der Effizienz und Effektivität, von Personal oder Finanzen öffentlicher Organisationen bezieht, z.B. von Verwaltungen, Universitäten, öffentlichen Unternehmen etc. Dies ist eine Domäne der Betriebswirtschaft sowie kommerzieller Managementberater und Beratungsfirmen (man könnte auch von *Management-Beratung* sprechen).   Felder der Politikberatung
– *Fachberatung*, etwa zur Klärung technischer Fragen im Bau- oder Umweltbereich, z.B. welche Pflanzen durch bestimmte Maßnahmen in Mitleidenschaft gezogen werden, welche Kosten eine Bauleistung verursachen wird, zur Erstellung von Gutachten zu Sicherheitsfragen oder Bebauungsplänen oder auch die juristische Beratung bei Vertrags- und Schadensersatzfragen (dies ist im engeren Sinne technische Beratung oder Expertise).
– *Strategische Politikberatung*, bei der es um die Chancenerhöhung im politischen Wettbewerb geht, also die klassische Domäne von Befragungsfirmen (wie Infas, Forschungsgruppe Wahlen) oder auch neuerdings von Public-Relations-Beratern (im Sinne der klassischen Politik-Unterscheidung könnte man hier von Politics-Beratung sprechen).
– *Materielle Programmberatung* (oder in diesem Sinne Policy-Beratung) beschäftigt sich schließlich mit der ex ante Ausgestaltung und Planung oder auch ex post Evaluierung und Bewertung politischer Programme und Vorhaben, also von staatlichen Vorhaben und Public Policies in allen möglichen Politikbereichen, von der Umwelt- über die Arbeitsmarkt- bis zur Kulturpolitik. Dies ist also eine Domäne der sozialwissenschaftlichen oder ökonomi-

schen Policy-Forschung, der jeweils „zuständigen" Disziplinen, aber natürlich auch der jeweils betroffenen Interessen und Akteure.

Offensichtlich gibt es Überschneidungen zwischen diesen Kategorien – auch Policy-Beratung kann der Verbesserung von Wahlchancen dienen, oder Fachberatung der Evaluierung bestimmter Maßnahmen – aber sie verdeutlichen doch den Umfang und die unterschiedlichen Funktionen von Politikberatung. Eine weitere Unterscheidung fragt nach den zentralen Anbietern von Politikberatung. Hier gibt es folgende grobe Kategorien (vgl. Wewer 2003, S. 380):
Offensichtlich gibt es Überschneidungen zwischen diesen Kategorien – auch materielle Politikberatung kann der Verbesserung von Wahlchancen dienen, oder Fachberatung der Evaluierung bestimmter Maßnahmen – aber sie verdeutlichen doch den Umfang und die unterschiedlichen Funktionen von Politikberatung. Eine weitere Unterscheidung fragt nach den zentralen Anbietern von Politikberatung. Hier gibt es folgende grobe Kategorien (vgl. Wewer 2003, S. 380):

Anbieter von
Politikberatung

– *Kommerzielle Berater*, die von der Beratung „leben müssen", die also auf eine relevante Nachfrage reagieren. Hierzu gehören Consulting Firmen (wie etwa Roland Berger und McKinsey), aber auch Stadtplaner, Ingenieure oder EDV-Firmen, private Institute (wie Prognos oder Batelle) und die professionellen Meinungs- und Umfrageforscher (in der Begrifflichkeit der Statistik sind dies „Vollerwerbsbetriebe")[57].

– *Potenzielle Anbieter* sind etwa Wissenschaftler und wissenschaftliche Institute an Universitäten, Max-Planck- oder Fraunhofer-Institute, die zwar nicht von Politikberatung leben, aber diese Aufträge doch gut als Drittmittelforschung und zur Erhöhung der eigenen Reputation gebrauchen können („Zuerwerbsbetriebe").

– *Spezialisierte Beratungsinstitutionen* sind im Prinzip dazu geschaffen, Politikberatung in einem bestimmten Feld anzubieten, aber reagieren nicht nur auf eine bestimmte Nachfrage; dazu gehören nachgeordnete Behörden und Anstalten (Bundesumweltamt, Bundesforschungsanstalten, öffentliche Labore etc.), aber auch Einrichtungen wie die Stiftung Wissenschaft und Politik in der Außenpolitik, das Institut für Arbeitsmarkt- und Berufsforschung oder die berühmten sechs großen wirtschaftswissenschaftlichen Forschungsinstitute, international etwa die OECD („Nebenerwerbsbetriebe" mit einer staatlichen Grundfinanzierung).

– *Eigenständige* Denkfabriken, wie etwa Brookings in den USA oder das Policy Institute in Großbritannien (vgl. Gellner 1995, Braml 2004) sind in Deutschland noch rar, aber dazu könnte man etwa die Bertelsmann Stiftung zählen. Eigenständig bedeutet durchaus nicht immer unparteiisch (auch nicht bei den ausländischen Beispielen), hierzu zählen also auch Institute von Verbänden und Interessengruppen, die vorrangig deren Positionen untermauern (Karl-Bräuer-Institut des Bundes der Steuerzahler, Institut für Mittelstandsforschung) die Forschungsinstitute der parteinahen Stiftungen oder durch eine bestimmte inhaltliche „Richtung" festgelegte Institute (etwa das Freiburger Öko-Institut oder das von Kurt Biedenkopf und Meinhart Miegel gegründete Institut für Wirtschafts- und Gesellschaftspolitik e.V., hier könnte man „Nebenerwerbsbetrieben" mit einer privaten Grundfinanzierung sprechen). *Kommerzielle Berater*, die von der Beratung „leben müssen", die also

---

57 Auf diese Unterscheidung hat uns Sven Siefken hingewiesen.

auf eine relevante Nachfrage reagieren. Hierzu gehören Consulting Firmen, aber auch Stadtplaner, Ingenieure oder EDV-Firmen, private Institute (wie Prognos oder Batelle) und die professionellen Meinungs- und Umfrageforscher.

Das Angebot ist also vielfältig und bunt, auch wenn die Zahl derjenigen, die sich ausschließlich oder zu großen Teilen durch Politikberatung finanzieren, noch recht klein sein dürfte. Schließlich ist noch zu unterscheiden, wie diese Politikberatung präsentiert wird. Neben den klassischen Formen der Gutachten, Expertisen, Memoranden etc. geht es hier insbesondere um Beiräte, Kommissionen u.ä. Auch hier ist die Anzahl und Vielfalt sehr unübersichtlich, und insbesondere in der letzten Zeit durch verschiedene sehr bekannte und kontroverse Beratungsgremien – wie etwa die Süssmuth-Kommission zur Zuwanderung, die Hartz-Kommission zur Arbeitsmarktpolitik, die Rürup-Kommission zur Renten- und Gesundheitspolitik – zunehmender Kritik ausgesetzt.

In einem aktuellen Übersichtsartikel kann Sven Siefken (2003) allerdings zeigen, dass die Anzahl solcher Beratungsgremien im Gegensatz zur populären Wahrnehmung in den letzten Jahren vermutlich nicht gestiegen ist. Bei aller Unsicherheit der Datenlage liegt die Zahl offizieller Beratungsgremien des Bundes seit den 90er-Jahren etwa bei 150, während in den siebziger Jahren bis zu 350 gezählt wurden. Was sich allerdings erheblich verändert hat, ist die öffentliche Wahrnehmung dieser Gremien. Während in den neunziger Jahren jährlich etwa 200 bis 240 Berichte über solche Gremien in den deutschen „Qualitäts-Tageszeitungen" erschienen, sind es seit dem Jahr 2000 zwischen 500 und über 700.

Siefken macht nun einen hilfreichen Vorschlag zur Vereinheitlichung der sehr uneinheitlichen Begrifflichkeit.

Abbildung 38: Unterschiedliche Expertengremien

Besetzung[58]	dauerhaft	zeitlich begrenzt
Wissenschaft, Interessengruppen	Beirat	Expertenkommission
Regierung, Verwaltung	Arbeitskreis	Projektgruppe
Parlament	Ausschuss	Enquete-Kommission
		Untersuchungsausschuss

Quelle: nach Siefken 2003, S. 496

Beispiele für Beiräte wären so z.B. der Wissenschaftliche Beirat im Finanzministerium, die Monopolkommission oder der Nationale Ethikrat, während ein typischer Arbeitskreis der Arbeitskreis Steuerschätzung wäre und das Parlament einen Großteil seiner Arbeit bekanntlich in festen Ausschüssen organisiert. Beispiele für zeitlich begrenzte Gremien wären die berühmt-berüchtigten Hartz- oder Rürup-Kommissionen, während Beispiele für eine Projektgruppe etwa die berühmte Projektgruppe Regierungs- und Verwaltungsreform, der Staatssekretärausschuss für Bürokratieabbau oder die Kommission zur Gemeindefinanzreform wären. Enquete-Kommissionen vereinen bekanntlich externe Experten und Parlamentarier, wobei die Zusammensetzung zwischen dem Bundestag und den Landtagen etwas differiert.

Siefken macht allerdings auch darauf aufmerksam, dass über Zusammensetzung, Arbeitsweise und Funktionen dieser Beratungsgremien bisher empirisch

---

58 Jeweils die Mehrheit der Mitglieder sollte der jeweiligen Gruppe entstammen.

wenig bekannt ist. Als relevante Forschungsfragen identifiziert er z.B. die Frage, welche Motive eigentlich die Einsetzung solcher Expertengremien auslösen und ob diese Zielsetzungen auch erreicht werden, also etwa die inhaltliche Klärung von Sachverhalten, die argumentative Stärkung der eigenen Position, die symbolische Lösung von Problemen oder die Aushandlung von Kompromissen. Auf den engen Zusammenhang zwischen Beratung, Argumentation und Verhandlung macht auch Saretzki (1996) aufmerksam. Generell gilt, dass Politikberatung in einem engen Zusammenhang mit der Entwicklung von Politik-Netzwerken und dem Phänomen des „verhandelnden Staates" steht (Mayntz 1993).

Modelle der
Politikberatung Die theoretische Diskussion um die faktischen Beziehungen zwischen politisch-administrativer Praxis und Politikberatung wird seit den sechziger Jahren durch drei ursprünglich von Jürgen Habermas unterschiedene Beratungsmodelle bestimmt: dem dezisionistischen, dem technokratischen und dem pragmatischen Modell der Politikberatung (Habermas 1963, Lompe 1966; vgl. auch Friedrich 1970, Böhret 1985):

– Dem technokratischen Modell zufolge wird der politische Entscheidungsspielraum aufgrund zunehmender „Sachzwänge" immer mehr auf den von der Wissenschaft vorgezeichneten „one best way" reduziert. Letztendlich entscheiden Experten und die Wissenschaft alle wichtigen Fragen, Politik legitimiert nur noch.

– Dagegen verbleibt die Entscheidung im dezisionistischen Modell vollständig in der Politik, die Ziele und Wege der Beratungstätigkeit bestimmt und der Wissenschaft als „hired guns" die bloße Dienstleistung überlässt.

– Im pragmatischen Modell wird ein kritisches Wechselverhältnis angestrebt: Praktiker bzw. Politiker und Wissenschaftler vollziehen im Forschungs- und Entscheidungsprozess immer neue, nicht nur vom Sachzusammenhang, sondern auch von Wertungen begleitete Wahlakte. Entscheidungen entstammen der Kooperation und des gegenseitigen Lernens.

Als am ehesten realistisch gilt das pragmatische Modell. Auch wenn die Interessen der beiden Pole höchst unterschiedlich sein mögen – Wissenschaftlern mag es um Anwendung und Weiterentwicklung von Methoden gehen, Praktiker erhoffen sich Argumentations- und Rechtfertigungshilfe –, ist die Chance des sachdienlichen Austausches tendenziell gegeben, werden neue Forschungsbemühungen angeregt und scheinbar gesichertes Handeln problematisiert. Insgesamt ist allerdings umstritten, inwieweit wissenschaftliche, insbesondere sozial- und politikwissenschaftliche Analysen und Theorien überhaupt von der politisch-administrativen Praxis genutzt werden können. Die Probleme der Nutzung werden dabei unterschiedlich verortet. Betont werden Unzulänglichkeiten

Unzulänglichkeiten
bei der Politik-
beratung – der Angebotsseite, d.h. des Wissenschaftssystems, z.B. weil die von der Wissenschaft angebotenen Darstellungen und Erklärungen unzureichend empirisch und theoretisch fundiert, unbrauchbar und im Extremfall schlicht falsch, d.h. empirisch unhaltbar sind,

– der Kommunikation zwischen Wissenschaft und Praxis, z.B. weil unterschiedliche Fachsprachen und Jargons benutzt werden und man sich daher nicht verständigen kann oder will (vgl. als Beispiel Hillmann 1986 und Böhret 1986); und

– der Nachfrageseite, d.h. des politisch-administrativen Systems, z.B. weil durch ausgeprägte juristische Orientierung der öffentlichen Verwaltung das

150

herrschende „Organisationsklima" oder sogar eine spezifische „Verwaltungskultur" Ansprechpartner auf der Seite der Praxis fehlen und daher wissenschaftliche Ergebnisse überhaupt nicht wahrgenommen oder bewusst ignoriert werden (vgl. ausführlich Bruder 1980). Kommunikationsprobleme und fehlende Nachfrage nehmen allerdings durch eine zunehmende auch wissenschaftliche Professionalisierung der Verwaltung tendenziell ab.

Wenn man unter Nutzung aber nicht nur die konkrete Anwendung wissenschaftlicher Ergebnisse bei einzelnen Entscheidungen versteht, sondern umfassender die Beeinflussung der Perzeption und Interpretation sozialer Phänomene, ihrer Ursachen und möglicher Veränderungen einbezieht, spricht allerdings einiges dafür, dass wissenschaftliche Beratung erheblichen Einfluss hat.

Von einigen Beobachtern (vgl. grundlegend Weiss 1977) wird seit einiger Zeit die These vertreten, dass „wissenschaftliche Erkenntnis", z.B. über die Ausgestaltung oder die Wirkung von Policies, nicht einfach von Verwaltung und Politik übernommen wird, indem z.B. Wissenschaftler befragt oder die Thesen oder Ergebnisse von Untersuchungen gelesen und dann angewendet werden (auch und gerade nicht bei bestellten Gutachten). Die Bedeutung der Wissenschaft für die Praxis liegt vielmehr darin, dass sie Konzepte und Denkschemata bereitstellt, mit denen die Realität neu geordnet und interpretiert wird. Praktiker übernehmen in der Regel keine fertigen Lösungen oder abstrakten Theorien, sondern werden durch Begriffe, Konzepte und Sichtweisen der Wissenschaft beeinflusst. In diesem „diffuse process of enlightenment" (Carol Weiss), also in einem langfristigen und wenig strukturierten Prozess der „Aufklärung", liegen daher die eigentliche Nutzung und Wirkung von Wissenschaft.

Wissenschaft stellt vor allem Denkschemata bereit

Dies stimmt auch mit der Beobachtung überein, dass sich ein grosser und zunehmend wichtiger Teil der Politikberatung heute nicht mehr ausschliesslich an Politik und Verwaltung richtet, sondern die öffentliche Diskussion und Konsensbildung beeinflussen will, z.B. durch öffentlichkeitswirksame Gutachten und Präsentationen. Die relevanteste Politikberatung ist daher heutzutage Gesellschaftsberatung, aber auch diese Beratung wirkt natürlich in erster Linie über den professionellen Verwaltungsapparat auf die Politik und Regierung.

4.3.2 Politikdurchführung und Evaluation

4.3.2.1 Implementation

Die Entscheidung für ein politisches Programm, z.B. die Verabschiedung eines Gesetzes oder auch des jährlichen Budgets, garantiert noch kein praktisches Handeln der durchführenden Instanzen, d.h. in aller Regel der öffentlichen Verwaltung. Die Phase der Durchführung oder Umsetzung eines beschlossenen Programms, der Vollzug von Gesetzen und Rechtsverordnungen, die Ausführung von politisch beschlossenen Maßnahmen, wird in der Politikwissenschaft als Implementation bezeichnet. Die besondere Bedeutung dieser Phase des politischen Prozesses besteht darin, dass politisches und administratives Handeln durch Gesetze, Handlungsprogramme, Zielvorgaben usw. nicht endgültig steuerbar ist und daher in dieser Phase politische Programme und deren Intentionen verzögert, verändert oder sogar vereitelt werden können (siehe zum folgenden Jann/ Wegrich 2003 m.w.A.). Elemente dieser Phase sind Entscheidungen über

Große Bedeutung der Implementation

- Programmkonkretisierung (Wie und durch wen soll das Programm ausgeführt werden? Wie ist das Gesetz zu interpretieren?),
- Ressourcenbereitstellung (Wie werden Finanzen verteilt? Welches Personal führt das Programm durch? Welche Organisationseinheiten sind mit der Durchführung betreut?), und natürlich ganz besonders
- Einzelfälle (welche Genehmigung wird erteilt, wer bekommt welche Unterstützung, welche Strasse wird gebaut etc.?).

Die „Entdeckung" und Problematisierung der Implementationsphase kann als eine der wichtigsten Innovationen der Politik- und Verwaltungsforschung in den 70er Jahren gelten. Die Implementation politischer Programme, die Durchführung von Gesetzen war zuvor als im Prinzip unproblematisch angesehen worden. Gesetze werden bekanntlich vom Parlament „verabschiedet", und damit war das Problem für den Gesetzgeber erledigt. Hintergrund dieser Implementationsignoranz ist selbstverständlich die webersche Bürokratietheorie, nach der die Bürokratie gesetzte Regeln effektiv, präzise, verlässlich etc. umsetzt. Weber war durchaus klar, dass dieses idealtypische Merkmal der Bürokratie in der Wirklichkeit durchaus prekär ist, aber zur Legitimation administrativen Handelns ist es von großem Wert. Wenn die Verwaltung „nur Gesetze umsetzt", so die normative und empirische Interpretation der Bürokratietheorie, ist sie von den Folgen und Konflikten ihres Handelns weitgehend entlastet.

Bahnbrechende Studie von Pressman/Wildavsky

Mit einer bahnbrechenden Studie von Pressman/Wildavsky (1973) zur Implementation sozialpolitischer Programme in den USA (mit dem berühmten Untertitel „How Great Expectations in Washington are Dashed in Oakland; Or Why it's Amazing that Federal Programs Work at all...") wurde demonstriert, dass die Durchführungsphase nicht nur Teil des politischen Prozesses ist, sondern häufig die entscheidende Phase, in der sich der Erfolg oder Misserfolg eines politischen Programms herausstellt, und in der auch kontroverse politische Entscheidungen erst getroffen oder zumindest konkretisiert werden. Wenn in Einzelfallentscheidungen festgelegt wird, wer welche Genehmigungen, staatlichen Förderungen oder Infrastrukturleistungen bekommt oder nicht bekommt, geht es um grundlegende politische Entscheidungen: Wer bekommt was, wann, wo und warum? (So die klassische Definition von Politik durch Lasswell).

Verwaltungshandeln ist rechtlich programmiert

Nach dem deutschen Rechtsstaatsverständnis ist Verwaltungshandeln rechtlich programmiert, d.h. alle Maßnahmen und Entscheidungen der Verwaltung müssen rechtmäßig sein und können daher auch vor Verwaltungsgerichten überprüft werden. Die Verwaltung wird also durch Gesetze, Rechtsverordnungen und durch autonome Satzungen (etwa der Kommunen) gesteuert (legislative Steuerung). Es gilt der Vorrang des Gesetzes (Gesetze sind anderen Rechtsquellen außer der Verfassung übergeordnet) und der Vorbehalt des Gesetzes (nach der Wesentlichkeitstheorie des Bundesverfassungsgerichts bedürfen wesentliche staatliche Maßnahmen einer gesetzlichen Grundlage). Die typische Einzelfallentscheidung ist daher der öffentlich-rechtliche Verwaltungsakt, allerdings gibt es auch andere Handlungsformen, etwa öffentlich-rechtliche Verträge oder privatrechtliches Handeln der Verwaltung (etwa städtebauliche Verträge, die im Bereich der Stadt-Sanierung eingesetzt werden oder Arbeits- und Werkverträge, vgl. zusammenfassend Becker 1989, S. 449ff.).

Bezüglich der rechtlichen Programmierung des Verwaltungshandelns werden zwei grundsätzliche Formen unterschieden (grundlegend Luhmann 1966)

152

– Konditionalprogramme, die ein bestimmtes Verwaltungshandeln festlegen, wenn bestimmte Bedingungen erfüllt sind. In der einfachsten Form sind dies „Immer-Wenn-Dann-Programme", die der Verwaltung, zumindest theoretisch, überhaupt keinen Entscheidungsspielraum überlassen. Beispiele wären etwa das Passgesetz oder das Gesetz über Personalausweise: Immer wenn die notwendigen Unterlagen beigebracht werden, muss ein Pass ausgestellt werden. Es gibt keinen Handlungsspielraum der Verwaltung. Konditional-
programme

– Final- oder Zweckprogramme lassen demgegenüber den jeweiligen Entscheidern in der Verwaltung wesentlich größere Freiräume. Hier sind nur die angestrebten Zwecke und Ziele festgelegt, während die Mittel zur Erreichung dieser Zwecke erst noch von der Verwaltung ausgewählt werden müssen (allenfalls sind zu beachtende Restriktionen, etwa finanzielle Mittel vorgegeben). Beispiele wären etwa staatliche oder kommunale Fachplanungen oder z.B. Wirtschaftsförderungsprogramme, ein klassisches Beispiel ist der §1 des Bundesraumordnungsgesetzes: „Das Bundesgebiet ist in seiner allgemeinen räumlichen Struktur einer Entwicklung zuzuführen, die der freien Entfaltung der Persönlichkeit in der Gemeinschaft am besten dient. Dabei sind die natürlichen Gegebenheiten sowie die wirtschaftlichen, sozialen und kulturellen Erfordernisse zu beachten" (§1 BRauOG). Zweckprogramme

Es ist offenkundig, dass diese beiden reinen Formen in der Realität kaum anzutreffen sind, sondern dass reales Verwaltungshandeln durch eine Kombination konditionaler und finaler Programmierung gesteuert wird (für den Versuch der Bildung weiterer Typen Becker 1989, S. 451). Eine wichtige Rolle spielen in diesem Zusammenhang z.B. unbestimmte Rechtsbegriffe (etwa „unbillige Härte"), die von der Verwaltung interpretiert werden müssen, oder der Verweis auf „pflichtgemäßes Ermessen" der Verwaltung. Gerade auch in Deutschland, wo aufgrund der rechtsstaatlichen und bürokratischen Tradition die rechtliche und formale Programmierung besonders ausgeprägt ist (siehe oben 4.1 Überregelung und Verrechtlichung), verfügt also die Verwaltung, selbst die Ordnungs- und Eingriffsverwaltung, über erhebliche Handlungsspielräume. Frido Wagener hat z.B. wiederholt darauf hingewiesen, dass aufgrund der Vielzahl und Komplexität der rechtlichen Regelungen die öffentliche Verwaltung ohnehin nur einen Teil davon überhaupt beachten kann, sie also „pragmatische Vorschriftenreduktion im Vollzug" betreibt, sich diejenigen Regelungen aussucht, die gerade passen und sich dabei im „permanenten Verfassungsbruch" befindet (Wagener 1979). Häufig Mischformen

Die für die Verwaltungswissenschaft entscheidende Frage ist, wie die Verwaltung diese Handlungsspielräume nutzt. Ähnlich wie in den USA begann auch in Deutschland mit den ersten Enttäuschungen der Reformpolitiken der sozialliberalen Koalition Anfang der siebziger Jahre der Aufschwung der Implementationsforschung. Zunächst nahm man dabei eine Perspektive ein, die später als „Gesetzgeberperspektive" oder „Top-down"-Ansatz bezeichnet wurde. Die Implementationsprozesse wurden vor allem unter dem Aspekt des Grades der zielgenauen Umsetzung der auf übergeordneter (meist zentralstaatlicher) Ebene definierten Politikziele analysiert und die Gründe für Abweichungen von diesen Zielen in verwaltungsinternen Prozessen sowie der Interaktion der Vollzugsbehörden mit den betroffenen Adressaten im Rahmen von Verhandlungs- und Konfliktbeziehungen analysiert. Die theoretische Perspektive basierte dabei auf einem klassischen hierarchischen Verständnis politischer Steuerung (vgl. grundle- Wie nutzt die
Verwaltung die
Handlungs-
spielräume?

gend Mayntz (Hrsg.) 1980a, dies. 1983, Wollmann (Hrsg.) 1980, zusammenfassend Mayntz 1987).

Vollzugsdefizite, Zielverschiebungen, soziale Selektivität

Gefragt wurde also nach Vollzugsdefiziten (warum werden bestimmte Regelungen nicht angewendet, z.B. in der Umweltpolitik, Mayntz 1977), nach Zielverschiebungen (warum werden in der Umsetzung andere Ziele als ursprünglich intendiert verfolgt, etwa in der Wirtschaftsförderung, Böhret/Jann/Kronenwett 1982) oder nach sozialen Selektivitäten (welche Gruppen werden benachteiligt, welche warum bevorzugt?, vgl. auch Mayntz 1997, S. 217). In die Aufmerksamkeit der Forscher gerieten Probleme des Kontakts zwischen Verwaltung und Publikum, die bereits in den siebziger Jahren zu einem umfassenden Forschungsprogramm zur „bürgernahen Verwaltung" führten (Kaufmann (Hrsg.) 1979, Hegner 1978, Grunow 1982) und die Probleme der Zusammenarbeit und Steuerung zwischen Behörden und in Policy-Networks.

Vollzugsdefizite, z.B. die ineffektive (Ziele werden verfehlt) oder ineffiziente Durchführung von Gesetzen und politischen Programmen (Aufwand und Ertrag stehen in einem problematischen Verhältnis zueinander) wurden so in Merkmalen der Programme (etwa widersprüchliche oder unklare Ziele, problematische Ziel-Mittel-Annahmen, Überregelung, Verrechtlichung) oder der Implementationsstrukturen (unklare, komplizierte Organisation, ungeeignetes Personal, komplexe und langwierige Verfahren, unzureichende Finanzen) verortet, zunehmend aber auch in Merkmalen des Regelungsumfeldes, die von der Verwaltung gar nicht zu beeinflussen sind.

Implementation als Lern- und Aushandlungsprozess

Zugleich leiteten diese empirischen Studien somit einen Perspektivenwechsel ein. Der Implementationsprozess wurde immer weniger als hierarchische (top down) Steuerung durch übergeordnete Einheiten betrachtet, sondern zunehmend als gemeinsamer Lern- und Aushandlungsprozess. Die Verwaltung erhält ihre Entscheidungsprämissen nicht nur „von oben", durch Gesetze und hierarchische Weisungen, sondern auch „von unten" und „von der Seite", also durch Kunden, Klienten, Bürgerinitiativen, Interessengruppen.

Einerseits erkannte man die zentrale Bedeutung der Vollzugsbehörden auf den unteren Ebenen („Street Level Bureaucracy") und richtete den Blick auf die Interaktionsbeziehungen mit den eigentlichen Adressaten politischer Programme (vgl. z.B. Wollmann 1983). Andererseits sah man zunehmend die Verbindung zwischen den internen und externen Akteuren eines Politikfeldes auf den verschiedenen Ebenen und begann Policy-Making als alle Phasen umfassenden Verhandlungsprozess innerhalb netzwerkartiger Beziehungen zu verstehen – womit letztendlich von der Annahme abgerückt wurde, dass ein staatliches Steuerungszentrum hierarchisch in gesellschaftliche Handlungsfelder intervenieren kann. Stattdessen richtete man den Blick auf das Zusammenspiel verschiedener Akteure in einem *Policy-Subsystem* (Sabatier 1987, 1993), das zwar durch unterschiedliche Interessen und asymmetrische Einflussverteilung zwischen den Beteiligten geprägt ist, jedoch insgesamt einen systemischen Zusammenhang kollektiver „Politikproduktion" konstituiert (Jansen/Schubert 1995).

Implementation wird durch die Instrumente mitbestimmt

Eine weitere Erkenntnis war, dass die Implementationsphase ganz entscheidend durch die zur Anwendung kommenden Instrumente des politischen Programms geprägt wird (König/Dose 1992, Braun/Giraud 2003). Neben regulativen Instrumenten (Ge- und Verbote, Genehmigungspflichten) werden u.a. finanzielle (positive und negative Anreize, Leistungsprogramme) und Informationsinstrumente unterschieden. Die Untersuchungen zeigten, dass die verschiedenen Instrumente spezifische Implementationsprobleme aufweisen. Während regulati-

154

ve Politik vor allem mit dem Kontrollproblem und möglichen Widerständen auf Seiten der Adressaten verbunden ist (vgl. z.B. Bohne/Hucke 1980), sind Anreizprogramme, wie Scharpf bereits 1983 am Beispiel der Arbeitsförderung zeigte, der Gefahr von „Mitnahmeeffekten" (Unternehmen nehmen Fördergelder für ohnehin geplante Investitionen oder Arbeitsplätze in Anspruch), d.h. der ineffizienten Mittelverteilung ohne Steuerungseffekte, ausgesetzt.

4.3.2.2 Verhandelnde Verwaltung und kooperativer Staat

Die Ergebnisse der empirischen Verwaltungs- und Implementationsforschung haben in den letzten Jahren zu einem von der klassischen hierarchischen Bürokratie abweichenden Bild der modernen Verwaltung geführt, das unter dem Schlagwort der verhandelnden oder kooperativen Verwaltung zusammengefasst wird und schliesslich sogar zu einem veränderten Bild des Staates als „kooperativer Staat" geführt hat (grundlegend Benz 1994, Dose 1997, Schuppert 2000, S. 110ff.). Andere Autoren sprechen in diesem Zusammenhang auch vom „informalen Verwaltungshandeln" das schliesslich zu einem „informalen Rechtsstaat" führe (Bohne 1981).

Grundlegendes Merkmal der kooperativen Verwaltung ist der weitgehende Verzicht auf die Anwendung von Zwang. Kooperativ handelt die Verwaltung also z.B., wenn sie mit Adressaten Entscheidungen aushandelt und mit ihnen entweder informelle Absprachen trifft oder Verträge schließt. So war ein Ergebnis der Implementationsforschung, dass Behörden z.B. im Bereich des Umweltschutzes oder der Gewerbaufsicht auf regulative Instrumente (etwa Verbote, Gebote bis hin zu Geldstrafen oder Betriebsschließungen) verzichten, obwohl diese Maßnahmen ausdrücklich im Gesetz vorgesehen sind. Statt dessen versuchen die zuständigen Behörden sich z.B. mit „Umweltsündern" zu einigen, bis wann bestimmte Missstände abgestellt werden. Der Hintergrund ist die Abwägung unterschiedlicher Ziele. Die Schliessung einer Betriebsstätte mag umweltpolitisch sinnvoll sein, hat aber negative arbeitsmarktpolitische, sozialpolitische und andere ungewollte Folgen. Um einen Ausgleich dieser unterschiedlichen Interessen zu erreichen, ist kooperatives Verwaltungshandeln sinnvoller und angemessener, als der eigentlich juristisch vorgesehene Vollzug z.B. mit Hilfe von Zwangsmitteln. Ein weiteres Verständnis der kooperativen Verwaltung umfasst daher auch Fälle, in denen zuständige Behörden Verhaltensweisen vorübergehend oder dauerhaft dulden, obwohl sie diese aufgrund von Gesetzen verhindern könnten (vgl. zum Folgenden Benz 2003).

Kooperative Verwaltung: weitgehender Verzicht auf Zwang

Normalerweise beruht eine solche Kooperation zwischen Verwaltung und den Adressaten von politischen Programmen auf Verhandlungen, in denen Verwaltungsbehörden mit Entscheidungsbetroffenen eine Einigung suchen. Nicht selten enden diese mit einem formalen Verwaltungsakt, der die Ergebnisse der Verhandlungen festlegt. Dieser ist dann zwar der Form nach ein Hoheitsakt der Verwaltungsbehörde, tatsächlich stellt er aber eine Vereinbarung zwischen gleichberechtigten Partnern dar. Oft beruht eine Einigung, wie oben erwähnt, auf Tauschgeschäften, die durch Verbindung verschiedener Entscheidungsmaterien möglich werden, wobei die Verwaltung in einem Bereich und die Adressaten ggfs. in einem ganz anderen Bereich Konzessionen machen. Auf die Problematik solcher Vereinbarungen, wenn nicht zusammengehörende Sachverhalte verkoppelt werden, macht Benz aufmerksam: Kooperation kann z.B. die Rechte und Belange „Dritter" verletzen, die nicht an Verhandlungen beteiligt sind.

Kooperation beruht oft auf Verhandlungen

Eine weitere Bedeutung kooperativen Verwaltungshandelns ergibt sich bei der Erstellung personenbezogener Dienstleistungen, die ohne Mitwirkung der Adressaten nicht erfolgreich sein können. Wenn es z.B. darum geht, Arbeitslose in Arbeit zu vermitteln oder sie fortzubilden, oder die Ansiedlung bzw. den Ausbau von Unternehmen zu unterstützen, ist dies nur in enger Kooperation mit den jeweiligen Adressaten und Klienten der Verwaltung möglich.

Kooperativer Staat Der mit dem Konzept der kooperativen Verwaltung eng verbundene Begriff des „Kooperativen Staates" entstammt der politischen Theorie und der Staatsrechtslehre, die damit von überholten Vorstellungen einer Überordnung des Staates über die Gesellschaft bzw. einer Trennung von Staat und Gesellschaft abrücken (Ritter 1979, grundlegend Scharpf 1992). Das Bild des kooperativen Staates beschreibt also die Beobachtung, dass der moderne Staat in vielen Aufgabenbereichen auf Verhandlungen und Zusammenarbeit mit gesellschaftlichen Gruppen oder Organisationen angewiesen ist, und zwar sowohl bei der Formulierung wie auch gerade bei der Umsetzung politischer Programme und Maßnahmen.

4.3.2.3 Evaluation

Schließlich sind Behörden und Verwaltungen bei Entscheidungen über die Wirkungen und Auswirkungen politischer Programme beteiligt, und damit bei der Frage nach deren Veränderung, Verbesserung oder ggfs. sogar Beendigung (Termination). In der verwaltungswissenschaftlichen Forschung hat sich dafür der Begriff der Evaluation eingebürgert. Evaluation ist dabei von den traditionellen „Kontrollschleifen" (Wollmann 2003) im deutschen Regierungs- und Verwaltungssystem zu unterscheiden (siehe oben unter 3.8), nämlich

– der Überprüfung von Ordnungsmäßigkeit und Wirtschaftlichkeit durch Rechnungshöfe,
– der Überprüfung der Rechtsmäßigkeit des Verwaltungshandelns durch Verwaltungsgerichte,
– der verwaltungsinternen Kontrolle durch hierarchische Überordnung und (Rechts- und Fach-) Aufsicht sowie
– der politischen Kontrolle durch Parlament und Öffentlichkeit (siehe aber unten).

Wirkungen öffentlicher Aktivitäten Staatliche Programme und Aktivitäten und damit auch Verwaltungshandeln, sollen einen Beitrag zur Lösung oder zumindest Verarbeitung gesellschaftlicher, sozialer und ökonomischer Problemlagen leisten. Diese angestrebten Wirkungen politischer Programme und administrativer Aktivitäten stehen in der Evaluation im Vordergrund, nicht die Kontrolle einzelner Akteure. Mit Evaluation wird dabei einerseits die Phase des politischen Prozesses bezeichnet, in der die Ergebnisse der Implementation bewertet (evaluiert) werden. Zugleich hat sich andererseits die Evaluationsforschung als ein Teilbereich der Verwaltungs- und Policy-Forschung entwickelt, die ihren Ausgangspunkt in der Frage nach den – intendierten und nicht-intendierten – Wirkungen öffentlicher Aktivitäten hat und dabei inzwischen alle Phasen des politischen Prozesses thematisiert (ausführlich Wollmann 2003, zum Folgenden auch Jann/Wegrich 2003).

Die wissenschaftliche Diskussion über Evaluation und Wirkungsforschung hat sich in den USA wiederum in Verbindung mit den politischen Kontroversen über Sinn und Erfolge der sozialpolitischen Programme der „Great Society" der sechziger Jahre herausgebildet. Auch sie wurde sehr schnell in Deutschland rezipiert und führte zu einer umfangreichen Diskussion z.B. über Möglichkeiten und Grenzen der Wirkungsforschung und „experimenteller Politik" (Derlien 1976, Wollmann/Hellstern 1978, dies. 1983). Inzwischen ist Evaluationsforschung einer der erfolgreichsten und umfangreichsten Zweige angewandter Sozialforschung (Bussmann/Klöti/Knöpfel 1997, Vedung 1999).

Unter Evaluation wird gemeinhin die wissenschaftliche oder zumindest systematische Untersuchung der – intendierten oder nicht-intendierten – Wirkungen und Auswirkungen politischer und administrativer Interventionen verstanden. Dabei interessiert nicht nur die jeweilige Zielerreichung (Erfolgskontrolle), sondern auch positive oder negative Effekte und Nebenwirkungen, z.B. auch in anderen als den intendierten Bereichen (Wirkungsforschung). In der wissenschaftlichen Diskussion werden eine Reihe unterschiedlicher Ansätze und Methoden der Evaluation und der Evaluationsforschung unterschieden (Wollmann 2003, S. 338ff.):

Frage nach der Zielerreichung und nach Nebenwirkungen

– Bei der *Ex-post* (oder summativen) Evaluation wird im nachhinein, nach Abschluss eines Programms oder einer Maßnahme, untersucht, welche Wirkungen und Nebenwirkungen eingetreten sind (Wirkungsanalyse) bzw. ob und in welchem Umfang die intendierten Ziele erreicht wurden (Erfolgskontrolle).

Formen der Evaluation

– Demgegenüber hat die *Ex-Ante* Evaluation die Aufgabe, Wirkungen, Nebenwirkungen und Ursache-Wirkungszusammenhänge eines künftigen Handlungsprogramms vorab abzuschätzen (*pre-assement*). Im deutschen wird hier oft der Begriff Gesetzesfolgenabschätzung verwendet (vgl. Böhret/Konzendorf 2001), in diesen Zusammenhang gehören auch die klassischen Methoden der Kosten-Nutzen-Analyse.

– Weiter unterscheidet man die *Evaluierbarkeits-Abschätzung* (*evaluability pre-assessment*), bei der es darum geht, zunächst herauszufinden, ob ein Programm oder eine Maßnahme überhaupt für eine Evaluation geeignet ist.

– *Formative* (oder *on-going*) Evaluation findet begleitend zur Durchführung der jeweiligen Programme und Massnahmen statt, um möglichst frühzeitig im Rahmen der „Rückkopplung" von Ergebnissen Korrekturen zu ermöglichen. Im deutschen hat sich hierfür der Begriff der Begleitforschung etabliert, die mehr oder weniger analytisch distanziert bis hin zur Form einer sich aktiv einmischenden Aktionsforschung stattfindet.

– Unter *Monitoring* versteht man in diesem Zusammenhang eine deskriptivanalytische, auf kausale Interpretationen und Erklärungen weitgehend verzichtende Beobachtung relevanter Ergebnisse und Resultate, möglichst mit Hilfe standardisierter Indikatoren.

– Weiter werden *Effektivitäts- und Effizienz-* (oder Wirtschaftlichkeits-) Untersuchungen unterschieden. Bei ersteren geht es in der Form eines Soll-Ist-Vergleichs um den Zielerreichungsgrad bezüglich der Outputs (Leistungen der Verwaltung), bis hin zu den direkten Wirkungen (Impacts) und weitergehenden gesellschaftlichen Auswirkungen (Outcomes), bei letzterer um das Verhältnis zwischen Inputs (finanzielle, personelle, organisatorische Ressourcen) und Ergebnissen (Outputs und Impacts).

– In Verbindung mit der im Neuen Steuerungsmodell postulierten Outputorientierten Steuerung der Verwaltung durch Produkte, Kennzahlen, Berichtswesen und generell *performance measurement* (vgl. zu den verschiedenen Konzepten die Beiträge in Blanke et.al. 2001, S. 367ff.; auch Kuhlmann/Bogumil/Wollmann 2004) spielt in diesem Zusammenhang zunehmend auch das Konzept des *Controlling* eine Rolle (Richter ebda.). Auch beim Controlling geht es „strategisch" um Ziel- und Effektivitätssteigerung und „operativ" vor allem um Effizienz. Der zentrale Unterschied zur Evaluation besteht darin, dass es sich um interne Instrumente der jeweiligen Organisationen, Behörden etc. handelt und die Ergebnisse des Controlling direkt zur Steuerung des Leistungsprozesses und zur Leistungssteigerung erhoben und eingesetzt werden sollen.

Klassische Evaluationsuntersuchungen versuchen möglichst nach den strikten Regeln empirischer Sozialforschung (Experimente, Quasi-Experimente, *counterfactuals*, vergleichende Fallstudien etc.) zu klären, ob beobachtbare Veränderungen – intendierte wie nicht-intendierte Wirkungen – auf die politischen Programme, Projekte und Maßnahmen, oder aber auf andere Faktoren kausal zurückzuführen sind. Dabei ergeben sich eine ganze Reihe schwieriger Methodenprobleme, denn zum einen sind die Zielsetzungen politischer Programme oft alles andere als klar und eindeutig (siehe oben 4.3.1.4 „Garbage Can"), zum anderen ist es äusserst schwer, bestimmte Ergebnisse auf bestimmte politisch-administrative Faktoren „kausal" zurückzuführen (siehe ebda. „unklare Instrumente und Technologien").

Probleme der
ZurechenbarkeitWenn z.B. die Wirkung arbeitsmarkt- oder regionalpolitischer Massnahmen evaluiert werden soll, ist selbst der deutliche Rückgang der jeweiligen regionalen Arbeitslosigkeit ein sehr problematischer Indikator. Die geringere Arbeitslosigkeit könnte nämlich etwa durch Abwanderung oder durch konjunkturelle Einflüsse beeinflusst sein. Selbst wenn Erfolge nachweisbar sind, bedeutet dies nicht, dass sie auch tatsächlich auf staatliche Massnahmen und Programme zurückzuführen sind.

Dennoch ist deutlich, dass Evaluierung in Zukunft eine zunehmende Bedeutung haben wird. Ein aktuelles Beispiel ist die durch die internationale PISA-Studie der Lernerfolge von Grundschülern ausgelöste Diskussion. Hier wurde deutlich, dass zum einen unterschiedliche Schulsysteme sehr unterschiedliche materielle Resultate hervorbringen (z.B. in Bezug auf Lese- und Rechenfähigkeit), dass diese unterschiedlichen Ergebnisse aber nicht einfach auf den Ressourceneinsatz zurückgeführt werden können (Deutschland schneidet besonders schlecht ab, obwohl deutsche Lehrer besonders gut bezahlt werden, deutsche Klassen nicht besonders groß sind und insgesamt das Bildungssystem überdurchschnittlich kostspielig ist). Evaluationsuntersuchungen sind also besonders geeignet, um beliebte und einfache Erklärungsmuster zu hinterfragen (das einzige was unseren Schulen fehlt sind mehr Geld und mehr Lehrer ...).

Evaluation
verwaltungs-
politischer
MaßnahmenEin besonderes Problem wirft die Evaluation verwaltungspolitischer Maßnahmen auf, also etwa der Nachweis der Erfolge oder Misserfolge der Verwaltungsmodernisierung der letzten Jahre. Das Bedürfnis für verlässliche Evaluationen in diesem Bereich ist groß, denn natürlich ist es wichtig zu wissen, welche positiven und negativen Veränderungen die Verwaltungsmodernisierung tatsächlich hervorgerufen hat, jenseits der vollmundigen Versprechungen der professionellen Berater. Gerade den Protagonisten des New Public Management wird immer wieder vorgeworfen, dass ausgerechnet eine Reformbewegung, die darauf besteht, der öffentliche Sektor müsse von einer Input- zu einer Output-Steuerung kommen, seine Kosten und vor allem seinen Nutzen transparent machen und diese Informationen in kontinuierlichen Feedback-Prozessen nutzen – und gelegentlich zu unterstellen scheint, dies sei alles ganz einfach, wenn man nur richtig wolle -, bisher nicht in der Lage sei, systematisch über die Erfolge der stattgefundenen Reformbemühungen zu berichten. Die Philosophie des NPM ist offenbar bisher kaum auf die eigenen Aktivitäten angewendet worden (siehe aber Pollitt/Bouckaert 2000 und als erste Bestandsaufnahme für Deutschland Jann u.a. 2004).

Die Evaluation staatlicher Programme und Aktivitäten findet allerdings – unabhängig von der Bedeutung wissenschaftlicher oder systematischer Evaluation – als Teil des Prozesses politischer und administrativer Auseinandersetzungen „schon immer" statt, wie sowohl das PISA- wie das Verwaltungsreform-Beispiel verdeutlichen. Von der wissenschaftlichen kann so die administrative Evaluation durch die Verwaltung und die politische Evaluation durch Akteure innerhalb der politischen Arena, zu denen auch die Öffentlichkeit gerechnet werden muss, unterschieden werden. Nicht nur wissenschaftliche Studien, sondern z.B. Regierungsberichte und die öffentliche Debatte, nicht zuletzt Verlautbarungen der jeweiligen Opposition, sind typische Elemente und Ergebnisse dieser Art von Auseinandersetzungen, bei der es natürlich auch immer um Zielerreichung, intendierte und nicht-intendierte Wirkungen geht.

Evaluationen sind daher im besonderen Maße mit der politischen Rationalität administrativer Handlungen verbunden. Dies betrifft nicht nur die interessengefärbte Interpretation der Ergebnisse und Wirkungen. Die Möglichkeit systematischer Evaluation wird auch durch unklare Zieldefinitionen eingeschränkt, die ihrerseits in der Anreizstruktur von Regierungen und politisch Verantwortlichen begründet sind – denn genaue Zieldefinition birgt das erhebliche Risiko des deutlichen späteren Scheiterns (s. die Probleme der ersten rot-grünen Regierung mit ihrem ursprünglichen quantifizierten Ziel zur Reduzierung der Arbeitslosigkeit).

In einem äußerst lesenswerten Beitrag macht Aaron Wildavsky (1979, S. 212ff.) darauf aufmerksam, dass dies ein allgemeines Phänomen sei, dass also die „self-evaluating organization", die sich ständig selbst evaluierende und damit prinzipiell infrage stellende Organisation ein Widerspruch in sich sei. Es sei naiv anzunehmen, dass Organisationen ein unmittelbares Interesse an Evaluationen haben, weder „von innen", also durch spezialisierte und herausgehobene Evaluationseinheiten, noch von „außen", also durch andere Organisationen mit vermutlich anderen Interessen und Prioritäten. Evaluationen sind „weapons in the political wars", Waffen in politischen und fachlichen Auseinandersetzungen, und zwar sowohl zwischen Organisationen, auf der makro-politischen Ebene, wie mikro-politisch innerhalb von Organisationen. Evaluationen sind möglich und notwendig, aber sie sind alles andere als selbstverständlich und einfach nur technisch schwierig. Sie werfen nicht nur erhebliche methodische, sondern mindestens ebenso komplizierte politische Probleme auf, d.h. sie müssen in kontinuierlichen politischen Auseinandersetzungen durchgesetzt, durchgeführt und interpretiert werden. In den Worten von Wildavsky:

Organisationen haben wenig Interesse an Evaluationen

> „I started out thinking it was bad for organizations not to evaluate, and I ended up wondering why they ever do it" (Wildavsky 1979, S. 212).

Ergebnis eines politischen Evaluationsprozesses kann auch die „Terminierung" (Beendigung) eines politischen Programms sein. In Deutschland wird auch der Begriff „Aufgabenkritik" für die Terminierung von Policies bzw. den Abbau oder die zeitliche Befristung staatlicher Aktivitäten verwendet (Dieckmann 1977). Dabei erscheint die zunächst nahe liegende Möglichkeit, dass zu Grunde liegende gesellschaftliche Probleme als gelöst betrachtet und eine Fortsetzung daher als unnötig eingeschätzt werden, nur als eine unwahrscheinliche, zudem schwierig durchzusetzende, Variante der Terminierung. Eher können finanzielle Engpässe (beispielsweise in der Arbeitsförderung) oder Gelegenheitsfenster (z.B. im Zuge eines Regierungswechsels) Auslöser für die Terminierung bestimmter Policies und Aktivitäten sein. Damit verbunden sind es häufig politisch-ideologische Motive, die die Beendigung veranlassen, etwa die Einlösung von Wahlversprechen (so die Rücknahme bestimmter Reformen der Kohl-Regierung durch die rot-grüne Regierung 1998).

4.4 Politik und Verwaltung

Verhältnis von Politik und Verwaltung ist ein klassisches ThemaDie Unterscheidung bzw. der Zusammenhang zwischen Politik und Verwaltung ist ein klassisches, wenn nicht das klassische Thema der Verwaltungswissenschaft, die sich ja mit öffentlicher Verwaltung beschäftigt (siehe oben 2.3.1 und 2.3.2). Oben wurde argumentiert, dass eine strikte funktionale Abgrenzung, wie sie etwa Woodrow Wilson oder den Gründungsvätern des Scientific Management vorgeschwebt hat, und wie es ja auch dem Idealtypus des Weberschen Bürokratiemodells zu Grunde liegt, nicht möglich ist. Gleichzeitig ist aber auch deutlich, dass das Konzept des nahtlosen politisch-administrativen Systems wenig zum Verständnis der empirisch vorfindbaren Probleme der unterschiedlichen Rollenzuweisungen, Rekrutierungen und Einstellungen in öffentlichen Organisationen beitragen kann.

Die einfachste Unterscheidung setzt an der jeweiligen Rekrutierung und Legitimationsbasis an, unterscheidet also zwischen gewählten Politikern (also etwa Parlamentarier, Minister, aber auch kommunale Wahlbeamte), die jederzeit abgewählt werden oder zumindest Wahlen verlieren können, und ernannten (oder angestellten) Bürokraten (Mitarbeitern der Verwaltung), die zumindest als Beamte eine Lebensstellung haben, und ansonsten durch das normale Arbeitsrecht geschützt sind. Die problematische Unterscheidung der diesen Gruppen jeweils zugeordneten Funktionen kann dann am besten anhand von vier gängigen Interpretationen des Verhältnisses und der Kooperation zwischen beiden illustriert werden:[59]

verschiedene Interpretationen– Nach Interpretation I, der ältesten und einfachsten Theorie über das Verhältnis von Politik und Verwaltung machen Politiker Politik und Bürokraten verwalten. Die einen treffen Entscheidungen und die anderen führen sie nur aus. Dieses Bild der Arbeitsteilung, auch wenn es wahrscheinlich nie vollständig zugetroffen hat, ist dennoch ein wichtiges Element der Mythologie über die neutrale, unpolitische Rolle der Bürokraten im politischen System und damit im Prozess der Formulierung und Umsetzung von Politik.
– Interpretation II geht davon aus, dass sowohl Politiker wie Beamte an politischen Entscheidungen beteiligt sind (etwa: wie soll das Gesetz aussehen? wer bekommt wann, was, wo und warum?), dass sie aber unterschiedliche Beiträge liefern. Beamte liefern Fakten und Wissen, Politiker bringen Interessen und Werte ein. Die einen sind für die neutrale Expertise

---

59 Diese Interpretationen, im Original „Images" genannt, gehen zurück auf die international vergleichende Untersuchung der Einstellungen von Parlamentariern und Bürokraten von Aberbach/Putnam/Rockman 1981.

zuständig, während die anderen für die politische Sensibilität verantwortlich sind.

- Interpretation III hingegen behauptet, dass sowohl Bürokraten wie Politiker „Politik machen", also z.B. verhandeln und am Interessenausgleich teilnehmen, dass sie aber unterschiedliche Aufgaben wahrnehmen. Während Politiker breite, diffuse aber auch spezifische Interessen artikulieren und so dafür sorgen, dass sich im politischen Prozess etwas bewegt, also als Beweger und Energielieferanten auftreten, sind Beamte damit beschäftigt, zwischen wohldefinierten und etablierten Interessen zu vermitteln, d.h. sie sorgen eher für Kontinuität und Ausgleich. Nach diesem Bild sind Politiker eher parteiisch, engagiert, idealistisch und sogar ideologisch, während Bürokraten eher als vorsichtig, praktisch, pragmatisch und distanziert gelten.
- Auch dieses Bild wird schließlich von einigen Beobachtern als nicht (mehr) wirklichkeitsgetreu bezeichnet. Sie gehen statt dessen davon aus, dass sich Bürokraten und Politiker immer mehr angleichen, beide artikulieren und verhandeln Interessen und sind mit der gesellschaftlichen Umwelt eng vernetzt. Interpretation IV meint daher, dass eine Entwicklung hin zu reinen „Mischlingen" zwischen Politikern und Bürokraten feststellbar sei.

Diese Interpretationen oder Bilder[60], die anhand des Verhältnisses zwischen „Bürokraten" und „Politikern" in Ministerien entwickelt wurden, treffen vermutlich nicht nur für diesen Bereich zu. Auch in Kommunalverwaltungen sind Beamte und Angestellte damit beschäftigt, Interessen auszugleichen oder auch Interessen, die sonst vielleicht nicht artikuliert werden, überhaupt erst in den Prozess des Verwaltungshandelns einzubringen. Die verschiedenen Interpretationen können vereinfacht in der folgenden Abbildung zusammengefasst werden. Es soll hier nicht diskutiert werden, ob die derzeitige Wirklichkeit in der Bundesrepublik eher der Interpretation I, II, III oder IV entspricht. Deutlich sollte auf jeden Fall sein, dass Verwaltung mehr tut, als nur politische Entscheidungen hierarchisch durchzuführen (wie es der Webersche Idealtypus nahelegt, auch wenn Max Weber nie dieser Illusion aufgesessen ist). Letztendlich ist sogar die Durchführung keine Domäne der Verwaltung mehr, sondern unterliegt (zunehmenden) politischen Einflüssen. Im Konzept der kommunalen Selbstverwaltung war diese Trennung ja schon immer aufgehoben (siehe unten).

Im Folgenden soll es darum gehen, einige empirische Ergebnisse zu diesen prekären Beziehungen zusammenzutragen. Dabei bietet es sich an, an den empirisch ermittelten unterschiedlichen Rollenvorstellungen anzuknüpfen.

---

60 Siehe dazu auch die unterschiedlichen Bilder der autonomen, hierarchischen, kooperativen und responsiven Verwaltung und die jeweiligen Rollendefinitionen von Bürokraten und Politikern, Jann 1998.

Abbildung 39: Interpretation des Verhältnisses von Politik und Verwaltung

	Interpretation			
	I	II	III	IV
Politikdurchführung	V	V	V	V
Politikformulierung	P	G	G	G
Interessenausgleich	P	P	G	G
Interessenartikulation	P	P	P	G

V = Verwaltung, P = Politik, G = Gemeinsam;
Quelle: eigene Darstellung nach Aberbach/Putnam/Rockman 1981, S. 239

4.4.1 Bürokraten und Politiker

Klassische und politische Bürokraten

In der Verwaltungswissenschaft wird schon des längeren mit den Idealtypen des klassischen und des politischen Bürokraten gearbeitet (vgl. Steinkemper 1974). Der klassische Bürokrat operiert eher auf der Basis eines monistischen Verständnisses des öffentliche Interesses, indem er sich um die Schaffung objektiver Standards für technische Praktikabilität, Recht und Gerechtigkeit bemüht und davon ausgeht, dass Probleme vor allem sachlich zu lösen seien. Sein Verhältnis zu den Institutionen politischer Macht wie den Parlamenten, Parteien und Verbänden ist eher von Misstrauen bis hin zur Ablehnung geprägt. Dagegen erachtet der politische Bürokrat den politischen Einfluss auf Entscheidungsprozesse als legitim und erkennt die Notwendigkeit politischer Kompromisse auch jenseits von sachlichen Notwendigkeiten. Der politische Bürokrat verhält sich zu den Parteien eher affirmativ, vielfach ist er sogar Mitglied einer Partei.

In ihrer vielbeachteten international vergleichenden Untersuchung zu den politischen Einstellungen der Ministerialbeamten in westlichen Ländern arbeiteten Robert Putnam u.a. (Putnam 1976; Aberbach/Putnam/Rockman 1981) heraus, dass 3/5 der damals befragten Ministerialbeamten in Deutschland die politische Seite ihrer Arbeit eher positiv, 2/5 dies eher negativ beurteilen (1976, S. 39). Dies wird von ihnen mit einiger Überraschung konstatiert, galt doch der deutsche Beamte als der klassische Bürokrat der Gegenwart. Ihre Ergebnisse zeigen jedoch eine überdurchschnittliche Aufgeschlossenheit gegenüber den politischen Anforderungen des demokratischen Prozesses. Als einen wesentlichen Erklärungsfaktor sehen sie das Alter an. Je jünger die Befragten, desto weniger neigen sie dem Typ des klassischen Bürokraten zu. Trotz ihrer eher dichotomen Zuordnung machen sie darauf aufmerksam, dass in der Realität sich die Typen eher auf einem Kontinuum ansiedeln.

Am letzten Punkt kann man anknüpfen. Auch die neueren Untersuchungen zu dieser Problematik, die zum Teil die ursprüngliche Befragung replizieren (Mayntz/ Derlien 1989, Derlien 2003, siehe auch Tils 2002), deuten darauf hin, dass es

- erstens zu keiner klaren Trennung der Beamtenschaft in verschiedenen Typen kommt, sondern die Grundelemente des klassischen und politischen Bürokraten sich im Bewusstsein der einzelnen Personen miteinander vermischen,[61]

---

61 Dies wird empirisch bestätigt anhand einer international vergleichenden Untersuchung zum Selbstverständnis leitender Kommunalbeamter (vgl. Haus/Heinelt 2002). Gleichzeitig haben Untersuchungen nach der Wiedervereinigung gezeigt, dass in den neuen Bundesländern der Typus des klassischen Bürokraten noch erheblich weiter verbreitet war als im Westen.

- zweitens durch das Vordringen von Elementen kooperativen Verwaltungshandelns auf allen föderalen Ebenen die Elemente politischer Verwaltungstätigkeit zunehmen.

Hilfreich ist es zudem, wenn man analytisch grob zwischen zwei Formen von
Politisierung differenziert (vgl. Lorig 2001, S. 185f.): Zum einen wird (meist negativ) unter Politisierung die zunehmende „Parteipolitisierung" der öffentlichen
Verwaltung verstanden. Zum anderen ist eine funktionale Politisierung zu beobachten. Diese

Parteipolitisierung und funktionale Politisierung

> „functional politicization (...) implies a greater sensitivity of civil servants for considera-
> tion of political feasibility, and institues a kind of political self-control of top buraucrats
> through their anticipation of the reactions of the cabinet and of parliament to their policy
> proposals and legislative drafts" (Mayntz/Derlien 1989, S. 402).

Die funktionale Politisierung ist weniger umstritten als die Parteipolitisierung.
Das Problem ist allerdings, dass beide Formen der Politisierung in der Realität
nicht besonders gut zu trennen sind. So ist es schon historisch in Deutschland
schwierig, eindeutig zwischen Politik und Verwaltung zu trennen. Es kommt zu
einem schrittweisen Vordringen politisch besetzter Positionen, angefangen mit
der Parlamentarisierung der Ministerämter im 19. Jahrhundert über die Einrichtung des politischen Beamten bis hin zu einem politisierteren Rollenverständnis
der Beamten. Politisierung wird dabei zunächst funktional und später auch parteipolitisch verstanden.

Insbesondere in der Ministerialbürokratie ist der Überschneidungsbereich
zwischen Politik und Verwaltung besonders groß, da sie explizit die Aufgabe
hat, politische Entscheidungen vorzubereiten. Daher gibt es hier auch das Konstrukt des *Politischen Beamten* (beamtete Staatssekretäre, Ministerialdirektoren,
im Beamtengesetz sind weitere Ausnahmen abschließend aufgezählt). Diese können jederzeit in den einstweiligen Ruhestand versetzt werden. Bei dieser Sonder-
konstruktion, die für die Tätigkeit an der Schnittstelle zwischen Politik und Verwaltung geschaffen wurde (vgl. Kugele 1976), kommt es auf das besondere Ver-
trauensverhältnis zur Regierung und dem Fachminister an.[62] Ist dieses nicht mehr
gegeben, kann die Versetzung in den Ruhestand erfolgen. Nach den Regierungs-
wechseln 1969 und 1982 ist zunächst jeder zweite beamtete Staatsekretär und jeder dritte Ministerialdirektor ausgetauscht worden (Derlien 1990). Für den Regierungswechsel 1998 sind keine exakten empirischen Daten verfügbar, zahlreiche Indizien deuten jedoch darauf hin, dass diese Praxis beibehalten wurde. Nach
vier Jahren sind allerdings nur noch ganz wenige von der Vorgängerregierung
eingesetzte Staatssekretäre übrig.

Politische Beamte

Neben dem eben dargestellten Konstrukt des Politischen Beamten, der zur
funktionalen Politisierung zu rechnen ist, ist insbesondere in der Ministerialverwaltung, aber nicht nur dort, die Besetzung von Führungspositionen ab einer bestimmten Ebene auch parteipolitisch beinflusst. So zeigen Untersuchungsergeb-
nisse aus den 1970er-Jahren, dass die Zugehörigkeit zur richtigen Partei mit ei-

Zunehmende Parteipolitisierung

---

62 In Deutschland können die Jahre 1848/49 als Geburtsstunde des politischen Beamten angesehen werden. Mit dem Aufkommen eines konstitutionellen Regierungssystems wurden
den Beamten politische Rechte zugestanden. Damit sich diese Rechte für die Bürokratie
nicht zum trojanischen Pferd entpuppten, entstand die Idee der engen Koppelung an die
politischen Auffassungen der Regierung (Kugele 1976, S. 11). Auch in Italien, Schweden
und den USA gibt es ähnliche Konstruktionen.

nem Anteil von etwa 40% als bedeutsam angesehen wird (Kroppenstedt/Menz 1998, S. 546). Der Anteil der leitenden Führungskräfte, die Mitglied einer Partei sind, ist seitdem deutlich angewachsen. Der Anteil der Parteilosen in der administrativen Elite auf Bundesebene fiel von 72% (1970) auf 43% im Jahr 1987 (Mayntz/Derlien 1989). Auch wenn es keine weiteren genauen Zahlen gibt, besteht allgemein der Eindruck, dass dieser Trend nicht rückläufig ist (Derlien 2000). Zudem existieren keine formale Regelungen, die eine parteipolitische Besetzung erschweren. So gibt es keine Pflicht zur externen Ausschreibung und auch auf eine interne Ausschreibung kann verzichtet werden, wenn Gründe der Personalplanung und des Personaleinsatzes dem entgegenstehen.

Kooperatives Verwaltungshandeln verstärkt funktionale Politisierung

Die dargestellten schon länger bestehenden fließenden Übergänge von Politik und Verwaltung haben sich in den letzten Jahren durch das Vordringen von Elementen kooperativen Verwaltungshandelns auf allen föderalen Ebenen verstärkt (Benz 1994, Dose 1997). In dem Maße, in dem sich die Funktion der öffentlichen Verwaltung in Richtung eines Konstrukteurs und Moderators komplexer Verhandlungssysteme zwischen öffentlichem und privaten Sektor erweitert, verändern sich die Herausforderungen an die Verwaltung. Im hochdifferenzierten, kooperativen Verhandlungsstaat entsteht zunehmend die Notwendigkeit, dass die Verwaltung sich als Partner der Politikformulierung und -umsetzung empfindet, Verbindungen schafft, Netzwerke aufbaut, kommuniziert und verhandelt. Verwaltung ist in die Prozesse der Aggregation und Artikulation gesellschaftlicher Interessen unmittelbar involviert (vgl. Jann 1998, S. 263). Der Verwaltung kommt damit insgesamt die Rolle des Partners sowohl bei der Politikformulierung als auch bei der Politikdurchführung zu. Die Funktionsveränderung öffentlicher Verwaltung impliziert eine Veränderung der Rollen und Einstellungen leitender Führungskräfte in Richtung einer stärker politischen Funktion im funktionalen Sinne.

Fließender Übergang zwischen Politik und Verwaltung

Empirisch ist also eine zunehmende Politisierung des öffentlichen Dienstes und ein fließender Übergang zwischen Politik und Verwaltung festzustellen. Dies betrifft nicht nur die Ministerialverwaltung, sondern auch die flächendeckende Direktwahl der hauptamtlichen Bürgermeister[63] kann als Indiz in diese Richtung angesehen werden. Die Funktionsvermittlung und nicht die Funktionstrennung entspricht also der Verfassungswirklichkeit (Ellwein/Hesse 1997, S. 364).

Aber auch normativ gibt es gute Gründe für eine Vermischung, und dies nicht nur für die funktionale Form der Politisierung. Denn die meist negativ assoziierte Besetzung von Schlüsselpositionen mit „eigenen Leuten" kann als Versuch der Politik angesehen werden, den Informationsvorsprung der Verwaltung zu reduzieren, die Politik wieder in die Lage zu versetzen, wesentliche Auswahlentscheidungen, die ihnen per Verfassungslage zustehen, wieder wahrzunehmen (vgl. Grauhan 1969) und auch die Implementationsprozesse politischer Programme so zu steuern, dass die ursprünglichen Absichten halbwegs erhalten bleiben. Das alles heißt nicht, dass Politik und Verwaltung ineinander aufgehen; beide Bereiche bleiben unterschiedlich strukturiert und folgen anderen Logiken,

---

63 Der hauptamtliche Bürgermeister als kommunaler Wahlbeamter ähnelt in gewisser Weise dem Status des Politischen Beamten. Er ist, sehr unterschiedlich nach Bundesland und dortiger Tradition, z.T. von der Herkunft Politiker, z.T. Verwaltungsfachmann. Seine Tätigkeit umfasst ebenfalls beide Bereiche als Verwaltungschef und Politiker. Einerseits tendiert er in Richtung Politik, da er direkt vom Volk gewählt wird und Vorsitzender der Kommunalvertretung ist, andererseits ist er als hauptamtlicher Verwaltungschef die zentrale Führungsperson in der Verwaltung.

aber stehen zueinander in einem Komplementärverhältnis. Wichtig sind die Rollen und Prozesse der Übersetzung von einer Sphäre in die andere.

Zusammengefasst zeigt sich, dass es in Deutschland auf der Ebene der leitenden Führungskräfte zu weitgehend ähnlichen Einstellungs- und Verhaltensmustern kommt. Diese sind gekennzeichnet durch eine *Mischung* der Typen des klassischen und politischen Bürokraten, wobei die Elemente des politischen Bürokraten an Bedeutung gewinnen. Sie entstehen durch einen weitgehend einheitlichen Ausbildungsweg, einen ähnlichen Aufbau der Ministerialorganisationen, gemeinsame Fortbildungen, sehr intensive Kooperationen und Kontakte im Rahmen notwendiger und ständiger horizontaler und vertikaler Abstimmungsprozesse sowie die zunehmende funktionale Politisierung von leitenden Führungstätigkeiten im öffentlichen Dienst, hervorgerufen durch das Vordringen von Elementen kooperativen Verwaltungshandelns auf allen Ebenen.

4.4.2 Normative Bilder von Politik und Verwaltung

Die Rolle der öffentlichen Verwaltung im demokratischen Staat ist keinesfalls selbstverständlich und unproblematisch. Die Verwaltung ist in Gewaltenteilungslehren und Demokratietheorien keine eigenständige Kategorie, aber sie sollte und müsste es eigentlich sein, denn die bequemen Subsumptionen unter „Exekutive" oder auch „politisch-administratives System" (PAS) verschleiern die Problematik mehr, als dass sie diese erhellen würden (zum folgenden ausführlich Jann 1998a).

So argumentiert z.B. die traditionelle Verwaltungsrechtswissenschaft im Anschluss an Otto Mayer, Verwaltung sei „Tätigkeit des Staates, die nicht Gesetzgebung oder Justiz ist" (Mayer 1895, S.7), und H. Peters hat sich in seiner einflussreichen Schrift „Die Verwaltung als eigenständige Staatsgewalt" (Peters 1965) noch einmal ausdrücklich mit einer möglichen Trennung von Regierung und Verwaltung auseinandergesetzt und diese Unterscheidung mit dem Argument abgelehnt, im Gewaltenteilungsschema gebe es keinen Platz für eine abgesonderte Regierung (Thieme 1984, S.3). Ausgangspunkt ist hier die klassische Trennung des Regierungssystems in Legislative, Judikative und Exekutive, die als abschließend betrachtet wird. Für Verwaltung gibt es in dieser Theorietradition keinen Platz.

In einer klassisch-konservativen Staatstheorie, bei der Demokratie ohnehin nur „staatsformabhängiges Beiwerk" ist (Krüger 1966) und einzig der Staat, repräsentiert durch seinen hoheitlichen Apparat sich dadurch auszeichnet, dass er allein das Gemeinwohl erkennen und durchsetzen kann (ausführlich Böhret/ Jann/Kronenwett 1979, S. 256ff.), ist diese Einheit von Regierung und Verwaltung kein Problem, sie ist sogar Kern dieses Staatsverständnisses. Die Exekutive ist der eigentliche Staat und die Bürokratie die eigentliche Exekutive. Das Beamtentum ist der „allgemeine Stand", der „die allgemeinen Interessen des gesellschaftlichen Zustandes zu seinem Geschäfte" hat (Hegel, Rechtsphilosophie §§ 205, 303).

Diese These lässt sich im demokratischen Verfassungsstaat nicht mehr überzeugend vertreten, und daher hat sich, parallel mit der Entwicklung demokratischer Regierungssysteme, die Theorie der Trennung von Politik und Verwaltung entwickelt. Die Entwicklung dieser Theorie wird entscheidend bestimmt durch Max Weber in Deutschland und Woodrow Wilson in den USA (siehe oben

2.3.1f.). Die Differenzierungen und Spezifika dieser instrumentellen Sicht der Verwaltung können hier nicht nachgezeichnet werden, aber ganz allgemein gilt, dass nach der klassischen Vorstellung die Verwaltung ausschließlich hierarchisch über Gesetze und den Haushalt oder durch Weisungen der politischen Führung (im Rahmen von Gesetz und Haushalt) gesteuert wird. M.a.W. wird vorausgesetzt, dass sämtliche Zielsetzungen, Zwecke und Präferenzen der Verwaltung von außen kommen, und es wird weiter angenommen, dass alle Wertkonflikte zumindest prinzipiell gelöst sind, bevor die Verwaltung Entscheidungen trifft. Verwaltung wird gleichgesetzt mit korrektem, professionellem und schließlich auch unpolitischem Vollzug. Dies ist der Kern der legalen Herrschaft. In den USA wurde die Trennung von Politik und Verwaltung ähnlich begründet, insbesondere mit Rückgriff auf die Theorie des *Scientific Management* (Taylor 1913), und auch dort wurde die grundlegende Unterscheidung, die Dichotomie von *Politics and Administration* für lange Zeit eindeutige normative Orientierung der Politikwissenschaft (Wilson 1887, Goodnow 1900, Gulick/Urwick 1937).

Schon Max Weber hat die Problematik und die heroischen Annahmen dieser Theorie gesehen, aber das tut einem Idealtypus keinen Abbruch. Ungeachtet aller empirischen Probleme galt diese Orthodoxie bis zum zweiten Weltkrieg, auch und besonders in Deutschland, wo viele Bürokraten ihre Distanz zum demokratischen System der Weimarer Republik und dann ihr gewissenloses Mitläufertum in der Nazizeit vor sich und der Welt damit rechtfertigen konnten, dass sie für die politischen Weichenstellungen nicht verantwortlich seien, da sie nur neutrale und effiziente Instrumente, eben willenlose Befehlsempfänger politischer Direktiven seien.

Die Orthodoxie der strikten Trennung von Politik und Verwaltung brach in den USA spätestens mit den Erfahrungen des 2. Weltkrieges zusammen (siehe oben 2.3.1). Die damals entwickelte Grundthese, dass nämlich die Verwaltung sowohl bei der Konzipierung und Formulierung von Politikinhalten (*Policies*) und deren Kodifizierung in Recht, wie bei deren Durchsetzung und Evaluation eine eigenständige und entscheidende Rolle spielt, sind von der empirischen Verwaltungsforschung seit dieser Zeit immer wieder, immer differenzierter und immer überzeugender belegt worden.

Entscheidungsbeitrag der Bürokratie

Zum einen zeigt die empirische Verwaltungsforschung, wie groß der „Entscheidungsbeitrag der Bürokratie" (Scharpf 1973b, S. 16) im Rahmen der Programmformulierung ist, d.h. welche Probleme verdrängt, welche Ziele vernachlässigt und welche Handlungsalternativen in der Phase der Entscheidungsvorbereitung von der Verwaltung bereits ausgeschieden werden, ehe irgendein verantwortlicher Politiker mit dem Entscheidungsprozess befasst war, und sie zeigt auch, wie stark die Verwaltung in gesellschaftliche Interessenstrukturen eingebunden ist. Die Verwaltung ist nicht allein von der Politik programmiert, sondern programmiert auch die Politik, sie wendet Recht nicht nur an, sondern sie erzeugt es auch, bis hin zu den Gesetzen, die fast ausschließlich in der Bürokratie angeregt und konzipiert werden. Es ist kein Zufall, dass wenn wir heute von Politikberatung reden, damit i.d.R. Verwaltungsberatung gemeint ist. Administrative Interessenvermittlung (Lehmbruch 1987) ist eines der herausragenden Merkmale moderner demokratischer Staaten. Zum anderen zeigt die empirische Verwaltungsforschung, insbesondere die Implementationsforschung, dass der Vollzug von Programmen zu einem nicht unerheblichen Teil „politischer Prozess" ist, dass viele Fragen durch die formelle politische Entscheidung noch nicht entschieden wurden und die eigentliche politische Auseinandersetzung erst während des Vollzuges beginnt (Mayntz 1980a, 1983).

Die vollständige Steuerung der Verwaltung durch Gesetz und Recht, so das Ergebnis der empirischen Forschungen, ist eine Fiktion sowohl des Rechtspositivismus wie der klassischen Bürokratietheorie. „Dienst nach Vorschrift" führt ganz im Gegenteil nach allgemeinem Verständnis zum Zusammenbruch der Bürokratie. Verwaltung wendet Recht nicht einfach an, sondern verfügt über erhebliche Handlungsspielräume und verhandelt z.B. eher mit Betroffenen als dass sie ihnen Anweisungen gibt (4.3.2.2):

> „So enthält die Bindung der Verwaltung an das Gesetz viele Öffnungen und weiche Stellen, die flexibles Verwaltungshandeln nicht nur zulassen, sondern sogar erfordern. Das Verwaltungshandeln erscheint danach weniger gesetzesgebunden als vielmehr gesetzesgeleitet" (Hill 1987, S. 19f.).

Für die Verwaltung sind Gesetze eher Landkarten als Zügel. Nun könnte vermutet werden, dies sei eine neuere Entwicklung, vielleicht sogar eine Folge des allüberall beklagten Verlustes an Werten und Normen – aber dafür spricht wenig. Thomas Ellwein hat im Rahmen seiner historischen Studien überzeugend nachgewiesen, dass diese Phänomene eine lange Geschichte haben, dass die Verwaltung nicht einfach gehorcht, sondern weitgehend selbst klärt, was mit vorhandenen Ressourcen und unter gegebenen Umständen zu erreichen ist. Entgegen der normativen Annahme, Verwaltung sei identisch mit Vollzug, haben wir es mit einer eigenständigen Verwaltung zu tun, die in vielen Fällen selbst entscheidet, wie zwischen dem Sollen und dem Können auszugleichen ist. Ellwein fasst dies in der Beobachtung zusammen, dass die Bilder vom (gesetzes-)treuen und die vom tüchtigen Verwaltungsmann sich nicht decken und noch nie gedeckt haben (Ellwein 1994).

Die politikwissenschaftliche Verwaltungsforschung hat auf diese Erkenntnis reagiert, indem sie die Trennung von Politik und Verwaltung radikal negiert (in den USA früher als bei uns). In der Folge sprach man fortan vom „politisch-administrativen System", abgekürzt PAS, oder sogar vom Kürzel RV für „Regierung und Verwaltung". Aber indem man die politischen Funktionen der Verwaltung betont und Politik und Verwaltung konsequent gemeinsam betrachtet, wird die Frage nicht gelöst, wie denn das Verhältnis zwischen Politik und Verwaltung konkret ausgestaltet ist.

Politisch-administratives System

Das politisch-administrative System mag eine Metapher sein, mit der man die Wirklichkeit in Ministerien einfangen kann, aber sie versagt vor der Größe und gleichzeitigen Vielgestaltigkeit der öffentlichen Verwaltung. Die funktionelle Differenzierung, insbesondere das Entstehen hochgradig organisierter funktioneller Teilsysteme der Gesellschaft, die mit den Stichworten Spezialisierung, Differenzierung, Interdependenz und nicht zuletzt Enthierarchisierung charakterisiert werden kann (Mayntz 1995), wird vom Staat, nach dem Gesetz der „requisite variety" abgebildet und aufgefangen. Die territoriale und funktionale Differenzierung des öffentlichen Sektors übersteigt, wie gezeigt, jegliche Phantasie. Dabei erstrecken sich die gesellschaftlichen Widersprüche in den Staat selbst und verringern seine Kohärenz. Je mehr staatliche Steuerung, desto mehr Zielkonflikte. Unterschiedliche Verwaltungszweige verfolgen – wissentlich oder absichtslos – unvereinbare Zwecke und verursachen Folgewirkungen in anderen Ressorts. Der Bedarf an Koordination übersteigt zunehmend die Kapazitäten des politischen Systems, auf keinen Fall kann mehr von einer einfachen politischen Steuerung der Verwaltung ausgegangen werden.

Offenbar macht es auch keinen Sinn mehr, von einer einheitlichen öffentlichen Verwaltung zu sprechen. Das Bild von der öffentlichen Verwaltung als hierarchischer, einfach zu steuernder Pyramide ist aufzugeben. Die öffentliche Verwaltung ist viel zu spezialisiert, differenziert und fragmentiert, als dass sie diesem Bild noch entspräche. Statt einer festen Pyramide entsteht eher das Bild eines vielfältig verknüpften und sich weitgehend selbst tragenden Netzes, es erscheint daher sinnvoller, vom „öffentlichen Sektor" zu sprechen als von der „öffentlichen Verwaltung" oder vom „öffentlichen Dienst". Insbesondere Fritz W. Scharpf hat immer wieder darauf hingewiesen, dass der öffentliche Sektor sich so stark differenziert hat und so sehr mit anderen gesellschaftlichen Sektoren verflochten ist, dass die mit der Steuerungs-Metapher fast immer unterstellten Voraussetzungen einer aus einheitlicher Absicht hervorgebrachten Willensbildung und Willensdurchsetzung des ‚Staates' nicht mehr gegeben sind, falls es sie je gab.

Dass sich aus dieser Erkenntnis erhebliche Probleme der politischen Steuerung der Verwaltung und ihrer Legitimation ergeben, liegt auf der Hand. Demokratietheoretisch ist das klassische Modell von der gesetzesgebundenen, streng bürokratisch und hierarchisch organisierten und handelnden Verwaltung viel unproblematischer, als das der flexibel handelnden, mit ihrer gesellschaftlichen Klientel verflochtenen, weitgehend autonomen Verwaltung.

Im Folgenden soll es darum gehen, die bisher knapp skizzierte Entwicklung in unterschiedlichen, mehr oder weniger expliziten Sichtweisen der Rolle der öffentlichen Verwaltung deutlich zu machen, zu systematisieren und dabei pointiert zusammenzufassen. In diesem Zusammenhang werden vier normative Bilder der öffentlichen Verwaltung im Regierungssystem unterschieden, deren jeweilige Herausbildung zunächst unterschiedlichen Entwicklungsstufen des demokratischen Staates zugeordnet werden kann. Die Unterscheidung dieser Modelle geht zurück auf eine umfassende empirische Untersuchung des dänischen öffentlichen Sektors, in der 120 öffentliche Organisationen analysiert und in einer Datenbank mit über 1000 Variablen beschrieben wurden (siehe Beck Jørgensen 1993, Antonsen/Jørgensen 1995).

Normative Bilder der öffentlichen Verwaltung

„Öffentliche Verwaltung" wird dabei zunächst ganz einfach institutionell verstanden, im Gegensatz z.B. zu einer personellen Unterscheidung zwischen „Bürokraten" (Beamten, Angehörigen des öffentlichen Dienstes) und „Politikern" (nicht ernannten, sondern gewählten Funktionären). Ganz allgemein sollen unter öffentliche Verwaltung alle Organisationen subsumiert werden, die – im deutschen Rechtssystem – öffentlich-rechtlich organisiert sind und/oder überwiegend durch in öffentlichen Haushaltsplänen festgelegte Finanzen finanziert werden (also z.B. auch öffentliche Theater, Eigenbetriebe, Universitäten oder Schulen). Ausgangspunkt der folgenden Überlegungen ist daher die formal definierte „öffentliche Organisation", die in vier unterschiedlichen normativen Bildern der öffentlichen Verwaltung typologisch unterschieden wird, nämlich als

– autonome Verwaltung
– hierarchische Verwaltung
– kooperative Verwaltung und
– responsive Verwaltung.

168

Abbildung 40: Normative Bilder der Verwaltung

	Autonome Verwaltung	Hierarchische Verwaltung	Kooperative Verwaltung	Responsive Verwaltung
Rolle öffentlicher Organisationen	Verwirklichung des Gemeinwohls	Verwirklichung demokratisch festgesetzter politischer Präferenzen	Konstrukteur und Moderator komplexer Verhandlungssysteme	Befriedigung der Wünsche von Klienten und Kunden
Staat	souveräner, autonomer Obrigkeitsstaat	demokratischer Verfassungsstaat	pluralistischer/korporatistischer Verhandlungsstaat	partizipativer Staat
Normative Prämisse	Gemeinwohl, Wahrheit (moralische und professionelle Werte)	Demokratie (Repräsentation Legalität und Legitimität)	Problemlösung (Konsens, Kompromiss, Interessenberücksichtigung)	Dienstleistung (Bürgernähe, Effizienz, Effektivität, Kundenorientierung)
Verwaltung im Regierungssystem	Schutz der Verwaltung vor der Umwelt (Politiker, Parteien, Verbände und Bürger als Bedrohung des Gemeinwohls)	Verwaltung als verlässliche Maschine (hierarchische Steuerung)	Verwaltung als Partner (administrative Interessenvermittlung, horizontale Verflechtung)	Verwaltung im Wettbewerb (im direkten Kontakt mit Kunden und Klienten)
Vorrangige Rolle der Bürger	Untertanen	Wähler	Mitglieder von Organisationen	Kunden, Klienten, Konsumenten, Ko-Produzenten
Politikformulierung	neutrale Bürokratie Experten Professionen	Wahlen Parlament Kabinett	Politik-Netzwerke Korporatismus	Bürgerbeteiligung, Partizipation
Politikdurchführung	neutrale Organisation Experten Professionen	neutrale Organisation Experten Professionen	politische Bürokraten	professionelle Organisation, Bürger als Ko-Produzenten

4.4.2.1 Normative Grundlagen

Autonome
Verwaltung Ausgangspunkt aller weiteren Bilder der klassischen deutschen Verwaltung ist die *„autonome Verwaltung"*. Die Funktion öffentlicher Organisationen besteht in diesem Idealtypus darin, das Gemeinwohl zu erkennen und zu verwirklichen. Eine institutionelle Trennung zwischen Politik und Verwaltung gibt es dabei nicht und sie ist auch nicht notwendig. Dies ist die Verwaltung des nach innen wie außen souveränen, traditionellen Obrigkeitsstaates.

Normative Grundlage ist das a priori vorhandene Gemeinwohl, das „nur" erkannt und umgesetzt werden muss. Darin besteht die eigentliche Aufgabe des Staates, und nur er ist dazu in der Lage. Der Staat wiederum besteht aus seinen loyalen Beamten. Zentrales Merkmal dieses Beamtenkörpers sind gemeinsame moralische, ethische und professionelle Werte, die nicht nur durch eine spezifische Sozialisation vermittelt werden können, sondern z.B. auch durch Wissenschaft und Technologie. Organisationsprinzip der öffentlichen Verwaltung ist die autonome Bürokratie, die letztendlich vor den unsachlichen und das Gemeinwohl verfälschenden Einflüssen der Umwelt geschützt werden muss. Diese feindliche Umwelt besteht insbesondere aus Interessengruppen, die gemeinwohlfeindliche Eigeninteressen verfolgen, und den Politikern, insbesondere natürlich den bösen, eigensüchtigen Parteien, im Endergebnis aber auch aus den egoistischen, uninformierten und vorurteilsbeladenen Bürgern. Siehe z.B. die Auffassung von Herbert Krüger: „Anders als für die Gesellschaft im Verhältnis zum Staat gibt es (...) für den Staat keinen spezifischen Schutz vor der Gesellschaft. Umso mehr muss daher vor allem Bedacht auf die Abschirmung des Staates gegenüber dem natürlichen Menschen genommen werden"(Krüger 1966, S. 629, ausführlich Böhret/Jann/Kronenwett 1979).

Die vorrangige Rolle der Bürger ist die der Untertanen dieses paternalistischen Obrigkeitsstaates. Politikformulierung, die Festlegung öffentlicher Aufgaben, und ihre Umsetzung, „was soll der Staat tun und wie soll er dies tun", obliegt der neutralen Bürokratie, die sich dabei durchaus der modernsten technischen und professionellen Expertise bedient. Es gibt keinen prinzipiellen Unterschied zwischen Politikformulierung und -durchführung, allenfalls ist dies eine Frage der Kompetenz. Die Implementation wird von weniger kompetenten Angehörigen der Verwaltung vorgenommen, daher muss sie hierarchisch überwacht und gesteuert werden.

Hierarchische
Verwaltung Das nächste Bild ist das der *hierarchisch organisierten Verwaltung* im demokratischen Rechts- und Verfassungsstaat. Hier besteht die zentrale Funktion öffentlicher Organisationen in der Verwirklichung demokratisch definierter politischer Präferenzen. Normative Grundlage dieses Bildes ist die Demokratie, und zwar verstanden im Sinne von Dahl als Polyarchie, d.h. gekennzeichnet durch Organisations-, Koalitions-, Meinungs- und Versammlungsfreiheit, allgemeines Wahlrecht, Offenheit sämtlicher öffentlicher Ämter für alle Bürger, Recht politischer Führer, um Ämter und Unterstützung zu konkurrieren, Informationsfreiheit und alternative Angebote von Informationen, freie, gleiche, geheime und faire Wahlen und insbesondere die Existenz von Institutionen, die Politikinhalte und deren Umsetzung an Wahlen, Abstimmungen und andere Manifestationen von politischen Präferenzen binden (Dahl 1971, Schmidt 1995, Böhret/Jann/Kronenwett 1979).

Die ist das klassische Bild des demokratischen Verfassungsstaates. Das Idealbild der öffentlichen Verwaltung ist darin das der Bürokratie als verlässlicher Maschine, die all diese demokratischen Funktionen ohne *Bias*, „sine ira et studio", fair, neutral und wie die Adjektive alle heißen mögen, unterstützt. Im Gegensatz zum ersten Bild soll die Verwaltung hier alles andere als autonom sein, sie soll stattdessen vollständig demokratisch determiniert werden.

Die vorrangige Rolle der Bürger ist die der Wähler, die ihre Präferenzen und Interessen über ihre gewählten Repräsentanten qua demokratisch-legitimierter Gesetzgebung und Regierung der Verwaltung vorgeben. Politikformulierung geschieht durch Wahlen, Parlamente, Kabinette, Parteien und alle anderen legitimen Möglichkeiten demokratischer Willensbildung – durchaus unterstützt von einer loyalen Bürokratie. Es gibt eine parlamentarische Steuerungs- und Legitimationskette, die entweder über Wahl-Parlament-Gesetze-Bürokratie (legislative Programmsteuerung) oder Wahl-Parlament-Regierung-Bürokratie (demokratisch-legitimierte Weisung) funktioniert. Die Politikdurchführung ist demgegenüber weiterhin der neutralen Expertise und Professionalität der Bürokratie überlassen. Dies ist das Bild der klassischen Dichotomie zwischen Politik und Verwaltung.

Nachdem dieser Idealtypus sich als zu wirklichkeitsfremd – selbst für einen Idealtypus – erwiesen hatte, entstand das Bild der *kooperativen Verwaltung* (grundlegend Benz 1994, Dose 1997, Dose/Voigt 1995). Hier erweitert sich die Funktion der öffentlichen Verwaltung in Richtung eines Konstrukteurs und Moderators komplexer Verhandlungssysteme zwischen öffentlichem und privatem Sektor. Normative Prämisse ist hier die Ermöglichung adäquater Problemlösungen durch die Berücksichtigung und den Ausgleich legitimer Interessen und der internen Strukturen und Funktionen sozialer, weitgehend selbst-regulierender Subsysteme und kollektiver Akteure (Scharpf 1993, Mayntz 1996). Dies ist das Bild des hoch-differenzierten, pluralistischen und korporativen Verhandlungsstaates. **Kooperative Verwaltung**

Die Bürokratie ist in diesem Bild kompetenter Verhandlungspartner in und auch Architekt von Politiknetzwerken, dabei wird nicht prinzipiell zwischen Politik und Verwaltung unterschieden. Akteur ist das politisch-administrative System. Eine zentrale Rolle der Verwaltung besteht in der administrativen Interessenvermittlung, d.h. in der Aggregation und durchaus auch Artikulation gesellschaftlicher Interessen in enger Verbindung mit gesellschaftlichen Organisationen (Lehmbruch 1987). Bürger treten dieser Verwaltung vorrangig als Mitglieder von Organisationen gegenüber. Je differenzierter und organisierter die Gesellschaft, desto handlungsfähiger sind im Prinzip *corporate actors* und politisch-administratives System.

Politikformulierung geschieht notwendigerweise in hoch-differenzierten Politiknetzwerken, unter Mitwirkung von betroffenen Verbänden, Unternehmen, Wissenschaft und natürlich auch politischen Organisationen. Die Politikdurchführung wird weiterhin einer professionellen Bürokratie überlassen, die allerdings über erhebliche Verhandlungs- und Handlungsspielräume verfügen muss. Die hierarchische Überordnung des Staates über die Gesellschaft wird zunehmend infrage gestellt.

Das Bild der kooperativen Verwaltung entspricht im Grossen und Ganzen dem derzeitigen Stand der empirischen verwaltungswissenschaftlichen Diskussion. Daneben gibt es aber ein weiteres, „moderneres" Bild der öffentlichen Verwaltung, nämlich das der *responsiven Dienstleistungsorganisation*. Hier liegt die zentrale Aufgabe der öffentlichen Verwaltung in der Befriedigung der konkreten Wünsche und Bedürfnisse der Bürger, also ihrer Klienten und ihrer „Kunden" (Oppen 1995, KGSt 1992). Die Verwaltung als öffentliche Organisation ist eher der Gesellschaft untergeordnet als der Politik. **Responsive Verwaltung**

Abbildung 41: Verhältnis zwischen Politikern und Bürokraten

	Autonome Verwaltung	Hierarchische Verwaltung	Kooperative Verwaltung	Responsive Verwaltung
Politiker	nicht notwendig gefährlich	demokratisch legitimierte Meister der Organisation	Partner von Bürokratie und Verbänden	zuständig für Ziele, Rahmensetzung
Bürokraten (Mitarbeiter der öffentlichen Verwaltung)	vermitteln Ziele, Werte und Identität: Staatsdiener (Professionen)	neutrale und loyale Instrumente rationaler und legaler Herrschaft: klassische Beamte	Partner der Politikformulierung und -umsetzung: politische Bürokraten	Manager orientiert an Effizienz und Effektivität: öffentliche Entrepreneure
Steuerung	Sozialisation Autorität Werte Standards: „Normen"	Hierarchie Regeln Weisung Kontrolle: „Recht"	Kommunikation Loyalität Personal Organisation: „Information"	Wettbewerb Austausch Verträge Ressourcen: „Geld"
Demokratie	nicht notwendig, eher schädlich	repräsentative Demokratie Rechtsstaat Polyarchie „top-down"	organisierte Demokratie Korporatismus „horizontal"	partizipative Demokratie direkte Demokratie Selbst-Organisation „bottom-up"
Bindung an die Politik	schwach	stark „Regeln"	stark „Loyalität"	schwach
Bindung an die Gesellschaft	schwach	schwach	stark „Verhandlung"	stark „Austausch", „Dialog"
Politiker	schwach	stark	stark	schwach
Bürokraten	stark	schwach	stark	schwach

Normative Prämisse ist in diesem Modell die effektive und effiziente Dienstleistung und die „Kundenorientierung". Die Präferenzen der Bürger werden nicht, wie im autonomen Modell, von der Verwaltung selbst definiert, sie werden auch nicht, wie im hierarchischen Modell, per Gesetz oder Regierung vorgegeben und auch nicht in komplexen Verhandlungssystemen festgelegt, sondern sie werden direkt gegenüber der Verwaltung artikuliert und durch direkten Austausch durchgesetzt. Das Idealbild der öffentlichen Verwaltung ist die Bürokratie im Wettbewerb. Die Bürger können sich ihre öffentlichen Dienstleistungen in der Konkurrenz einer Vielfalt von Anbietern, seien sie privat, aus dem sog. Dritten Sektor oder auch andere öffentliche Organisationen aussuchen.

Bürger sind daher vorrangig Klienten, Konsumenten, Kunden der öffentlichen Verwaltung, oder auch, in einem modernen Verständnis von Dienstleistungen, aktive Ko-Produzenten dieser Leistungen. Politikformulierung geschieht durch direkte Beteiligung und aktive Teilnahme der Bürger, Partizipation ist hier die normative Leitlinie. Im Rahmen der Politikformulierung sind die Bürger als Ko-Produzenten aktiv und unverzichtbar.

Im nächsten Abschnitt soll genauer untersucht werden, wie die Realität der öffentlichen Verwaltung in Deutschland mit diesen normativen Bildern korrespondiert. Vorher ist es aber notwenig, kurz das prekäre Verhältnis zwischen Politik und Verwaltung in diesen Modellen anhand der ihnen zugeordneten Akteure, also der Politiker und Bürokraten zu spezifizieren.

4.4.2.2 Politiker

In der *autonomen Verwaltung* gibt es eigentlich keinen Bedarf für Politiker. Sollte es sie dennoch geben, sind sie für die Verwirklichung des Gemeinwohls eher schädlich und gefährlich. Politikern fehlt die notwendige fachliche Expertise, sie vertreten allein ihre borniert, kurzfristigen und unsachlichen Einzelinteressen und behindern so sachlich adäquate Problemlösungen. Spätestens jetzt fällt auf, dass diese Bestimmung der Rolle von Politik und Verwaltung offenbar keineswegs historisch überholt ist. Vermutlich vermitteln die skizzierten Bilder nicht eine historische Abfolge normativer Bilder, sondern sie existieren gleichzeitig in allen modernen, öffentlichen Organisationen. Dabei ist weniger an Ministerien zu denken, obwohl es auch hier die Aussage des Fraktionsvorsitzenden der FDP Solms gibt, für einen deutschen Ministerialbeamten sei das größte Ärgernis im Gesetzgebungsverfahren das Parlament, sondern in erster Linie der zumindest quantitativ viel umfangreichere Bereich der „normalen" Landes- oder Kommunalverwaltungen.

In der *hierarchischen Verwaltung* sind Politiker demgegenüber, zumindest im normativen Selbstverständnis, die unangefochtenen demokratisch legitimierten Meister der Bürokratie. Sie bilden die Spitze der bürokratischen Pyramide, nur durch sie werden Präferenzen und Werte für die Verwaltung selektiert. Dieses Bild entspricht in etwa Image I und II der Darstellung von Aberbach/Putnam/Rockman (siehe 4.4.1) und entspricht dem Bild, das die öffentliche Verwaltung gern selbst von sich zeichnet, insbesondere wenn sie unter Kritik gerät. So werden regelmäßig alle Vorwürfe bezüglich des Wachstums staatlicher Aufgaben und Ausgaben mit dem Hinweis auf die Verantwortung der Politik zurückgewiesen. Allein die Politik erfindet neue staatliche Aufgaben, die bedauernswerte Verwaltung muss sie dann ausführen und dafür die Kritik einstecken.

In der *kooperativen Verwaltung* sind Politiker Partner der Bürokratie. In Politiknetzwerken und *„issue networks"* arbeiten sie mit Organisationen zusammen und sind, genau wie Politiker, bei der Artikulation und Aggregierung von Interessen unverzichtbar. Dies entspricht weitgehend Image III und IV der Aberbach/Putnam/Rockman-Darstellung. Dieses Bild ist insbesondere anhand der Politikformulierung im Bereich der Ministerialbürokratie des Bundes oder der Europäischen Union empirisch hervorragend belegt.

Fraglich ist allerdings, wie die Rolle der Politiker im Rahmen der *responsiven Verwaltung* zu sehen ist. Das neue Steuerungsmodell fordert apodiktisch eine neue Aufgabenteilung zwischen Politik und Verwaltung, in der die einen für die Zielsetzung und Überwachung öffentlicher Aufgabenerfüllung zuständig sein sollen, die anderen für die Umsetzung. Aber das ist im Prinzip nur eine Wiederholung ihrer normativen Rolle im hierarchischen Modell, allerdings ergänzt durch neuartige Kontrollinstrumente (Kosten- und Leistungsrechnung, Berichtswesen, Controlling etc., ausführlich Bogumil/Kißler 1997). Wenn aber deutlich geworden ist, dass diese normative Rollenbestimmung im klassischen Modell problematisch ist, warum sollte sie jetzt plötzlich als Richtschnur der responsiven Verwaltung ausreichen? Es ist offenbar notwendig, auch die Rolle der Bürokraten, hier verstanden als alle Mitarbeiter der öffentlichen Verwaltung, seien sie nun Ministerialbeamte, Lehrer, Politesse, Inspektorin im Sozialamt oder Krankenschwester, genauer zu differenzieren.

4.4.2.3 Bürokraten

Für die *autonome Verwaltung* kennen und verwirklichen nur ihre Mitarbeiter das Gemeinwohl und sind in der Lage, es unverfälscht umzusetzen. Aufgrund ihrer ethischen und professionellen Einstellung und Ausbildung sind sie in der Lage, öffentliche Ziele, Werte und Identität zu vermitteln und zu verkörpern. Das Bild der öffentlichen Verwaltung ist das einer Funktionselite, man könnte auch sagen eines Corps, charakterisiert durch normative Auswahl und Selbstselektion, gemeinsame Sozialisierung und die Beurteilung durch Vorgesetzte und *„peer groups"* (vgl. auch Mintzberg 1996). Wenn es ein klassisches Vorbild für diese Art der Organisation gibt, dann ist es die Kirche, die weniger durch strikte Regeln (obwohl es die auch gibt) und mehr durch gemeinsame Werte zusammengehalten wird. Das klassische moderne Beispiel sind die Gesundheitsberufe, aber auch Sozialarbeiter oder Denkmalschützer fallen in diese Kategorie. In abgeschwächter Form sind dies die von Frido Wagener beschriebenen Fachbruderschaften.

Für die *hierarchische Verwaltung* ermöglicht die auch dort vorhandene professionelle Einstellung und Ausbildung den Mitarbeitern, als neutrale und loyale Instrumente der demokratischen, rationalen Herrschaftsform zu handeln, berechenbar, stetig, effektiv usw., wie von Max Weber gefordert. Gesteuert wird diese rationale Bürokratie bekanntlich durch Regeln und Weisungen im Rahmen der konditionalen oder finalen Steuerung (legislative Programmsteuerung). Das Bild des öffentlichen Dienstes ist das einer präzise überwachten Maschine, in der Aufgaben zunächst isoliert, dann zugewiesen und schließlich gewissenhaft kontrolliert werden. Das klassische Vorbild ist hier das Militär oder auch die moderne, tayloristische Fabrik.

In der *kooperativen Verwaltung* ist der öffentliche Dienst Partner und Widersacher der Politik sowohl bei Politikformulierung und -durchsetzung und insbesondere natürlich Partner und Widersacher organisierter Interessen. Politiker und Bürokraten bestimmen gemeinsam, was zu tun ist und wie es getan werden sollte. Das normative Bild ist das des Netzwerks. Es kommt darauf an, zu kommunizieren, Verbindungen zu schaffen und zu kooperieren. Gesteuert wird der loyale öffentliche Dienst in erster Linie durch Information und Verhandlung, aber auch durch die Personalauswahl und die Organisation als Verstetigung (oder Erschwerung) von Kommunikationsbeziehungen. Hier gilt das vormoderne Vorbild des Clans oder das des schon beinahe post-modernen Netzwerkes.

Der öffentliche Dienst im Rahmen der *responsiven Verwaltung* ist schließlich bestimmt durch Kundenorientierung, Effizienz und Effektivität. Der moderne Bürokrat ist der öffentliche Manager und Entrepreneur, gesteuert durch Wettbewerb, Dialog und direkten Austausch mit der Gesellschaft und nicht zuletzt durch Geld. Das normative Bild ist das des Marktes, d.h. es kommt darauf an, öffentliche Bedienstete und administrative Einheiten so selbstständig wie möglich zu machen, sie mit Hilfe von Verträgen und – i.d.R. monetären – Anreizen dem Wettbewerb auszusetzen und für Erfolge direkt zu belohnen.

4.4.2.4 Verwaltung und Demokratie

Stellt sich schließlich die Frage, wie die demokratische Regierungsform mit diesen unterschiedlichen Steuerungsformen verbunden ist. Die *autonome Verwaltung* braucht bekanntlich keine Demokratie, sondern hält sie im Prinzip sogar für schädlich. Die Bindung an Politik wie Gesellschaft ist schwach, die ideale Regierungsform ist eine mit nicht-vorhandenen oder schwachen Politikern und starken, professionellen Angehörigen des öffentlichen Sektors. So stellen sich Chefärzte Krankenhäuser und Professoren Universitäten vor.

Die ideale Regierungsform der *hierarchischen Verwaltung* sind repräsentative Demokratie und Rechtsstaat, Willensbildung erfolgt Top-Down oder m.a.W. in der Form der „*overhead democracy*". In dieser Regierungsform ist die Bindung an die Politik (Parlamente, Regierungen) stark, an die Gesellschaft (Interessengruppen, Einzelinteressen) eher schwach. Eine ideale Regierungsform mit starken Politikern und schwachen oder besser neutralen und loyalen Beamten, die keine Eigen-oder Partialinteressen vertreten.

Die *kooperative Verwaltung* ist die Regierungsform der organisierten Demokratie (Olsen 1983) und des liberalen Korporatismus. Sie ist gekennzeichnet durch starke Bindungen an die Politik und gleichzeitig an organisierte Interessen, sozusagen eine horizontale Demokratie. Idealerweise gibt es hier starke Politiker und starke Bürokraten, die sich in ihren normativen und faktischen Kompetenzen ergänzen.

Die ideale Regierungsform der *responsiven Verwaltung* ist schließlich noch unklar, aber es könnte die partizipative, direkte Demokratie sein, gekennzeichnet durch Selbstorganisation der Gesellschaft und enge Verbindungen zwischen Bürokratie und Bürgern. Bindungen an die organisierte Politik sind schwach, dafür die an die Bürger umso stärker. Die responsive Verwaltung reagiert auf die „realen" Bedürfnisse der Bürger, nicht auf die „bornierten" Präferenzen der Politik. Im idealen Modell ist dies eine Regierungsform sowohl schwacher Politiker wie schwacher Beamter: Da die Verwaltung eng an die Wünsche und Bedürfnisse der Bürger gekoppelt ist, sind die Handlungs- und Entscheidungsspielräume beider Akteursgruppen äußerst beschränkt. Die Kunden entscheiden, was die Verwaltung unternimmt, nicht Politiker oder Bürokraten.

4.4.2.5 Beispiele in Deutschland

Nach dieser geballten Ladung normativer Idealtypen sollte kurz gefragt werden, ob und in welchen Formen diese Typen in der Realität zu finden sind. Diese Frage impliziert zwei unterschiedliche Richtungen: Zum einen könnte gefragt werden, welche normativen Leitideen sowohl bei Politikern wie bei Bürokraten dominant und handlungsleitend sind, dies ist die Frage nach der dominanten „Verwaltungskultur". Zum anderen ist zu fragen, ob die von den jeweiligen Idealtypen unterstellten Merkmale tatsächlich – zumindest annäherungsweise – in den realen politisch-administrativen Systemen zu finden sind.

Hier soll die zweite dieser Strategien verfolgt werden, zur ersteren liegen seit einigen Jahren einige empirische Befunde vor, allerdings nur für einen sehr untypischen Bereich der öffentlichen Verwaltung, nämlich der Ministerialverwaltung (Aberbach/Putnam/Rockman 1981; Mayntz/Derlien 1989; Derlien/Mayntz 1987).

Das klassische Bild der *autonomen Verwaltung* ist offenkundig der überkommene Obrigkeitsstaat, aber es gibt diese Form auch in anderen Orientierungen. Es wurde bereits angedeutet, dass Strukturen der autonomen Verwaltung im demokratischen System der Bundesrepublik Deutschland durchaus wohlauf und erkennbar sind. Gemeint ist damit, was gelegentlich als der professionell-bürokratische Komplex bezeichnet wird, also die Wahrnehmung öffentlicher Aufgaben durch mehr oder weniger etablierte Professionen oder Fachbruderschaften. Ärzte, Sozialarbeiter, Kulturschaffende, Denkmal- oder Umweltschützer usw. sind i.d.R. davon überzeugt, dass ihre Aufgabenwahrnehmung in erster Linie professionellen (ethischen, wissenschaftlichen) Standards entspricht und entsprechen sollte und dass diese Standards insbesondere durch unqualifizierte, egoistische, kurzsichtige und unvorhersehbare politische Eingriffe gefährdet sind. Ziel dieser Professionen ist keineswegs eine Stärkung demokratischer Mitbestimmung, sei es über die organisierte Politik, sei es über direkte Demokratie, sondern Ziel ist eher, die professionelle Aufgabenwahrnehmung vor politischer Einflussnahme und letztendlich auch vor Transparenz zu beschützen. Autonomie ist dabei keineswegs gleichbedeutend mit Unabhängigkeit (das wäre Autarkie), „Autonom ist vielmehr, wer die in sozialen Beziehungen immer vorhandene Abhängigkeit zum eigenen Vorteil nutzen kann" (Czada 1992, S. 183).

Öffentliche Theater, Krankenhäuser aber auch Universitäten und Sozialämter verwenden einen nicht unerheblichen Teil ihrer Energie darauf, ihre (sicherlich keineswegs unbegrenzte) Autonomie gegenüber „willkürlichen" politischen und gesellschaftlichen Eingriffen zu verteidigen. Theoretisch ist dies letztendlich das Bild der segmentierten, autopoietischen Sozialsysteme, die jeweils nach eigenen Rationalitäten handeln und sich gegenseitig nur als problematische Umwelt wahrnehmen können. Auch und insbesondere die Politik ist eine problematische Umwelt dieser vom Anspruch her „autonomen", professionell gesteuerten Bereiche.

Ein typisches Beispiel für diese Art öffentlicher Organisation ist die Universität in ihrem Bild als „Gelehrtenrepublik", die sich jegliche politische Einflussnahme verbittet. Aber zu denken ist zum Beispiel auch an Fachbehörden wie Umweltämter, die sich mit aller Macht dagegen wehren, in eine allgemeine Verwaltung (z.B. des Kreises) eingeordnet zu werden. In unserem System ist die autonome Verwaltung nie wirklich autark, aber die Erhaltung und Erweiterung ihrer Autonomie ist eines ihrer wichtigsten Ziele.

Typische Reformvorschläge aus dieser Verwaltung zielen daher vorrangig auf die Stärkung der professionellen Autonomie, z.B. durch bessere, professio-

176

nell kontrollierte Ausbildung, professionalisierte Zugangsbeschränkungen, aber durchaus auch durch dezentrale Ressourcenverantwortung und Befreiung von allgemeinen politisch-administrativen Vorgaben (z.B. Tarifrecht, Berichtspflichten, Rechts- und Fachaufsicht). Auch die Ausweitung der Mitarbeiter-Mitbestimmung kann diese Verwaltung stärken. Es gibt also durchaus Verbindungen zu neuartigen Vorstellungen des *New Public Management*.

Die *hierarchische Verwaltung* ist in vielen Bereichen immer noch das Idealbild des demokratischen Verfassungsstaats, und selbstverständlich ist sie auch empirisch relevant. Ihren reinsten Ausdruck findet sie in der klassischen Ministerverantwortlichkeit, dem „*cabinet government*", aber auch der kommunalen Selbstverwaltung.

Es gibt ohne Zweifel viele Felder, die durch legislative Programmierung verbunden mit klassischer Rechts- und Fachaufsicht gekennzeichnet sind, z.B. Polizei, Rentenversicherung, Bauaufsicht oder der gesamte Schulbereich. Aber genau diese Bereiche sind auch durch eigene professionelle Standards und nicht zuletzt durch Implementationsprobleme und „Vollzugsdefizite" gekennzeichnet. Recht ist, insbesondere in unserer Verwaltungskultur, immer noch das zentrale Steuerungsmedium innerhalb des politisch-administrativen Systems, und starke, d.h. mit erheblichen Handlungsspielräumen ausgestattete hierarchische Steuerung verbunden mit schwacher, d.h. in ihren Handlungsspielräumen beschränkte Bürokratie ist keineswegs ausgestorben, aber dennoch gibt es auch und gerade in streng durchnormierten Bereichen, wie z.B. der Steuerverwaltung, Tendenzen der Autonomisierung, der verhandelnden Verwaltung und schließlich auch der responsiven Aufgabenerfüllung („angemessener Gesetzesvollzug").

Wenn wir wiederum die Universitäten als Beispiel nehmen, ist dies das Bild der Universität als „nachgeordneter Behörde", von der demokratisch legitimierten Politik über Rechts- und Fachaufsicht und insbesondere über das jährliche Budget und die Kontrolle seiner Anwendung stark beeinflusst, wenn nicht bis zur Dysfunktionalität in ihren Aufgaben behindert. Das Umweltamt auf lokaler oder regionaler Ebene ist selbstverständlich durch umfangreiche Rechtssetzung und das Budget gesteuert, aber auch durch die hierarchische Einordnung in eine Behörde.

Reformvorschläge für diese Form der Verwaltung richten sich insbesondere an die Stärkung der politischen Steuerung, z.B. durch die Verbesserung der politischen Führung (Planung, Informations- und Konfliktregelungskapazität, „aktive Politik"), an eine verbesserte Rechtssetzung (Rechtsbereinigung, Entbürokratisierung) oder auch an Verbesserungen der Aufbau- (schlankere, straffere Hierarchie, Optimierung der Leitungsspanne, Großreferate etc.) und Ablauforganisation (Verminderung von Schnittstellen, Beschleunigung von Verfahren). Auch die Reduzierung von Politikverflechtung und Mischfinanzierung bis hin zu Spitzenpositionen auf Zeit gehören in diesen Reformkanon.

Die *kooperative Verwaltung* ist offenkundig derzeit das Lieblingskind der empirischen Politik- und Verwaltungsforschung. Ihr Prototyp ist die moderne Ministerialverwaltung, aber sie findet sich auch im Bereich der Kommunen und nicht zuletzt im weiten Feld der Quagos und Quangos (Hood/Schuppert 1988). Klassische Beispiele sind die Umweltpolitik, die Arbeitsmarkt- und Gesundheitspolitik, wo inzwischen vielfach nachgewiesen wurde, dass öffentliche Verwaltung nicht nur eine entscheidende Rolle bei der Formulierung von Politikinhalten spielt, sondern zum einen ein wichtiger Akteur ist bei der Konstruktion und ständigen Rekonstruktion der Politiknetzwerke und Verhandlungssysteme, zum anderen auch im Rahmen der Politikdurchführung viel mehr mit Adressaten verhandelt und koordiniert als Gesetze einfach anwendet und anweist. Insbesondere die Implementationsforschung hat nachgewiesen, dass öffentliche Verwaltungsorganisationen durch legislatorische Programme nur sehr ungenügend gesteuert werden können, und dass erhebliche und erweiterte Handlungsspielräume im Rahmen der Implementation von Programmen keineswegs nur negativ zu bewerten sind. Im Gegenteil, eine sklavische Implementation der vorliegenden Programme deutet weniger auf starke politische Determination und Steuerung sondern eher auf Unfähigkeit oder Unwilligkeit im Rahmen des Implementationsprozesses zu lernen und notwendige Anpassungsleistungen zu erbringen.

Am Beispiel der Universität wäre dieses Steuerungsmodell die Gremienuniversität, oder noch eindeutiger die moderne durch einen externen Hochschulrat gesteuerte und so von kurzfristiger politischer Einflussnahme und Eigeninteressen weitgehend abgekoppelte Hochschule, die eng mit ihrer Umgebung (z.B. Stadt, regionale Wirtschaft, Verbände) verflochten ist. Diese ideale Hochschule erhält die Prämissen ihres Handelns nicht allein aus dem Ministerium, sondern ebenso oder stärker durch die gesellschaftlichen Kräfte ihrer Umwelt.

Das kooperative Umweltamt zeichnet sich zum einen durch enge Verbindungen mit der Politik aus, zum anderen durch intensive gesellschaftliche Kontakte. Umweltschutz wird im Dialog und als Verhandlungsprozess betrieben, gleichzeitig werden intensive Kontakte mit der eigenen Klientel und insbesondere mit den relevanten Interessengruppen betrieben. Sollte die gesellschaftliche Organisation des Umweltschutzes noch schwach sein, leistet die Verwaltung Hilfe bei der Organisation dieser gesellschaftlichen Interessen (Müller 1986, Czada 1991).

Typische Reformvorschläge zur Stärkung und Verbesserung der kooperativen Verwaltung bewegen sich in Richtung verstetigter Konsultations- und Kooperationsgremien, größerer und erleichterter Mobilität zwischen öffentlichem und privatem Sektor, mehr Projektorganisation bis hin zu Globalhaushalten.

Die *responsive Verwaltung*, gesteuert durch Kunden und öffentliche Entrepreneure ist schließlich in weiten Teilen das Idealbild der derzeitigen Diskussion über neue Steuerungsmodelle. Aber auch bisher gibt es bereits diese Art der Verwaltung, die sich durch ihre Bürgernähe definiert, zumindest einen Teil ihrer Ressourcen durch Gebühren oder andere Einnahmen selbst deckt und ihren Erfolg vorrangig an ihrer Akzeptanz bei ihren Klienten, weniger der Politik misst. Beispiele sind öffentliche Kindergärten, Altersheime, Pflegedienste, externe wie interne Dienstleister (Reinigung, Gebäudemanagement, Fuhrpark etc.), aber auch Katasterämter, Statistische Landesämter und selbst Polizeidienststellen können sich als responsive Verwaltung „neu erfinden".

Die Politik wird in diesem Modell geschwächt, sobald Ressourcen eigenständig eingenommen und eingesetzt werden können, die Bürokratie ist schwach, sobald sie sich in ihren Leistungen und Angeboten an den Wünschen der Klienten orientieren muss und insbesondere sobald Klienten die Möglichkeit haben, zwischen vergleichbaren öffentlichen und privaten Angeboten zu wählen. Demgegenüber ist die Bindung an die Gesellschaft stark, nicht nur über Preise und Nachfrage, sondern z.B. auch durch Beiräte, Bürgerbefragungen oder öffentliche Leistungsvergleiche.

Die Universität als responsive Organisation wäre die moderne Service-Universität, die einen nicht unbeträchtlichen Teil ihrer Einnahmen durch Studiengebühren und Forschungsförderung selbst erwirtschaften muss, die sich gleichzeitig ihre Studenten selbst aussuchen kann und durch starke Präsidenten und De-

178

kane geleitet wird. Das Umweltamt dieser Art finanziert einen nicht unerheblichen Teil seines Haushalts durch Dienstleistungen, außerdem misst es regelmäßig sowohl die objektive Umweltqualität wie die subjektive Zufriedenheit der Bürger mit seinen Leistungen und vergleicht sich mit anderen Umweltämtern. Was die typischen Reformvorschläge in diese Richtung angeht, braucht hier das umfangreiche Arsenal des Neuen Steuerungsmodells nicht wiederholt zu werden, von der dezentralen Ressourcenverantwortung über Kosten-Leistungsrechnung, Produktorientierung, Qualitätsmanagement und Leistungsvergleichen bis hin zu Ausschreibungen, Markttests und Outsorcing.

4.4.3 Verhältnis von Politik und Verwaltung auf kommunaler Ebene

4.4.3.1 Institutionelle Ausgangslage

Betrachtet man die formale Ausgestaltung des *Verhältnisses von Politik und Verwaltung* in den Gemeindeordnungen, so zeigt sich, dass die klassische Gewaltenteilung nicht für die kommunale Ebene gilt. Die kommunale Vertretungskörperschaft ist in der deutschen Kommunaltradition ein *Verwaltungsorgan*, damit Teil der kommunalen Selbstverwaltung und der Exekutive zuzuordnen, und kein Parlament im eigentlichen Sinne, obwohl es viele Übereinstimmungen mit sonstigen Parlamenten gibt. Eine klare Trennung zwischen Politik und Verwaltung ist nicht erkennbar. So wurde auch in der alten GO NW davon ausgegangen, dass die Gemeindevertretung das oberste Verwaltungsorgan[64] ist, also verwaltet (§27 GO NW: „Träger der Gemeindeverwaltung"), als auch, dass die Verwaltung Politik macht, indem sie die Entscheidungen in der Gemeindevertretung vorbereitet (§47 GO NW). Entscheidend für den fehlenden Status der Kommunalvertretung als Parlament ist nach Ansicht einiger Autoren, dass den Gemeinden keine eigenständige Gesetzgebungskompetenz zukommt, sie also über keine staatliche Hoheitsmacht verfügen. Im Unterschied zu Satzungen, in denen das Ortsrecht festgehalten wird, können Gesetze nur von den Landesparlamenten und vom Bundestag erlassen werden. Beschlüsse der Gemeindevertretung können im Aufsichtswege beanstandet, aufgehoben oder sogar ersetzt werden (§108, 109 GO NW), das Innenministerium kann einen Beauftragen zur Erfüllung einzelner Aufgaben einsetzen (§110 GO NW) und der Rat kann durch Beschluss der Landesregierung sogar aufgelöst werden (§111 GO NW), so dass, wie Forsthoff schon früh ausführte, von einem originären Parlamentsrecht nicht gesprochen werden kann (1973, S. 551f.). Zudem haben die Gemeinden nur sehr begrenzt Einfluss auf die eigenen Einnahmemöglichkeiten.

Trotz dieser Einschränkungen hat sich in der kommunalen Praxis zumindest in den großen Städten kommunale Selbstverwaltung zu einer *modernen lokalen Demokratie* entwickelt (Wollmann 1998c). Auch institutionell wurden seit den 70er Jahren die Informations- und Kontrollrechte des Kommunalparlamentes (Verfahrensrechte für Fraktionen, Minderheitsrechte für die Opposition, Etablierung von

Kommunalvertretung als Verwaltungsorgan

Aufbau parlamentarischer Rechte

---

64 In Baden-Württemberg gibt es dagegen schon immer zwei Organe, den Gemeinderat als Hauptorgan und den Bürgermeister (§23; 24, 1 GO BaWü). Allerdings kommt in NRW dem Gemeindedirektor aufgrund seiner Zuständigkeiten bei der Leitung und Verteilung der Geschäfte nach einem Urteil des Oberverwaltungsgerichtes von 1954 die Rechtsstellung eines Organs zu, obwohl dies zunächst nicht in der GO kodifiziert ist.

Anfragen sowie Akteneinsichtsrechte) durch Änderungen in den GOen ausgebaut, wodurch sich der Status der Kommunalvertretung in diesem Punkt einem Parlament annähert. In NRW gibt es z.B. seit 1969 Regelungen zum Verdienstausfall und Aufwandsentschädigungen, die aber von Kommune zu Kommune anders gehandhabt wurden und erst durch die Änderung der GO von 1994 landesweit vereinheitlich werden. Seit 1979 tagen die Ausschüsse öffentlich und es gibt Minderheitsrechte für Fraktionen bezüglich der Einberufung des Rates, der Durchsetzung von Tagesordnungspunkten, bezüglich der Akteneinsicht und der Forderung nach geheimer oder namentlicher Abstimmung. Auch die Wahl des stellvertretenden Bürgermeisters findet nun nach Fraktionsstärke statt, so dass die große Oppositionspartei in der Regel immer den stellvertretenden Bürgermeister erhält.

Die kommunalen Vertretungskörperschaften werden zudem wie ein Parlament gewählt, die Mitglieder schließen sich zu Fraktionen zusammen, haben das Recht, kommunale Satzungen zu beschließen und fühlen sich als Parlamentarier. Von den klassischen Parlamentsrechten verfügt man somit über die Möglichkeit der politischen Leitungsentscheidung, über das Budgetrecht, über die Normsetzungsbefugnis sowie über die Kontrollfunktion. Zur Wahrnehmung ihrer Kontrollaufgaben (§40, §49 GO NW) verfügen die Vertretungskörperschaften neben dem schon erwähnten Budgetrecht über ein Frage- und Antwortrecht, das umfassende Recht auf Information sowie die Möglichkeit, den Verwaltungschef abzuwählen. Wollmann sieht diesen Parlamentarisierungsprozess als Verwirklichung der ursprünglichen Grundgesetzintention an, nämlich des Art. 28, Abs. 1, Satz 2, der vorsieht, dass „das Volk (...) in den Ländern, Kreisen und Gemeinden eine Volksvertretung" haben müsse (vgl. Wollmann 1998a, S. 406; 1998c, S. 50ff.). Auch Ott spricht hier von einem Parlamentscharakter der Gemeindevertretung (Ott 1994).

Zusammenfassend zeigt sich, dass die Kommunen nach dem deutschen Kommunalrecht den Status einer *besonderen Form politischer Verwaltung* innehaben, der durch seine Unklarheit mit für die Konflikte zwischen eher verwaltungs- und sachorientierten sowie parteienstaatlichen Konzeptionen kommunaler Selbstverwaltung verantwortlich ist. Dabei gibt es zwischen den einzelnen Bundesländern trotz der in Kapitel 3.5.3 geschilderten Angleichung der Kommunalverfassungen deutliche Unterschiede in der Ausgestaltung des institutionellen Rahmens, die sich zwischen den Extremen eher konkurrenzdemokratisch und eher konkordanzdemokratisch ausgerichteten Kommunalverfassungen bewegen (vgl. ausführlich Holtkamp 2003).

4.4.3.2 Empirische Erkenntnisse

Welche empirischen Erkenntnisse zum Verhältnis von Politik und Verwaltung auf lokaler Ebene zeichnen sich nun Ende des 20. und zu Beginn des 21. Jahrhunderts ab. Seit Anfang der 90er-Jahre lassen sich grob fünf wesentliche Trends unterscheiden, die das alte Verhältnis von Politk, Verwaltung und Bürgern zunehmend berühren (vgl. Bogumil 2001):

- zunehmende Haushaltskonsolidierungsanstrengungen,
- Liberalisierungs- und Privatisierungsbestrebungen vor allem im Bereich kommunaler Daseinsvorsorge
- die flächendeckende Einführung von direkt-demokratischen Elementen (Direktwahl des hauptamtlichen Bürgermeisters, Bürgerbehren/-entscheide)

- die zunehmende Bedeutung kooperativer Demokratieelemente (z.B. durch Lokale-Agenda-Prozesse, Mediationsverfahren) sowie
- die umfassenden Bemühungen zur Verwaltungsmodernisierung nach dem Public-Management-Modell.

Hierbei handelt es sich um recht unterschiedliche Entwicklungen, die zudem an verschiedenen Stellen im kommunalen Entscheidungsprozess ansetzen. Wie wirken sich die Modernisierungsimpulse nun im kommunalen Kräftedreieck zwischen Rat, Verwaltungsspitze und Bürgerschaft aus? Das folgende Schaubild zeigt eine sehr verdichtete Zusammenfassung bezogen auf die Einflusschancen der verschiedenen Akteure (vgl. ausführlich Bogumil/Holtkamp/Kißler 2004).

Abbildung 42: Wirkungen lokaler Modernisierungstrends auf die Einflusschancen der Akteure

	Haushalts- krise	Privatisie- rung	Direktwahl	Bürger begehren	Kooperative Demokratie	NSM
Bürgermeister	0	–	+	–	+	0
Rat[65]	–	–	–	–	–	0
Bürger	–	–	+	+	+	+

Spitzt man die Ergebnisse zu, so zeigt sich zum einen, dass der Rat der absolute Verlierer der Entwicklungen ist und immer geringere Handlungsspielräume hat. Die Haushaltskrise und zunehmende Privatisierungen schränken die traditionellen Politikgestaltungsmöglichkeiten ein, durch die Direktwahl des Bürgermeisters und durch die Einführung von kommunalen Referenden entstehen Vetopositionen sowohl für den Verwaltungsleitung als auch für die Bürger, wenn auch in unterschiedlichem Ausmaß. Aber auch diese Vetopositionen schränken den Handlungsspielraum der kommunalen Vertretungskörperschaften ein. Dies gilt in schwächeren Maße auch für kooperative Bürgerbeteiligungsmöglichkeiten, die einmal installiert, Eigendynamiken entwickeln. Allerdings hat der Rat durch Verteidigungsstrategien durchaus die Möglichkeit, einen Teil der Handlungsspielräume zu konservieren. Dies gilt nicht nur für die neue Arbeitsteilung zwischen Rat und Verwaltung im Rahmen des NSM, die durchweg gegen seinen Widerstand nicht umgesetzt wurde. Auch im Rahmen der kooperativen Demokratie ist teilweise zu beobachten, dass der Rat zwar immer mehr Bürgerforen einrichtet, aber nur wenig Bereitschaft zeigt hinterher auch Beteiligungsergebnisse umzusetzen, sondern eher seine eigenen Präferenzen realisieren will. Diese Verteidigungsstrategie führt aber dazu sich Partizipationsenttäuschungen bei den Bürgern verschärfen können. Weiterhin ist in manchen Bundesländern wie in Nordrhein-Westfalen zu beobachten, dass die Ratsmehrheiten allzu selbstbewussten Bürgermeistern über die Hauptsatzung oder das Aufbauen von starken Beigeordneten Einhalt gebieten. Nur führt dies nicht selten zu einer Politikblockade. Der Bürgermeister kann viele Dinge nicht mehr alleine voranbringen und revanchiert sich dafür mit der mangelhaften Vorbereitung und Implementation von Ratsbeschlüssen. Die Selbstverteidigungsstrategien des Rates können also nicht unbeträchtliche negative Nebenfolgen hervorbringen.

---

65 Vor allem die Mehrheitsfraktionen sind hier in ihrem Handlungsspielraum getroffen, für die Oppositionsfraktionen ergeben sich mitunter sogar neue Handlungsspielräume z.B. durch die Nutzung von Bürgerbegehren.

Die Verwaltungsspitze, repräsentiert durch den hauptamtlichen Bürgermeister, kann in der Summe ihr Machtpotential durchaus ausbauen. Sie wird zwar auch durch Privatisierungsmaßnahmen und die Einführung von Bürgerbegehren negative in ihren Einflussmöglichkeiten tangiert, erhält aber vor allem durch die Direktwahl eine deutliche Stärkung im kommunalen Entscheidungssystem. Auch zeigt sich, dass die Bürgermeister in der Regel Bürgerbeteiligungsmaßnahmen sehr gut für ihre eigenen Zwecke nutzen und damit häufig die kommunalen Vertretungskörperschaften unter Druck setzen können.

Bezogen auf die Bürger gibt sich ein zwiespältiges Bild. Einerseits haben die Bürger immer mehr Möglichkeiten sich in das politische System einzubringen, andererseits wird es aufgrund der geringeren Handlungsspielräume durch Privatisierung und Haushaltskrise immer unwahrscheinlicher, dass dies Auswirkungen auf den Output des kommunalpolitischen Systems hat. Während die stärkere Bürgerorientierung der drei partizipativen Modernisierungstrends (Bürgerbegehren, Direktwahl und kooperative Demokratie) bei den Bürgern also die Erwartungen weckt, dass sie zukünftig mehr Einfluss auf die Kommunalpolitik nehmen können, reduzieren stetig abnehmende kommunale Handlungsspielräume demgegenüber die Einflussmöglichkeiten der Bürger und können zu einer Enttäuschung dieser Erwartungen führen. Die Bürger werden so zwar immer mehr nach ihrer Meinung gefragt, aber ihre Meinung ist aufgrund geringerer Handlungsspielräume immer folgenloser. Frustration ist deshalb vorprogrammiert. Der Anspruch der anderen Modernisierungstrends, Politik(er)verdrossenheit durch Beteiligung abzubauen, könnte unter diesen Rahmenbedingungen in sein Gegenteil umschlagen.

Bezogen auf die oben dargestellten Verwaltungsleitbilder ergibt bei aller Vorläufigkeit der bisherigen empirischen Ergebnisse in der Summe eine Mischung aus kooperativer und responsiver Verwaltung auf lokaler Ebene.

5. Entwicklungsphasen der öffentlichen Verwaltung in Deutschland

„Das Beharrungsvermögen der deutschen öffentlichen Verwaltung war und ist beträchtlich. Manchmal ist es auch furchterregend" (Thomas Ellwein 1997, S. 324).

Will man die Entwicklung der öffentlichen Verwaltung in Deutschland charakterisieren, so kommt man zu einem eher widersprüchlichem Bild. Zum einen gibt es Tendenzen einer außerordentlichen Kontinuität des deutschen Verwaltungssystems, aber auf der anderen Seiten sind ebenfalls deutliche Veränderungen unübersehbar. Heute wie vor fünfzig Jahren, und im Prinzip wie vor einhundert oder sogar einhundertfünfzig Jahren, ist unsere öffentliche Verwaltung durch die Merkmale einer klassischen weberianischen Bürokratie gekennzeichnet, also durch Aktenmäßigkeit, Amtshierarchie, generell geordnete Kompetenzen, Regelgebundenheit der Amtsführung und ähnliches. Die bestimmenden Strukturmerkmale der Verwaltung, sei es im Bereich des Personals (Berufsbeamtentum), der Makro- und Mikroorganisation (Dreistufigkeit, Linienorganisation), der Verfahren (Rechtsförmigkeit, Justiziablilität) und der Finanzen (Kameralistik) wurden, trotz kontinuierlicher Reformversuche, nicht grundlegend verändert (König 1996).

Aber dennoch ist die öffentliche Verwaltung von 1949 nicht mit der des Jahres 2003 gleichzusetzen, ganz zu schweigen mit der Verwaltung des Kaiserreichs. Die moderne Verwaltung unterscheidet sich aufgrund ihrer Aufgaben, ihres Umfangs, ihrer Differenzierung und Professionalisierung, der Einstellungen und Qualifikationen ihrer Mitarbeiter, ihrer Techniken, Kommunikationsmittel und Verfahrensweisen und nicht zuletzt aufgrund ihrer vielfältigen Verflechtungen mit ihrer gesellschaftlichen und wirtschaftlichen Umwelt und ihrer politischen Steuerung grundlegend von ihren Vorgängern. Diese quantitativen und qualitativen Veränderungen ließen sich in Deutschland insbesondere nach 1945 feststellen und haben zu einer Binnenpluralität des Staates und zu einer früher nie vorstellbaren Komplexität geführt (Ellwein 1997, S. 464, 551).

Wir wollen den wesentlichen Etappen dieser Entwicklungen (vgl. folgende Abbildung) nun im Folgenden nachgehen, angefangen mit der unmittelbaren Nachkriegszeit (5.1) über verschiedenste Versuche der Verwaltungsreform (5.2) und die Transformation westdeutscher Verwaltungsstrukturen (5.3) bis zur Europäisierung der öffentlichen Verwaltung (5.4).

Abbildung 43: Entwicklungsphasen in der deutschen Verwaltung

	Bund	Länder	Gemeinden
Rehierarchisierung, Aufbau und Konsolidierung (1947ff.)	– Abschaffung des Berufsbeamtentums (Alliierte 1947-1952, gescheitert) – Aufbau der Bundesministerien (1949) – Luther-Kommission (Länder-Neugliederung 1952-55) – Sachverständigenkommission für die Vereinfachung der Verwaltung beim Bundesministerium des Innern (1960)	– Arnsberger Gutachten (NRW 1955) – Staatsvereinfachung in Bayern (1955-57) – Verwaltungsvereinfachungsplan (BW 1958) – Verwaltungsreformplan (SH 1958)	
Aktive Politik und kommunale Gebietsreform (1964ff.)	– Finanzreform (Tröger-Kommission 1964-66) – Projektgruppe Regierungs- und Verwaltungsreform (1968-75) – Dienstrechtreformkommission (1970-73) – Ernst-Kommission (Länder-Neugliederung 1970-72)	– Gemeindegebietsreform (1964-1978) – Planung und Koordination in den Staatskanzleien (ab 1969) – Funktionalreform – Verwaltungsreformkommissionen (u.a. BW, Bayern 1970ff.)	– integrierte Entwicklungsplanung
Entbürokratisierung, Entstaatlichung und Bürgernähe (1978ff)	– Vollzugsdefizite in der Umweltpolitik (1974ff.) – Bürgernahe Sozialpolitik (BMFT 1975ff.) – „Bürger in Fesseln" (CDU 1978, SPD 1979) – Ursachen der Bürokratisierung (BMI 1980) – Unabhängige Kommission für Rechts- und Verwaltungsvereinfachung (1983ff.) – Unabhängige Expertenkommission zur Vereinfachung und Beschleunigung von Planungs- und Genehmigungsverfahren (Schlichter-Kommission 1994) – Privatisierung Post, Bahn, Flugsicherung (1992)	– Entbürokratisierungskommissionen in allen Bundesländern (1978ff - Ausnahme Bremen, Rhl-Pf) – Ellwein-Kommission (NRW 1981-83) – Enquete-Kommission (Berlin 1982-84) – Bulling-Kommission (BW 1984-86) – Burger-Kommission (NRW 1986-87) – Zwanziger-Kommission (R-Pf 1989)	– Aufgabenkritik (KGSt 1976) – Ausbau formeller Bürgerbeteiligungsrechte (Städtebaufördergesetz, Bundesbaugesetzbuch)

Vereinigung, Transformation der Verwaltung (1990ff.)		
– Verwaltungshilfe (1990ff.) – Auflösung und Integration der Zentralverwaltung der DDR (1990) – Regierungsumzug und Föderalismuskommission (1991ff.)	– Verwaltungshilfe – Aufbau der Landesverwaltungen (1990-91) – Enquetekommission (S-A 1994) – Gebiets- und Funktionalreformkommissionen (Brandenburg, S-A)	– Verwaltungshilfe – Umbau der Kommunalverwaltung
Public Management (1991ff.)		
– Gutachten und Entschließungen von FES, SPD und Bündnis90/Grüne (1993ff.) – Sachverständigenkommission „Schlanker Staat" (1995-97) – Bund-Online 2005 (1999ff.) – Liberalisierung kommunaler Daseinsvorsorge (Energie, Abfall, Verkehr, 1996ff.)	– Stabstelle Verwaltungsstruktur, Information und Kommunikation (BW 1988ff.) – Arbeitsstab Aufgabenkritik (NRW 1989ff.) – Denkfabrik (SH 1982-96) – Enquetekommission (SH 1993-95) – Zukunft d. öffentlichen Dienstes (Bayern 92-94) – Einbeziehung von Unternehmensberatern (1990ff.)	– Neues Steuerungsmodell (KGSt 1991ff.) – Reformaktivitäten in über 50% der großen Städte (DST 1997) – Bürgerämter (1992ff.) – Netzwerk Kommunen der Zukunft (1997ff.)
Aktivierender Staat/Bürgergesellschaft (1998ff.)		
– Enquetekommission „Zukunfts des Bürgerschaftlichen Engagement" (1999-2002) – Hartz-Kommission (2002) – Rürup-Kommission (2003)	– Landesprogramm BaWÜ (1992-heute) – Landesförderungen Freiwilligenzentren – neue Versuche von Verwaltungsstrukturreformen in NRW, Niedersachsen, BaWÜ (ab 2000)	– Aktive Bürger (KGSt 2000) – Bürgerkommune

5.1 Rehierarchisierung und Restauration in der Nachkriegszeit

5.1.1 Personelle und institutionelle Kontinuität

Weitgehend unveränderte Verwaltung

Die öffentliche Verwaltung der neugegründeten Bundesrepublik war, mit wenigen Ausnahmen, die der Besatzungszeit, und diese hatte wiederum weitestgehend am vorhandenen Organisations-, Personal-, Aufgaben-, Verfahrens- und Rechtsbestand des Dritten Reiches angeknüpft. Allenfalls hatte eine gewisse „Entbräunung" stattgefunden (Gustav Heinemann). Die Struktur des deutschen Verwaltungsapparats war 1945 auf der Ebene der Kommunen und der Mittelinstanzen ohne wesentliche Änderungen von den Alliierten übernommen worden. Die Militärregierungen waren in die „Fußstapfen der Reichsressorts, Statthalter und Gauleiter" eingetreten, indem sie mehr oder minder belastete neue Behördenchefs eingesetzt hatten, ansonsten die Verwaltung aber unverändert beließen (Niethammer 1979).

Aufbaunotwendigkeiten

Die personelle Kontinuität der deutschen Funktionseliten, insbesondere der administrativen Funktionseliten, über die politischen Umbrüche des 20. Jahrhunderts hinweg ist „im Grundsatz unbestritten" (Ruck 1997). Insbesondere das Berufsbeamtentum hat sich in den drei Umbrüchen 1918, 1933 und schließlich auch 1945 „mit dem ihm eigenen Beharrungsvermögen" gehalten (Eschenburg 1974). Die personelle verstärkte und verfestigte wiederum die institutionelle Kontinuität. Die Mechanismen, die diese Entwicklung begünstigten, sind einleuchtend. Sowohl alliierte Besatzer wie deutsche Bevölkerung hatten nach dem Krieg großes Interesse an einer möglichst schnell wieder voll funktionsfähigen öffentlichen Verwaltung insbesondere auf kommunaler und regionaler Ebene, wo gewaltige Aufbauleistungen unter den Bedingungen einer administrierten Mangelwirtschaft zu erbringen waren. Aus diesem Grund galten qualifizierte, erfahrene Mitarbeiter als unverzichtbar, auch wenn ihre politischen Credentials nicht immer lupenrein waren. Die Mitarbeiter wiederum hatten ein Interesse an den ihnen bekannten und vertrauten Strukturen, von streng hierarchischen Gliederungs- und Verfahrensweisen bis zum die eigene Karriere abstützenden Senioritätsprinzip:

> „Soviel die Militärregierungen von Demokratisierung redeten, und so sehr es für manche Angehörigen ein ernsthaftes Anliegen war, sie haben, was durch diese Konstruktion der Zusammenarbeit bedingt war, in starkem Maße die Rehierarchisierung der Behörden nach 1945 bewirkt" (Eschenburg 1994, S. 70).

Keinen Bruch mit der Verwaltungstradition

Es gab daher weder 1945 noch 1949 einen Bruch mit den klassischen deutschen Verwaltungstraditionen. Da die alten Institutionen blieben und auch das alte Personal nach und nach weitermachte wie bisher, trat die Restauration in der öffentlichen Verwaltung „graduell stärker in Erscheinung als in anderen Bereichen" (Eschenburg 1974, S. 89, Löwenthal 1974, S. 11). Allerdings fand dies in der breiten Öffentlichkeit aufgrund des vorherrschenden Bestrebens um „Normalität" kaum Beachtung.

5.1.2 Berufsbeamtentum

Die einzige grundlegende Kontroverse zu Beginn der Bundesrepublik betraf die Wiederherstellung, Weiterentwicklung oder ggf. Abschaffung des Berufsbeamtentums, und diese Debatte basierte fast ausschließlich auf alliierten Reformkonzepten. Es ist eine Geschichte hinhaltender deutscher Opposition gegen alliierte Initiativen (Benz 1981). Am Ende blieb von den alliierten Reformvorstellungen kaum etwas übrig, während sich die überkommenen Interessen der Beamtenschaft fast auf der ganzen Linie durchsetzen konnten.

Ausgangspunkt der alliierten Reformbestrebungen war die Überzeugung, das deutsche Berufsbeamtentum habe sich nicht nur personell als willfähriger Vollstrecker der Nazidiktatur gründlich diskreditiert, sondern in seinen überkommenen Strukturen seien autoritäre und undemokratische Strukturen angelegt, die für die deutsche Barbarbei zumindest mit-ursächlich gewesen seien. Insbesondere die Amerikaner, sicherlich unterstützt durch die Beratung deutscher Emigranten, sahen das deutsche Berufsbeamtentum einerseits als mitschuldig am Untergang der Weimarer Demokratie und an den Nazi-Verbrechen und andererseits als Risikofaktor, wenn nicht Hemmschuh beim demokratischen Neuanfang. *Alliierte Reformbestrebungen*

Aus amerikanischer Sicht gehörten zu den eklatanten Mängeln des deutschen Berufsbeamtentums (ausführlich Benz 1981, Morsey 1977, Garner 1993) u.a. das überkommene staatsfixierte Selbstverständnis der Beamten, die Tradition der Geheimhaltung und der Amtsverschwiegenheit, die Anstellung auf Lebenszeit sowie die politische Betätigung der Beamten, die die Gewaltenteilung unterlaufe. Von daher wurde zunächst in den Bundesländern der amerikanischen Zone, dann auch in der Verwaltung der Bizone insbesondere von den Amerikanern versucht, ein neues Personalsystem einzuführen und durchzusetzen. Es unterschied sich vom hergebrachten deutschen Berufsbeamtentum durch die Einführung unabhängiger Personalämter für Auswahl und Rekrutierung, die Aufhebung der Unterscheidung zwischen Beamten und Angestellten insbesondere durch gleiche Bezahlung, Rechtsstellung und Ruhestandsbezüge, die Beendigung des Juristenmonopols und die Inkompatibilität zwischen Beamtenstatus und politischer Betätigung. *Mängel des Berufsbeamtentums*

Tatsächlich wurden in der amerikanischen und britischen Zone und auch bei der gemeinsamen Wirtschaftsverwaltung unabhängige Personalämter unter deutscher Leitung eingerichtet, um diese Prinzipien durchzusetzen. Deren Tätigkeit wurde allerdings durch hinhaltenden Widerstand und eine mehr oder weniger offene Obstruktionspolitik der Fachbehörden und Beamtenverbände behindert oder ignoriert, obwohl nach anfänglichem Desinteresse die Position der Amerikaner auch von Teilen der SPD und der Gewerkschaften übernommen worden war (Benz 1981 mit instruktiven Beispielen aus Bayern). *Reformversuche*

Während dieser Grabenkrieg zwischen Alliierten, Personalämtern, Behörden und dem Vorgänger des Deutschen Beamtenbundes, der Deutschen Beamtengewerkschaft, noch andauerte, wurden im parlamentarischen Rat die Weichen für die Wiederherstellung des Berufsbeamtentums unter „Berücksichtigung der hergebrachten Grundsätze" gestellt. Wie diese Weichenstellung zustande kam, kann hier nicht im Detail nachvollzogen werden. Immerhin hat der Beamtenbund sich später gerühmt, den Prozess der Verfassungsgebung mit mehr als 100 Eingaben in dieser Sache unterstützt zu haben, gleichzeitig waren mehr als 60% der Mitglieder des Parlamentarischen Rates Beamte, einschließlich der Professoren und Richter. Ähnliches galt übrigens auch schon für die damaligen Landtage. Auch in den politischen Parteien war der Einfluss der Beamten bereits erheblich, so dass die professionelle Handlungsfähigkeit der Parteien, sicherlich auch der SPD, aus Sicht der Parteiführungen ohne Beamte gefährdet schien. Die Vorstellungen der Alliierten trafen also, einmal abgesehen von einigen wenigen Fachleuten der SPD und der Gewerkschaften und bei einigen linksliberalen Publikationen (schon damals: Der Spiegel, Frankfurter Rundschau), auf wenig Begeisterung und Gegenliebe.

Dennoch griffen die Alliierten, um die deutsche Hinhaltetaktik zu überwinden, zu dem außergewöhnlichen Schritt, kurz vor Verabschiedung des Grundgesetzes die Materie auch ohne die inzwischen übliche vorherige Zustimmung im Wirtschaftsrat durch ein einseitiges „Militärregierungsgesetz 15 (Verwaltungsangehörige des Vereinigten Wirtschaftsgebietes)" in ihrem Sinne zu regeln. Die Umsetzung dieses Gesetzes wurde aber von den Länderregierungen und der Ende des Jahres gewählten Bundesregierung durch alle möglichen Verzögerungstaktiken verhindert, bis schließlich die Alliierten 1952 das Gesetz zurückzogen. Festzuhalten bleibt damit, dass die einzige prinzipielle Kontroverse bezüglich der zukünftigen öffentlichen Verwaltung der Bundesrepublik trotz außergewöhnlicher Hartnäckigkeit und Unterstützung der Alliierten im Interesse der unmittelbar Betroffenen im Sinne der „hergebrachten Grundsätze" gelöst wurde.[66]

5.1.3 Organisation und Umfang der Bundesverwaltung

Im Zusammenhang mit dem Aufbau von Bundesregierung und Bundesverwaltung in Bonn gab es einige interessante Kontroversen, deren Themen noch heute vertraut klingen. Zu nennen sind hier im Bereich der Makro-Organisation eine mögliche Trennung von Bundesregierung und Ministerialverwaltung, im Bereich der Mikro-Organisation die Größe und Rolle der Ministerien im Verwaltungsaufbau und im Bereich der Personalstrukturen die parteipolitische Zusammensetzung.

Diskussion um den Sitz von Regierung und Verwaltung

Bereits zu Beginn der Bundesrepublik wurde erörtert, ob es nicht machbar und sinnvoll wäre, Bundesregierung und Bundesministerien zumindest zum Teil in verschiedenen Orten anzusiedeln. Durch die räumliche Trennung zwischen Regierungsspitze und Ministerialverwaltung, damals natürlich Bonn und Frankfurt, die insbesondere von Adenauer 1948/49 wiederholt in die Diskussion gebracht wurde, hoffte der Kanzler die Wahl Bonns als Sitz der Bundesregierung leichter durchsetzen zu können (Morsey 1977). Schon damals stieß diese Idee bei den meisten Fachleuten auf wenig Gegenliebe.

In diesem Zusammenhang wurden die ersten Verwaltungsreformgutachten erstellt; u.a. gab es ein Gutachten des Rechnungshofes der Bizone vom 1.3.1949, das Adenauers Vorstellungen entgegenkam und für kleine Ministerien sowie für die Verlagerung aller „nicht zur eigentlichen Ministerialarbeit gehörenden Tätigkeit" auf Bundesoberbehörden plädierte. Dort wurde u.a. auch gegen die Etablierung eines selbständigen Personalamtes argumentiert. In einem weiteren Gut-

---

66 Für den den alliierten Vorstellungen nahestehenden Leiter der bizonalen Personalbehörde, die auch nach damaligen Sprachgebrauch „abgewickelt" wurde, erwies es sich als sehr schwierig, in der neuen Bundesverwaltung eine entsprechende Aufgabe zu finden. Er wurde schließlich Gesandter in Island (Morsey 1977, S. 235).

achten vom Mai 1949 sprach sich der Rechnungshof ausdrücklich gegen eine räumliche Trennung von Regierung und Ministerien aus, allerdings gelangte dieses Gutachten nie an die Öffentlichkeit (Wengst 1984, S. 97ff.).

Schon vorher hatte es verschiedentlich Kritik an dem aufgeblähten bürokratischen Apparat der Wirtschaftsverwaltung der Bizone gegeben. In fast allen Landtagen fanden Debatten über das Problem der sich ständig vergrößernden Bürokratien statt, und es häuften sich Fälle von Korruption, die von entsprechenden Landtagsausschüssen untersucht wurden (Ambrosius 1979, S. 184ff.). Es gab bereits 1948 eine erste Verwaltungsreformkommission, die sog. Haaser-Kommission, die den Auftrag hatte, „eine Organisation vorzuschlagen, die zu einer Verringerung des Verwaltungsaufwandes und zu einer Steigerung der Verwaltungsleistung" führen sollte und deren Reorganisationsvorschläge auf eine drastische Verkleinerung der vorhandenen Verwaltung hinausliefen, u.a. durch Verringerung der Zahl der Organisationseinheiten und durch Vergrößerung der Sachbereiche und Zuständigkeiten. Kritisiert wurde auch bereits das Fehlen zentraler Programminitiativen: Kritik am bürokratischen Apparat

> „Die leitenden Kräfte des Hauses werden in nicht vertretbarem Umfange mit Einzelfragen und Einzelentscheidungen in Anspruch genommen" (Quellen bei Ambrosius 1979).

Alles dies klingt nach inzwischen 50jähriger Erfahrung mit Verwaltungsreform erschreckend familiär. So auch der folgende Passus aus der ersten Regierungserklärung Adenauers 1949, der noch heute in jeder Regierungserklärung auftauchen könnte:

> „Die Hauptsache ist, daß der ministerielle Apparat im demokratischen Staat im ganzen möglichst klein gehalten wird, daß die Ministerien von all den Verwaltungsaufgaben befreit bleiben, die nicht in die ministerielle Instanz gehören. Dadurch werden die nötige Übersicht, die Arbeitsfähigkeit der Ministerien gewährleistet, Verwaltungskosten gespart und die Bundesminister werden vor allem Zeit haben, ihre wichtigsten Aufgaben, die Koordinierung der verschiedenen von ihnen wahrzunehmenden Interessen und die Wahrung der großen politischen Linie zu erfüllen" (auch zitiert vom Sachverständigenrat Schlanker Staat 1998, S. 109).

Schon damals wurden diese guten Vorsätze nicht befolgt. Die Bundesministerien wurden erheblich umfangreicher mit Personal ausgestattet als im ursprünglichen Vorschlag des Organisationsausschusses der Ministerpräsidenten vorgesehen, und auch die damaligen Begründungen klingen bekannt. Zum einen war es die koalitionspolitisch bedingte Anzahl von 13 gegenüber 8 geplanten Bundesministerien, zum anderen aber auch ein Mangel von geeigneten Fachleuten, der als Begründung für diese personelle Überbesetzung angeführt wurde.

5.1.4 Ämterpatronage

Auch die Parteipolitisierung der Verwaltung war 1949 bereits verhältnismäßig weit entwickelt. Alle vier in der ersten Bundesregierung vertretenen Parteien betrieben Ämterpatronage (Morsey 1977), auch und gerade die CDU hatte die Besetzung der neuen Bundesministerien mit Parteifreunden langfristig vorbereitet und professionell umgesetzt. Auf Betreiben Adenauers wurde eine entsprechende Arbeitsgruppe gebildet, die geeignete Personen ausfindig machte und vorschlug, und u.a. die CDU/CSU-Fraktion verlangte über einen speziellen Fraktionsausschuss Mitspracherecht bei der Besetzung aller Ministerialdirektorenstellen, eine Parteieinfluss detaillierte Unterrichtung über alle Personalpläne der Regierung, konfessionelle Parität und die Übertragung der Personalreferentenstellen an „zuverlässige CDU-Leute" (Quellen bei Wengst 1984, S. 158f.).

Unterstützt wurde diese parteipolitische Ämterpatronage in großem Umfang durch standes- und verbandsbedingte Zugehörigkeiten (Studentenverbände, Korporationen) und frühere berufliche Kontakte. Laut Quaritsch waren solche Seilschaften unter den ungewöhnlichen Verhältnissen jener Zeit allerdings eigentlich ganz selbstverständlich. Eine derart „ganz normale" Verhaltensweise sei im modernen Verwaltungsstaat überdeckt oder abgelöst worden durch formale Verfahren, Ausschreibungen, Anonymität usw. In der Übergangszeit der ersten Nachkriegsjahre seien aber die natürlichen Ordnungen wieder zu ihrem Recht gekommen (Hochschule Speyer 1977, 243).

Reduzierung der weiblichen Beschäftigten

Auch in einem anderen Bereich wurde die „natürliche Ordnung" wiederhergestellt, nämlich durch die Reduzierung der Zahl der weiblichen Beschäftigten im öffentlichen Dienst, die während des Krieges erheblich angestiegen war. Zu diesem Zweck wurde u.a. eine Bestimmung aus der NS-Zeit wieder und sogar verschärft angewendet, nach der verheiratete Beamtinnen entlassen werden können, wenn die „wirtschaftliche Versorgung nach der Höhe des Familieneinkommens dauernd gesichert erscheint" (Quellen bei Garner 1993). Mit dieser Vorschrift sollten unter dem Eindruck der nachkriegsbedingten Arbeitslosigkeit die sog. „Doppelverdiener" verhindert und Arbeitsplätze für zurückkehrende männliche „Normalversorger" geschaffen werden. Manche Verwaltungen legten diese Vorschrift so weit aus, dass auch junge unverheiratete Frauen, die mit ihren Eltern in einem gemeinsamen Haushalt lebten, betroffen waren.

Das Ergebnis all dieser Prozesse war auf jeden Fall eine Bestätigung und Konservierung der klassischen bürokratischen Personal-, Aufbau- und Ablaufstrukturen. Die kommunalen und regionalen Verwaltungen waren einfach weitergeführt worden, und die Bundesverwaltung knüpfte ganz bewusst an die Ministerialverwaltung des Reiches an, nicht nur in ihren Strukturen und ihrem Personal, sondern zum Beispiel auch im Rahmen der Gemeinsamen Geschäftsordnung. Bürokratische Strukturen wurden keineswegs als Problem gesehen, sondern als Errungenschaft. Als Problem der Naziherrschaft galten weniger ihre bürokratische Effizienz und Unmenschlichkeit, sondern vielmehr ihre organisatorischen Widersprüche und Doppelungen. Wenn überhaupt Verwaltungsverfahren in das Blickfeld der Verwaltungspolitik gerieten, dann zunehmend mit dem Ziel der Durchsetzung einer streng rechtsstaatlichen, in jedem ihrer Schritte durch unabhängige Gerichte überprüfbaren Verwaltung.

5.1.5 Aufbau und Konsolidierung

In der ersten Phase der bundesdeutschen Verwaltungspolitik ging es um die Beseitigung der Kriegs- und Nazischäden, den Wiederaufbau und das Wirtschaftswunder auch in der Verwaltung. Die Verwaltung wuchs in dieser Zeit erheblich, zwischen 1950 und 1965 um etwa 2/3, besonders die allgemeine Verwaltung (100%), und die Besoldung wurde dem allgemeinen Niveau angepasst. Der öffentliche Dienst nahm am Wirtschaftwunder teil, auch die „131er", die ehemaligen Angehörigen des öffentlichen Dienstes, darunter nicht wenige Alt-Nazis, wurden wieder in den öffentlichen Dienst integriert (erleichtert durch regelmäßige Gesetzesnovellen jeweils kurz vor den Bundestagswahlen, Garner 1993). Insgesamt verstärkte sich auf diese Weise in den fünfziger Jahren sogar noch die personelle Kontinuität zwischen den Behörden des alten Reichs und der neuen Bundesrepublik.

Eine bewusste oder sogar einheitliche Verwaltungspolitik ist in dieser Zeit jedoch nicht erkennbar. Die Verwaltung wuchs und differenzierte sich dort, wo sich die Gelegenheit ergab oder sie gerade gebraucht wurde; sie sollte möglichst so funktionieren wie „früher", allerdings, dies auch eine Folge der Naziherrschaft, unbedingt auf rechtsstaatlicher und demokratischer Grundlage. Wenn überhaupt, ist daher die rechtsstaatliche Vereinheitlichung, Durchdringung und Normierung des Verwaltungsrechts (Vorrang und Vorbehalt des Gesetzes) das zentrale Reformvorhaben dieser Periode. Die legalistische, formale und hierarchische Ausrichtung der Verwaltung wurde gestärkt.

Bereits diese Periode ist durch kontinuierliche Reformansätze gekennzeichnet, und zwar in der Regel in der für die weitere Entwicklung der Bundesrepublik typischen Form der Expertenkommissionen, Denkschriften und Gutachten (Quellen bei Wagener 1969). Die Luther-Kommission (1952-1955) legte Vorschläge für eine Neuordnung des Bundesgebietes vor, und in Nordrhein-Westfalen forderte Ministerpräsident Arnold 1952 eine organisatorische (Entlastung der obersten Landesbehörden von Verwaltungsaufgaben, Konzentration in der Mittelstufe, Kommunalisierung in der Orts- und Kreisstufe und weitgehende Aufgabendelegation) und sachliche Verwaltungsreform (Aufgabenabbau), die schließlich bezüglich der Bezirksregierungen im „Arnsberger Gutachten" (1955) zusammengefasst wurde (Ellwein 1997, S. 468). In anderen Ländern wurde ähnlich argumentiert. Es gab ein Gutachten zur „Staatsvereinfachung in Bayern" (1955), einen „Verwaltungsvereinfachungsplan" in Baden-Württemberg (1958), einen „Verwaltungsreformplan" für Schleswig-Holstein (1958) und sogar eine „Sachverständigenkommission für die Vereinfachung der Verwaltung beim Bundesministerium des Innern" (1960), die sich ausdrücklich mit der „Aufblähung des Beamtenkörpers" beschäftigte. Überall ging es um eine Vereinfachung des überkommenen Behördenaufbaus, um Aufgabenabbau und zunehmend um die Anpassung der Verwaltung an die veränderten demografischen und sozio-ökonomischen Problemlagen. Allenthalben gab es marginale Verbesserungen und Anpassungen, aber die überkommenen Strukturen wurden nicht infrage gestellt, stattdessen einzelne Elemente gelegentlich vereinfacht, in der Regel aber erweitert und verändert.

Zahlreiche Expertenkommissionen

5.2   Verwaltungsreformen

> „Nur Faule, Unfähige und Narren kamen und lebten in den Büros. So setzte sich die Mittelmäßigkeit langsam und sicher in den Verwaltungsköpfern (...) fest. Die Bürokratie war nur aus kleinen Geistern zusammengesetzt, und überall hemmte sie die Wohlfahrt des Landes".

Was der Dichter und Denker Honoré de Balzac 1842 behauptete, klingt irgendwie vertraut, zumindest nicht danach, dass diese Aussage 160 Jahre alt ist. Das Nachdenken über den Arbeitgeber Staat, über die Staatsaufgaben sowie über die Art und Weise, wie diese Aufgaben zu bewältigen sind, ist alles andere als neu. Eng damit zusammenhängend wird schon lange über Verwaltungsreformen nachgedacht. Insbesondere die deutsche Verwaltung gilt nun generell als reformfreudig. Alleine bezogen auf die Entwicklungen in der Bundesrepublik werden bis zu elf Reformphasen ausgemacht (Becker 1989). Diese Einschätzung hängt natürlich auch damit zusammen, was man unter Verwaltungsreformen versteht.

Verwaltungsreformen
= geplante
Veränderungen von
organisatorischen,
rechtlichen,
personellen und
fiskalischen
Strukturen der
Verwaltung

Der Begriff der Verwaltungsreform erfreut sich insbesondere seit Ende der 60er-Jahre zunehmender Beliebtheit. Er steht für das Bemühen, mit politischen Zielsetzungen der Verwaltung und ihrem schleichenden Wachstums- und Veränderungsprozessen gegenüberzutreten (vgl. hierzu und im Folgenden Hesse/Benz 1992, S. 319ff.; Brinkmann 1994, S. 178ff.; Miller 1995, S. 339ff.; Seibel 1997). Verwaltungsreformen sind geplante Veränderungen von organisatorischen, rechtlichen, personellen und fiskalischen Strukturen der Verwaltung.

Verwaltungsreformen sind vor allem Sache der Länder, die für die meisten Verwaltungstätigkeiten zuständig sind. Die Länder organisieren ihre eigene Verwaltung und setzen den Gemeinden über die Gemeindeordnungen einen entsprechenden Rahmen. Der Bund ist allerdings für die Reform des öffentlichen Dienstrechts zuständig und beeinflusst durch die Ausweitung oder Verlagerung öffentlicher Aufgaben die Verwaltungstätigkeiten der anderen Gebietskörperschaften. Auch die Gemeinden sind keine reinen Vollstreckungseinrichtungen, da sie neben der Organisationshoheit für die eigene Verwaltung auch über mitunter nicht unbeträchtliche Handlungsspielräume beim Vollzug von Maßnahmen verfügen.

Phasen der
Verwaltungsreform

Überblicksartig lassen sich vier Phasen[67] der Verwaltungsreform in Deutschland unterscheiden, die im Folgenden näher erläutert werden:

– Die Phase der „Aktiven Politik" sowie die kommunale Gebietsreform Ende der 60er und Anfang der 70er-Jahre (5.2.1),
– Die Bemühungen um Entbürokratisierung, Entstaatlichung und mehr Bürgernähe und Verwaltungsvereinfachung seit Mitte der 70er-Jahre und in den 80er-Jahren (5.2.2)
– Die betriebswirtschaftlich inspirierte Binnenmodernisierung der Verwaltung im Zuge der Public-Managementbewegung seit Anfang der 90er-Jahre (5.2.3) sowie parallel laufende Bemühungen in den 90er-Jahren um die Einrichtung von Bürgerämtern und die Schaffung komplexerer aufgabenintegrierender Dienstleistungen (5.2.4)
– sowie die neueren Diskussionen um den Aktivierenden Staat bzw. den Gewährleistungsstaat und die Bürgergesellschaft (5.2.5).

Abschließend werden dann die Erfahrungen mit Verwaltungsreformen kurz resümiert (5.2.6).

5.2.1 Aktive Politik und kommunale Gebietsreform

Planende Verwaltung

Die Phase von der Mitte der sechziger bis Mitte der siebziger Jahre kann als Periode der „Inneren Reformen" bzw. als Phase der „Aktiven Politik" angesehen werden (ähnliche Periodisierungen und detailliertere Übersichten bei Böhret/Konzendorf 1996, Seibel 1996, Derlien 1996a, Wollmann 1997). Gemeinsam war den

---

67 Der Aufbau des Staats- und Verwaltungsapparates in den neuen Bundesländern nach der Wiedervereinigung wird hier im Gegensatz zu Seibel (1997) nicht als Verwaltungsreform im oben genannten Sinne betrachtet, da es sich hierbei eher um einen Neuaufbau handelt (vgl. hierzu Kapitel 5.3).

Innovationsversuchen die Überzeugung, eine modernisierte Verwaltung sei notwendige Voraussetzung für die gesellschaftliche und wirtschaftliche Entwicklung. Die Verwaltung sollte reformiert werden, um die Bedingungen für weitere Modernisierungen zu schaffen, insbesondere sollte sie in die Lage versetzt werden, eine vorausschauende und integrative staatliche Politik zu ermöglichen und zu unterstützen. Planung und aktive Politik waren sowohl die Schlagworte der allgemeinen politischen Diskussion (Bildungsplanung, Globalsteuerung, Raumordnung, Infrastrukturplanung etc. bis hin zur Investitionslenkung) wie der Verwaltungsreform auf Ebene des Bundes, der Länder und der Gemeinden. Aufgabe des Staates war die Korrektur von Marktversagen oder sogar dessen vorausschauende Verhinderung. Der „organisierte Kapitalismus" erforderte ein intelligentes, vorausschauendes und aktives politisch-administratives System.

Die verwaltungspolitischen Maßnahmen und Diskussionen dieser Reformperiode, also Finanzreform, Gebiets- und Funktionalreform, Planungsorganisation und Ministerialreform sowie Dienstrechtsreform waren Folge der Handlungs- und Organisationsprobleme des expandierenden Sozial- und Interventionsstaates. Sie waren gleichzeitig Bestandteil der allgemeinen politischen Diskussion, wenn auch eine eher technokratische Spezialität für Insider, und sie waren auch Teil der allgemeinen internationalen Diskussion, denn in allen westlichen Industrienationen (insbesondere USA, Großbritannien, Skandinavien) gab es in dieser Periode umfangreiche ähnliche Bestrebungen und die dort entwickelten Konzepte, z.B. Programm-Budgeting, Zero-Based-Budgeting oder Management by Objectives, wurden in Deutschland aktiv rezipiert, wenn auch kaum eingesetzt.

Die Finanzreform von 1969 ist nicht ohne das vorausgehende Scheitern der territorialen Länderreform zu erklären. Um zu einer stärkeren Homogenisierung der infrastrukturellen Leistungsfähigkeit zwischen den Bundesländern zu kommen, konnte man im Prinzip territorial oder fiskalisch ansetzen (Seibel 1997, S. 94). Da alle territorialen Neugliederungen des Bundesgebietes bis in die 60er Jahre hinein gescheitert waren, blieb als Ausweg nur die fiskalische Lösung, die durch die Große Koalition und ihre verfassungsändernde Mehrheit letztlich im Mai 1969 durch den neu geschaffenen Länderfinanzausgleich ihren Abschluss fand. Insgesamt kann man neben dem Länderfinanzausgleich das Stabilitätsgesetz von 1967, das neue Instrumentarium der Gemeinschaftsaufgaben, bei dem eine Mischfinanzierung vorgesehen war (Art. 104a, Abs. 4 GG) und die Beteiligung der Kommunen an der Einkommensteuer nach Maßgabe ihrer Einwohnerzahlen mit besonderer Berücksichtigung der Belastung durch zentralörtliche Funktionen zum Gesamtpaket der Finanzreformen zählen (vgl ausführlicher Hesse/Ellwein 1997, S. 93ff.). Sie gelten insgesamt als erfolgreich, ist doch ihr wesentlicher Effekt unbestritten, eine weitgehende Homogenisierung der Finanzausstattung von Ländern und Kommunen.[68]

Die Ministerialreform zielte auf die Stärkung der Planungs- und Koordinierungkapazitäten der zentralstaatlichen Ebene. Hierzu wurde eine Projektgruppe noch zur Zeit der großen Koalition eingesetzt und arbeitete von Anfang 1969 bis

Finanzreform

Ministerialreform

---

68 Spätestens ab Anfang der 80er Jahre funktioniert dieses System des bundesstaatlichen Finanzausgleiches aber zunehmend weniger, da sich in einigen Bundesländern durch Kohle-, Stahl- und Werftenkrise die Finanzkraft drastisch verringerte, die Stadtstaaten durch Abwanderungen ins Umland getroffen und Einnahmen bestimmter Bundesländer nicht berücksichtigt wurden. Zur Neugestaltung des Finanzausgleich wurde daher mehrfach des Bundesverfassungsgericht angerufen. Durch die deutsche Einheit wurde das generelle Ziel der Annäherung der Wirtschaftskraft der Länder dann nochmals erheblich beeinträchtigt.

Ende 1975. Beteiligt waren u.a. Renate Mayntz, Frieder Naschold und Fritz W. Scharpf. Die Projektgruppe hatte den Auftrag, sowohl auf Kabinetts- als auch auf Ressortebene Reformvorschläge für eine Verbesserung der Leistungsfähigkeit von Bundesregierung und Bundesverwaltung zu erarbeiten. Sie veröffentlichte drei Berichte, wobei der erste (1969) vor allem die Planungsorganisation, der zweite (1972a) die Verlagerung von Aufgaben aus den Bundesministerien und der dritte (1972b) die Einführung eines integrierten Aufgaben- und Finanzplanungssystems behandelt (hinzu kommen separate Veröffentlichungen von Teilprojekten zum Bundesminsterium für Jugend, Familie und Gesundheit, zum Verkehrsministerium, zum Bundesinstitut für Berufsbildungsforschung und zur nichtministeriellen Bundesverwaltung, alle 1975).

Während die Empfehlungen des ersten Berichtes zur Neuabgrenzung der Geschäftsbereiche, der Stellung und Aufgaben der Parlamentarischen Staatssekretäre und der Verbesserung des Führungsinstrumentariums von Kanzler und Bundesregierung bei der Regierungsneubildung im Herbst 1969 weitgehend berücksichtigt wurden, stellten sich bei den späteren Vorschlägen zur Verlagerung von Aufgaben aus den Bundesministerien, zur Fortentwicklung politischer Planung, zur Verbesserung der inneren Organisation der Bundesministerien, zu den Problemen der Ressortabgrenzung und zur Schaffung von Querschnittseinrichtungen und interministeriellen Zusammenarbeit nicht unerhebliche Umsetzungsprobleme ein und das Interesse an der Kommission schwand (vgl. Miller 1995, S. 407ff., 623ff.; zusammenfassend auch Lepper 1976; Müller 1977).

Beabsichtigt war insbesondere, durch die Nutzung neuer IuK-Techniken die Defizite arbeitsteiliger Organisation zu überwinden. Es kam allerdings nur zur Einrichtung von Planungsstäben, die neuen technischen Planungs- und Entscheidungstechniken stellten sich nicht ein. Ein Grund liegt in dem sehr technokratischen Verständnis von Planung und der Vernachlässigung personeller, kommunikativer und machtpolitischer Faktoren. Deutlich wird an den Erfahrungen mit der Ministerialreform, dass Entscheidungsprozesse nicht nur Prozesse der Informationsgewinnung, sondern immer auch Machtprozesse sind.

Reform des Dienstrechtes

Die vom Bund zu verantwortende Reform des öffentlichen Dienstrechtes in den 70er-Jahren gilt ebenso wie die Reform der Ministerialverwaltung als weitgehend gescheitert. Die Forderungen der Studienkommission für die Reform des öffentlichen Dienstrechtes von 1973 (samt Anlagen enthält der Bericht 4.500 Seiten, vgl. Wiese 1972, Ellwein/Zoll 1973) zur Schaffung eines einheitliches Dienstrechtes und der Aufhebung der Dreiteilung von Beamten, Angestellten und Arbeitern verzögerte sich vor allem aufgrund des Bemühens um eine Reform aus einem Guss und scheiterte letztlich an Geldmangel, Verbändewiderständen, Widerstand auf seiten der F.D.P., unklaren Vorgehensweisen und wachsender öffentlicher Kritik an den Privilegien des öffentlichen Dienstes.

Kommunale Gebietsreform

Nachdem Gebietsreformen auf höheren föderalen Ebenen scheiterten, zielte die *kommunale Gebietsreform* auf die Schaffung leistungsfähiger Verwaltungseinheiten (vgl. hierzu Oertzen/Thieme 1979ff.; Thieme/Unruh/Scheuer 1981). Ausgangspunkt war die Feststellung, dass eine weitgehend dezentrale Aufgabenwahrnehmung nur dann funktioniert, wenn die Territorien der Gebietskörperschaften so beschaffen sind, dass eine Aufgabenübertragung organisatorisch und wirtschaftlich möglich ist. Es bedarf also eines austarierten Verhältnisses von Einwohnerzahl, Verwaltungskraft, demokratischer Legitimation und Infrastrukturmöglichkeiten (Schule, Verkehr, Bäder). Man ging davon aus, dass eine Verwaltung mindestens 10-15 Mitarbeiter haben sollte und dass ca. 5000-8000 Einwohner nötig wären. 1968 hatten unter den 24.000 Gemeinden jedoch 80% unter 2.000 Einwohner. Zur Reduzierung der Zahl der Gemeinden wurden drei alternative Strategien angewandt:

- die Einrichtung von Verwaltungsgemeinschaften auf Grundlage der örtlichen Gebietskörperschaften;
- die Schaffung einer zweistufigen Gemeindeorganisation, die eine politische Vertretung auf der Ebene der Orts und der Gesamtgemeinden vorsieht, sowie
- die Schaffung großflächiger Gemeinden mit Ortsverfassungen.

Alle drei Strategien wurden umgesetzt, die erste Strategie in Schleswig-Holstein und Bayern, aber auch in Baden-Württemberg, die dritte Strategie dagegen vor allem in NRW, in der die Gebietsreform am stärksten vollzogen wurde. Insgesamt gelang es innerhalb eines Jahrzehnts, trotz eines z.T. beachtlichen Widerstandes einiger eingemeindeter Kommunen, in allen acht Flächenländern der alten BRD zu einer drastischen Reduktion der Zahl der Kreise und Gemeinden zu kommen. Die Zahl der Regierungspräsidien verringerte sich bis Mitte der 70er Jahre von 33 auf 26, die Zahl der Landkreise von 425 auf 237 (Reduktion um 45%), die Zahl der kreisfreien Städte von 135 auf 91 (34%) und die Zahl der 24.411 Gemeinden wurde auf 8.513 (65%) reduziert (Laux 1999, S. 175, auch Miller 1995, S. 363, Seibel 1998, S. 95, vgl. Abbildung 9). Nach Thomas Ellwein ist die kommunale Gebietsreform „die einzige Verwaltungsreform, die seit den Reformen zu Beginn des 19. Jahrhunderts wirklich geglückt ist" (Ellwein 1994, S. 73).

Die Gebietsreform führte zu einem Rückzug aus der Fläche, zu Zentralisierung und Spezialisierung, zum Verlust von räumlicher Nähe und von Allzuständigkeit. Die fachliche Differenzierung wird für die Qualität der Dienstleistungen als positiv eingeschätzt, es ist nun möglich, bestimmte Dienstleistungen zu erhalten (Bäder), allerdings bedarf es der Ergänzung durch eine räumliche Dezentralisierung und Bündelung von einfachen Aufgaben vor Ort. Mehr Bürgernähe, einfache Dienstleistungen vor Ort und schwierigere in der Zentrale, gestützt durch leistungsfähige IuK-Technik können daher als Anstöße aus dieser Phase betrachtet werden (vgl. Thieme/Prittwitz 1981; Brinkmann 1994, S. 180).

Auch in den östlichen Bundesländern kam es nach der deutschen Vereinigung zur Gebietsreform (vgl. Frenzel 1995). Hier wurden die Zahl der Gemeinden allerdings nicht so drastisch reduziert, wie in den westdeutschen Ländern 30 Jahre zuvor. Insgesamt sank die Anzahl der Gemeinden von 7.627 auf 6.037 Gemeinden (Reduktion um 21%), die Zahl der Kreise von 189 auf 86 (54%) und die der kreisfreien Städte von 38 auf 25 (30%).

Mit der Schaffung größerer Verwaltungseinheiten durch die Gebietsreform waren eigentlich die Grundlagen für eine Verlagerung der Zuständigkeiten nach unten und für eine Reduktion staatlicher Sonderverwaltung, die Hauptziele der *Funktionalreform*, gelegt (vgl. Thränhardt 1978, Wittkämper 1978). Hierbei geht es um eine Aufgabenverlagerung auf andere Verwaltungsträger nach dem Subsidiaritätsprinzip, z.B. um die Kommunalisierung von Sonderbehörden wie Gesundheitsämtern, Veterinärämtern, Vermessungs- und Katasterämtern und Schulämtern oder die Verlagerung von Rechten auf Bezirksgliederungsebene. Diese Ziele wurden jedoch insgesamt sehr zögerlich und unvollständig umgesetzt, so dass von einer steckengebliebenen Reform oder einem „Showgeschäft" gesprochen wird. Die Sonderbehörden blieben insgesamt gesehen weitgehend erhalten und eine Verlagerung von Zuständigkeiten fand kaum statt, auch wenn es durchaus Unterschiede zwischen den einzelnen Bundesländern gibt (am konsequente-

Funktionalreform

sten wurde die Funktionalreform in NRW umgesetzt, während es in Bayern keine nennenswerten Aktivitäten gab, Miller 1995, S. 379ff.). An diesem Punkt zeigt sich einmal mehr, dass es einfacher ist eine abhängige Organisation zu verändern (wie z.B. bei der kommunalen Gebietsreform) als im eigenen Bereich tätig zu werden, da hier die Verteidigung von Eigeninteressen erfolgreicher ist.

5.2.2 Entbürokratisierung, Entstaatlichung und Bürgernähe

Der Beginn der nächsten verwaltungspolitischen Themenkonjunktur ist Mitte der siebziger Jahre erkennbar und befindet sich wiederum in Übereinstimmung mit den allgemeinen politischen und internationalen Diskussionen. Ähnlich wie die Debatten über Finanzreform und Planungsorganisation lange vor der sozial-liberalen Koalition einsetzten und mit der Bildung dieser Koalition rasch ihren Höhepunkt überschritten, begannen die Auseinandersetzungen über Entbürokratisierung, Entstaatlichung und mehr Bürgernähe lange vor der innenpolitischen Wende des Jahres 1983.

Hintergrund dieser neuerlichen verwaltungspolitischen Aktivitäten war die Mitte der siebziger Jahre international und etwas später in Deutschland sich verstärkende neo-liberale Staatskritik, die als größten Hinderungsgrund sozioökonomischen Fortschritts nicht länger Marktversagen, sondern im Gegenteil Staats- und Bürokratieversagen identifizierte. International verkörperten *Thatcherism* (seit 1978) und *Reagonomics* (seit 1980) diesen Themenwechsel, während in Deutschland der Regierungswechsel noch auf sich warten ließ. Aber auch in Deutschland wurde Bürokratisierung der Sammelbegriff für vielfältige Kritik am modernen Wohlfahrtsstaat. Zu nennen sind

– zunehmende staatliche Regelungen,
– Gesetzesflut und Verrechtlichung,
– ungebändigte Vermehrung staatlicher Aufgaben und damit der Staatsquote,
– Wachstum des nach den bürokratischen Prinzipien formeller, schriftlicher Regelung und strikter Hierarchie aufgebauten, unpersönlichen Apparats,
– zunehmende Abhängigkeit von Bürgern und privaten Organisationen von staatlicher Verwaltung bis hin zur Entmündigung der Klienten, und schließlich
– zunehmende Tendenz zur Verselbstständigung der öffentlichen Verwaltung.

Überregelung und Bürgerferne Zusammengefasst gab es vor allem zwei zentrale Ansatzpunkte der Kritik: Zum einen *Überregelung und Verrechtlichung*, also die zunehmende staatliche Intervention in gesellschaftliche Teilbereiche durch Gesetze und Verordnungen, die zur Verschwendung gesellschaftlicher Ressourcen, der Behinderung privater Initiativen und zu einer ständig steigenden Staatsquote führe, zum anderen die zunehmenden bürokratischen Strukturen und Funktionsweisen der Verwaltung, also *Bürgerferne und Amtsschimmel*, Unpersönlichkeit und mangelnde Dienstleistungsorientierung, deren Folge auch Entmündigung und Behinderung der Bürger sei (vgl. Mayntz 1980, Ellwein/Hesse 1985).

Politische Diskussion zur Entbürokratisierung Die politische Diskussion wurden früh von den politischen Parteien aufgegriffen, 1978 von der CDU in einem Kongress „Verwaltete Bürger – Gesellschaft in Fesseln", 1979 von der SPD in einem Forum „Bürger und Verwaltung". Auf der Bundesebene wurde zunächst keine neue Reformkommission gebildet, allerdings gab es 1980 eine umfangreiche Anhörung beim Bundesinnenministe-

196

rium zu „Ursachen einer Bürokratisierung in der öffentlichen Verwaltung sowie zu ausgewählten Vorhaben zur Verbesserung des Verhältnisses von Bürger und Verwaltung", die wiederum einen Großteil des bundesdeutschen verwaltungswissenschaftlichen Sachverstandes versammelte (Mayntz 1980). Gleichzeitig begannen 1978 fast alle Bundesländer, eigene Verwaltungsreformkommissionen einzusetzen, wiederum i.d.R. mit externem Sachverstand. Auf kommunaler Ebene hatte die KGSt bereits 1976 das Thema Aufgabenkritik aufgegriffen, während Arbeitgeberverbände und Gewerkschaften seit Mitte der siebziger Jahre eine zunehmend schärfere Auseinandersetzung über die Privatisierung öffentlicher Dienstleistungen führten (Schriftenreihe der ÖTV seit 1975). 1983, nach dem Regierungswechsel, kam schließlich auch auf Bundesebene eine „Unabhängige Kommission für Rechts- und Verwaltungsvereinfachung" hinzu. Zu diesem Zeitpunkt hatten die meisten Länderkommissionen ihre Arbeit allerdings bereits beendet.

1984, so ein Ergebnis der Bundeskommission, gab es auf Bundesebene 5.070 Gesetze mit durchschnittlich 17 Einzelnormen, so dass man auf 87.000 Einzelnormen in der Summe kam. Auf Landesebene wurden z.B in NRW 420 Landesgesetze und 1.250 Rechtsverordnungen ausgemacht, von denen man ca. ¼ für entbehrlich hielt (Miller 1995, S. 438).

Die Vereinfachungsbemühungen waren hinsichtlich des *Abbaus von Regelungen* durchaus erfolgreich, denn es wurde eine erhebliche Anzahl von Gesetzen und Verordnungen vereinfacht und gelegentlich sogar aufgehoben. Allerdings wurden auch die Grenzen deutlich, die in den wesentlichen Ursachen für die zunehmende Regelungsdichte liegen. Zu nennen sind hier das Auseinanderklaffen der Ebene der Politikformulierung und des Vollzugs, der Föderalismus und die kommunale Selbstverwaltung, die horizontale und vertikale Koordination nach bürokratischen Kriterien und die komplexen finanziellen Beziehungen zwischen den verschiedenen Gebietskörperschaften (vgl. Ellwein 1989, S. 113). Jenseits des Abbaus von Vorschriften aber gab es keine grundlegenden strukturellen Veränderungen. Diejenigen Kommissionen, die in ihrem Anspruch ehrgeiziger und in der Vorgehensweise kritischer waren (Ellwein-Kommission in NRW 1981-83, Bulling-Kommission in BW 1984-85) konnten weitergehende Vorschläge insbesondere zur Verwaltungsvereinfachung nicht durchsetzen.

Fragen der Rechtsbereinigung wurden dann knapp 15 Jahre später wieder aufgegriffen. So findet man in dem Bericht des von der Bundesregierung eingesetzten Sachverständigenrates „Schlanker Staat" Ende 1997 folgenden Punkt: (1997, S. 203ff.): Erstellung eines Testkatalogs für gesetzgeberische Vorhaben zur Eindämmung der Gesetzesflut (Gesetzesfolgenabschätzung) sowie die Einrichtung einer Normprüfstelle beim Bundeskanzleramt sowie auf europäischer Ebene. Gleiches gilt auch für Verwaltungsvorschriften und Standards, die nur mit Verfallsdatum erlassen werden sollten. Ein Vergleich zum Jahr 1984 zeigt, dass sich wenig verändert hat: 1997 existieren 4.874 Gesetze mit über 89.400 Einzelbestimmungen (Sachverständigenrat 1997, S. 7), ein weitgehend identisches Ergebnis.

Ende der achtziger Jahre hatte allenthalben Ermattung eingesetzt, Regierungs- und Verwaltungsreform, Dienstrechtsreform, Haushalts- und Finanzreform – die klassischen verwaltungspolitischen Themen verschwanden von der Tagesordnung. Dies war nicht nur bedingt durch den Regierungswechsel auf Bundesebene. Die Regierungen Kohl verfolgten vor allem einen wesentlichen Reformbereich: eine umfassende Privatisierungsstrategie. Der Schwerpunkt ihrer Politik lag zunächst (1983-1990) auf dem vollständigen Rückzug des Bundes aus den großen Indus-

Reformergebnisse

Privatisierungsmaßnahmen

triekonzernen (Volkswagen AG, VEBA AG, VIAG AG und Salzgitter AG). Dieses Privatisierungsprogramm füllte praktisch die ersten beiden Legislaturperioden. Bereits vorbereitet wurde in dieser Zeit ein weiterer Schwerpunkt, nämlich die Privatisierung der Kommunikations- und Verkehrsbereiche, die ab 1989 umgesetzt wurden. Insgesamt wurden im Zeitraum von 1982 bis 1994 die Unternehmensbeteiligungen des Bundes von 958 auf weniger als 400 reduziert. Erzielt werden konnte ein Gesamterlös von 12 Mrd. DM und rund 1 Mio. Mitarbeiter schieden aus dem öffentlichen Dienst aus. Zu nennen sind insbesondere die Privatisierung der Deutschen Bundesbahn (seit 1.1.1994 Deutsche Bahn AG), der Unternehmen der Deutschen Bundespost (Postdienst, Postbank, Telekom) sowie der Flugsicherung (1993).

Diskussionen um Bürgernähe

Parallel zu den Diskussionen um Entbürokratisierung machte seit den 70er-Jahren die Vorstellung von mehr „Bürgernähe" in den öffentlichen Verwaltungen eine rasante Karriere. In dem Maße, wie staatliche Interventionstätigkeiten zunehmen, Probleme der Leistungsfähigkeit und Steuerbarkeit staatlichen Handelns offensichtlicher werden, öffentliche Verwaltungen den Anliegen der Bürger immer weniger entsprechen und die Wirksamkeit bestimmter Dienstleistungen von der Mitwirkung der Bürger abhängig ist, bekommen Vorstellungen von einer bürgernahen Verwaltung eine stärkere Bedeutung. Bürgernähe bezieht sich dabei in erster Linie auf den Prozess der Politikumsetzung, nicht auf den der Politikformulierung. Bürgernähe avanciert neben den Zielvorstellungen der Zweckmäßigkeit, Wirtschaftlichkeit und Rechtmäßigkeit zu einem vierten Hauptkriterium, unter dem der Erfolg von Verwaltungshandeln zu betrachten ist. Durch die Veränderung der bundesgesetzlichen Rahmenbedingungen (Bundesbaugesetzbuch und Städtebauförderungsgesetz) wurde darüber hinaus in den Kommunen ein Ausbau der Bürgerbeteiligungsangebote bei räumlichen Planungsprozessen induziert.

Die Beschäftigung mit Aspekten bürgernaher Verwaltung schug sich auf wissenschaftlicher Ebene vor allem in umfassenden Untersuchungen der Projektgruppe „Verwaltung und Publikum" der Universität Bielefeld nieder.[69] Zentrale Ursachen von Bürgerferne öffentlicher Verwaltungen liegen nach Ansicht der erwähnten Autoren in ihrem Größenwachstum, in der zunehmenden Zentralisierung, der wachsenden Arbeitsteilung und in der durch Recht und Verfahren gesteuerten Form der Problembearbeitung (vgl. hierzu und im Folgenden Bogumil/Kißler 1995, S. 18ff.). Diese Punkte gelten gleichzeitig als wesentliche Faktoren der Leistungsfähigkeit öffentlicher Verwaltung. Dort jedoch, wo die Grenzen der möglichen Gewinne durch Zentralisierung, Spezialisierung und Verfahrensförmigkeit nicht gesehen werden, kommt es zu einer übermäßig bürokratisierten, bürgerfernen und wenig effektiven Verwaltung. Dies gilt umso mehr für jene Aufgabengebiete, in denen eine schematisierende Bearbeitung nach feststehenden Programmen den Anliegen der Bürger nicht gerecht wird und in denen stärker situationsspezifisch zu handeln wäre, wie z.B. bei der Polizei oder den sozialen Diensten (vgl. Kaufmann 1979, S. 532).

---

69 Diese führte von 1971 bis 1976 Untersuchungen in der Steuerverwaltung (Grunow u.a. 1978) durch, zunächst durch die Volkswagenstiftung finanziert, und von 1975 bis 1979 im vom BMFT finanzierten Forschungsverbund „Bürgernahe Sozialpolitik" (vgl. Kaufmann 1977; 1979). In separaten Publikationen haben sich Hegner (1978) zudem mit den psychischen Belastungen und Spannungen im Verhältnis von Bürger und Verwaltung und Grunow zunächst mit den Alltagskontakten mit der Verwaltung (1978) und später mit konzeptionellen Überlegungen zur bürgernahen Verwaltung überhaupt (Grunow 1982; 1988, vgl. auch Hoffmann-Riem 1979; Gramke 1978) auseinandergesetzt.

Die Verwirklichung einer bürgernahen Verwaltung wird als kontinuierlicher Prozess, als eine Daueraufgabe begriffen. Dabei können unterschiedliche Gestaltungselemente genutzt werden, wie die Information und Partizipation der Bürger, die räumliche Verteilung des Leistungsangebotes, die zeitlichen Spielräume, die räumlich-baulichen Gegebenheiten, die Organisation der Verwaltungstätigkeit (Entscheidungsbefugnisse, Anerkennung von Publikumstätigkeit), der Personaleinsatz, die Kommunikationsstrukturen und die Leistungsgewährung (vgl. Kaufmann 1979, S. 535f.).

Als Ergebnis der Bemühungen um mehr Bürgernähe stellt Grunow Ende der 80er Jahre fest, dass zwar im persönlichen Kontakt Barrieren abgebaut sind und das Verhalten des Verwaltungspersonals meist positiver als der Aufbau, die Arbeitsweise und die Leistungsfähigkeit der Behörde interpretiert wird. Dennoch bleibt festzuhalten, dass es

> „am wenigsten an gut gemeinten Empfehlungen (fehlt d.V.), eher schon an praktisch erprobten Alternativen, besonders aber an praktischen Methoden der Verwirklichung der Empfehlungen unter Alltagsbedingungen. Mängel hinsichtlich der Bürgernähe sind dementsprechend als fehlende Innovations- und Wandlungsfähigkeit zu interpretieren" (Grunow 1988, S. 166).

5.2.3   New Public Management

5.2.3.1 Ziele und Instrumente

Seit Anfang der 90er Jahre steht die betriebswirtschaftlich inspirierte Binnenmodernisierung der Verwaltung und die Neuausrichtung der Staatsaufgaben nach dem Konzept des „New Public Management" (NPM) auf der Tagesordnung.[70] Begreift man Management allgemein als die Steuerung komplexer Organisationen, so kümmert sich Public Management um die Spezifizierung der Steuerungsprobleme von öffentlichen Organisationen. NPM zielt auf die Analyse und Gestaltung von Managementprozessen einzelner Verwaltungseinheiten ab (Budäus 1989, S. 231; 1994, S. 45f.). Das Public-Managementkonzept kann inhaltlich als eine Verbindung von Public-Choice-Theorien, vor allem mit den Theoriesträngen des Property-Rights- und der Principal-Agent-Ansatzes, und privatwirtschaftlichen Managementkonzepten verstanden werden. In der Kritik stehen Struktur und Größe des Staatssektors. Der spezifische Charme des NPM entsteht durch die Verbindung der alten Frage nach den Aufgaben des Staates mit neuartigen Anforderungen und Problemlagen für staatliches Handeln in einem stark veränderten internationalen Kontext. Beabsichtigt ist eine Neuorganisation der Aufgabenerledigung durch staatliche und kommunale Institutionen und eine Neubewertung der Staatsaufgaben[71] (vgl. hierzu Naschold/Bogumil 2000):

Binnenmodernisierung und Neubestimmung öffentlicher Aufgaben

---

70 Gründe für die in Deutschland vergleichsweise relativ späte Rezeption liegen im Fehlen eines akuten Problem- und Handlungsdrucks in den 80er Jahren, dem relativ günstigen Abschneiden Deutschlands im internationalen Vergleich und in der Existenz einiger institutioneller Regelungen (das föderative System, die Garantie der kommunalen Selbstverwaltung sowie die Dekonzentration der staatlichen Verwaltungsfunktionen), die lange Zeit einen Modernitätsvorsprung sicherten (vgl. Wollmann 1996a, S. 19).

71 Mit dem Begriff der Staatsaufgaben werden die von einem Staat konkret übernommenen Zuständigkeiten beschrieben, also die konkreten Tätigkeitsfelder. Dies ist etwas anderes als die Staatsfunktionen, auf die sich diese Aufgaben in der Regel beziehen. Um ein Bei-

- Zum einen geht es um die Art und Weise der administrativ-organisatorischen Umsetzung von Staatsaufgaben und hier insbesondere um die Einführung einer marktgesteuerten, kundenorientierten öffentlichen Dienstleistungsproduktion, die unter dem Stichwort *Binnenmodernisierung* diskutiert wird. Die dominierende Frage ist dabei: Wie kann die Effizienz im öffentlichen Sektor gesteigert werden?
- Zum anderen steht die Reichweite staatlicher Politik, eine *Neubestimmung öffentlicher Aufgaben* und dabei insbesondere die Bestimmung der optimalen Leistungstiefe[72] im Blickpunkt des Interesses. Hier wird danach gefragt, ob und in welchen Formen staatliches Handeln stattfinden soll.

Zur Disposition steht damit das *Aufgabenspektrum* und die *Aufgabenerledigung* staatlicher Institutionen. Auch wenn diese beiden Aspekte im Konzept des Public Managements enthalten sind, konzentriert sich die Diskussion in Deutschland zu Beginn der 90er Jahre vor allem auf die Binnenmodernisierung in den Gebietskörperschaften. Die Frage der Neubestimmung öffentlicher Aufgaben wird – mit Ausnahme einiger Privatisierungsmaßnahmen auf Bundesebene – erst gegen Ende der 90er Jahre verstärkt Gegenstand der wissenschaftlichen und praktischen Diskussionen (vgl. Kapitel 4.2.5).

Gegenentwurf zum Bürokratiemodell Zentrales Credo des NPM war und ist, dass die klassische bürokratische Steuerung der Verwaltung zunehmend dysfunktionale Folgen zeige und dass sich Konzepte modernen betriebswirtschaftlichen Managements mit Erfolg auf die öffentliche Verwaltung übertragen lassen. Dem negativ besetzten – und schon beinahe karikierten – Leitbild der derzeitigen bürokratischen und zentralistischen Steuerung wurde das neue Leitbild einer ergebnisorientierten, transparenten und dezentralen Steuerung entgegengesetzt: Motivation statt Alimentation für das Personal (z.B. leistungsgerechte Bezahlung), Eigenverantwortung statt Hierarchie für die Organisation (dezentrale Ressourcenverantwortung, flache Hierarchie etc.), Resultate statt Regeln für die Verfahren (Kontraktmanagement, Leistungsvergleiche, Produktorientierung) und Kostenrechnung statt Kameralistik für die Finanzen (vgl. Jann 2001). So gesehen waren die einzelnen Elemente des managerialistischen Leitbildes zunächst nichts anderes als bloße – ideale – Gegenentwürfe zu den eklatanten oder behaupteten Mängeln der überkommenen Steuerungspraxis.

Dabei handelte es sich eindeutig um eine politische, eben eine verwaltungspolitische Bewegung, deren Protagonisten zwar zunächst i.d.R. nicht gewählte Politiker, sondern Verwaltungsführungskräfte waren, die aber relativ schnell von klassischen „Politikern" (Bürgermeistern, Ministern, Abgeordneten) aufgegriffen und unterstützt wurde. Als zentrales Problem der modernen öffentlichen Verwaltung wurde weiter, wie seit Mitte der achtziger Jahre, Staats- oder noch ge-

---

spiel zu geben: Um ein Staatsgebiet nach außen hin zu schützen (Staats*funktion*), können verschiedene *Aufgaben* wahrgenommen werden: z.B. militärische Verteidigung, Aufbau friedlicher Beziehungen mit anderen durch Außenpolitik oder verschiedenste Formen von Grenzkontrollen (vgl. Benz 2001, 183).

72 Unter dem Begriff „Leistungstiefe" im öffentlichen Sektor wird analog zur „Fertigungstiefe" von Industrieunternehmen diskutiert, in welchem Umfang und in welcher Qualität öffentliche Leistungen selbst erstellt werden sollten. Je geringer die Leistungstiefe, um so mehr müssen bei gegebenem Leistungsumfang Teilleistungen von dritter Seite zugekauft werden. Das Spektrum der Leistungstiefe reicht von 100%, einer vollständigen Eigenerstellung durch öffentliche Einrichtungen, bis zu 0%, einem vollständigen Verzicht auf öffentliche Eigenleistungen (vgl. Naschold/Bogumil 2000).

nauer Bürokratieversagen identifiziert, zusammengefasst in den von der KGSt aufgelisteten „Steuerungslücken" (Effizienz-, Strategie-, Management-, Attraktivitäts- und Legitimitätslücke).

Dieses Leitbild war in Deutschland nie unumstritten, und es war auch nicht in dem Sinne dominant, dass es als alleiniges Leitbild die Verwaltungspolitik und vor allem deren Umsetzung ausschließlich bestimmt hätte – im Gegenteil, inwieweit die neue Orientierung zu permanenten Veränderungen geführt hat, ist durchaus kontrovers. Dominant war das Leitbild aber dennoch in dem Sinne, dass es die Debatte über Verwaltungsreform und -modernisierung definiert hat, sowohl bei Anhängern wie auch bei Gegnern (vgl.König/Füchtner 2001). [73]

Intendiert wird mit dem NPM die Stimulierung neuer Wirkungsmechanismen im öffentlichen Sektor mit dem Ziel der Verbesserung der Qualität, der Effizienz und der Effektivität der Dienstleistungsproduktion. In der deutschen Diskussion variiert zwar die Anzahl und die Auswahl der Elemente, die dem NPM zugeordnet werden, zwischen den Autoren (vgl. z.B. Budäus 1994; Damkowsky/Precht 1995). Implizit greifen aber alle Konzepte eines NPM auf ein Verständnis von Organisationsveränderung zurück, welches davon ausgeht, dass an verschiedenen Führungsfunktionen (Strukturen, Verfahren, Personal- und Außenverhältnis) gleichzeitig angesetzt werden muss, da starke Interdependenzen zwischen ihnen bestehen (vgl. hierzu und im Folgenden Kißler/Bogumil/Greifenstein/Wiechmann 1997, 23ff.).

Abbildung 44: Gestaltungselemente des New Public Management

Ansatzpunkt	Maßnahmen
Organisationsstrukturen	Dezentralisierungs-, Entflechtungs- und Verselbstständigungsstrategien
Verfahren	Ergebnisorientierung durch Kosten-/Leistungsrechnung, Controlling, outputorientiertes Rechnungswesen und Wirkungsanalysen Kontraktmanagement: Trennung von Politik und Verwaltung durch klare Verantwortungsabgrenzung
Personal	Organisationsentwicklung durch die Einrichtung von Partizipations-, Kooperations- und Gruppenelementen und den Einbezug externer Beratung Personalentwicklung durch Personalbeurteilung, Fort- und Weiterbildungsplanung, Karriere- und Verwendungsplanung und die Herausbildung einer Corporate Identity (CI)
Außenverhältnis	Ausbau der Kundenorientierung durch Total Quality Management (TQM) und Management by Competition (MbC)

Konsens besteht darin, dass die Grundvoraussetzung für eine systematische Steuerung der Ressourcen die Schaffung organisatorisch abgrenzbarer Einheiten im Sinne von Verantwortungszentren ist (Dezentrale Ressourcenverantwortung). *Dezentralisierungs-, Entflechtungs- und Verselbständigungsstrategien* kommt daher besondere Bedeutung zu. *Ergebnisorientierte Verfahren* (Kosten- und Leis-

---

73 Es gab praktisch keine Modernisierungsstrategie, sei es im Bereich des Personals (leistungsgerechte Bezahlung, Personalentwicklung und Mitarbeiterführung, Spitzenpositionen auf Zeit, Qualifizierung), der Organisation (flachere Hierarchie, Projektorganisation, Bürgerämter), der Verfahren (Kennzahlen, Berichtspflichten, Kundenorientierung, Leistungsvergleiche) oder der Finanzen (Budgetierung, Kostenrechnung, Globalhaushalt), die nicht unter dieser Überschrift zusammengefasst wurde – einerlei, ob es sich um neuartige oder im Prinzip altbekannte Reformvorschläge handelt.

tungsrechnung, Controlling[74], outputorientiertes Rechnungswesen, Wirkungs-analysen) sind erst dann sinnvoll anwendbar, wenn Organisationseinheiten in-stitutionalisiert sind, denen Kosten und Leistungen zugeordnet werden können. Vorteile dezentraler Strukturen im Sinne von Verantwortungszentren liegen so-mit im Abbau von Komplexität, in der Schaffung von Transparenz, in der Zure-chenbarkeit von Kosten und Leistungen, in der Möglichkeit globaler Budgetie-rung, in der Herstellung einer Einheit von Entscheidung und Verantwortung und in der Möglichkeit der Institutionalisierung von wettbewerbsadäquaten Mecha-nismen.

Trennung von Politik und Verwaltung Allerdings bedarf es der Entwicklung von Verfahren zur Integration und Koordination der dezentralisierten Verantwortungszentren in einen übergeord-neten Gesamtzusammenhang sowie des Einverständnisses der Politik, sich nicht mehr in die operative Steuerung einzumischen, sondern sich auf die Vorgabe von strategischen Größen und Rahmendaten zu beschränken. Die Verlagerung ope-rativer Entscheidungen in verselbstständigte Verantwortungszentren muss kon-sequent eingehalten werden. Die strikte *Trennung von Politik (policy making) und öffentlicher Dienstleistung (service delivery)* steht somit in einem engen Zu-sammenhang mit der Bildung von Verantwortungs- und Ergebniszentren (vgl. Budäus 1994, S. 57; Damkowski/Precht 1995, S. 272). Gedacht ist an eine klare Verantwortungsabgrenzung zwischen Politik und Verwaltung. Dazu ist jedoch ein Wandel im Politikverständnis nötig. Politik soll die Ziele und Rahmenbedin-gungen setzen, die Erfüllung der Leistungsaufträge kontrollieren und somit in die Rolle eines Auftrag- und Kapitalgebers hineinwachsen. Die Verwaltung ist da-gegen für die Erfüllung der Leistungsaufträge und einen Bericht über Auftrags-vollzug und Abweichungen zuständig.

Kontraktmanagement In diesem Zusammenhang kommt Konzepten eines Management by Objek-tives (MbO) bzw. eines Kontraktmanagements eine zentrale Bedeutung zu. Diese Konzepte sind gekennzeichnet durch den Abschluss einer Zielvereinbarung oder eines Kontraktes, in dem für eine bestimmte Periode definiert wird, wer welche Ziele in nachprüfbarer Weise umsetzt. Der Begriff des Kontraktmanagements wird dabei sowohl für die neue Beziehung zwischen Politik und Verwaltung als auch für das Verhältnis zwischen Kernverwaltung und ausgegliederten Einheiten (interorganisatorisch) sowie für die Beziehungen innerhalb einer verselbstständ-digten Einheit (intra-organisatorisch) verwandt. Politik und Verwaltung treffen eine Vereinbarung über die von den Fachbereichen zu erzeugenden Leistungen und Produkte sowie über die dafür vorgesehenen Budgets.

Organisations- und Personalentwicklung Zentrale Maßnahmen zur Optimierung der Führungsfunktion „Personal" sind die *Organisations- und Personalentwicklung (OE bzw. PE)*. Als Innovations- bzw. Motivationsstrategien kommt ihnen eine wichtige Bedeutung zu. In

---

74 Controlling ist zunächst ein Sammel- und Modebegriff für eine Vielzahl von auf Führungs-
und Sachfunktionen bezogenen Verfahren. Hier wird Controlling als ein System der Führungsassistenz angesehen, welches der Zielentwicklung, Entscheidungsfindung und Entscheidungskontrolle des Managements durch Informationsversorgung, -bearbeitung und -
auswertung dient (in Anlehnung an Damkowski/Precht 1994, S. 412). Controlling versucht,
die Führungsfunktionen „Planung" „Organisation" „Personal" und „Kontrolle" funktional
miteinander zu verknüpfen (Budäus 1994, S. 65). Geht es um die Gesamtsteuerung einer
Organisation im Bereich der Ziel- und Aufgabenentwicklung und Erfolgskontrolle, spricht
man von strategischem Controlling. Geht es dagegen um den Aufbau eines effizienten Re-
chungswesens und um die Binnensteuerung einzelner Organisationseinheiten, spricht man
von operativem Controlling.

einer zunehmend komplexen und dynamischen Welt, die mit Schlagworten wie Interdependenz, Unübersichtlichkeit und Vorhersageunsicherheit beschrieben wird, ist eine direkte Steuerung über allumfassende Regeln, von oben nach unten und zeitlich in Plänen festgelegt, nicht mehr zufriedenstellend (vgl. Reinermann 1992, S. 136). Auch die Verwaltung muss Steuerung dezentralisieren und jeweils Menschen mit ihren Fähigkeiten der Flexibilität und Sensibilität, der Fantasie und Kreativität überlassen. Vertragsgrundlagen zwischen Institutionen und ihren Angehörigen sollten von Gehorsam und Treue auf Einfluss und Engagement umgestellt werden. Dazu ist es nötig, die Beschäftigten in der öffentlichen Verwaltung stärker einzubeziehen und zu beteiligen (Kißler/Bogumil/Wiechmann 1994, S. 159f.). Bei OE- und PE-Maßnahmen handelt es sich zwar um aufwändige, aber dafür längerfristig wirksame Änderungsansätze.

OE ist ein längerfristiger, rückgekoppelter Prozess, der auf ein Lernen der Organisationsmitglieder und der Organisation durch die Änderung von Verhaltens- und Kommunikationsformen zielt. OE ist durch die Einführung von Partizipations-, Kooperations- und Gruppenelementen und durch die Einbeziehung der Qualifikation der Beschäftigten mit Hilfe von Fort- und Weiterbildungsbemühungen gekennzeichnet.

PE-Maßnahmen sollen in enger Verzahnung mit Formen der OE die Partizipations- und Selbstorganisationschancen der Beschäftigten erhöhen, mit dem Ziel einer Sensibilisierung für notwendige Organisationsinnovationen, einer Einbeziehung ihrer Qualifikationsentwicklung in organisatorische Innovationsprozesse und letztlich eines verbesserten Output an personaler Leistung. Dazu dienen kooperative Führungsstrukturen, Verfahren direkter Arbeitnehmerbeteiligung sowie ein Set von Anreiz- und Motivationssystemen wie die Personalbeurteilung, die Fort- und Weiterbildungsplanung sowie die Karriere- und Verwendungsplanung. Auch Unternehmenskulturansätze (Corporate Identity, CI) können als PE-Maßnahmen angesehen werden.[75]

Neben den binnenorientierten Veränderungsstrategien im Bereich der Organisationsstrukturen, Verfahren und Personen erscheinen aus der Sicht des NPM ergänzende Maßnahmen zur Steigerung der Produktqualität und Kundenorientierung nötig. Dabei wird im Wesentlichen auf zwei konzeptionelle Ansätze zurückgegriffen: Das Total Quality Management (TQM) und das Management by Competition (MbC). *Total Quality Management* gilt als Konzept zur systematischen Erreichung eines höchstmöglichen Qualitätsgrades betrieblicher Produkte und Leistungen. Es wurde Anfang der 80er Jahre in den USA aus Japan mit großem Erfolg reimportiert. Wesentliche Prinzipien sind die Ausrichtung an den Bedürfnissen der Kunden, die permanente Verbesserung von Produkt-, Service- und Informationsqualitäten und die Optimierung der Arbeitsabläufe.

Ansätze einer Konkurrenzbürokratie (Management by Competition, MbC) sollen die traditionelle Bürokratie entflechten und marktwirtschaftliche Mechanismen fördern. Erhofft wird sich eine Steigerung von Produktivität und Kundenorientierung durch die Installierung interner und externer Wettbewerbsstrukturen und die Vornahme von Leistungsvergleichen. Unterschieden werden Wett-

Ausbau der Kundenorientierung

Management by Competition

---

75 Die Herausbildung einer CI ist ein strategisch geplanter Prozess, mit dem das Erscheinungsbild sowie die Verhaltens- und Wirkungsweisen der Organisation nach innen und außen durch ein einheitliches Konzept koordiniert wird. CI hat aber immer eine Doppelfunktion: Einerseits soll nach innen die Mitarbeitermotivation und -identifikation gestärkt und andererseits nach außen eine kundenorientierte Marktstrategie entwickelt werden.

bewerbsstrukturen zwischen privaten Unternehmen und Organisationen des öffentlichen Sektors (intersektoriell), zwischen den Organisationen des öffentlichen Sektors (interorganisationell) sowie zwischen den Organisationseinheiten im öffentlichen Sektor (intraorganisationell).

5.2.3.2 Erfolge und Problemlagen

Eine erste Zwischenbilanz zum „Status" des NPM-Modells auf allen Gebietskörperschaftsebenen nach 10 Jahren (vgl. hierzu und im Folgenden ausführlich Jann/Bogumil u.a. 2004) zeigt, dass sich die wenigen vorliegenden empirischen Studien[76] vordringlich mit institutionellen Veränderungen beschäftigen und untersuchen, ob und wie Organisations-, Personal- und Finanzstrukturen in Bewegung geraten und welche Instrumente des NPM in der Alltagspraxis der Verwaltung auffindbar sind. Untersucht wird auch, was eigentlich die Auslöser und Treiber dieser Veränderungen sind, institutionelle Veränderungen also als abhängige Variable. Inwieweit sie aber tatsächlich zu Verhaltens- und Performanzänderungen geführt haben, d.h. ihre Betrachtung als unabhängige oder intervenierende Variablen, ist eher selten. Noch seltener sind Untersuchungen, die sich mit den möglichen Aus- und Fernwirkungen von Verwaltungsreformen beschäftigen. Die Zurückhaltung der Verwaltungsforschung ist verständlich, denn Performanz und Wirkungen hängen von sehr vielen intervenierenden Variablen ab, und es ist daher beinahe unmöglich, den Einfluss institutioneller Veränderungen eindeutig zu isolieren.

Soll und Ist: Die Verheißungen des NPM? Wie steht es mit der Umsetzung der einzelnen Elemente des „neuen Steuerungsmodells" und des NPM in Deutschland aus? Es zeigt sich, dass die managerialistische Bewegung auch in Deutschland erhebliche Bedeutung hatte und hat. Auf allen Ebenen können Einfluss und Einsatz neuer Instrumente nachgewiesen werden. Extern gibt es Privatisierungen und Ausschreibungen, intern wird mit Instrumenten wie Budgetierung, Produkthaushalten, Kosten- und Leistungsrechung, Controlling usw. experimentiert. Keine Verwaltung, die etwas auf sich hält, kann heute selbstbewusst verkünden, sie würde sich solchem „neumodischen Unsinn" entziehen. Allerdings wird auch deutlich, dass strukturelle Änderungen seltener sind. Klassische Personal- und Finanzstrukturen sind weitgehend intakt, organisatorische Umgestaltungen in Richtung größerer Dezentralisierung und Autonomie sind erkennbar (vor allem auf der Landesebene, so Reichard 2004), aber keinesfalls dominant. Gleichzeitig ist offenkundig, dass die Veränderungsintensität von unten nach oben abnimmt. Auf der Ebene der Kommunen ist am meisten passiert und sind Strukturen am ehesten im Wandel. Länder und Bund sind, nicht zuletzt aufgrund ihrer Aufgabenschwerpunkte und der unterschiedlichen Relevanz von Reformtreibern stabiler. Aber selbst für die kommunale Ebene gilt, „die Realisierung des Kernmodells ist, gemessen an den Zielvorgaben, weit hinter den Reformabsichten zurückgeblieben, so dass zu diesem

---

76 Als empirische Feldstudien über die Betrachtung von Verlauf und Stand der Reform sind zu nennen: Kißler u.a. 1997; Gerstlberger/Kneissler 2000; Engelniederhammer u.a. 1999; Grunow/Grunow-Lutter 2000; Wegrich u.a. 1997; Maaß/Reichard 1998. Als empirische Studien, die sich ausdrücklich um eine erste Analyse der Wirkungen der Reformprojekte bemühen, sind zu nennen: Jaedicke u.a. 1999; Bogumil u.a. 2000; Osner 2001. Eine international vergleichende Analyseperspektive wird eingenommen in den Arbeiten von Naschold 1995; Naschold u.a. 1998; Naschold u.a. 1999; Pollitt/Bouckaert 2004. Zu den Forschungsdesigns dieser Studien siehe Wollmann 2000, S. 218ff.

Zeitpunkt zumindest von einem ‚relativen' Scheitern der Bemühungen auszuge-hen ist" (vgl. Bogumil/Kuhlmann 2004 und Budäus 2004).

Schwieriger nachzuweisen sind Performanzänderungen. Tatsächlich gibt es Einsparungen, mehr Anreize für wirtschaftliches Verhalten und auch vielfältige Hinweise auf verbesserten Service und Kundenorientierung. Da gleichzeitig fast überall Haushaltskürzungen und Personaleinsparungen stattfinden, spricht alles für eine gewisse Produktivitätssteigerung. Aber ob diese Veränderungen auf die stattgefundenen Managementreformen zurückzuführen sind, ist eine ganz andere Frage.

Die klassischen „Lücken" (KGSt 1993), die durch das neue Steuerungsmo-dell beseitigt werden sollten, sind nicht verschwunden. Immer noch sind die An-reize zur ständigen, effizienten Mittelverwendung zu gering (Effizienzlücke) und fehlt eine Orientierung an klaren, mittelfristigen Entwicklungszielen und Priori-täten (Strategielücke). Die Instrumente zur kontinuierlichen Leistungsverbesse-rung, zur Strukturanpassung, zu Ressourcenumschichtungen und zur Anpassung an Nachfrageänderungen sind immer noch viel zu schwach entwickelt (Ma-nagementlücke) und die sinkende Attraktivität des öffentlichen Sektors für enga-gierte Mitarbeiter sowie die unzureichende Nutzung der vorhandenen Bereit-schaft zu Engagement und Kreativität sind keineswegs überwunden (Attrak-tivitätslücke). Die Verwaltung ist weiter kaum in der Lage nachzuweisen, dass Verwaltungsleistungen durchaus ihr Geld wert sind, die fehlende kontinuierliche Rechenschaftslegung über Effizienz, Zielgenauigkeit und Qualität öffentlicher Leistungen hat daher ihre schwindende Akzeptanz in der Öffentlichkeit weiter verstärkt (Legitimitätslücke). Auch das Verhältnis zwischen Politik und Ver-waltung hat sich nicht grundsätzlich geändert, oder wenn, dann auf jeden Fall nicht in die vom Managerialismus intendierte Richtung und aufgrund ganz ande-rer Mechanismen – bis hin zu einer „Demokratisierung der Machlosigkeit" (vgl. Bogumil/Holtkamp/Kißler 2004).

Insbesondere auf der Kommunalebene gibt es auch weitere Hinweise auf nicht-intendierte oder sogar kontra-intentionale Wirkungen, so in Bezug auf Moti-vationsverluste bei Mitarbeitern, problematische Verteilungswirkungen (z.B. auch für Frauen), Verschlechterungen im Bereich politisch-strategischer Steuerung, ei-ner neuen Bürokratisierung durch Produkte, Kennzahlen und Indikatoren und stei-gende Transaktionskosten. Es dominieren daher insgesamt eher kritische Stellung-nahmen, die auf die Modernisierungsbarrieren und Stolpersteine aufmerksam ma-chen (vgl. Bogumil 1998; Budäus/Finger 1999; Gerstlberger/Grimmer/Wind 1999; Grunow 1998, Naschold/Bogumil 2000, S. 244ff.; Reichard 1997a). So wird nun auch von betriebswirtschaftlicher Seite zugestanden,

– dass es erhebliche Probleme bei der Anwendung des Instrumentariums des Kontraktmanagements gibt,
– dass die Ablösung des Bürokratiemodells möglicherweise auch zu einem Abbau von Kontrolle führen kann,
– dass Verwaltungsreform ohne Politikreform auf Dauer nicht möglich ist,
– dass es noch kein neues outputorientiertes Steuerungskonzept gibt, und
– dass die Konzentration auf Produktkataloge nicht die erwünschten Wirkun-gen mit sich gebracht hat (vgl. Budäus/Finger 1999, S. 341, auch Reichard 1997a, S. 58).

Derartige Implementationsprobleme lassen sich auf zweierlei Weise erklären (vgl. Wollmann 1999b, S. 12). Entweder sie hängen damit zusammen, dass eine an sich richtige *Theorie unzulänglich implementiert* wird. Hier wird dann z.B. darauf aufmerksam gemacht, dass das Modernisierungsmanagement schlecht konzipiert ist (keine Freistellungen, keine Kompetenzen, falsche organisations-interne Ansiedlung), dass es an der Prozessorientierung fehlt oder dass die Beschäftigten unzureichend einbezogen werden. Oder aber Implementationsprobleme erklären sich daraus, dass die zugrundeliegende *Theorie falsch* ist. Hier wird dann darauf aufmerksam gemacht, dass öffentliches Verwalten spezifischen Besonderheiten unterliegt, die im betriebswirtschaftlich ausgerichteten Public Managementmodell nicht berücksichtigt würden und in der Modernisierungspraxis zu Problemen führen.

Wir vertreten die Auffassung, dass beide Erklärungen z.T. zutreffen. Ein Teil der Implementationsprobleme hängt mit unzulänglicher Implementation zusammen. OE-Prozesse in öffentlichen Verwaltungen sind angesichts schwieriger Rahmenbedingungen (Haushaltskonsolidierung, Strukturkonservatismus) und wenig Erfahrung mit Partizipationsstrategien, Flexibilität und offenen Prozessen oftmals schwierig, zumal, wenn es Rückzugsmöglichkeiten gibt (keine exit-option) und vielfältige Möglichkeiten mikropolitischer Einflussnahmen bestehen (vgl. ausführlich Naschold/Bogumil 2000, auch Bogumil/Schmid 2001). Die Versuche im Bereich der Umgestaltung des Verhältnisses von Politik und Verwaltung oder in der Schaffung eines strategischen Managements scheitern jedoch an der „falschen" Theorie, in der die Rationalität politischer Prozesse vollkommen ausgespart bleibt (vgl. ausführlich Bogumil 2002b, 2003).

Vorher und Nachher: Die deutsche Verwaltung in Bewegung?

Aber ist die reale Bilanz tatsächlich so niederschmetternd? Wenn man sich einmal von den vollmundigen und diffusen Versprechungen absetzt, die insbesondere die professionellen Jünger der Verwaltungsmodernisierung in unzähligen Firmenpräsentationen, Hochglanzbroschüren und Verkaufsseminaren verkündet haben, ist unverkennbar, dass die deutsche Verwaltung in den letzten zehn Jahren einem erheblichen Modernisierungsschub ausgesetzt war. Bei Bund, Ländern und Kommunen wird ohne jeden Zweifel restrukturiert und dezentralisiert, wird mit Budgetierung und dezentraler Ressourcenverantwortung experimentiert, diskutiert man über Leitbilder, Leistungsvergleiche, Controlling, Personalentwicklung und Kontraktmanagement. Kundenzufriedenheit, Bürgerorientierung, Doppik, aktivierender Staat, Zivilgesellschaft und selbst neue Formen von Governance sind Konzepte, die in weiten Bereichen der Verwaltung zumindest nicht mehr gänzlich unbekannt sind.

Es wäre leichtfertig, dies alles nur als symbolische (Verwaltungs-)Politik abzutun. Die zu beobachtenden Veränderungen sind zwar nur schwer mit entsprechenden Entwicklungen in Bereichen wie Produktivität, Transparenz, Effizienz, Effektivität und letztendlich Legitimität in Verbindung zu bringen, aber das in der deutschen Verwaltung heute nicht nur über Rechtsförmigkeit und formale Richtigkeit, sondern auch über Kosten und Leistungen nachgedacht und diskutiert wird, ist kaum zu bestreiten. Gleichzeitig ist unverkennbar, dass diese Veränderungen nicht nur durch eine bewusste Verwaltungsmodernisierungspolitik angestoßen wurden. Verwaltungen verändern sich aufgrund verwaltungspolitischer Interventionen „von oben", aber nicht nur und nicht ausschließlich. Mindestens ebenso wichtig sind externe Erschütterungen, z.B. durch Haushaltskürzungen, aber auch durch internationale Entwicklungen (etwa die Wettbewerbspolitik der EU) oder durch neue Technologien (Internet etc.). Und es gibt Veränderungsimpulse „von der Seite" oder sogar „von unten", durch die Kunden und Klienten der Verwaltung, insbesondere wenn befürchtet werden muss, dass diese

Nachfrage in Zukunft nicht mehr vorausgesetzt werden kann. Der sog. PISA-Schock wird die deutschen Schulen sicherlich stark beeinflussen, aber die rasant abnehmende Zahl der Schüler ist ohne Zweifel viel durchschlagender. Ähnliches gilt für die Universitäten. Unterschiedliche öffentliche Organisationen werden unterschiedlichen Impulsen ausgesetzt und gleichartige Impulse können unterschiedliche Resultate hervorrufen.

Dennoch ist erklärungsbedürftig, warum auf der Ebene von Verlautbarungen und zumindest äußerlichen institutionellen Anpassungen die Ideologie des NPM auch in Deutschland so erfolgreich war. Hier hilft die moderne Institutionentheorie, die davon ausgeht, dass Organisationen sich nicht einfach ändern, weil es „rational" überlegene Modelle gibt, etwa in der Form von „best practices". Organisationen verändern sich, so diese Theorien, weil sie sich legitimieren müssen, und dies geschieht durch sog. mimetischen (Imitation als Reaktion auf Unsicherheit) oder normativen Isomorphismus (kognitive Imitation aufgrund von professionellen Standards), oder sogar „erzwungenen Isomorphismus", also die externe Setzung verbindlicher Standards, bei der Anpassung einfach hierarchisch durchgesetzt wird (vgl. Jann 2004). Auf die verschiedenen immer wieder beschriebenen Defizite und „Lücken", insbesondere auf ihr Legitimitätsdefizit („organisierte Unverantwortlichkeit"), hat die deutsche Verwaltung daher mit „allgemein anerkannten", eben „Modernisierungsstrategien" reagiert.

Auf die Vielzahl von Hochglanzbroschüren und Selbstdarstellungen wurde bereits hingewiesen. Eine Fülle von Seminaren und Konferenzen und einige Zeitschriften haben aus diesem Bedürfnis ein florierendes Geschäft gemacht. Selbstverständlich sind nicht alle diese Reformen ernst gemeint oder ernst zu nehmen. Wenn man bei der Verbreitung von Reformideen in Organisationen danach unterscheidet, ob Veränderungen tatsächlich akzeptiert oder eher abgelehnt, und ob sie wie intendiert oder aber nur symbolisch durchgeführt werden, ergibt sich eine zunächst erschreckende Matrix.

Abbildung 45: Verbreitung von Reformideen in Organisationen

	reale Umsetzung	symbolische Umsetzung
Veränderungen akzeptiert	Unterstützer „strategische Wahl"	Nachäffer, Jubel-Anhänger „cultural dopes"
Veränderungen nicht-akzeptiert	widerwillige Umsetzung „Lähmschicht"	Heuchler „de-copling"

Drei der vier denkbaren Gruppen von Reformakteuren stehen realen Veränderungen eher im Wege. Aber dennoch ist keineswegs davon auszugehen, dass der in Deutschland zu beobachtende Wandel nur symbolisch ist. Selbstverständlich spielen mimetische und professionelle Isomorphie eine große Rolle. Die meisten Veränderungen beruhen nicht auf gründlicher und erschöpfender Analyse, sondern auf einfacher Nachahmung, und die Bedeutung der Vielzahl von Konferenzen, Seminaren und Artikeln in einschlägigen Fachzeitschriften ist dabei nicht zu unterschätzen. Aber diese Diffusion von neuen Ideen, Werten und Normen bleibt eben nicht auf die Nachäffer, Heuchler und die unvermeidliche Lähmschicht begrenzt. Sie führt zu unweigerlichen Lernprozessen, d.h. wenn Akteure Vorteile für sich und ihre Organisation erkennen können, werden sie früher oder später in das Feld der Unterstützer, die Veränderungen strategisch einsetzen, überwechseln. Es gibt Hinweise, dass dies in Deutschland zumindest in einigen Bereichen zunehmend geschieht. Aber damit dies geschehen kann, muss auch die Verwaltungsforschung sich ernsthafter bemühen, diese Vorteile zu belegen. Dies wird nur durch empirische Nachweise gelingen, nicht durch weitere theoretische und konzeptionelle Modelle.

National und International: Nachzügler oder Vorbild?

Bleibt die Frage, wie die deutschen Erfahrungen im internationalen Kontext zu bewerten sind? Zum einen ist offenkundig, dass die Umsetzung zentraler Elemente des NPM in vielen OECD-Ländern weit umfangreicher und schneller vonstatten ging, als in Deutschland. Sowohl bezüglich der Veränderungen im Bereich des Personals (Normalisierung der Beschäftigungsverhältnisse, Individualisierung und Leistungsorientierung), der Organisation (Verselbstständigung und Kontraktsteuerung), der Finanzen (leistungsorientierte Budgets und Ressourcenverbrauch) und der Leistungsmessung (Benchmarking und League Tables) waren andere Länder mutiger, von den radikaleren Marktreformen der Marketizer (competitive tendering, radikale Privatisierung) ganz zu schweigen. Aber auch in anderen Ländern ist es sehr schwer, von institutionellen Veränderungen auf bessere Performanz oder sogar veränderte Outcomes zu schließen (vgl. Wollmann 2004; Bouckaert 2004). Es gibt einige Anzeichen, dass der öffentliche Sektor etwa in Großbritannien und Skandinavien leistungsfähiger, kundenfreundlicher und sogar bürgernäher geworden ist, aber sicherlich nicht ausschließlich und nicht überall. Ohne Zweifel gab es auch negative und nicht-intendierte Wirkungen, z.B. bei Umfang und Qualität öffentlicher Leistungen und der Moral und Integrität der öffentlich Beschäftigten.

Deutlich ist aber auch, dass Deutschland nicht in allen Bereichen der institutionellen Veränderungen einen einheitlichen Nachholbedarf aufweist. Ein Teil der Reformen in Großbritannien und Frankreich, insbesondere im Bereich der Dezentralisierung, kann eher als „nachholende Modernisierung" im Vergleich zum deutschen Föderalismus und der bei uns, bei allen eklatanten Problemen, ausgeprägten kommunalen Selbstverwaltung gesehen werden, und auch einige Reformen in Skandinavien, in Richtung auf Outsorcing und die Einbeziehung Dritter bei der Bereitstellung öffentlicher, insbesondere sozialer Dienstleistungen, sind im deutschen Subsidiaritätssystem traditionell bereits vorhanden (vgl. Wollmann 2004). Auch die organisatorische Trennung von Politikformulierung und -durchführung und die Auslagerung spezieller Aufgaben in Sonderbehörden (Agencies) ist bei uns durchaus nicht unbekannt und zum Teil weiter fortgeschritten als in einigen Reformländern. Damit soll keineswegs der Reformbedarf dieser Institutionen in Deutschland bestritten werden, vor allem die sehr traditionelle, wenig leistungsorientierte Art und Weise ihrer Steuerung, aber die Vorstellung, wir seien durchgehend Lichtjahre von der internationalen Entwicklung entfernt, ist viel zu undifferenziert.

Im internationalen Vergleich ist Deutschland vermutlich auf dem Weg von einem eher strukturkonservativem *Maintainer* zu einem vorsichtigen *Moderniser* (vgl. Pollit/Bouckaert 2004). Das deutsche System weist einige Elemente eines Neo-Weberianischen Staates auf, wie er von Bouckaert skizziert wird (2004). Allerdings wäre es beinahe „zu schön um wahr zu sein", wenn sich die positiven Elemente der deutschen Rechtsstaats- und Regelungskultur so ohne weiteres, wie von Bouckaert unterstellt, mit den fortschrittlichen Elementen des Managerialismus, wie Kunden- und Leistungsorientierung, verbinden lassen. Die bisherigen empirischen Befunde deuten eher darauf hin, dass diese positive Synthese zumindest in Deutschland in absehbarer Zeit nicht ohne weiteres zu erwarten ist (vgl. Bogumil 2004a).

Dabei spielen auch die immer wieder angeführten kritischen Erfolgsbedingungen von Reformen eine Rolle. Notwendig ist ein Wandel von stark subjektiv geprägten, personendeterminierten Reformansätzen zu systemimmanenten, koordinierten Reformen (vgl. Budäus 2004). Ohne sichtbare politische und administrative Führung, ohne eine erkennbare Reformkontinuität, ohne Investitionen in den öffentlichen Sektor, sein Personal und seine Infrastruktur, ohne Kohärenz über die verschiedenen politischen und administrativen Ebenen und schließlich auch ohne die kontinuierliche Einbeziehung Externer in den Reformprozess, so zumindest die empirisch zu testenden Hypothesen, werden sich administrative Reforminitiativen nicht durchsetzen können.

5.2.4 Bürgerämter und aufgabenintegrierende Anlaufstellen

Ende der siebziger Jahre entsteht in Unna die Idee eines Bürgeramtes. Ausgangspunkt der Überlegungen ist die Absicht, die meisten publikumsintensiven Dienstleistungen für die Bürger an einer Stelle zu bündeln (Aufgabenintegration). Hierzu wird zwischen 1980 und 1984 ein Modell für eine technisch unterstützte Integration von bürgerbezogenen Aufgabenbereichen entwickelt (vgl. Liedtke/Tepper 1989). Obwohl dieser Modellversuch große Beachtung findet, gibt es in den 80er-Jahren nur recht wenige Nachfolgemodelle in anderen bundesdeutschen Städten. Erst Anfang der 90er-Jahre erhält die Bürgeramtsidee neue Impulse u. a. durch den bundesweit beachteten Modellversuch „Bürgerladen Hagen". In Hagen kann erstmalig nachgewiesen werden, dass kundenorientierte Angebotsstrukturen durch Bürgerämter nicht nur die Arbeitsqualität verbessern, sondern auch Produktivitätseffekte mit sich bringen (vgl. Kißler/Bogumil/Wiechmann 1994, S. 173ff.). Mittlerweile sind die Bürgerämter in größeren Städten der Regelfall. Wie eine Umfrage unter Bürgermeistern in den Städten ab 20.000 Einwohner in NRW und Baden-Württemberg aus dem Jahr 2002 zeigt, gibt es in 85% der Städte in NRW und 77% der Städte in Baden-Württemberg mittlerweile ein Bürgeramt (vgl. Bogumil/Holtkamp/Schwarz 2003).

Modellversuch Unna, Bürgerladen Hagen

Die Verwirklichung kundenorientierter Angebotsstrukturen durch Bürgerämter erfordert organisations-, technik- und personenbezogene Maßnahmen (vgl. Kißler/Bogumil/Wiechmann 1994, S. 159ff.; Beyer u.a. 1992, S. 2-58). Mit Hilfe neuer Computertechniken und unter aktiver Einbeziehung der Beschäftigten wird versucht, die Stadtverwaltung aufgabenintegrierend zu dezentralisieren. Die maßgeblichen Prinzipien zur Verwirklichung von Kundenorientierung sind dabei:

Aufgabenintegration und Dezentralisierung

– *Aufgabenintegration* aus der Sicht der Kunden. Da die Bürger ihre Anliegen aus ihrem Lebenszusammenhang heraus definieren und nicht aus der spezialisierten Verwaltungsorganisation, werden Aufgabenzusammenhänge aus Sicht der Bürger gesucht und im Bürgeramt integriert. Aufgabenintegration wird aus einer verwaltungsexternen Sichtweise betrachtet, indem man das Angebot an die Kunden möglichst ganzheitlich gestaltet. Die Aufgabenintegration ist in Bürgerämtern eng gekoppelt an die Allzuständigkeit der Beschäftigten. Wer in ein Bürgeramt kommt, kann bei jedem Mitarbeiter sämtliche Dienstleistungen abrufen. Ermöglicht wird die Anpassung der Aufgabenzuschnitte an die Kundenbedürfnisse erst durch die Nutzung neuer Computertechnik.
– *Beschäftigtenbeteiligung* entlang der Erkenntnis: Die Experten für ihre Arbeit planen und realisieren das Vorhaben in maßgeblicher Eigenregie. In den

meisten Bürgerämtern gehört Beschäftigtenbeteiligung bei der Konzeptumsetzung und bei der Gestaltung der Arbeitsorganisation in Arbeitsteams zu den wesentlichen Erfolgsfaktoren. So haben weitreichende Beteiligungsmaßnahmen in Hagen bei den Beschäftigten des Bürgerladens nachweislich die Arbeitsmotivation gesteigert und Wissens- und Kreativitätspotentiale erschlossen. Hinzu kommen fachliche und soziale Qualifikationsmaßnahmen, mit denen neue Konfliktpotentialen (Angst vor zu hohen Qualifikationsanforderungen, „Präsentiertellersituation", umfassende Öffnungszeiten) erfolgreich begegnet werden kann.

- *Dezentralisierung* der Kommunalverwaltung nach dem Motto: Die Verwaltung soll laufen und nicht die Bürger. Bürgerämter bringen die Kommunalverwaltung in die Stadtteile. Während die Verwaltungsaufgaben zentralisiert werden, wird die Verwaltungsorganisation dezentralisiert. In den meisten Bürgerämtern hat sich ein kombiniertes Angebot zwischen einem meist im Rathaus ansässigen zentralen Bürgeramt mit einigen dezentralen Außenstellen als sinnvoll herauskristallisiert.

Gestaltungsmerkmale Kurze Wartezeiten, umfassende Öffnungszeiten, ein neues Raumkonzept und ein umfassendes Beratungs- und Informationsangebot komplettieren die Gestaltungsmerkmale von Bürgerämtern. Kurze Wartezeiten werden möglich, da bei der Auswahl des Leistungsangebotes darauf geachtet wird, dass die Leistungserstellung eine relativ geringe Bearbeitungszeit hat. Eine abschließende Bearbeitung von Sozialhilfe ist daher z.B. nicht möglich. Weitgehende Öffnungszeiten, zwischen 40 und 45 Stunden die Woche gegenüber ca. 21 Stunden in der sonstigen Verwaltung, sorgen dafür, dass die Bürger jederzeit die Bürgerämter besuchen können. Für Berufstätige ist es von daher möglich, in der Mittagspause oder noch nach Dienstschluss Behördengänge zu erledigen. Beide Möglichkeiten werden in Hagen und Unna überproportional von berufstätigen Männern genutzt, so dass der unbeabsichtigte Effekt dieser Öffnungszeiten eine geschlechtsspezifische Entlastung der Frauen von Ämtergängen ist.

Ein neues Raumkonzept soll zusätzlich dafür sorgen, dass sich die Bürger offensichtlich wohl fühlen und Zugangsängste zur Verwaltung abbauen. Neben freundlichen Wartezonen und Kinderspielecken ist insbesondere die Großraumsituation hervorzuheben, die dazu führt, dass die Bürger den Beschäftigten bei der Arbeit zuschauen können. Dadurch sind die Besucher von Bürgerämtern meist der Auffassung, dass dort schneller Anträge bearbeitet werden als in der übrigen Kommunalverwaltung, und dies auch bei Angelegenheiten, bei denen objektiv gleiche Bearbeitungszeiten festzustellen sind. Für die Beschäftigten bringt das Großraumbüro allerdings neue Belastungen durch die „Präsentiertellersituation" mit sich.

Veränderung der Arbeitsteilung   Verändert wird mit Bürgeramtsstrukturen vor allem die horizontale Arbeitsteilung (vgl. Beyer u.a. 1992, S. 2-32), also die Aufgliederung von Tätigkeitsverläufen auf der gleichen Hierarchiestufe. Die neue Allzuständigkeit schafft in den Bürgerämtern mehr Abwechslung. Das neue Angebot an Beratungsfunktionen, welches technisch unterstützt wird, führt zu einem interessanteren und besser bezahlten Arbeitsfeld. Die Fachämter werden von Publikumskontakten entlastet und können sich verstärkt fachamtspezifischen Tätigkeiten zuwenden. Aber auch die vertikale Arbeitsteilung, also die Aufteilung in anordnende und ausführende Tätigkeiten, die auf unterschiedlichen hierarchischen Ebenen ausgeführt werden, wird ein Stück zurückgedrängt. Assistenztätigkeiten, die zuvor von den Schreibdiensten

210

oder der Registratur wahrgenommen wurden, werden in die Sachbearbeitung reintegriert.

Die veränderte Gestaltung der Arbeitsbedingungen in Bürgerämtern bringt für die Beschäftigten dort zwar nicht durchgängig weniger, sondern andere Belastungen mit sich, sie ermöglicht aber insgesamt einen völlig anderen Kundenkontakt. Bestimmte negative Aspekte, die in anderen Ämter zwangsläufig mit Kundenkontakt verbunden sind, fallen hier weg. Es kommt zu einer Entzerrung der Besucherströme, einem Abbau von Schwellenängsten und der Schaffung von Transparenz. Die besondere Kommunikationssituation sorgt für eine größere Zufriedenheit der Kunden. Dies wirkt sich auch positiv auf die Beschäftigten und ihre Arbeitsmotivation aus.

Die Einführung von Bürgeramtstrukturen in publikumsintensiven Bereichen der Stadtverwaltungen führt jedoch nicht nur zu einer Steigerung von Service- und Arbeitsqualität, sondern es stellen sich auch deutliche Produktivitätseffekte ein. Diese ergeben sich durch die neue Arbeitsorganisation, durch den dezentralen Technikeinsatz und durch die Beteiligung der Beschäftigten (vgl. Kißler/Bogumil/Wiechmann 1994, S. 151).

Die Bürgeramtsidee wurde zwar in Großstädten entwickelt und dort zur Anwendungsreife gebracht, ihre Umsetzung in der kommunalen Praxis ist jedoch keineswegs auf Großstädte beschränkt. Mit einem „Stadtbüro" (z.B. in Marburg) oder einem „Bürgerbüro" (z.B. in Bad Laasphe) haben in den letzten Jahren auch mittlere und kleinere Kommunen Einrichtungen geschaffen, die auf der Grundlage von Bürgeramtstrukturen kundenorientiertes Verwalten ermöglichen (vgl. Kißler/Gmereck/Weber 2000). Bürgerämter erhöhen nachweislich die Kundenzufriedenheit mit der Verwaltung und verbessern deren Image. Sie bergen allerdings die Gefahr, dass sich die kommunalen Modernisierungsanstrengungen darin erschöpfen, eine solche „gute Stube" der Stadtverwaltung einzurichten und ein weiterer Verwaltungsumbau unterbleibt.

Neuerdings ist gerade im ländlichen Raum der Trend zu registrieren, dass die Kommunen nicht nur ihre klassischen Dienstleistungen in Bürgerämtern vorhalten wollen, sondern auch andere Angebote entwickeln. Da sich Bahn und Post, aber auch zunehmend der Einzelhandel aus der Fläche zurückziehen, gibt es Überlegungen, sog. Dorfläden aufzubauen, die gleichzeitig verschiedene öffentliche und private Angebote vorhalten (Haack 2000). Dieser „öffentlich-private Gemischtwarenladen" würde zu einer außerordentlich starken Bündelung von Dienstleistungen führen. Einen solchen „Gemischtwarenladen" bieten beispielsweise die beiden Bürgerbüros der Verwaltungsgemeinschaft Bismark in Sachsen-Anhalt (Einzugsbereich jeweils ca. 1.000 Einwohner), die Dienstleistungen der Gemeinde, des Kreises, der Arbeitsverwaltung, der Kreissparkasse, der Bahn und der Telekom vorhalten (Lenk/Traunmüller 1999, S. 262, vgl. auch Lenk/Klee-Kruse 2001). Entsprechend den Ergebnissen einer Bürgerumfrage wurden die Öffnungszeiten der Bürgerbüros insbesondere in den Abendstunden erweitert. Die unterschiedlichen Dienstleistungen können *auch* an Terminals durch die Kunden selbst abgerufen werden, wobei die Verwaltungskräfte auf Wunsch beratend zur Seite stehen. Bei der Implementation stellte sich insbesondere das Problem, dass die verschiedenen Anbieter aufgrund unterschiedlicher Organisationsinteressen nur schwer „unter einen Hut gebracht" werden konnten (Klee-Kruse 1997, S. 5).

Von diesen Bürgerbüros unterscheiden sich die sog. Dienstleistungszentren, die von der schleswig-holsteinischen Landesregierung gefördert werden, grundlegend. Das Kerngeschäft dieser Zentren sind private Dienstleistungen (Lebensmittel, Gastronomie etc.), die dazu führen sollen, dass sich die Einrichtungen langfristig selbst tragen, während öffentliche Dienstleistungen v.a. über Multimediaangebote abgewickelt werden sollen. Die Angebotspalette dieser Dienstleistungszentren wird unter Beteiligung der Bürger in Workshops erstellt. Zielgruppe für Dienstleistungszentren sind Dörfer zwischen 700 und 1.500 Einwohnern, die im Umkreis von 5 km kein Einzelhandelsgeschäft haben (Domeyer 2000).

Zusammenfassend gesehen führen kundenorientierte Angebotsstrukturen in Bürgerämtern zu einer Ganzheitlichkeit des Dienstleistungsangebots, verbessern die räumliche und zeitliche Erreichbarkeit der Verwaltung, bauen Zugangsbarrieren ab, erhöhen die Transparenz der Verwaltungsvorgänge und schaffen ein besseres Interaktionsklima. Deutlich wird, dass die Kommunalverwaltungen mit Bürgeramtskonzepten vor allem versuchen, ihre *Servicequalität* zu verbessern. Aufgaben werden gebündelt, die Öffnungszeiten verlängert, die Wartezeiten und Wege zur Verwaltung verkürzt und räumliche Barrieren abgebaut. Die Steigerung der Dienstleistungsqualität steht nicht im Vordergrund dieses Konzeptes.

Beschränkt sich die Verwirklichung von Kundenorientierung daher nur auf die Schaffung von Bürgeramtsstrukturen, so reicht dies nicht aus. Denn sonst können – überspitzt formuliert – Bürgerämter auch die Funktion eines Puffers zwischen den Bürgern und den Fachämtern[77], die für die meisten Leistungsangelegenheiten zuständig sind, einnehmen. Die einheitliche Anlaufstelle reduziert den Stress mit unzufriedenen und sich ungerecht behandelt fühlenden Bürgern auf einen Ort, der meist mit der Ursache der Unzufriedenheit nichts zu tun hat und wo die dafür ausgebildeten Beschäftigten den Kunden in angenehmer Atmosphäre wieder beruhigen, unsinnige Verwaltungsvorschriften erklären (Warum kann z.B. ein Führungszeugnis nur bei persönlicher Anwesenheit beantragt werden, dagegen aber Briefwahlunterlagen durch eine andere Person mit schriftlicher Vollmacht?) oder auf fehlende Leistungsvoraussetzungen hinweisen. Die Kommunalverwaltung verbessert so im besten Fall ihren Service, im schlechtesten Fall lediglich ihr Image, ohne sich wirklich zu verändern; denn die Qualität der Dienstleistung bleibt unberührt.

Fachstelle
Wohnungsnot

Neben den Bürgerämtern gibt es nun zunehmend Anlaufstellen, die im Gegensatz zu den Bürgerämtern nicht nur die Service- sondern auch die *Dienstleistungsqualität* der Verwaltungsleistungen – also die Wege durch die Verwaltung – auf der Grundlage einer konsequenten Aufgabenintegration optimieren. Ein gutes Beispiel für eine derartig weitgehende Aufgabenintegration ist die bereits Mitte der 80er-Jahre vom Deutschen Städtetag entwickelte zentrale Fachstelle Wohnungsnot. Aber erst durch ein 1996 einsetzendes Förderprogramm der Landesregierung NRW wurde dieses Konzept gleich in mehreren Städten umgesetzt und wissenschaftlich evaluiert. In NRW gibt es derzeit ca. 11 Kommunen, die nach dem Konzept des Städtetags arbeiten. Die Wohnungsnotfachstelle ermöglicht es, dass Rat suchende Bürger sich nur an einen zentralen Ansprechpartner wenden müssen. Vorher waren das in der Regel drei Amtsbereiche (Wohnungsamt, Sozialamt und v.a. bei Räumungen das Ordnungsamt). Die Wohnungsnotfachstellen koordinieren aber auch die Dienstleistungen der Ämter untereinander,

---

77 Ähnliche Probleme zwischen kundennahen und kundenfernen Abteilungen gibt es auch in der Privatwirtschaft: Häufig entsteht die Ursache für die Kundenunzufriedenheit „nicht an der direkten Schnittstelle zum Kunden, sondern in dem Back-Office des Unternehmens... Alle Mitarbeiter – auch die Vertreter kundenferner Abteilungen – müssen die Kunden und deren Bedürfnisse genau kennen. Hierzu dienen die Instrumente Job-Rotation und Kundenforum" (Schneider 2000, S. 169).

um durch gemeinsames Vorgehen und prophylaktische Maßnahmen Obdachlosigkeit zu vermeiden (vgl. ausführlich Bogumil/Holtkamp/Kißler 2001, S. 56ff.).

Lotsen in der Wirtschaftsförderung

Ein anderes neueres Beispiel für derartige Anlaufstellen sind die sog. Lotsen im Rahmen der Wirtschaftsförderung, die die Service- und Dienstleistungsqualität steigern. Bei gewerblichen Bauvorhaben wird z.B. im Kreis Coesfeld nur ein Ansprechpartner in der Verwaltung für das jeweilige Unternehmen benannt, der in der Folgezeit als Lotse fungiert (http://www.kreis-coesfeld.de/3763-bau.htm). Die Tätigkeit des Lotsen hat drei Hauptschwerpunkte: In enger Zusammenarbeit mit den zuständigen Sachbearbeitern des Bauordnungsamtes sind dem Bauherren erstens durch den Lotsen verschiedene Informationen über das Genehmigungsverfahren zu vermitteln und insbesondere die Vollständigkeit der Antragsunterlagen im Dialog zu klären. Zweitens dient der Lotse als Ansprechpartner während des Genehmigungsverfahrens und wird gegebenenfalls von sich aus tätig, wenn das Verfahren stocken sollte (Verfahrenscontrolling). Drittens hat der Lotse das Zusammenspiel von Kreis und kreisangehörigen Gemeinden im Rahmen des Baugenehmigungsverfahrens zu koordinieren.

Auffällig ist an diesen beiden Beispielen, dass Verwaltung und Kommunalpolitik ein großes Eigeninteresse daran haben dürften, dass diese Adressatengruppen eine hohe Dienstleistungsqualität bekommen. Die Verhinderung von Obdachlosigkeit vermindert die Probleme von innerstädtischen Nutzungskonflikten (Stadtmarketing als Einzelhandelsförderung) und reduziert die kommunalen Sozialausgaben (Unterbringungskosten, Abrutschen und Verbleiben in der Sozialhilfe). Die Ansiedlung von Gewerbe kann Arbeitsplätze schaffen und die kommunale Einnahmesituation stärken (höhere Gewerbesteuern, bedingt auch höhere Einkommenssteuer). Daraus ließe sich folgern, dass die starke Bündelung von Dienstleistungen anfangs vermehrte Kosten induziert (Personalkosten, Abstimmungskosten etc.), die die Verwaltungen häufig nur bereit sind, bei starkem Handlungsdruck zu tragen. Dieser Handlungsdruck kann – wie im Falle der Wirtschaftsförderung – u.a. dadurch entstehen, dass die Kunden mit der Exit-Option glaubhaft drohen können (Ansiedlung in einer anderen Kommune). Des Weiteren werden in beiden Beispielen die Dienstleistungen nicht nur innerhalb der Kommunalverwaltung gebündelt, sondern verschiedene Anbieter (Wohlfahrtsverband und Stadtverwaltung bei der Wohnungsnotfachstelle, Kreis- und Stadtverwaltung beim „Lotsen") werden zusammengeführt bzw. enger koordiniert.

5.2.5 Aktivierender Staat und Bürgergesellschaft

Neue Problemsicht

Die unbestrittene Dominanz des Management-Leitbildes ist Ende der 90er Jahre vorüber, zumindest hat sie ihren Zenit überschritten. Insbesondere die politische Debatte ist seit einigen Jahren dabei, sich vom schlanken dem „aktivierenden Staat" zuzuwenden, die aktuellen Schlagworte lauten jetzt Bürger- oder Zivilgesellschaft und Sozialkapital, statt vom „Unternehmen Verwaltung" wird jetzt über den „Gewährleistungsstaat" diskutiert (Behrens 1995; Bandemer/Hilbert 2001). Hinter diesen neuen Begriffen verbirgt sich zum einen das Bedürfnis, dem von der liberal-konservativen Regierung propagierten Leitbild des schlanken Staates eine erkennbare Alternative entgegenzusetzen, zum anderen aber durchaus auch eine veränderte Problemsicht.

So hat in der politischen Debatte auf Bundesebene die neue Bundesregierung mit dem Programm „Moderner Staat-Moderne Verwaltung" vom 1. Dezember

1999 die Stichworte „Neue Verantwortungsteilung", „Stärkung der Bürgergesellschaft" und aktivierender Staat besetzt. In der Koalitionsvereinbarung von
1998 heißt es:

> „Staat und Verwaltung müssen ihre Aufgaben und ihre Verantwortung unter veränderten
> gesellschaftlichen Bedingungen neu definieren. Der aktivierende Staat wird die Übernah-
> me gesellschaftlicher Verantwortung dort fördern, wo dies möglich ist. So wird sich die
> Erfüllung öffentlicher Aufgaben nach einer neuen Stufung der Verantwortung zwischen
> Staat und Gesellschaft richten: (...) Der Staat ist weniger Entscheider und Produzent, als
> vielmehr Moderator und Aktivator der gesellschaftlichen Entwicklungen, die er nicht al-
> lein bestimmen kann und soll. Aktivierender Staat bedeutet, die Selbstregulierungspoten-
> tiale der Gesellschaft zu fördern und ihnen den notwendigen Freiraum zu schaffen. Im
> Vordergrund muss deshalb das Zusammenwirken staatlicher, halbstaatlicher und privater
> Akteure zum Erreichen gemeinsamer Ziele stehen" (BMI 1999, S. 8f.).

Unterstützt wird diese Neuorientierung durch programmatische Artikel des Bundeskanzlers zur Bedeutung einer modernen Zivilgesellschaft (vgl. Schröder
2000). Weitere Anzeichen für diesen neuen Diskurs sind z.B. die Etablierung der
schon erwähnten Enquete-Kommission „Zukunft des Bürgerschaftlichen Engagements" des Bundestages und die Errichtung einer entsprechenden Homepage
mit Unterstützung der Bundesregierung (www.wegweiser-bürgergesellschaft.de).

Einsichten in
sozialwissenschaft-
liche Steuerungs-
theorie

Die Probleme politischer Steuerung, also die Unzulänglichkeiten des öffentlichen Sektors, politische Ziele umzusetzen und gesellschaftliche Veränderungen
zu erreichen, werden nicht mehr nur dem Staat oder der Bürokratie zugewiesen,
sondern auch der Gesellschaft selbst. Die Einsichten der sozialwissenschaftlichen Steuerungstheorie sind inzwischen so weit in das politische System „einge-
sickert" (vgl. Weiss 1977), dass nicht allein die Steuerungsfähigkeit des Staates,
sondern auch und zunehmend die Steuerbarkeit gesellschaftlicher Subsysteme
problematisiert wird. Gesellschaftliche Subsysteme, so die Erkenntnis, sind ei-
gensinnig und staatlichen Interventionen gegenüber oft resistent, die Bewältigung gesellschaftlicher Probleme ist ohne die aktive Einbeziehung der gesellschaftlichen Akteure zum Scheitern verurteilt.

Ein zentrales Problem staatlicher Steuerung wird in der Fragmentierung des
öffentlichen Sektors gesehen, die als Folge gesellschaftlicher Differenzierung
interpretiert wird, und die daher nicht einfach hierarchisch überwunden werden
kann. Es kommt statt dessen darauf an, gesellschaftliche Akteure in die Prob-
lembewältigung einzubinden, sie zu motivieren und zu aktivieren, um sie nicht
länger von oben herab, *top down*, zu steuern oder zu versorgen (und damit abhängig zu halten, wie dem klassischen Wohlfahrtsstaat vorgehalten wird). Ein
zentrales Ziel wird daher die Überwindung der sozialen „Exklusion" gesellschaftlicher Gruppen oder ganzer Nachbarschaften oder Regionen. Niemandem,
weder am unteren Ende der Sozialskala (z.B. Langzeitarbeitslose, Obdachlose)
noch am oberen Ende (Abschottung durch *„gated communities"*, Privatschulen
etc.) soll erlaubt werden, sich aus der gesellschaftlichen Verantwortung heraus-
zustehlen.

Die neuen Ziele lauten also – neben Effizienz und Dienstleistungsorientierung, die durchaus weiter gelten sollen – Stärkung von sozialer, politischer und
administrativer Kohäsion, von politischer und gesellschaftlicher Beteiligung, von
bürgerschaftlichem und politischem Engagement. Auf lokaler Ebene wird das
Modell der Dienstleistungskommune zu dem der Bürgerkommune weiterentwickelt, auf Landes- und Bundesebene wird versucht, das Konzept des „aktivierenden Staates" mit Leben zu füllen. Bei aller Vereinfachung der hier gewählten

Darstellung ist dabei unverkennbar, dass die öffentliche Debatte wieder „politischer" wird. Die ökonomistisch geprägten Probleme, Werte und Lösungen der neunziger Jahre sind nicht vergessen und auch nicht verdrängt, aber sie werden ergänzt und zum Teil überlagert durch eine verstärkt gesellschaftliche und politische Sicht der Probleme staatlicher Modernisierung und Steuerung. Hinter diesen Themenwechseln stehen auch Lernprozesse, nicht nur die Aufmerksamkeitszyklen öffentlicher Debatten und der Versuch der politischen Entlastung.

Vor allem auf kommunaler Ebene gerät seit 1998 die Orientierung auf den Bürger in der Gesamtheit seiner Rollen als Kunde, politischer Auftraggeber und Mitgestalter zunehmend in den Blick, und als neue Zielvorstellung taucht die Bürgerkommune ins Blickfeld (z.B. als zentrale Zielvorgabe des Netzwerks „Kommunen der Zukunft", vgl. auch Plamper 1998, Bogumil 1999b; Banner 1999; Bogumil u.a. 2003). Vor allem die Förderung bürgerschaftlichen Engagements im Sinne zivilgesellschaftlicher Mitgestaltung ist nun „in". Beobachtbar sind zunehmende Versuche, die Bürger (wieder) in die öffentliche Dienstleistungsproduktion einzubeziehen. Hier gibt es insbesondere in kleineren und mittleren Kommunen, aber auch in einigen Großstadtkommunen innovative Praxisbeispiele in den kommunalen Politikfeldern Sport, Freizeit, Schulen, Soziales, Jugend, Kultur, Seniorenarbeit, integrative Stadtteilarbeit und Stadtmarketing.

Zu nennen sind *neue Formen der Selbstverwaltung* durch Bürger und Vereine (Clubhäuser, Schwimmbäder, Sport- und Freizeitanlagen, Senioreneinrichtungen, Sport- und Kulturveranstaltungen), Formen der *Selbstorganisation* und *Selbsthilfe* von Vereinen und Initiativen (Selbsthilfegruppen[78] in den Bereichen Gesundheit, Drogenabhängigkeit, Behinderung, Arbeitslosigkeit; Initiativen zur Verbesserung der Wohn- und Lebensqualität im Bereich Spielanlagen, Sauberkeit, örtliche Sicherheit, Kultur u.a., Durchführung von Sanierungsarbeiten in Schulen und Kindergärten) sowie die *Förderung individuellen Engagements* (Tauschbörsen nichtmarktlicher Dienstleistungen; Freiwilligenzentren[79]; Spielplatzpatenschaften, Übernahme von Straßen- und Grünflächenpflegemaßnahmen, vgl. zum Gesamtkomplex und den einzelnen Daten Bogumil/Vogel 1999, Bogumil/Holtkamp 2000, Holtkamp 2000).

In der *Bürgerkommune* soll die Ablösung der traditionellen Innensicht, der Produzentensicht, der Herstellerperspektive zu Gunsten einer Außenorientierung, einer Nutzersicht, einer Verwendungsperspektive im Vordergrund stehen. Nicht die Frage, wie die Verwaltung am einfachsten und am korrektesten verschiedene Leistungen erstellt, sondern die Frage, welchen Nutzen öffentliche Angebote und Leistungen für Kunden und Bürgerschaft haben, soll in den Mittelpunkt der Verwaltungstätigkeit rücken. Dazu gehört neben dem kundengerechten Zugang zu Leistungen und der Beschleunigung und Vereinfachung von Verfahren die stärkere Berücksichtigung von Nutzerinteressen (Bedarfsermittlung) sowie der

Bürgerkommune

---

78 Zwischen 1985 und 1995 stieg die Zahl der Selbsthilfegruppen in Deutschland von 25.000 auf 60.000 an. Besonders stark ist das Wachstum bei Seniorenselbsthilfegruppen, hier stieg die Zahl allein in NRW von 850 im Jahr 1992 auf 2.050 im Jahr 1998. Zudem gibt es 235 Selbsthilfekontaktstellen in Deutschland, die Hilfestellung bei der Gründung von Gruppen leisten, Beratung und Vermittlung von Bürgern vornehmen und Kooperationen mit Politik, Verwaltung und professionellen Stellen aufbauen.

79 Insgesamt gibt es 585 Informations- und Kontaktstellen in Deutschland, also entweder Selbsthilfekontaktstellen, Seniorenbüros oder Freiwilligenzentren. 383 Kommunen haben eine oder mehrere solcher Stellen, das entspricht 25% der Kommunen über 10.000 Einwohnern und 85% der Kommunen über 100.000 Einwohner (Braun u.a. 2000, S. 28).

Ausbau von Bürgerbeteiligungselementen. Im Einzelnen könnte das heißen, dass Städte und Gemeinden

- die Qualität öffentlicher Aufgaben und Leistungen unter Einbezug der Bürger gestalten,
- Planungen als Teil eines demokratischen Beteiligungsprozesses verstehen,
- Transparenz als Voraussetzung für bürgerschaftliche Einflussmöglichkeiten auf- und Kontrollchancen über Planungs- und Entscheidungsprozesse herstellen,
- Bürger neue oder nicht mehr zu finanzierende Aufgaben (mit Unterstützung der Kommune) übernehmen,
- die Formen der nicht-repräsentativen Demokratie auch auf „artikulationsschwache" Bevölkerungsgruppen zugeschnitten werden,
- die Kreativität, Eigenverantwortung und Selbsthilfefähigkeit der Bürger gefördert werden.

Auch wenn es hier einige Vorreiterstädte gibt, sind die deutschen Kommunen von diesem Ziel jedoch noch ein Stück weit entfernt, ebenso wie von dem Versuch, über Kontrakte mit den Bürgern in der Art der Selbstverpflichtung wie z.B. in der finnischen Stadt Hämeenlinna, Ansätze einer sporadischen und punktuellen Bürgerbeteiligung in Richtung einer generellen Demokratisierung des Gemeinwesens voranzubringen. Insofern gibt es noch beträchtliche Entwicklungspotentiale auf dem Weg zur Bürgerkommune, aber auch einige Hindernisse auf dem Weg dorthin (vgl. Bogumil/Holtkamp 2001; 2002; Bogumil/Holtkamp/Schwarz 2003).

5.2.6 Erfahrungen aus den bisherigen Verwaltungsreformen

Betrachtet man nun zusammenfassend die bisherigen Erfahrungen mit gelungenen oder gescheiterten Verwaltungsreformen, so lässt sich stichpunktartig daraus folgendes lernen (vgl. Scharpf 1987, Seibel 1997, Naschold/Bogumil 2000, Bogumil/Schmid 2001, Klenk/Nullmeier 2002):

- Staatliche Programme werden massiv durch die relative Autonomie der Durchsetzungsinstanzen beeinflusst. Neben der Festlegung der Ziele einer Verwaltungsreform ist daher die *Festlegung der Umsetzungsprozesse* von gleicher Bedeutung. Institutionelle Reformen beginnen erst nach der politischen Durchsetzung und man braucht daher einen langen Atem.
- Verwaltungsreformen scheitern nicht so sehr an fehlenden Konzepten, sondern vor allem *an starken Beharrungskräften* in den Organisationen. Ohne externen Druck reicht die Innovationsfähigkeit der Verwaltung nicht aus, zu strukturellen Veränderungen zu kommen. Dabei steigen die Erfolgschancen, wenn es einen breiten politischen Grundkonsens gibt, wenn es gelingt, die wichtigsten Entscheidungsträger in Politik und Verwaltung auf gemeinsame Ziele zu verpflichten. Gelingt dies nicht oder unzureichend, ist ein Scheitern vorprogrammiert. Allerdings muss der Reformprozess *auch in* der Organisation selbst stattfinden. Er muss zwar von außen unterstützt werden, lässt sich aber kaum von außen erzwingen oder steuern.
- Am *reformfähigsten* ist generell die *kommunale* Ebene, da sie am stärksten unter Öffentlichkeitsdruck steht und am wenigsten autonom ist. Je autonomer eine Verwaltung, desto reformresistenter, wie sich am Beispiel der Ministerialverwaltungen zeigt.

- Es bedarf immer der *Schaffung eines institutionellen und auch individuellen Eigennutzes* und einer aktiven Gestaltung von Konfigurationsprozessen. Nur so ist es möglich, die zum Organisationsalltag gehörenden, aber oftmals wenig thematisierten mikropolitischen Prozesse so zu „steuern", dass sie im Sinne der Reformmaßnahmen eingesetzt werden können. Immer dann, wenn ein Reformprozess Gewinner und Verlierer produziert, was die Regel und nicht die Ausnahme ist, verschärfen sich die mikropolitischen Auseinandersetzungen in Organisationen. Angesichts der institutionellen Rahmenbedingungen im öffentlichen Dienst, die vielen Akteuren erhebliche Machtpotenziale zuweisen, ist gerade hier die Beachtung der Machtspiele in Reformprozessen unerlässlich. So sehr eine mikropolitische Analyse hilft die Funktionsweise von Organisation besser zu verstehen und zu erklären, so wenig hat dies bis jetzt allerdings zu nachhaltigen Veränderungen in der Organisationspraxis geführt. Eine Interventionstheorie auf mikropolitischer Grundlage steht erst in den Anfängen.
- *Aufgaben- und institutionenspezifische Differenzierungen* erscheinen erfolgreicher durchsetzbar als Globalkonzepte. Dies hat zum einen mit dem Anspruch des „großen Wurfs" zu tun, der in der Regel immer scheitert und zum anderen mit der Vielgestaltigkeit öffentlicher Verwaltung, die sich eines generellen Zugriff weitgehend sperrt. Es macht einen Unterschied, ob man eine Ordnungsverwaltung, eine Dienstleistungsverwaltung oder eine politische Verwaltung verändern will.
- Bei umfassenden Veränderungsprozessen in Organisationen muss immer ein vorübergehender Funktionsverlust in Kauf genommen werden, eine wesentliche Reformsperre für solche Veränderungskonzepte gerade in öffentlichen Verwaltungen. Umfassende Reformprozesse tendieren dazu, die Organisation zu überfordern, mit dem Ergebnis, dass sie selten Ergebnisse zeitigen.

5.3 Transformation der Verwaltung

5.3.1 Institutionenübertragung und -abwicklung

Mit der deutschen Vereinigung stand auch die öffentliche Verwaltung vor einer großen Herausforderung. Gerade der Bereich der politisch-administrativen Organisationen im engeren Sinne ist durch einen Institutionentransfer gekennzeichnet. Anders als in allen anderen Staaten des ehemaligen realen Sozialismus mussten die Institutionen einer pluralistischen Gesellschaft, einer sozialen Marktwirtschaft und einer föderalen Demokratie in der DDR nicht quasi aus dem Nichts neu geschaffen werden, oder es musste auch nicht, wie in anderen Ländern, an halbvergessene und verschüttete Traditionen angeknüpft werden, sondern die in der Bundesrepublik vorhandenen und bewährten Institutionen wurden durch den Beitritt der DDR auf das „Beitrittsgebiet" ausgedehnt: Sie wurden sozusagen exportiert. Durch den Vertrag zur Wirtschafts- und Währungsunion und insbesondere durch den Einigungsvertrag wurde in einer „logischen Sekunde" das gesamte Verfassungs- und Rechtssystem der alten Bundesrepublik auf die neuen Länder übertragen. Diese Übertragung westdeutscher Institutionen begann nicht erst mit dem Einigungsvertrag, sondern setzte sofort nach der friedlichen Revolution im Herbst 1989 ein. Dabei handelte es sich im Ergebnis keineswegs

Institutionentransfer

immer um ein sklavisches Kopieren der westdeutschen Institutionen, sondern der Prozess ist durch eine Fülle eigenständiger Entscheidungen mit folgenreichen Auswirkungen für die weitere Entwicklung der neuen Bundesländer gekennzeichnet. Institutionentransfer bedeutet also nicht nur Export der Institutionen der alten Bundesrepublik in die ehemalige DDR, sondern auch schöpferische Zerstörung und Umbau überkommener DDR-Institutionen, ein Prozess, der durch eine Fülle von Eigenentwicklungen, Folgeproblemen und unintendierten Wirkungen und Auswirkungen gekennzeichnet ist (vgl. zum Konzept des Institutionentransfers Lehmbruch 1993, zur Institutionenbildung in Ostdeutschland vor allem Wollmann 1996, Derlien 2001).

Als Institutionen, die in diesem Sinne transferiert und transformiert wurden, kann man Institutionen der Marktwirtschaft (Eigentumsordnung, Bankensystem, Währung etc.), des Sozialstaats (Sozial-, Arbeitslosen- und Krankenversicherung, Gesundheits- und Bildungssystem, Dritter Sektor), der Interessenvermittlung (Pluralismus, Korporatismus, Pressefreiheit) sowie politische Institutionen im engeren Sinne (etwa Wahlen, Parteien, parlamentarisches Regierungssystem, Föderalismus, kommunale Selbstverwaltung) und schließlich die administrativen Institutionen des engeren Regierungs- und Verwaltungssystems unterscheiden.

Insgesamt kann man drei Phasen der Transformation eines real-sozialistischen in ein demokratisch-kapitalistisches Regierungssystem unterscheiden:

Transformationsphasen

– Übertragung: Diese erste Phase war durch die Einigungsgesetzgebung und eine Fülle westlicher Berater („Verwaltungsmissionare") gekennzeichnet. Zentrales Ziel war, möglichst schnell vergleichbare Strukturen und Ansprechpartner zu schaffen; diese Phase war in den neuen Bundesländern weitgehend 1991 abgeschlossen.
– Konsolidierung: In der zweiten Phase wurden die wichtigsten eigenen institutionellen Grundlagen geschaffen, insbesondere durch Landesverfassungen, Kommunalverfassungen, durch eigenes Landesrecht und den Aufbau eigenständiger Landesverwaltungen. Diese Phase war weitgehend nach der ersten Legislaturperiode der Landtage 1994 beendet.
– Entwicklung: In der dritten Phase geht es schließlich darum, die etablierten Rahmenbedingungen mit eigenständigem Leben zu erfüllen, sie an die vorhandenen Umweltbedingungen und nicht-institutionellen Voraussetzungen anzupassen und aus den inzwischen gemachten Erfahrungen eigene Lehren zu ziehen. Da es hier auch um die kulturellen Grundlagen institutionellen Wandels geht (politische Kultur, Verwaltungskultur), die sich erheblich langsamer ändern als einfache Organisationsformen, ist schwer abzuschätzen, wann dieser Prozess endgültig als abgeschlossen betrachtet werden kann.

Chronologisch kann man folgende Transformationsfelder unterscheiden:

Transformationsfelder

– die Übertragung des westlichen Wahl- und Parteiensystems beginnend mit der letzten Volkskammerwahl am 18. März 1990,
– die Wiederbelebung einer kommunalen Selbstverwaltung beginnend mit der DDR-Kommunalverfassung vom 17. Mai 1990,
– die Wiedereinführung der Länder in der Folge des Ländereinführungsgesetzes vom 15. Juli 1990
– und schließlich der gesamte Aufbau eines liberal-demokratischen Verwaltungssystems in der Folge der Vereinigung vom 3. Oktober 1990.

218

Wir wollen im Folgenden die Transformation der Verwaltung anhand dieser Transformationsfelder darstellen, wobei natürlich das erste, die Übertragung des westdeutschen Parteiensystems, ausgespart bleibt.

5.3.2 Die Wiederbelebung der kommunalen Selbstverwaltung

Die zweite Institution, die direkt nach der Wende noch von der DDR wieder ins Leben gerufen wurde, war nach den Parteien die kommunale Selbstverwaltung, die es in der DDR aufgrund der Doktrin des demokratischen Zentralismus im eigentlichen Sinne nicht gab. Gemeinden und Kreise waren lokale Organe des Staates und wurden im Rahmen der Doppelhierarchie von zentralistischem Staatsaufbau und Staatspartei SED zentral gesteuert, während von lokaler Demokratie ohnehin nicht geredet werden konnte. Die Ausgangssituation, aus der heraus die öffentliche Verwaltung und insbesondere die kommunale Selbstverwaltung in den neuen Bundesländern aufgebaut werden musste, war daher sehr problematisch. Zum einen gab es keine demokratischen Fundamente der Selbstverwaltung, keine funktionierenden Parteien und Wählervereinigungen, kein Umfeld intermediärer Institutionen wie Vereine und Interessengruppen, keine Erfahrungen in demokratischer Interessenvertretung. Diese Defizite demokratischer Leistungsfähigkeit wurden überlagert und verschärft durch erhebliche Defizite räumlicher und ressourcenmäßiger Leistungsfähigkeit.

Während die Kreise in der DDR verwaltungsmäßig umfangreich ausgebaut waren, waren die Gemeinden weitgehend funktionslos und konnten daher mit sehr geringem Personalbesatz auskommen. Aus diesem Grund gab es in der DDR sehr viele Kleinstgemeinden, nämlich 1989 bei einer Einwohnerzahl von 16,6 Millionen 227 Landkreise und kreisfreie Städte und 7.627 Gemeinden. In der Bundesrepublik Deutschland, die mit 61,7 Mio. beinahe viermal so viele Einwohner aufwies, waren es zur gleichen Zeit 328 Stadt- und Landkreise und 8.513 Gemeinden. Die Mehrzahl der Gemeinden der DDR war aus diesem Grund zu klein, um leistungsfähig zu sein. Fast 95% hatten weniger als 5.000 Einwohner, zwei Drittel sogar weniger als 500. In den alten Bundesländern geht man dagegen seit den kommunalen Gebietsreformen der sechziger und siebziger Jahre von einer Mindestzahl von 5.000 Einwohnern aus, um eine einigermaßen leistungsfähige Kommunalverwaltung zu gewährleisten.

Der erste Schritt der Wiederbegündung der kommunalen Selbstverwaltung waren die demokratischen Kommunalwahlen am 6. Mai 1990, denen am 17. Mai 1990 die Verabschiedung des „Gesetzes über die Selbstverwaltung der Gemeinden und Landkreise der DDR (Kommunalverfassung)" durch die demokratische Volkskammer folgte. Das Ergebnis der Kommunalwahlen bestätigte das der vorausgehenden Volkskammerwahl, allerdings mit einem erheblichen Anteil lokaler Gruppierungen und Bürgerbewegungen, und leitete gleichzeitig den auf allen politischen Ebenen zu beobachtenden Elitenaustausch ein (vgl. zum Folgenden ausführlich Wollmann 1996). Rund ¾ der gewählten Kommunalpolitiker hatten vor der Wende keinerlei politisches Amt inne, aber immerhin ¼ waren sog. Altpolitiker, die vor der Wende in der SED oder in den Blockparteien aktiv waren. Die Elitenzirkulation wurde mit der 2. Kommunalwahl in den Jahren 1993/94 fortgesetzt, nach der – in den kreisfreien Städten und Landkreisen – über die Hälfte der Mandate auf neue Kommunalpolitiker entfielen.

Kommunalwahlen

Vergleicht man die Kommunalpolitiker in den neuen Ländern mit denen der alten Bundesrepublik, fällt auf, dass in den neuen Ländern ca. ¾ über ein technisch-naturwissenschaftlich-medizinisches Ausbildungsprofil verfügen und nur ca. 10% über ein juristisch-verwaltungsbezogenes. In den alten Bundesländern ist das Profil beinahe genau umgekehrt. Die Mehrzahl der Kommunalpolitiker der ersten Stunde, auch und gerade auf der Ebene der dann von den Kommunalparlamenten gewählten hauptamtlichen Verwaltungschefs (Bürgermeister und Beigeordnete), waren also Politikneulinge und Seiteneinsteiger, die sich in der DDR oft in der Nische naturwissenschaftlich-technischer Berufe vom öffentlichen Leben ferngehalten hatten.

Praktisch parallel mit der ersten demokratischen Kommunalwahl wurde eine neue, zunächst für die gesamte DDR geltende Kommunalverfassung eingeführt (die neuen Bundesländer gab es ja noch nicht), die den rechtlichen Rahmen für die Gründungsphase der kommunalen Selbstverwaltung lieferte. Diese orientierte sich in ihren Grundzügen an dem Kommunalmodell der alten Bundesrepublik, knüpfte allerdings auch explizit durch ausgeprägte basisdemokratische und partizipative Elemente (z.B. Bürgerantrag, Bürgerentscheid, Bürgerbegehren) an die „friedliche Revolution" des Oktober 1989 an. Diese direkt-demokratischen Elemente wurden in den meisten alten Bundesländern erst in den folgenden Jahren eingeführt, die DDR-Kommunalverfassung war also in diesem Punkt der westdeutschen Entwicklung voraus.

Knapp ein Jahr später, ab Frühsommer 1991, nachdem die neuen Bundesländer gegründet und die Landtage ihre Arbeit aufgenommen hatten, wurde in allen neuen Bundesländern mit der Erarbeitung eigener Kommunalverfassungen begonnen. Im Ergebnis weisen die mit der 2. Kommunalwahl in Kraft getretenen eigenen Kommunalverfassungen der neuen Länder erhebliche Unterschiede auf, bestätigen und verfestigen damit also das etablierte bundesdeutsche Modell keinesfalls einheitlicher, sondern in aller Regel unterschiedlicher institutioneller Lösungen. Trotz aller Verschiedenheiten und als auffallendste Veränderung gegenüber der Kommunalverfassung aus dem Jahre 1990 haben sich alle neuen Länder für die Direktwahl der Bürgermeister entschieden. Dieses Modell war ursprünglich nur in Süddeutschland vertreten, hat sich in den 90er-Jahren allerdings mittlerweile in der gesamten Bundesrepublik durchgesetzt. Die neuen Bundesländer haben auch in diesem Fall die Entwicklung in der gesamten Bundesrepublik vorweggenommen und in Teilen vielleicht sogar beschleunigt, allerdings unterstützt durch westdeutsche Reformer, die dieses Modell in den alten Bundesländern seit einiger Zeit propagierten.

Kommunen und Kreise waren in der Übergangsphase die einzigen funktionierenden öffentlichen Institutionen, die den Untergang der DDR organisatorisch überlebten. Die zentralstaatlichen Institutionen wurden nach dem Beitritt auf den Bund und die Länder übergeleitet, die sie entweder auflösten oder in neue Organisationsformen überführten, nur die Kommunen blieben bestehen. Auf der kommunalen Ebene gab es daher zu keiner Zeit einen institutionellen Bruch und ein ähnliches Machtvakuum wie auf der staatlichen Ebene, die im Jahre 1990 durch das langsame Absterben der DDR und danach durch den schwierigen Aufbau der neuen Bundesländer gekennzeichnet war. Die ostdeutschen Kommunen agierten daher, wie bemerkt wurde, „fast ein Jahr lang praktisch ohne staatliche Aufsicht und Anleitung" (Hoesch zitiert nach Wollmann 1996).

In diesem Zeitraum bewältigen die Kommunen einen erheblichen Neu- und Umbau der kommunalen Strukturen. Auf der einen Seite verloren sie umfangreiche Zuständigkeiten und Verwaltungsteile, die sich aus der Einbindung in die zentralistische Kommandowirtschaft der DDR ergeben hatten (insbesondere im Bereich der Produktion und Versorgung), auf der anderen Seite kamen umfangreiche neue Aufgaben hinzu (z.B. im Bereich der Sozial-, Liegenschafts- oder Bauverwaltung), nicht selten auch enorme Personalkörper (z.B. wenn bisher von den Betrieben vorgehaltene Kindergärten und Betreuungseinrichtungen übernommen wurden). Die Organisationsstruktur der Kommunen und Kreise wurde vom überkommenen zentralistischen Modell der DDR auf die Gepflogenheiten der Bundesrepublik umgestellt, i.d.R. indem die Musterorganisationspläne der Kommunalen Gemeinschaftsstelle für Verwaltungsvereinfachung (KGSt) übernommen und mit Hilfe westdeutscher Verwaltungshelfer an die jeweiligen lokalen Bedürfnisse angepaßt wurden.

Im Verlauf dieser Entwicklung, d.h. der Übernahme neuer und verzögerte Aufgabe überkommener Aufgaben, wurde deutlich, dass die ostdeutschen Kommunen über unverhältnismäßig viel Personal verfügten. Mitte 1991 waren das insgesamt 661.000 Beschäftigte, entsprechend 41,6 Beschäftigten pro 1000 Einwohner und damit genau doppelt soviel wie in den alten Bundesländern. Dieser Beschäftigtenstand musste in den nächsten Jahren erheblich zurückgefahren werden, was offenkundig nur mit großem Problemen möglich war und weiter zu den arbeitsmarktpolitischen Problemen Ostdeutschlands beitrug. Anfang 1995 betrug der Personalstand noch 476.000 Mitarbeiter, das entspricht einer Quote von 30,7 pro 1.000 Einwohnern; seitdem hat sich der Abbau allerdings verlangsamt.

Wie erwähnt war die alte DDR durch eine viel zu kleinteilige Kreis- und Gemeindegebietsstruktur gekennzeichnet, die die Leistungs- und Verwaltungskraft der Gebietskörperschaften erheblich einschränkte. Wenn Gemeinden und Kreise wenig zu entscheiden und durchzuführen haben, ist es kein Problem, wenn sie klein und ineffektiv sind, aber im Rahmen wirklicher kommunaler Selbstverwaltung wird die administrative Leistungsfähigkeit zu einer Kernfrage. Ab 1991 stand daher in allen neuen Bundesländern eine Gebietsreform auf der Tagesordnung, die zu einer Stärkung der Leistungsfähigkeit durch Zusammenlegung und Vergrößerung der Einheiten führen sollte. Während dies auf der Ebene der Kreise und kreisfreien Städte weitgehend gelang, ist der Prozess auf der Gemeindeebene noch längst nicht abgeschlossen. Die Zahl der Kreise wurde in ganz Ostdeutschland von 189 auf 87, die der kreisfreien Städte von 38 auf 25 reduziert. Die durchschnittliche Bevölkerungszahl wurde in den Kreisen auf über 122.000 mehr als verdoppelt.

Auf der Gemeindeebene entschloss man sich in allen neuen Bundesländern zum Verzicht einer durch Gesetze vorgegebenen Neuordnung durch Zusammenlegungen und Eingemeindungen, sondern ging den Weg freiwilliger Zusammenschlüsse und der Zusammenarbeit weiter bestehender Kleinstgemeinden in Verwaltungsgemeinschaften (z.B. Ämter). Ein wichtiger Grund war, dass man die gerade neu etablierte kommunale und demokratische Identität und Selbstständigkeit nicht umgehend wieder durch sog. „Zwangseingemeindungen" beschädigen wollte. Aus diesem Grund gibt es in Ostdeutschland noch immer über 6.000 Gemeinden, zum Teil mit weniger als 500 Einwohnern. In allen neuen Bundesländern wird zur Zeit versucht, diese Struktur der westdeutschen anzupassen, in der Gemeinden und Gemeindeverbände i.d.R. über mindestens 5.000 Einwohner verfügen. Aber dieser Prozess wird sich noch über einige Jahre hinziehen, denn die gerade erst etablierten Gemeinden weigern sich i.d.R. in größeren Einheiten aufzugehen.

Als weiterer Schritt der Kommunalreform wurden in allen Bundesländern Elemente einer Funktionalreform angestoßen, die in erster Linie zu einer Verlagerung von staatlichen Aufgaben auf die Gemeinden und Kreise, zum Teil auch zu einer Aufgabenverlagerung von Kreisen auf kreisangehörige Gemeinden führen soll. Die Ausgangsbedingungen für diese auch in den alten Bundesländern seit Jahren kontroverse Frage sind in den neuen Bundesländern besonders problematisch, denn aufgrund der unbestreitbaren Verwaltungsschwäche der viel zu kleinen und unerfahrenen Gemeinden und Kreise – und nicht zuletzt auch der zentralistischen Verwaltungstradition der alten DDR – wurde in den ersten Jahren ein Übermaß an Aufgaben in staatlicher Regie wahrgenommen. Die sich schnell entwickelnde Gewohnheit, Angelegenheiten in staatlichen Ober- oder sogar Oberstbehörden erledigen zu lassen anstatt von den Kommunen, ist nur schwer zurückzudrängen. Auf Unabhängigkeit und Abschottung gerichtete Ressortpolitik hat sich zügig auch in den neuen Ländern durchgesetzt, nicht nur auf Ministerialebene, sondern auch durch die Etablierung eigener Verwaltungsbehörden. Dieser aus den alten Bundesländern wohlbekannte „Ressortegoismus" muss mühsam wieder eingedämmt werden. Der Prozess der Funktionalreform erwies sich daher bisher als äußerst zäh. Genau wie in Westdeutschland fällt es der staatlichen Verwaltung offenbar sehr schwer, angestammte Aufgaben abzugeben.

Schließlich ist auch in den neuen Bundesländern in den letzten Jahren ein Prozess der Modernisierung der Kommunalverwaltung angelaufen, der sich seit Anfang der 90er-Jahre in den alten Bundesländern unter dem Schlagwort „Neues Steuerungsmodell" mit rasanter Geschwindigkeit ausgebreitet hat. Während nach neuesten Umfragen über 90% der westdeutschen Städte angeben, sich mit Reformen im Sinne dieser deutschen Variante des „New Public Management" zu befassen, ist die Zahl in den neuen Bundesländern noch geringer, nimmt allerdings in letzter Zeit erheblich zu. Der Grund für dieses Zögern, sich auf Managementreformen einzulassen, liegt zum einen darin, dass Verwaltungsstrukturen noch nicht hinlänglich gefestigt sind und man daher nicht mit Reformen beginnen will, so lange der Aufbau noch nicht abgeschlossen ist, zum anderen aber auch in der erheblich kleinteiligeren Gebietsstruktur. Gegner dieser ostdeutschen Zurückhaltung argumentieren, dass gerade dort, wo überkommene bürokratische Strukturen noch nicht verfestigt sind, die Bedingungen für grundlegende Reformen besonders günstig sein sollten.

5.3.3 Der Aufbau der neuen Bundesländer

Auch die Länder als Basisstruktur des bundesdeutschen föderalen Regierungssystems wurden noch von der DDR-Volkskammer wieder eingerichtet, und zwar mit dem Ländereinführungsgesetz vom 15. Juli 1990. Die Wiedereinführung der Länder war bereits seit 1989 politische Forderung eines Teils der Opposition. Mit dem Beitritt am 3. Oktober 1990 wurden die neuen Länder dann Gliedstaaten der Bundesrepublik Deutschland. Die Grenzen dieser fünf „neuen Bundesländer" (Mecklenburg-Vorpommern, Brandenburg, Sachsen-Anhalt, Thüringen und Sachsen) orientieren sich an den 1945 von der sowjetischen Besatzungszone eingerichteten Ländern (die wiederum auf die Länder der Weimarer Republik zurückgehen), die allerdings bereits 1952 wieder aufgelöst und durch 17 Bezirke ersetzt worden waren.

Innerhalb der Bundesrepublik gehören die neuen Länder mit Ausnahme von Sachsen nach ihrer Bevölkerungszahl zu den kleineren Bundesländern (sämtlich im unteren Drittel). Entsprechend ihrer Einwohnerzahl kontrollieren sie im Bundesrat 19 von 69 Stimmen. Im gesamtdeutschen Gefüge sind sie nicht nur besonders klein, sondern aufgrund der Ausgangssituation nach 40jährigem „realen Sozialismus" außerordentlich finanzschwach und durch außergewöhnliche wirtschaftliche und infrastrukturelle Strukturprobleme belastet.

Abbildung 46: Strukturdaten der neuen Bundesländer

	Brandenburg	Mecklenburg-Vorpommern	Sachsen	Sachsen-Anhalt	Thüringen
Fläche in km²	29.481	23.169	18.408	20.446	16.175
% des Bundesgebietes	8,3	6,5	5,1	5,7	4,5
Bevölkerung (in Mio.)	2,5	1,8	4,6	2,8	2,5
% der Bevölkerung des Bundes	3,1	2,3	5,7	3,4	3,1
BIP in Mrd. DM	57,7	38,1	99,8	59,8	54,2
% des Gesamt-BIP	1,7	1,1	3,0	1,8	1,6

Quelle: Holtmann, E., Neue Bundesländer, in: Weidenfeld/Korte, S. 509.

Die zu Beginn der Vereinigung vielfach diskutierte Länderneugliederung, die in Ostdeutschland nach einem Vorschlag nur ein Bundesland, nach anderen aber auch zwei oder drei Bundesländer vorsah, ist nur zwischen Brandenburg und Berlin ernsthaft betrieben worden. Der von den Regierungen ausgehandelte und von den Landtagen verabschiedete Fusionsvertrag ist in einer Volksabstimmung am 5. Mai 1996 an der in Brandenburg fehlenden Mehrheit gescheitert. Auch in der alten Bundesrepublik wurde und wird seit Jahren über eine Neugliederung und Zusammenlegung von Bundesländern diskutiert. Durch das Scheitern der Fusion von Berlin und Brandenburg sind auch diese Pläne vorläufig wieder von der politischen Tagesordnung verschwunden.

Diskussion um Länderneugliederung

Das Ländereinführungsgesetz hatte die am 14. Oktober neu gewählten ersten Landtage als verfassungsgebende Versammlungen bestimmt. Sämtliche Landtage waren daher in der ersten Zeit neben dem Aufbau von Gesetzgebung und Regierung auch mit der Formulierung eigener Landesverfassungen beschäftigt. Dies gelang in bemerkenswert kurzer Zeit, so dass zwischen Mai 1992 und Oktober 1993 in allen neuen Bundesländern Verfassungen verabschiedet wurden, die in drei Ländern zusätzlich durch Volksabstimmungen gebilligt wurden. Mit den Vorarbeiten zu den neuen Landesverfassungen war allerdings teilweise schon lange vor Verabschiedung des Ländereinführungsgesetzes in den so genannten „runden Tischen" begonnen worden. Die neuen Verfassungen ähneln denen der alten Bundesländer, indem sie überall ein parlamentarisches Regierungssystem kodifizieren (Wahl des Regierungschefs durch das Parlament). Sie unterscheiden sich von den alten Verfassungen i.d.R. durch besondere Minderheitenrechte (z.B. Sorben), durch umfangreichere und detailliertere Grundrechtskataloge und Staatsziele (z.B. Datenschutz, Schutz der natürlichen Umwelt,

Verabschiedung der Landesverfassungen

223

Gleichstellung) und durch eine stärkere Betonung der Elemente direkter Demokratie (Volksinitiative, Volksbegehren, Volksentscheid). Damit wird, zum Teil ganz explizit in den Präambeln, an die Erfahrungen der 40jährigen DDR-Diktatur und der friedlichen Revolution des Herbstes 1989 angeknüpft.

Zusammensetzung der Landtage

Die neuen Landtage setzten sich ähnlich wie die Kommunalparlamente zu 77% aus Neupolitikern zusammen, die erst nach der Wende politisch aktiv geworden waren (vgl. wiederum Wollmann 1996). Weniger als 1% der insgesamt 509 gewählten neuen Landtagsabgeordneten hatten der alten, sozialistischen Volkskammer angehört, nur ca. 2% kamen nicht aus den neuen Bundesländern. Die „Altpolitiker" hatten in der DDR i.d.R. den Räten der Kreise und Gemeinden angehört. Sie sind, abgesehen von der PDS, fast ausschließlich in den Fraktionen der CDU und F.D.P vertreten, da diese ja aus den alten Blockparteien hervorgegangen waren. Die sich daraus ergebenden Spannungen zwischen alten „Blockflöten" (so der Spitzname der Mitglieder der alten Blockparteien) und neuen Parteimitgliedern, die z.B. aus der Bürgerbewegung kamen, sind in diesen Fraktionen zum Teil bis heute nicht endgültig überwunden.

Die Landtage bewältigten in ihrer ersten Legislaturperiode ein immenses Pensum. Zum einen wurde ein Bestand an Landesgesetzen geschaffen, der weitgehend dem der westdeutschen Bundesländer entspricht, die dafür ja 40 Jahre gebraucht hatten. Gleichzeitig musste jeweils eine Landesverwaltung völlig neu aufgebaut werden, für die es insbesondere auf Ebene der Ministerien keinerlei Anknüpfungspunkte gab, und zeitgleich musste der aufgeblasene staatliche Verwaltungsapparat der DDR in die neue Landesverwaltung übernommen oder abgebaut werden. Dies war nur mit Hilfe intensiver Unterstützung durch Aufbauhelfer aus den alten Bundesländern möglich.

Zentrale Rolle der Verwaltungshilfe

Von Anfang an war klar, dass der Einigungsvertrag die Auflösung der bisherigen Strukturen der DDR zwar formell hergestellt hatte, aber im Prinzip den größten Teil der Probleme nur vor der Tür der neuen Länder ablud, die zudem gerade erst gebildet wurden. Die Verwaltungshilfe der alten Bundesländer und des Bundes, die über eine gemeinsame Clearingstelle koordiniert wurde, erlangte daher eine zentrale Bedeutung. Eingeleitet wurde die Zusammenarbeit noch von der letzten DDR-Regierung. Dabei ging es zum einen um vorbereitende Maßnahmen zum Aufbau der Fachverwaltungen (z.B. Justiz, Finanzen und Umwelt), bei der sich schon früh die zuständigen Bundesressorts und die jeweiligen „Partnerländer" engagierten. Die alten Bundesländer waren z.T. noch 1989 informelle Partnerschaften mit den zukünftigen neuen Bundesländern eingegangen, und zwar Schleswig-Holstein, Hamburg und Bremen mit Mecklenburg-Vorpommern, Nordrhein-Westfalen mit Brandenburg, Niedersachsen mit Sachsen-Anhalt, Rheinland-Pfalz und Hessen mit Thüringen sowie Bayern und Baden-Württemberg mit Sachsen. Gleichzeitig erfolgten auch Hilfen für den Auf- und Ausbau der Kommunalverwaltungen, vorrangig im Rahmen von Städte- und Kreispartnerschaften, die z.T. schon in den letzten Jahren der DDR etabliert worden waren. Die gemeinsame Clearingstelle hatte u.a. Aufgaben im Bereich der Entwicklung von Musterstellenplänen und Personalabbauplänen, bei der Unterstützung der neuen Länder bei der Umsetzung dieser Pläne und bei der Abstimmung der Verwaltungshilfe des Bundes und der Länder einschließlich der Bereitstellung von Personal.

Schätzungen gehen davon aus, dass zwischen 1990 und 1994 insgesamt ca. 35.000 Mitarbeiter des Bundes, der westdeutschen Länder und der Kommunen für kürzere oder längere Zeit in Ostdeutschland aktiv waren (Wollmann 1996). Dabei wird weiter geschätzt, dass zwischen 1990 und 1993 jederzeit rund 10.000

westdeutsche Fachleute in den ostdeutschen Institutionen beratend tätig waren (vgl. König/Meßmann 1995). Dieser Einsatz der westdeutschen Verwaltungshelfer („Verwaltungsmissionare") wurde durch großzügige finanzielle Hilfen des Bundes und der Länder unterstützt. Aber auch nachdem die finanziellen Anreize, sich für eine begrenzte Zeit nach Ostdeutschland abordnen zu lassen (die sog. „Buschzulage"), nicht mehr gewährt werden, ist die Zahl der Verwaltungshelfer noch immer erheblich, wobei kurzfristige Abordnungen kaum mehr stattfinden und statt dessen der Arbeitsplatz inzwischen endgültig in die neuen Bundesländer verlagert wird.

Flankiert wurde diese Verwaltungshilfe durch eine „gigantische wie historisch einmalige Fortbildungswelle" (Wollmann 1996). Auch hier ist man wieder auf Schätzungen angewiesen, aber es ist davon auszugehen, dass insgesamt über 250.000 Bedienstete der neuen Länder und Kommunen in der Aufbauphase durch Seminare und Schulungen sowie durch die Entsendung von Dozenten, durch Hospitationen und Praktika mit westdeutscher Hilfe aus- und fortgebildet wurden.

Fortbildungswelle

Der besondere Einsatz der Mitarbeiter, die zum einen umfassende Qualifizierungsaktivitäten über Jahre neben der extrem schwierigen Aufbauarbeit auf sich genommen haben, zum anderen unter extrem schwierigen Bedingungen kurzfristig von West nach Ost gewechselt sind, darf nicht unterschätzt werden. Überhaupt hat in dieser Umbruchphase die öffentliche Verwaltung sowohl mit der Vorbereitung des Einigungsvertrages wie mit dessen kurzfristiger Umsetzung eine Leistungsfähigkeit bewiesen, die weit entfernt ist von dem stereotypen Image der langsamen und behäbigen öffentlichen Verwaltung in Deutschland.

Der Aufbau der Ministerialverwaltung, der praktisch „bei Null" anfing, orientierte sich an den Organisationsmustern der alten Bundesländer, d.h. es wurden zunächst Staatskanzleien als Behörden des Ministerpräsidenten und zwischen acht und elf Fachressorts geschaffen, die sich auch in ihrem internen Aufbau an den westdeutschen Vorbildern ausrichteten. Das größte Problem war von Beginn an ein Defizit an qualifiziertem Personal sowohl bezüglich der Besetzung der Spitzenpositionen als auch hinsichtlich der juristischen und verwaltungsmäßigen Eignung und Erfahrung der Mitarbeiter. Das alte Führungspersonal der DDR wollte man i.d.R. aus politischen – und zum Teil auch fachlichen – Gründen nicht übernehmen, eine geeignete alternative Funktionselite stand aber nicht zur Verfügung. Bewältigt wurde diese Problematik – neben der erwähnten Aus- und Fortbildung – durch einen massiven Personal- und Elitentransfer aus Westdeutschland und durch die Neueinstellung von Mitarbeitern, die bisher außerhalb des Staatsapparats gearbeitet hatten, z.B. in Betrieben oder der Wissenschaft.

Personal- und Elitentransfer in die Ministerien

In den ersten Landesregierungen waren ca. 1/3 der Führungspositionen (Ministerpräsidenten und Minister) mit sog. „Westimporten" besetzt, i.d.R. Politiker, die im Westen ähnliche Positionen oder Abgeordnetenmandate innehatten. Diese Westdominanz, die in einigen Ministerien wie Finanzen und Justiz aus einsichtigen Gründen besonders ausgeprägt war, setzte sich über die Ebene der Staatssekretäre und Abteilungsleiter bis in die Referate fort. Je höher die Position in den neu aufgebauten Landesministerien, desto größer der Anteil der Westdeutschen. In einigen neuen Bundesländern kamen zu Anfang fast sämtliche Staatssekretäre und 2/3 der Abteilungsleiter aus dem Westen. Ostdeutsches Leitungspersonal war am ehesten in eher „technischen" Ressorts wie Umwelt und Verkehr zu finden. Inzwischen ist dieser Anteil der Westimporte überall zurückgegangen, aber noch immer sind auf den höchsten Verwaltungsebenen Mitarbeiter aus dem Westen überproportional stark vertreten.

Die übrige Landesverwaltung wurde aus den Resten der alten DDR-Verwaltung errichtet, so dass „die Ruinen der alten Dienststellen mit ihrem Personalbestand und ihrer sächlichen Ausstattung zum Steinbruch für die neuen Behörden" (Ruckriegel zitiert nach Wollmann) wurden. So entstand ein ziemlich „bunter Teppich" von Sonderbehörden und allgemeiner Verwaltung, der insbesondere durch die „Verwaltungshelfer" aus den jeweiligen Partnerländern geprägt wurde. Wie insgesamt im bundesdeutschen Föderalismus zeigt sich auch hier eine große Varianz zwischen den neuen Bundesländern.

Personalabbau und Stasiverstrickungen

Besonders problematisch war in diesem Zusammenhang zum einen der Umfang des personell aufgeblähten Staatsapparats der DDR, der laut Einigungsvertrag auf die neuen Länder überging, zum anderen die politische Belastung eines Teils des Personals, insbesondere die Zusammenarbeit mit dem Ministerium für Staatssicherheit („Stasi"). 1991 beschäftigten die neuen Bundesländer, nachdem Ende 1990 bereits eine große Anzahl von DDR-Institutionen „abgewickelt" worden war, insgesamt noch 634.000 Mitarbeiter. Das waren 39,9 Landesbedienstete pro 1000 Einwohnern und damit ca. 1/3 mehr als in den alten Bundesländern (30,2). Inzwischen ist dieser Quotient auf unter 34 gesunken, in den alten Bundesländern allerdings auch auf unter 30. Damit ist in den neuen Bundesländern, ähnlich wie in den Kommunen, ein bemerkenswerter Personalabbau durchgeführt worden, der allerdings noch nicht abgeschlossen ist. Den größten Teil der Landesbediensteten machen in allen alten wie neuen Bundesländern die Lehrer aus (über 40%). Da die neuen Bundesländer seit 1990 einen dramatischen Geburtenrückgang zu verzeichnen haben, muss insbesondere in diesem Bereich, aber auch in anderen Fachverwaltungen zukünftig weiter verschlankt werden. Bezüglich der „Stasi-Verstrickungen", also der Zusammenarbeit mit der gefürchteten Staatssicherheit des DDR-Regimes, gibt es in den neuen Ländern kein einheitliches Vorgehen. In einigen Ländern wurden inzwischen fast 90% der Mitarbeiter überprüft. Aus einer Untersuchung aus Mecklenburg-Vorpommern geht hervor, dass bei beinahe 7% der Mitarbeiter Erkenntnisse über eine Zusammenarbeit vorlagen (4.236), von denen wiederum ca. 1/3 aus dem Landesdienst entlassen wurden (1.609).

Diskussion um Regierungsbezirke

Ein besonderes Problem war die Einrichtung bzw. Kontinuität von Regierungsbezirken. In den alten westdeutschen Bundesländern gibt es, mit wenigen Ausnahmen, zwischen der Ebene der Landes- und der Kommunalverwaltung eine staatliche Bündelungsbehörde, die sog. Mittelinstanz (Bezirksregierung, Regierungspräsident u.ä.). Ob diese auch in den neuen Bundesländern eingerichtet werden sollte, war von Beginn an umstritten. Dagegen sprach zum einen die geringe Bevölkerungszahl der neuen Bundesländer, denn auch im Westen haben die kleinsten Bundesländer (z.B. Schleswig-Holstein) auf diese zusätzliche Instanz verzichtet. Dagegen sprach insbesondere aber auch, dass mit der Einrichtung von Bezirken die alte DDR-Bezirksstruktur perpetuiert wurde, und man daher befürchtete, in der Mittelinstanz könnten etablierte DDR-Seilschaften überleben und sich gegenseitig stützen. Im Ergebnis verzichteten zwei Länder ganz auf die Regierungsbezirke, eines errichtete ein für das gesamte Land zuständiges Verwaltungsamt, während in einem der übrigen Länder die Einrichtung ausdrücklich unter Vorbehalt einer zukünftigen möglichen Abschaffung gestellt wurde.

5.3.4 Umbau des Verwaltungssystems

5.3.4.1 Ausgangslage

In der alten Bundesrepublik hatte 1989 vor der Vereinigung der gesamte öffentliche Sektor ca. 3,8 Mio. Vollbeschäftigte umfasst. Bei weitem die meisten öffentlich Beschäftigten arbeiteten in den Bereichen Bildungswesen und öffentliche Sicherheit (Lehrer und Polizisten auf Länderebene) sowie Versorgung, Gesundheit und Sozialverwaltung (auf kommunaler Ebene). In der DDR war es wegen der legendären Geheimniskrämerei, aber auch aufgrund systematischer Unterschiede schwer, einen ähnlichen Überblick über die öffentliche Verwaltung bzw. den Staatsapparat zu erlangen. Insgesamt ist davon auszugehen, dass Ende 1989 ca. 2,1 Millionen Personen im Staatsapparat der DDR beschäftigt waren, davon ca. 1 Mio. auf der Ebene der Kommunen und Kreise (Angaben zu den Verwaltungstrukturen der DDR nach König 1991, S. 147ff.). Realistische Vergleichszahlen zum Westen sind allerdings nicht vorhanden, denn in der alten DDR gab es bekanntlich nur einen sehr kleinen nicht-öffentlichen Sektor. Im Prinzip war die gesamte Volkswirtschaft in öffentlicher Hand, also auch der Bereich der Produktion und Distribution geleitet durch ein umfangreiches System von Industrieministerien und deren nachgeordneten Institutionen.

Systematisch handelt es sich bei der Verwaltung der alten Bundesrepublik um eine klassische, kontinentaleuropäische Verwaltung, gekennzeichnet durch die von Max Weber herausgearbeiteten idealtypischen Merkmale einer Bürokratie, also rechtlich festgelegte behördliche Kompetenzen, Amtshierarchie, aktenmäßige Verwaltung, regelgebundene Amtsführung und Berufsbeamtentum. Demgegenüber ist der Staatsapparat der alten DDR gekennzeichnet durch Etatismus, Kaderverwaltung und Nomenklatur, demokratischen Zentralismus und Doppelunterstellung unter Partei und Staatsapparat. Im Prozess der Vereinigung waren daher umfangreiche und unvorhergesehene Probleme der Transformation einer real-sozialistischen Verwaltung in eine klassisch-europäische Verwaltung zu bewältigen (König/Meßmann 1991). *Kontinentaleuropäische Verwaltung versus Kaderverwaltung*

Im Gegensatz zum liberalen Rechts- und Sozialstaat kannten Staaten des realen Sozialismus keine eindeutigen Differenzierungen zwischen gesellschaftlicher Eigenverantwortung und Selbstorganisation sowie staatlicher Zuständigkeit. In der Bundesrepublik ist durch die politische Identifikation eines Problems als öffentliche Aufgabe noch nicht über die Art und Weise der Wahrnehmung entschieden. Gewährleistung, Finanzierung und Durchführung öffentlicher Leistungen werden getrennt betrachtet, z.B. ist Kindergartenbetreuung eine öffentliche Aufgabe, die politisch geregelt, aber weitgehend Trägern des Dritten Sektors überlassen und zumindest zum Teil privat finanziert wird. In der DDR gab es diese Unterscheidungen nicht, dort war der Staat entsprechend der marxistisch-leninistischen Doktrin Hauptinstrument der Realisierung des Sozialismus. Gesellschaftliche Selbstorganisation fand außerhalb des staatlichen Bereichs und insbesondere außerhalb staatlicher Kontrolle nicht statt. Besonders offenkundig wird dies im Bereich der Wirtschaftsverwaltung. Auch in der alten Bundesrepublik ist die Verwaltung über die Eigenproduktion öffentlicher Leistungen, die Regulierung von Unternehmen und Märkten bis zur Erstellung von Infrastruktur vielfältig mit der Wirtschaft verflochten. Aber in der DDR gab es etwas prinzipiell anderes, nämlich eine Verwaltungswirtschaft, in der die Wirtschaft nicht ein sich weitgehend selbst steuerndes Teilsystem der Gesellschaft war, sondern im *Keine Differenzierung zwischen staatlicher Zuständigkeit und gesellschaftlicher Eigenverantwortung in de DDR*

Rahmen einer umfangreichen Verwaltung, ausgehend von Industrieministerien und staatlicher Plankommission, hierarchisch über verschiedene staatliche Ebenen politisch-administrativ gesteuert wurde.

Vorrang der hierarchischen Steuerung

Konkret bedeutet dies, dass in der DDR alle denkbaren Funktionen, vom Lohn über Produktion, Konsumption, Distribution bis zu Erholung, Wohnungsbau und Freizeiteinrichtungen verwaltungsmäßig hierarchisch durch Anweisung und Befehl gesteuert wurden oder dies zumindest versucht wurde. Die einem modernen Rechts- und Sozialstaat zur Verfügung stehenden differenzierten Steuerungsinstrumente, von der rechtlichen Regulierung über Ge- und Verbote, die Gewährung finanzieller Anreize oder Disincentives durch Subventionen und Steuern, die informationelle Steuerung durch Aufklärung und indikative Pläne, die Bereitstellung öffentlicher Infrastruktur bis hin zur strukturellen Steuerung von Entscheidungsprozessen in ausdifferenzierten Politiknetzwerken stand der öffentlichen Verwaltung in der DDR nur sehr begrenzt zur Verfügung.

Gewalteneinheit statt Gewaltentrennung

Die öffentliche Verwaltung der DDR war weiter gekennzeichnet durch das Prinzip der Gewalteneinheit, d.h. dem Grundsatz der Einheit von Beschlussfassung und Durchführung, sowie durch „bürokratischen Zentralismus" als Ausfluss des demokratietheoretischen Ideals des „demokratischen Zentralismus". Im Gegensatz zur Bundesrepublik gab es in der DDR keinen Föderalismus und keine kommunale Selbstverwaltung, sondern nur „örtliche Organe der Staatsmacht". Es gab zwar Bezirke, Stadtkreise und Landkreise sowie in diesen ca. 7.600 kreisangehörige Städte und Gemeinden, aber keine Selbstverwaltung und praktisch nur sehr geringe Entscheidungsspielräume. Demgegenüber steht das extrem vertikal und vor allem horizontal differenzierte Verwaltungssystem der Bundesrepublik, das nicht nur durch das Prinzip der Gewaltenteilung und der kommunalen Selbstverwaltung, sondern auch durch eine starke professionelle und sektorale Differenzierung gekennzeichnet ist.

Kaderstrukturen

Die Verwaltung der DDR war weiter gekennzeichnet durch die Begriffe Kader und Nomenklatur. Kader waren nach DDR-Definition Personen, die

> „aufgrund ihrer politischen und fachlichen Kenntnisse und Fähigkeiten geeignet und beauftragt waren, Kollektive von Werktätigen zur Realisierung gesellschaftlicher Prozesse und Aufgaben zu leiten oder als wissenschaftlich ausgebildete Spezialisten an der Realisierung mitzuwirken".

An der Spitze der Kader stand die Nomenklatur, benannt nach den Verzeichnissen von Positionen und Funktionen auf allen gesellschaftlichen Gebieten, über deren Besetzung die Partei entweder direkt entschied oder für die sie verbindliche Festlegungen traf und sich eine Kontrolle vorbehielt. Grundqualifikation der Verwaltungskader war ihre politisch-ideologische Eignung. Zwar spielte auch die fachliche Qualifikation eine Rolle, aber sie war nachrangig. Eine Folge dieser Besetzung insbesondere von Führungspositionen war, dass die fachliche, horizontale Differenzierung eher geringer und die vertikale, hierarchische Unterstellung sehr deutlich ausgeprägt war. Auch hier also eher autoritäre zentralistische als professionelle dezentrale Strukturen.

Rechtsnihilimus versus ausgebauter Rechtsschutz

Während die Verwaltung in der DDR schließlich zum einen dem Herrschaftsanspruch der Staatspartei, zum anderen dem umfassenden Planungssystem untergeordnet war, waren andere Entscheidungskriterien, etwa eigenständige rechtliche oder ökonomische Kriterien außerhalb der hierarchischen Befehlsstruktur von Plan und Befehl, eher nachrangig und schwer durchsetzbar. Das Verwaltungssystem konnte zugespitzt durch die Begriffe „Rechtsnihilismus" und

„Ignorierung wirtschaftlicher Gegebenheiten" gekennzeichnet werden. Demgegenüber ist die öffentliche Verwaltung in der Bundesrepublik durch ihre umfassende rechtliche Durchnormierung, durch eine außerordentlich entwickelte verwaltungsrechtliche Dogmatik und durch den universellen Rechtsschutz gegen staatliche Maßnahmen gekennzeichnet. Öffentliche Verwaltung zeichnet sich aus durch Gesetzmäßigkeit, d.h. strenge Bindung an Recht und Gesetz (Art. 20 Abs. 3 GG), durch Gesetzesvorrang (Vereinbarkeit jeder staatlichen Maßnahme mit dem Gesetz) und Gesetzesvorbehalt (Erlass von verpflichtenden Rechtsvorschriften sowie von Verwaltungsakten bedürfen der Ermächtigung durch ein Gesetz). Diese grundlegende Legalität der Verwaltung ergibt sich und wird z.T. ergänzt durch demokratische Legitimität (demokratische Festlegung der Normen und Führung der Verwaltung).

5.3.4.2 Vorgehensweise

Insgesamt wurde die real-sozialistische Verwaltung der DDR innerhalb kürzester Zeit zumindest in ihren formalen Strukturen in eine „klassisch-europäische Verwaltung" überführt (König 1991). Ausgangspunkt für den Umbau der grundlegenden Prinzipien des DDR-Verwaltungssystems war der Einigungsvertrag, der vorsah, dass das gesamte Bundesrecht einschließlich des Verwaltungsrechts mit dem Beitritt in den fünf neuen Ländern in Kraft trat. Weiter dehnte der Einigungsvertrag das Modell des Berufsbeamtentums mit seinen hergebrachten Grundsätzen auf die neuen Länder aus und legte fest, dass die Wahrnehmung von öffentlichen Aufgaben so bald wie möglich Beamten übertragen werden solle. Auch andere im Westen seit langem umstrittene Strukturmerkmale wie die zu kleinen Bundesländer, die Mittelinstanzen oder der durch Sonderbehörden verfestigte Ressortegoismus wurden so in den neuen Bundesländern etabliert.

Übertragung des Bundesrechtes

Schlüsselbegriffe der Neuorganisation waren „Überführung" und „Abwicklung", über die spätestens drei Monate nach dem Beitritt, also bereits Ende 1990 zu entscheiden war. Die sog. Abwicklung – insbesondere dort, wo der Staat und seine Bediensteten im planwirtschaftlichen System der DDR Aufgaben wahrnahmen, die in der Bundesrepublik außerhalb des öffentlichen Sektors wahrgenommen werden – führte zum Ruhen des Arbeitsverhältnisses, der grundsätzliche Anspruch auf Weiterbeschäftigung erlosch. Diese Möglichkeit bestand allerdings nicht auf der Ebene der Kommunen. Weiter war im Einigungsvertrag eine ordentliche Kündigung des Arbeitsverhältnisses für zulässig erklärt worden, wenn der Arbeitnehmer wegen mangelnder fachlicher Qualifikation den Anforderungen nicht entsprach, wegen mangelnden Bedarfs nicht mehr verwendbar war oder die bisherige Beschäftigungsstelle aufgelöst wurde. Eine außerordentliche Kündigung war insbesondere dann vorgesehen, wenn gegen die Grundsätze der Menschlichkeit oder der Rechtsstaatlichkeit verstoßen worden war oder eine Tätigkeit für das Ministerium für Staatssicherheit vorgelegen hatte. Auf diese Weise sollten die durch die Kaderpolitik der SED geschaffenen Probleme sowohl bezüglich der qualitativen Mängel als auch der quantitativen Überbesetzung der Verwaltung beseitigt werden.

Überführung und Abwicklung

Im Bereich der Überführung orientierte sich der Aufbau dieser neuen, demokratischen Verwaltung notgedrungen – mangels realistischer Alternativen – an den Organisationsmustern der alten Bundesländer, die vor allem von den jeweiligen westdeutschen Partnerländern und -kommunen übernommen wurden. Das westdeutsche Verwaltungssystem wurde einschließlich aller bekannten Schwächen

(Überregelung, Bürokratisierung, Kameralistik, Haushaltsrecht, Dienstrecht) innerhalb kürzester Zeit auf die neuen Länder übertragen, verkündet und umgesetzt von der großen Schar westlicher Verwaltungshelfer. Diese Vorgehensweise ist gelegentlich als ein unterkomplexer „Blaupausenansatz" kritisiert worden. Die Institutionen der alten Bundesrepublik wurden, so wird behauptet, ohne Berücksichtigung bekannter Defizite, ohne Beachtung der Umweltbedingungen und nichtinstitutioneller Voraussetzungen, ohne zeitliche Flexibilität, ohne Offenhalten für neue Lösungen und ohne an sich mögliche Innovationen auf die neuen Länder übertragen.

Keine reine „Blaupause"   Der Befund einer reine Kopie des westdeutschen Systems gilt uneingeschränkt aber nur für die erste Phase der Transformation, in der das zentrale Ziel war, möglichst schnell vergleichbare Strukturen und Ansprechpartner zu schaffen. Eine genauere Betrachtung zeigt, dass selbst die Übertragungsphase und auf jeden Fall die nachfolgende Konsolidierungsphase keineswegs durch sklavisches Kopieren der westlichen Vorbilder und Partnerländer gekennzeichnet ist. Vielmehr hat der Institutionentransfer zu einer erheblichen Differenzierung zwischen den neuen Ländern geführt. Dabei haben sie aus Erfahrungen der alten Länder gelernt, wie z.B. im Bereich der kommunalen Gebietsreform und der Einrichtung von Mittelinstanzen deutlich wird. Sie haben von der Vielfalt des bundesdeutschen Verwaltungsföderalismus profitiert, der keineswegs überall einheitliche Lösungen hervorgebracht hat, und haben in Ansätzen durchaus so etwas wie „best practice" praktiziert. Sie haben sich umgesehen und versucht, die für sie „beste" Alternative zu etablieren, gelegentlich auch, indem sie Lösungen aus verschiedenen Alt-Bundesländern kombiniert haben.

Wenn dies nicht häufiger geschehen ist, liegt dies nicht notwendigerweise am fehlenden guten Willen der Akteure in den neuen Bundesländern, sondern eher daran, dass systematisches Wissen hierzu sehr rar ist. Die Wissenschaft hat die vergleichende Untersuchung der erheblichen Varianzen der bundesrepublikanischen Verwaltungssysteme und ihrer jeweiligen Vor- und Nachteile sträflich vernachlässigt. Beratung war von dieser Seite nur spärlich zu erhalten, statt dessen dominierten Praktiker. Das von diesen oft nicht ganz jungen Beratern kaum die großen Innovationen zu erwarten waren, ist wenig verwunderlich. Inzwischen geht der Reformprozess weiter und fast überall ist eine Phase der eigenständigen Entwicklung zu beobachten.

5.3.4.3 Probleme der Verwaltungstransformation

Die immensen Probleme und Verwerfungen des Verwaltungsum- und aufbaus in den neuen Bundesländern können hier nun nicht angemessen gewürdigt werden (vgl. ausführlicher König/Meßmann 1995, Wollmann 1996). Innerhalb kürzester Zeit wurden aus „lokalen Organen der Staatsorganisation" Institutionen der kommunalen Selbstverwaltung, gleichzeitig mussten fünf Landesverwaltungen völlig neu aufgebaut werden, für die es insbesondere auf der Ebene der Ministerien keinerlei Anknüpfungspunkte gab, und es wurde eine Vielzahl von Behörden der DDR „abgewickelt" sowie der aufgeblähte Personalbestand der übrigen übernommenen Behörden drastisch reduziert.

Ohne Zweifel hat diese überstürzte und umfassende Übertragung des westlichen Verwaltungsmodells zu erheblichen Verwerfungen und Aufbauschwierigkeiten geführt.

- Auf der Ebene der Programme kämpft die Verwaltung im Osten genau wie Aufbau-schwierigkeiten die im Westen mit Überregelung und Verwirrung – sie hat oft nur noch nicht so gut gelernt, wie eine „pragmatische Vorschriftenreduzierung im Vollzug" (Frido Wagener) gehandhabt wird. Der abrupte und vollständige Transfer des westlichen Rechtsstaats hat allerdings in bestimmten Bereichen in der Anfangsphase zu einem „rechtsfreien Raum" geführt, in dem die bekannten Aufbausünden begangen wurden (Bau- und Planungsrecht, Wirtschaftsförderung).
- Bezüglich der Organisation orientiert man sich an der im Westen entwickelten hochgradigen Arbeitsteilung und horizontaler wie vertikaler Differenzierung – mit allen bekannten Auswüchsen und Problemen. Hier liegt die Gefahr darin, dass übertriebene und veraltete Zuständigkeits- und Kontrollregelungen übernommen werden, die auch im Westen längst revisionsbedürftig sind.
- Auch bei den Verfahren hat man zunächst die westlichen bürokratischen Steuerungsinstrumente übernommen. Im Westen wird zwar intensiv über neue Steuerungsinstrumente diskutiert, aber übertragbare belastbare Erfahrungen gab es zumindest bisher nicht. Hier ist zu beobachten, dass in vielen Bereichen noch immer ein staatszentriertes Verständnis öffentlicher Aufgaben vorherrscht, d.h. der möglichst präzise Vollzug zentraler Handlungsanweisungen ist das zu wenig hinterfragte Leitbild.
- Das entscheidende Problem, darin sind sich alle Beobachter einig, liegt auf der Ebene des Personals. Die Erwartung, Mitarbeiter in der ostdeutschen Verwaltung würden sich sofort „wie im Westen" verhalten, war unrealistisch, wenn nicht naiv. Es bestehen erhebliche Divergenzen in den grundlegenden Wertmustern und Einstellungen, in der „Verwaltungskultur". Diese werden sicherlich noch über einen längeren Zeitraum erhalten bleiben, denn kulturelle Orientierungen ändern sich viel langsamer als Organisationsstrukturen. Unterschiede im Rollen- und Einstellungsprofil werden auch durch Untersuchungen der jeweiligen Fremdbilder deutlich: Während die westlichen Mitarbeiter Mangel an Eigeninitiative, Entscheidungsfreudigkeit, Konfliktfähigkeit und Risikobereitschaft sowie vorgaben- und autoritätsorientierte Verhaltensmuster feststellen, sehen ostdeutsche Mitarbeiter bei ihren westlichen Kollegen überhebliches und arrogantes Auftreten, fehlende Kooperationsbereitschaft und Kollegialität sowie eine strikte Orientierung an formal-rechtlichen Prozeduren, beklagen eine mangelnde Sensibilität für die besonderen ostdeutschen Probleme und fühlen sich insgesamt nicht hinreichend als gleichberechtigte Partner akzeptiert.

Bezüglich der weiteren Entwicklung stellt sich die Frage, ob Reformen des öf- Vereinigung – Chance oder Belastung? fentlichen Sektors in Deutschland durch die Vereinigung eher befördert oder verhindert werden. Während einige befürchten, der Export eigentlich schon überholter Institutionen würde diese festigen, gehen andere davon aus, dass obwohl – oder vielleicht auch gerade weil – die Mehrzahl der bundesrepublikanischen Institutionen exportiert wurde, Ostdeutschland nicht in dem Maße durch Besitzstände zugestellt ist wie Westdeutschland und daher Strukturen dort eher zur Disposition gestellt werden können. In der Verwaltungspolitik, wie in vielen Politikbereichen, kumuliert zur Zeit eine Anpassungskrise der „importierten Institutionen" in den neuen Bundesländern mit einer verschleppten Modernisierungskrise der politischen Institutionen der alten Bundesrepublik. Transformati-

231

on, verstanden als Prozess der Modernisierung überkommener Institutionen einschließlich damit verbundener kultureller Umorientierungen (z.B. innerhalb des öffentlichen Sektors), steht im Osten wie im Westen auf der Tagesordnung. Es spricht vieles dafür, dass das Zusammentreffen beider Transformationsprozesse sich auf Dauer eher als Chance denn als Belastung erweisen wird.

5.4 Europäisierung öffentlicher Aufgabenerledigung

5.4.1 Neue Herausforderungen an den modernen Staat

Internationalisierung und Globalisierung

In der politik- und sozialwissenschaftlichen Literatur ist man sich weitgehend einig, dass der moderne Staat zu Beginn des 21. Jahrhunderts vor neuen Herausforderungen steht, deren Ursache in veränderten gesellschaftlichen Bedingungen zu suchen sind. Als wesentliche Herausforderungen werden Internationalisierungs- und Globalisierungsprozesse angesehen (vgl. Benz 2001, Held u.a. 1999, Zürn 1998). Gemeint ist damit die Ausdehnung von Kommunikations- und Interaktionsprozessen über den Nationalstaat hinaus sowie die Auflösung räumlicher Organisation von Politik, Wirtschaft und Gesellschaft. Auch Individualisierungsprozesse, gemeint sind damit Anzeichen der Auflösung sozialer Gemeinschaften und der Bindung an bestimmte Organisationen sowie die Erweiterung persönlicher Freiheiten und die Vermehrung von Werten, Lebensstilen und Meinungen (Pluralisierung) werden als neue Herausforderung für staatliche Tätigkeiten begriffen. Bezogen auf die zentralen Elemente des modernen Staates ergeben sich daraus folgende Problemlagen (vgl. Benz 2001, 255ff.).

Problemlagen für den modernen Staat

- Das *Territorialprinzip*, also die ausschließliche Zuständigkeit des Staates für eine bestimmtes Gebiet, wird durch die Globalisierung von Wirtschaftsbeziehungen, die Globalisierung von ökologischen und sozialen Problemen sowie durch neue gebietsunabhängige Organisationsstrukturen immer mehr untergraben. Standorte verlieren nicht nur in der Wirtschaft an Bedeutung. Diese Deterritorialisierung ist eine Folge davon, dass viele gesellschaftliche Aktivitäten und Beziehungen nicht mehr an bestimmte Räume gebunden sind oder jedenfalls in Räumen stattfinden, die sich nicht mit den durch die Staatsorganisation festgelegten Grenzen decken. Das heißt nicht, dass Grenzen generell wegfallen, sondern nur, dass territoriale Grenzen an Bedeutung verlieren.
- Das *Nationalprinzip*, also die Zugehörigkeit zu einer bestimmten Nation, gerät durch weltweite Wanderungsprozesse und wachsende Anteile von Einwohnern mit fremder Staatsangehörigkeit im Staatsgebiet ebenfalls ins Wanken. Die Folge ist, dass immer mehr Menschen als „Ausländer" in einem für sie „fremden" Staat leben. Sie besitzen zwar meistens die Staatsangehörigkeit in einem Staat, leben aber über eine längere Zeit oder auf Dauer in einem anderen Staat. Das heißt nicht, dass ein zu hoher Anteil von Menschen aus anderen Kulturen zu einer Belastung wird, sondern dass immer mehr Menschen in einem Staatsgebiet leben, in dem sie nicht richtig mitbestimmen können und ihnen die in einem demokratischen Staat notwendigen Rechte und Pflichten eines politisch verantwortlichen Bürgers nicht zustehen.
- Die Institutionen demokratischer Entscheidungsfindung wie z.B. nationale Parlamente verlieren durch wichtige – kaum oder nicht beinflussbare – Ent-

scheidungen auf anderen Ebenen (z.B. in der EU-Kommission) an *Legitimationskraft*. Es entsteht ein Bereich von Politik, der nicht den Regeln des Verfassungsrechts unterliegt, so dass die Ausübung von Staatsgewalt sich damit aus dem Geltungsbereich der Verfassung von Staaten in nicht-verfasste Formen von Herrschaftsausübung verlagert.

All dies, so Arthur Benz, läuft darauf hinaus, dass

„sich jenseits des modernen Staates internationale bzw. transnationale Politik in einer Intensität und Qualität verdichtet haben, die in der Geschichte so bisher nicht festzustellen waren. Als „internationale Politik" soll dabei die Zusammenarbeit zwischen Staaten bezeichnet werden, während der Begriff „transnationale Politik" für die Tätigkeit von Institutionen und Organisationen steht, die eigenständig existieren und agieren, auch wenn sie überwiegend durch Verträge zwischen Staaten entstanden sind. Internationale und transnationale Politiken lösen innerhalb des Staates Folgen aus, die es erforderlich machen, die Modalitäten der Staatstätigkeit anzupassen. Akteure im Staat unterstützen die Internationalisierung von Staatstätigkeit oder sie passen sich mehr oder weniger freiwillig an diese Prozesse an. Viele nationale Akteure sind in grenzüberschreitende oder transnationale Interaktionsstrukturen eingebunden, welche immer wichtiger zur Erfüllung von Staatsaufgaben werden. Innerstaatliche Institutionen und Verfahren müssen an die Bedingungen wachsender grenzüberschreitender Politikverflechtung angepasst werden" (Benz 2001, S. 254)

Diese Institutionen und Verfahren einer Politik jenseits des Nationalstaats bringen eine Form von Herrschaftsausübung mit sich, die sich vom modernen Staat grundsätzlich unterscheidet. Zudem scheinen die Probleme der Internationalisierung und der Globalisierung nicht in der bestehenden Form des modernen Staates bewältigbar zu sein. Beides spricht dafür, dass es zu einem *Strukturwandel von Staatlichkeit* kommt.

Der Staat kann auf neue Herausforderungen nicht mehr mit Expansion reagieren, da er sein Gebiet nicht ausdehnen kann, gegen die Prozesse der Individualisierung und Pluralisierung der Gesellschaft kann keine nationalstaatlichen Strategien der Massenintegration helfen und auch die Ausdehnung seiner finanziellen Mittel stößt auf Grenzen. Das heisst aber nicht, dass es zu einem Niedergang des Staates kommt, sondern er stabilisiert sich durch die Veränderung seiner Strukturen. Am deutlichsten wird dieser Prozess in Europa. Hier ist über die Schaffung einer Wirtschaftsunion hinaus im Rahmen der Europäischen Union eine *neue politische Struktur* entstanden, ein neuartiges „staatliches Mehrebenensystem".

Strukturwandel von Staatlichkeit

5.4.2 Das neue Mehrebenensystem der Europäischen Union

5.4.2.1 Historische Entwicklung

Die Europäischen Union (EU) existiert formal seit dem 1.11.1993. Sie ist aus der Europäischen Gemeinschaft (EG) hervorgegangen, die seit ihrer Gründung in den 50er-Jahren zum Kern der europäischen Einigungsbewegung wurde. Zunächst wurde mit der im April 1951 in Paris vereinbarten Europäischen Gemeinschaft für Kohle und Stahl (EGKS) ein gemeinsamer Markt und eine supranationale Organisation zur Regulierung des Kohle- und Stahlmarktes geschaffen. Die sechs Gründungsmitglieder waren Belgien, Deutschland, Frankreich, Italien, Luxemburg und die Niederlande. Die Gemeinschaft werde in dem Bewusstsein gegründet,

„(...) dass Europa nur durch konkrete Leistungen, die zunächst eine tatsächliche Verbundenheit schaffen, und durch die Errichtung gemeinsamer Grundlagen für die wirtschaftliche Entwicklung aufgebaut werden kann" (Präambel des EGKS Vertrages).

Allgemein werden als Zielsetzung der europäischen Einigungsbestrebungen der 50er-Jahre die politische Aussöhnung, die Förderung des wirtschaftlichen Wiederaufbaus und die Stärkung Europas angesehen. Für Kohler-Koch war die Gründung der EGKS aber nicht nur eine sachnotwendige Reaktion der Europäer auf die besondere Situation der unmittelbaren Nachkriegszeit, sondern ein politischer Prozess, in dem die Leitideen des Wirtschaftsliberalismus Lösungen für konkrete politische Probleme aufzeigten (Kohler-Koch u.a. 2002, S. 49).

EWG Der nächste Schritt nach der EGKS war die Errichtung der Europäischen Wirtschaftsgemeinschaft (EWG) und der Europäischen Atomgemeinschaft (Euratom) durch die so genannten Römischen Verträge vom 25.3.57. Mit diesen Gemeinschaften wurde die Zusammenarbeit der oben erwähnten Staaten im Bereich von Kohle und Stahl auf weitere Gebiete ausgedehnt. Insbesondere die EWG bildete dabei den Kern des europäischen Integrationsprozesses, der das Ziel hatte, zunächst eine Zollunion und dann einen gemeinsamen Markt für alle Wirtschaftsgüter und Dienstleistungen zu schaffen. Die Zollunion sollte durch die Abschaffung sämtlicher Zölle zwischen den beteiligten Ländern (was einer Freihandelszone entspricht) und die Errichtung eines gemeinsamen Außenzolls geschaffen werden.[80] Dies gelang zwei Jahre früher als ursprünglich vorgesehen, nämlich im Jahr 1968 (Kohler-Koch 2002, S. 54). 1967 waren die EWG, die EGKS und die Euratom zur EG zusammengeschlossen worden.

Nicht-tarifäre Nach der Herstellung der Zollunion kam es in den 1970er Jahren zu einer
Handelshemmnisse Art Erstarrung (vgl. Kohler-Koch u.a. 2002, S. 58ff.). So wurde der Versuch der Mitgliedstaaten, eine Währungs- und Wirtschaftsunion und eine Politische Union noch in den 1970er-Jahren zu schaffen, stillschweigend beerdigt. Einerseits traten zwar immer mehr Länder der Europäischen Gemeinschaft bei, Großbritannien, Dänemark und Irland 1973, Griechenland 1981, Portugal und Spanien 1986.[81] Andererseits führte aber insbesondere der Beitritt Großbritanniens zu einem Dauerkonflikt um die Höhe des britischen Beitrags zum Gemeinschaftshaushalt, der erhebliche politische Kräfte band und erst 1984 beigelegt werden konnte. Vor allem aber stagnierte die Umsetzung des Gemeinsamen Marktes, weil mit der Aufhebung der Zölle und Abgaben im Warenverkehr zwischen den Mitgliedstaaten die sogenannten „nicht-tarifären Handelshemmnisse" immer spürbarer wurden.

„Unter nicht-tarifären Handelshemmnissen werden alle Faktoren verstanden, die den Austausch von Gütern und Dienstleistungen zwischen den Mitgliedstaaten erschweren oder verhindern, jedoch keine Zölle sind. Beispiele hierfür sind mengenmäßige Einfuhrbeschränkungen (Kontingente), nicht kompatible Industrienormen und Standards (z.B. für Elektrostecker oder Papierformate), oder nationale Gesundheitsschutz- und Umweltschutzvorschriften" (ebd., S. 57).

---

80 Ein Gemeinsamer Markt beinhaltet über die Zollunion hinaus die Herstellung der vollen Freizügigkeit für Personen, Kapital, Güter und Dienstleistungen. In einer Wirtschafts- und Währungsunion kommt es zudem zu Absprachen über die nationalen Wirtschaftpolitiken und Vereinbarungen über eine gemeinsame Währung.

81 In Norwegen entschieden sich die Bürger sowohl 1973 als auch 1994 gegen eine Aufnahme in die EG bzw. EU, zuletzt mit 52,2% der Stimmen.

Vor diesem Hintergrund wurde das Binnenmarktprogramm lanciert, das die Schaffung eines Gemeinsamen Marktes für das Jahr 1992 vorsah. Eine wichtige Rolle spielte hier der Cecchini-Bericht (Cecchini 1988), weil er verbesserte Exportchancen, ein schnelleres Wachstum und mehr Arbeitsplätze durch eine stärkere Integration der Volkswirtschaften versprach. Der Kern des sogenannten „Neuen Ansatzes" war das Prinzip der *wechselseitigen Anerkennung*. Wechselseitige Anerkennung

> „Vereinfacht gesprochen besagt das Prinzip, dass jeder Mitgliedstaat seinen Markt für Produkte anderer Mitgliedstaaten öffnen muss, solange sie im Einklang mit den entsprechenden Vorschriften des Erzeugerstaates in den Verkehr gebracht worden waren. Die wechselseitige Anerkennung nationaler Vorschriften war eine revolutionäre Neuorientierung, weil sie die langwierigen Verhandlungen um die Harmonisierung einzelstaatlicher Vorschriften überflüssig machte. Solange ein Produkt den Vorschriften des erzeugenden Mitgliedstaates entsprach, konnten sich die anderen Mitgliedstaaten nicht mehr darauf berufen, dass das betreffende Produkt mit ihren nationalen Vorschriften nicht vereinbar und somit nicht verkehrsfähig war. Die durch innerstaatliche Rechtsvorschriften entstehenden Handelshemmnisse mussten nur noch dann akzeptiert werden, wenn es hierfür ein „zwingendes Erfordernis" gab (z.B. den Schutz der Verbraucher oder der öffentlichen Gesundheit). Gleiches gilt für die Berufsqualifikationen bei der Niederlassungsfreiheit. (...) Der Nachteil dieses Verfahrens liegt offen auf der Hand: Es existiert nicht eine einzige, für alle europäischen Produzenten verbindliche, Vorschrift, sondern eine Vielzahl national unterschiedlicher Regeln. Dies kann zu einem Problem werden, wenn einzelne Mitgliedstaaten über besonders laxe Regeln ihrer heimischen Industrie Wettbewerbsvorteile verschaffen wollen. Aus diesem Grund sah der „neue Ansatz" auch vor, dass europäische Mindeststandards erlassen werden konnten, sofern dies zur Vermeidung von Wettbewerbsverzerrungen oder zum Schutz von Verbrauchern und Umwelt notwendig war. Eine weitere Sicherheit gegenüber zu niedrigen Standards ist dadurch gegeben, dass die Mitgliedstaaten nationale Regelungen beibehalten können, wenn sie bestimmten Schutzzielen dienen (etwa dem Schutz der öffentlichen Sittlichkeit und Ordnung, der Verbraucher oder der Umwelt) und keine willkürlichen Diskriminierungen oder verschleierten Handelsbeschränkungen darstellen (Art. 30 EG-V)" (Kohler-Koch u.a. 2002, S. 59f.).

Das Prinzip der wechselseitigen Anerkennung wurde zu einem Kernstück des Binnenmarktprogramms, welches 1985 von den Mitgliedstaaten verabschiedet wurde. Zudem einigten sich die Mitgliedstaaten darauf, in allen Fragen im Zusammenhang mit der Herstellung des Binnenmarktes künftig mit qualifizierter Mehrheit im Ministerrat abzustimmen. Dies bedeutete, dass ein Mitgliedstaat in Binnenmarktfragen von den anderen Mitgliedstaaten überstimmt und gleichwohl verpflichtet werden konnte, die beschlossenen Maßnahmen umzusetzen. Diese grundlegende Veränderung der Gründungsverträge sind in der sogenannten Einheitlichen Europäischen Akte (EEA) festgehalten worden, die 1986 förmlich von den Mitgliedstaaten verabschiedet und 1987 in Kraft gesetzt wurde (ebd., S.60f.). Ein weiterer Punkt für die Erklärung des beschleunigten Europäisierungsprozesses liegt in dem Prinzip der differenzierten Integration, welches es Gruppen von Mitgliedstaaten gestattet, bestimmte Politiken zu verfolgen, während andere Mitgliedstaaten dieser neuen Politik zunächst noch fernbleiben, wie z.B. beim Zeitpunkt der Einführung des Euro (vgl. Deubner 2003). Diese Rücksichtnahme auf für einzelne Staaten wichtige Punkte führt nun nicht mehr zur Blockierung der EU-Politik insgesamt. Qualifizierte Mehrheit

Der gemeinsame Binnenmarkt und damit die Europäische Union wurde durch die Maastrichter Verträge vom 7.2.92 mit Wirkung zum 1.1.93 geschaffen. In ihnen ist die Schaffung einer Wirtschafts- und Währungsunion sowie einer Politischen Union als Dach vorgesehen. Die EU basiert nun auf drei Säulen: Gemeinsamer Binnenmarkt

235

- als erste Säule die bestehenden Verträge aus der Europäischen Gemeinschaft, das betrifft vor allem die Zollunion, den Binnenmarkt, die Gemeinsame Agrarpolitik, die Umweltpolitik und die Wirtschafts- und Währungsunion;
- als zweite Säule die Pfeiler Inneres und Justiz (Asylpolitik, organisiertes Verbrechen, Rauschgift) sowie
- als dritte Säule die Gemeinsame Außen- und Sicherheitspolitik.

In Dänemark, Irland und Frankreich musste die Bevölkerung in Referenden über das Vertragswerk abstimmen, in Dänemark nach dem knappen Scheitern 1992 ein Jahr darauf noch einmal. In den anderen Ländern wurde das Vertragswerk von den jeweiligen Parlamenten ratifiziert, im Deutschen Bundestag im Dezember 1992 mit 543 Ja Stimmen bei nur 17 Nein Stimmen und acht Enthaltungen, im Bundesrat mit einstimmigem Beschluss. Im Grundgesetz wurden drei wesentliche Änderungen vorgenommen: die Einräumung des kommunalen Wahlrechtes für Staatsbürger aus der EU (Art. 28 GG), die Übertragung der Aufgaben und Befugnisse der Deutschen Bundesbank auf die Europäische Zentralbank (Art. 88 GG) sowie die Regelung der Mitwirkungsrechte von Bundestag und Bundesrat in Angelegenheiten der Europäischen Union (Art. 23 GG neu, vormals der Artikel, der Grundlage für den Beitritt der DDR war und 1990 aufgehoben wurde). Verschiedene Verfassungsklagen gegen den Maastrichter Vertrag wurden vom Bundesverfassungsgericht im Oktober 1993 abgelehnt.

1995 treten Schweden, Österreich und Finnland der EU bei, so dass sie nun aus 15 Staaten besteht. Die EU wird 1997 weiterentwickelt durch den Vertrag von Amsterdam, der die Schaffung einer Wirtschafts- und Währungsunion zum 1.1.1999 vorsieht, mit der zugleich der Euro eingeführt und eine Konkretisierung der Gemeinsamen Außen- und Sicherheitspolitik sowie der polizeilichen und justiziellen Zusammenarbeit vorgenommen wird. Die Aufgabenverteilung zwischen der Union und den Mitgliedstaaten erfolgt nach föderativen Grundsätzen, allerdings wird hierzu der Begriff der Subsidiarität in den Verträgen benutzt. Das Prinzip der Subsidiarität besagt, dass die Union nur tätig werden darf, wenn eine Aufgabe nicht hinreichend von den Mitgliedstaaten wahrgenommen werden kann (Notwendigkeitsklausel) und wenn die Union die Aufgabe besser erfüllen kann (Besserklausel). Zudem müssen die Maßnahmen nicht über das zur Erreichung der Ziele erforderliche Maß hinausgehen, also der Grundsatz der Verhältnismäßigkeit soll berücksichtigt werden (Thiel 1999, S. 55).

In Deutschland achten insbesondere die Länder auf die Einhaltung des Subsidiaritätsprinzips. Sie haben zudem schon im Vertrag von Maastricht durchgesetzt, dass die Union in den Bereichen Gesundheitswesen, allgemeine und berufliche Bildung und auf dem Gebiet der Kultur nur ergänzend und koordinierend tätig werden darf. Eine Harmonisierung der nationalen Bestimmung ist ausgeschlossen. Überhaupt ist die Stellung der Länder über den Bundesrat durch den neuen Europaartikel im GG gestärkt worden, da der Bundesrat bei allen Maßnahmen, die die Länderkompetenzen betreffen, zu beteiligen ist und bei allen Maßnahmen, die Länderinteressen berühren, die Stellungnahme des Bundesrates zu berücksichtigen ist. Zudem wurde im Bundesrat eine Europakammer eingerichtet und im Bundestag ein Ausschuss für Angelegenheiten der europäischen Union. Auch gibt es seit 1992 als ständige Einrichtung eine Europaministerkonferenz der Bundesländer.

Ab 1998 führte die EU Verhandlungen mit insgesamt 12 weiteren Beitrittskandidaten. Im Prinzip steht die Mitgliedschaft in der EU allen europäischen
Staaten offen. Voraussetzung ist jedoch eine demokratische Verfassung, eine
marktwirtschaftliche Ordnung, die Achtung der Grundsätze der Freiheit, Demokratie, Menschenrechte und Grundfreiheiten sowie der Rechtsstaatlichkeit. Neue
Mitgliedsstaaten müssen zudem in der Lage sein, den gemeinschaftlichen Besitz-
stand zu übernehmen, d.h. das Gemeinschaftsrecht ordnungsgemäß anzuwenden.
Die institutionellen Anpassungen, die durch den Beitritt weiterer Ländern notwendig werden, sind Gegenstand der Konferenz von Nizza im Jahre 2000, in der
Beschlüsse zur Veränderung der Größe und der Zusammensetzung der Europäischen Kommission und des Europaparlamentes, zur Stimmengewichtung im Rat
und zur Frage der Ausweitung von Abstimmungen mit qualifizierender Mehrheit
gefasst wurden (vgl. im Einzelnen das folgende Kapitel).

Auf dem Erweiterungsgipfel im Dezember 2002 in Kopenhagen wurde die
Aufnahme von zehn neuen Mitgliedsländern zum 1.5.2004 beschlossen, aus der
EU-15 wird dann die EU-25. Es handelt sich um Estland, Lettland, Litauen,
Malta, Polen, die Slowakei, Slowenien, die Tschechische Republik, Ungarn und
Zypern. Im Kern ist diese Osterweiterung der EU stabilitätspolitisch begründet
und weniger wirtschaftspolitisch motiviert (vgl. Lippert 2003, S. 9). Bulgarien
und Rumänien sollen dann 2007 hinzukommen. Mit der Türkei ist beabsichtigt,
Ende 2004 Beitrittsverhandlungen aufzunehmen. Parallel wurde ein Konvent zur
Zukunft Europas eingesetzt, mit dem Ziel eine europäische Verfassung auszuar-
beiten und Vorschläge zur Verbesserung der Handlungsfähigkeit, Effizienz und
Legitimität der EU-25 zu erarbeiten (vgl. Decker 2003). Dieser hat am 10.7.03
nach 16-monatiger Arbeit seine Vorschläge vorgelegt. Nach diesem Vorschlag
wird die künftige EU-Verfassung aus vier Kapiteln mit 438 Artikeln bestehen
und soll ab 2006 nach Beendigung des Ratifizierungsverfahrens in Kraft treten
und dann für 450 Mio. Bürger in 25 Mitgliedstaaten gelten. Nach einigen Problemen insbesondere mit Spanien und Polen ist dieser Entwurf nach dem Regierungswechsel in Spanien im Herbst 2004 mit einigen Änderungen auf einer Regie-
rungskonferenz feierlich unterzeichnet worden (vgl. hierzu das nächste Kapitel).

5.4.2.2 Institutioneller Aufbau

Die EU unterscheidet sich durch ihre Institutionen von allen anderen internationalen und europäischen Organisationen und auch von den politischen Systemen
der Mitgliedstaaten. Nach Kohler-Koch liegt die Besonderheit der europäischen
Zusammenarbeit gerade in ihren Institutionen. Sie verleihen ihr Dauer und verbürgen ein reibungsloses Funktionieren (Kohler-Koch u.a. 2002, S. 93). Die EU-
Institutionen sind durch ihren Mehrebenencharakter geprägt, d.h. die europäischen
und nationalen politischen Institutionen sind in hohem Maße miteinander verflochten, ohne dass sich eine Ebene einseitig aus diesen Bindungen lösen kann.

Im Prinzip lebt die EU stets in einem Spannungsverhältnis zwischen der
notwendigen Rücksichtnahme auf die Interessen der einzelnen Mitgliedstaaten
und dem Wunsch zur Kooperation, um auf diesem Wege gemeinsame Interessen
verfolgen zu können. Folglich müssen institutionell zwei sich widersprechende
Handlungsprinzipien mit einander versöhnt werden: Politische Entscheidungen
sollten sowohl *autonomieschonend* als auch *gemeinschaftsförderlich* sein.

„Die zugrunde liegende Überlegung ist, dass die Kompromissbereitschaft der Mitgliedstaaten schnell an ihre Grenzen stoßen wird, wenn keine Rücksicht auf ihre spezifischen Gegebenheiten genommen wird. Auch wenn sich die Mitgliedstaaten der EU in vielen Fällen in einer ähnlichen Situation befinden – als Beispiel sei nur verwiesen auf die Umweltbelastung durch Verkehr, die illegale Einwanderung, die Verschärfung des internationalen Wettbewerbs, die Überalterung der Gesellschaften -, so werden die damit verbundenen Probleme doch häufig jeweils anders beurteilt. Und selbst wenn man zu einer gleichen Problemdefinition kommt, gibt es immer noch Unterschiede in der Art und Weise, wie ein Problem angegangen wird. Folglich ist es unter dem Gesichtspunkt der Achtung der nationalen Identität der Mitgliedstaaten (Art. 6 EU-V) und dem der Effizienz politischen Handelns häufig geboten, dass eine Gemeinschaftspolitik Spielräume für autonome Gestaltung offen lässt. Beharren aber die Mitgliedstaaten nachdrücklich auf ihrer Autonomie, kommt eine Gemeinschaftspolitik erst gar nicht zustande. Daher müssen institutionelle Vorkehrungen getroffen werden, damit gleichzeitig auch gemeinschaftsförderlich gehandelt wird. Mit gemeinschaftsförderlich ist gemeint, dass jeder bei der Verfolgung seiner eigenen Interessen mitbedenkt, welche Rückwirkungen dies auf die Partner hat, wo die Grenzen des Zumutbaren für die anderen Partner liegen und ob das eigene Verhalten die Zukunft der Integration gefährden könnte. Auch wenn die Akteure beide Prinzipien als grundsätzlich gleichberechtigt und vernünftig betrachten, so genügt es nicht, sie in die Formulierung der Verträge aufzunehmen. Man muss ihnen Geltung dadurch verschaffen, dass die Entscheidungsfindung entsprechend organisiert ist. Die Umsetzung wird unter dem Stichwort der „institutionellen Balance" diskutiert" (ebd., S. 97).

Die institutionelle Balance wird nun dadurch aufrechterhalten, dass alle wesentlichen politischen Entscheidungen nur durch das Zusammenspiel der Europäischen Kommission (als Verkörperung des Gemeinschaftsinteresses) und des Rates, der sich aus den Vertretern der Mitgliedsregierungen zusammensetzt und an der Wahrung einzelstaatlicher Autonomie interessiert ist, zustande kommen. Beide Organe sind im Entscheidungsprozess so untrennbar miteinander verbunden, dass man von ihnen als „Tandem" spricht. Insgesamt stellt die EU eine institutionelle Struktur dar, in der Organe der Gesetzgebung, der Verwaltung und der Gerichtsbarkeit in einer gewaltenteiligen Struktur zusammenwirken. Sie zeichnet sich insbesondere durch vielfältige Verhandlungssysteme aus (Benz 2001, S. 278), so dass ihre Entscheidungsstrukturen eher einer Konkordanzdemokratie ähneln.

Organe der EU

Im Einzelnen können folgende Organe unterschieden werden. Die oberste Entscheidungsinstanz ist der *Europäische Rat*. Er legt die allgemeinen politischen Zielvorstellungen für die Entwicklung der Union fest. An der Gemeinschaftspolitik beteiligt sind vor allem die *Kommission*, der *Ministerrat* und das *Europäische Parlament*. Zuständig für die Auslegung des Gemeinschaftsrechtes ist der *Europäische Gerichtshof*, die Kontrolle des EU-Haushaltes obliegt dem *Europäischen Rechnungshof*. Die *Europäische Zentralbank* hat die Verantwortung für die Geldpolitik in den Eurostaaten. Wichtige beratende Ausschüsse der EU sind der *Wirtschafts-* und *Sozialausschuss* und der *Ausschuss der Regionen*. Im Folgenden werden überblicksartig die wesentlichen Kompetenzen dieser Organe skizziert.

Europäische Rat

Der Europäische Rat besteht aus den Staats- und Regierungschefs sowie dem Präsidenten der Europäischen Kommission. Die Außenminister und ein weiteres Kommissionsmitglied unterstützen die Arbeit und nehmen an den Sitzungen teil. Der Europäische Rat ist die oberste Instanz der EU und für die allgemeinen Zielvorstellungen und die Grundsatzentscheidungen zuständig. Insbesondere im Bereich der Gemeinsamen Außen- und Sicherheitspolitik kommt ihm eine Schlüsselstellung zu. In den Römischen Verträgen war der Europäische Rat noch nicht vorgesehen, aber seit 1974 ist er zu einer ständigen Einrichtung geworden, die

238

durch die EEA und die EU-Verträge zudem in das Institutionengefüge der EU eingepasst wurde.

Das Gremium für die Vertreter der einzelnen Regierungen war nach den Gründungsverträgen der Ministerrat oder, wie er heute bezeichnet wird, der Rat der EU. Jeder Mitgliedstaat hat hier einen Sitz. Der Rat war lange Zeit das alleinige Gesetzgebungsorgan der EU, in dem die Ressortminister der Mitgliedstaaten die zentralen Entscheidungen fällten, ein wichtiger Unterschied zu den einzelnen Nationalstaaten, in denen das jeweilige Parlament über die Gesetzgebungsfunktion verfügt. Wurden früher alle Entscheidungen einstimmig gefällt, ist seit der EEA auch die Abstimmung mit einfacher oder qualifizierenden Mehrheiten möglich. „Soweit in diesem Vertrag nichts anderes bestimmt ist, beschließt der Rat mit der Mehrheit seiner Mitglieder" (Art. 205 EG-V). Diese Abstimmung mit einfacher Mehrheit, bei der jeder Staat eine Stimme hat, ist allerdings die Ausnahme. Nach den Vertragsrevisionen von Amsterdam und Nizza wird im Bereich der Gemeinschaftsverträge, also der ersten Säule, meist mit der qualifizierten Mehrheit entschieden. Bei qualifizierter Mehrheit sind in der EU-15 die Stimmen der Mitgliedstaaten gewichtet und es ist sowohl eine Mindestzahl der Stimmen (62 von 87) als auch der mitstimmenden Länder (10 von 15) festgelegt. Die großen Länder wie Deutschland oder Frankreich haben z.B. 10 Stimmen, das kleinste Luxemburg 2 Stimmen.[82] Mittlerweile hat in diesem Bereich der ersten Säule das Europäische Parlament (EP) zudem ein Mitentscheidungsrecht, so dass neben dem Ministerrat hier nun auch das EP zu den Gesetzgebungsorganen zu zählen ist, wenn auch mit Einschränkungen (vgl. weiter unten). Im Bereich der zweiten und dritten Säule entscheidet der Rat jedoch nach wie vor in der Regel einstimmig und ohne Beteiligung des EP.

Rat der EU (Ministerrat)

Die Europäische Kommission ist die Exekutive im Institutionengefüge der EU. Sie besteht in der EU-15 aus 20 unabhängigen Kommissaren (die großen Länder haben 2 Kommissare) und ihr sind ca. 16.000 europäische Beamte in 24 Generaldirektionen unterstellt.[83] Ihr Auftrag besteht darin „(...) das ordnungsgemäße Funktionieren und die Entwicklung des Gemeinsamen Marktes zu gewährleisten" (Art. 211 EG-V), d.h. die allgemeinen Vertragsziele mit Leben zu füllen. Zu diesem Zweck wurde ihr (1) eine aktive Rolle im Entscheidungsprozess durch die Übertragung des Initiativrechtes, (2) die Sorge für die Anwendung und Umsetzung des Gemeinschaftsrechts und (3) gewisse Verwaltungsvollmachten zugesprochen. Insbesondere das Initiativrecht verleiht der Kommission die Macht, die notwendigen Gesetzgebungsmaßnahmen in Gang zu setzen. Weil in der Mehrzahl der Fälle der Rat nur auf Vorschlag der Kommission entscheiden kann, das Initiativrecht hier also ein Initiativmonopol ist, kann die Kommission den Zeitpunkt, den Inhalt, die Form und Reichweite einer europäischen Politikinitiative vorgeben. Dies gilt jedoch nur für die erste Säule. Im Bereich der zweiten und dritten Säule haben auch die Mitgliedsländer ein Initiativrecht.

Europäische Kommission

---

82 In der EU-25 sind die Stimmen neu verteilt worden. Die vier größten Länder haben nun 29 Stimmen, kleine Länder wie Luxemburg, Zypern, Estland, Lettland 4 Stimmen und Malta 3 Stimmen.

83 Im europäischen Verwaltungsapparat arbeiten insgesamt im Jahr 2002 ca. 24.000 Beschäftigte, davon entfallen neben den erwähnten 16.000 Personen, die für die Europäische Kommission arbeiten, 4.000 auf das Europäische Parlament, 1.000 auf den EuGH und 2.500 auf den Ministerrat. Zum Vergleich: Den 24.000 europäischen Beamten stehen ca. 10 Mio. Beschäftigte im öffentlichen Dienst der Mitgliedsländer gegenüber, ein Verhältnis von 1:500.

Die Europäische Kommission ist bei ihren Vorschlägen darauf angewiesen, eine Mehrheit im Rat – und bei Anwendung des Mitentscheidungsverfahrens auch im EP – zu finden. Folglich sucht sie bereits in der Phase der Entscheidungsvorbereitung die Voraussetzung für eine breite Koalition zu schaffen. Dazu gehört die Lancierung der ersten Ideen in Grün- und Weißbüchern und die enge Abstimmung mit den Mitgliedstaaten auf der Arbeitsebene, die Einbindung relevanter Interessengruppen und regelmäßige Absprachen mit dem Parlament (Kohler-Koch u.a. 2002). Insgesamt ist die Kommission damit die zentrale Vermittlerin im Institutionengefüge der EU. Die Kommission wird geleitet vom Präsidenten, der eine Art Richtlinienkompetenz ausfüllt und bei der Bestellung der Mitglieder seiner Kommission durch die Mitgliedstaaten ein Mitspracherecht hat. Die Amtszeit der Kommission ist an die Wahlperiode des EP angepasst und der Präsident muss vom EP bestätigt werden. Die Europäische Kommission ist zudem die Hüterin der Verträge, d.h. sie hat über die Einhaltung des Gemeinschaftsrechtes zu wachen. Hat sie den Verdacht, dass ein Mitgliedstaat das Gemeinschaftsrecht verletzt, kann sie eine Stellungnahme anfordern und Fristen setzen. Kommt der Mitgliedstaat dem nicht nach, kann sie vor dem EuGH gegen ihn klagen. Der Vollzug des Gemeinschaftsrechtes findet dagegen in der Regel in den Mitgliedstaaten statt und wird von den jeweiligen nationalen Verwaltungen gewährleistet, da die Kommission keinen eigenen Verwaltungsunterbau hat.

Europaparlament   Das EP hat die spektakulärsten Veränderungen durchlaufen. Von einer „Beratenden Versammlung" aus Delegierten der nationalen Parlamente hat es sich zu einem (seit 1979) direkt gewählten Parlament mit ausgeweiteten Legislativ-, Kontroll- und Haushaltsbefugnissen entwickelt. Hatte das EP neben inzwischen auch ausgebauten Haushalts- und Kontrollrechten meist nur Anhörungsrechte, so sind seine Zustimmungs- und Mitentscheidungsrechte durch die EEA und die Verträge von Maastricht und Amsterdam wesentlich verstärkt worden. Im Rahmen der ersten Säule gibt es nun in der Regel ein Mitentscheidungsrecht; bei der Bestätigung des Präsidenten der Kommission, dem Beitritt neuer Mitglieder, den Modalitäten der Europawahl und internationalen Abkommen ist nun sogar die Zustimmung des EP erforderlich. Mit 2/3 Mehrheit kann das EP der Kommission das Misstrauen aussprechen und sie zum Rücktritt zwingen. Allerdings fehlt dem EP nach wie vor das klassische Parlamentsrecht, Gesetzgebungsinitiativen einzubringen.

Im EP gilt nicht der Gleichheitsgrundsatz „ein Bürger, eine Stimme", sondern auch hier wird den kleinen Staaten eine Überrepräsentation zugestanden, um „eine angemessene Vertretung" (Art. 190, Abs. 2 EG-V) zu gewährleisten (Kohler-Koch u.a. 2002, S. 108). Jedes Land soll eine Mindestzahl an Abgeordneten ins EP entsenden können, damit die politischen Grundströmungen repräsentiert sind. In der EU-15 besteht es aus 626 Abgeordneten, wobei Deutschland mit 99 Abgeordneten die meisten entsendet und Luxemburg mit 6 Abgeordneten die wenigsten. Mit der Erweiterung der EU verschärft sich jedoch der Zielkonflikt: Die Kommunikation in und zwischen den Fraktionen sowie die gesamtparlamentarische Entscheidungseffizienz erfordern ein überschaubares Gremium, aber für die überwiegend kleinen Beitrittsstaaten muss ebenfalls eine „angemessene Vertretung" gewährleistet sein, und für die großen Mitgliedstaaten das Prinzip der demokratischen Repräsentativität beachtet werden. Beschlossen wurde dazu in Nizza, das EP auf maximal 732 Abgeordnete zu begrenzen.

Das EP ist im Kern ein Arbeitsparlament, d.h. es gibt ein ausdifferenziertes Ausschusswesen mit derzeit 20 Ausschüssen. Den Ausschussvorsitzenden und Berichterstattern kommt eine erhebliche Bedeutung im Willensbildungsprozess zu. Für den Verlauf der innerparlamentarischen Willensbildungsprozesse ist die Fraktionsbildung nach parteipolitischer Zugehörigkeit ausschlaggebend. Allerdings haben es nur die sozialdemokratisch/sozialistischen (seit 1999 179 Abgeordnete), die christdemokratisch/konservativen (221 Abgeordnete) und die liberalen Parteien (51 Abgeordnete) geschafft, sich zu einem übernationalen Parteiverbund zusammenzuschließen und sich in einer Fraktion zu organisieren. Die Grünen finden sich in zwei Fraktionen wieder (47 bzw. 42 Abgeordnete), während alle anderen Fraktionen deutlich gemischt sind. Allerdings ist der Parteienwettbewerb im EP nicht so stark ausgeprägt, denn er wird durch nationale Interessen überlagert.

Der Europäische Gerichtshof (EuGH) hat das Monopol für die Auslegung des EU-Rechtes. 15 Richter und 8 Generalstaatsanwälte werden auf sechs Jahre von den Regierungen ernannt, alle drei Jahre werden drei Richter neu bestellt. Im Unterschied zum ausdifferenzierten Rechtssystem der Staaten ist der EuGH allzuständig: Er entscheidet in Verfassungsfragen, in Verwaltungsangelegenheiten, in Zivilstreitigkeiten und ist nicht zuletzt Schiedsgericht und Gutachterinstanz. Die Vertragsverletzungsverfahren richten sich in der Mehrzahl der Fälle gegen säumige oder nachlässige Mitgliedstaaten, die das EU-Recht nicht fristgerecht oder entgegen den Intentionen der Gemeinschaft umgesetzt haben. EU-Recht ist dem nationalen Recht übergeordnet und bei Streitfragen entscheidet der EuGH. Dies gilt nicht nur für Konflikte zwischen den Organen der EU, sondern auch in Streitfällen zwischen der Kommission und Mitgliedstaaten bzw. zwischen Mitgliedstaaten und bezogen auf die Rechte individueller Bürger oder Unternehmen. Europäischer Gerichtshof

Der Europäische Rechnungshof (EuRH) ist für die Prüfung der Haushaltsführung zuständig. Er besteht aus 15 Mitgliedern und legt jährlich einen Jahresbericht vor. Zudem gibt es mit der Europäischen Zentralbank eine neue Behörde, die für die Mitgliedstaaten die währungspolitische Entscheidungen trifft.

In der verabschiedeten, aber noch nicht ratifizierten Verfassung wurden im Vergleich zu den hier dargestellten Regelungen aufgrund der Konferenz von Nizza einige Änderungen vorgenommen: Neuerung durch die Verfassung

– Der Europäische Rat ist zunächst durch zwei neu geschaffene Ämter betroffen. Er soll durch einen hauptamtlichen Präsidenten geführt werden und einen Außenminister der Union bestimmen, der zugleich einer der Vizepräsidenten der Kommission ist. Zudem wird die Taktzahl der jährlichen Treffen auf vier erhöht und ein Stimmenübertragungsrecht ist nun explizit erwähnt. Auch ist im Bereich der dritten Säule analog zu den ersten beiden eine Richtlinienkompetenz des Europäischen Rates vorgesehen. Vor allem aber sollen Beschlüsse künftig durch eine reformierte *qualifizierte Mehrheit* möglich werden. Eine qualifizierte Mehrheit ist erreicht, wenn 55% der Staaten, die zugleich 65% der Bevölkerung repräsentieren, für den Vorschlag votieren. Zudem sind zur Bildung einer Sperrminorität mindestens vier Mitglieder nötig, um zu vermeiden, dass große Staaten wie Deutschland, Frankreich und Großbritannien zu leicht eine Sperrminorität aufbauen.

– In die Struktur und Aufgabenbereiche des Ministerrates greift die Verfassung nicht stark ein. Der Ministerrat ist nun explizit neben dem EP als gemeinsamer Gesetzgeber genannt. Allerdings gilt auch für ihn die neu eingeführte qualifizierte Mehrheit als grundlegende Entscheidungsregel.

- Die Obergrenze der Mitglieder des EP wird auf 750 Abgeordnete erhöht, ebenso wie die Unter- und Obergrenze der Abgeordneten der Mitgliedsstaaten, die nun bei sechs bzw. 96 liegt.
- Die Zahl der Angehörigen der Kommission wird auf ein Mitglied pro Mitgliedstaat beschränkt, wobei der Außenminister und der Kommissionspräsident mitgerechnet werden. Der Außenminister wird zum geborenen Mitglied der Kommission im Rang eines Vizepräsidenten. Bei dem Vorschlag des Europäischen Rates zur Besetzung des Kommissionspräsidenten muss die Wahl zum EP berücksichtigt werden. Für die dritte Säule erhält die Kommission ebenfalls das Initiativrecht.

Staatliches Mehrebenensystem Zusammenfassend läßt sich festhalten, dass die EU zwar kein Staat im traditionellen Sinne ist, denn sie hat keine Gebietshoheit, keine eigene Verwaltung zur Umsetzung von Entscheidungen und kein Parlament als zentrales Gesetzgebungsorgan, aber sie erfüllt spätestens seit Maastricht unstritig Staatsaufgaben. In begrenzten Bereichen haben die Mitgliedstaaten der Europäischen Union Hoheitsrechte übertragen. Diese Maßnahmen schränken die Souveränität der Mitgliedstaaten der Union ein. Die EU kann Recht setzen, das entweder die Parlamente und Regierungen der Mitgliedstaaten bindet und sie zur Umsetzung verpflichtet (Richtlinien) oder das unmittelbar gegenüber allen Bürgern der Mitgliedstaaten gilt (Verordnungen). Diese Konstruktion der EU, dass hier ein politisches Gebilde entsteht, welches kein Staat ist, aber auf der intensiven Zusammenarbeit zwischen Staaten beruht, hat dazu geführt, dass sich hierfür zunehmend der Begriff eines „staatlichen Mehrebenensystems" oder wie Benz vorschlägt, eines „Mehrebenenstaates" durchzusetzen scheint (Benz 2001, S. 284).

5.4.3 Europäisierung öffentlicher Aufgaben

Dominanz regulativer Politik Europäisierung öffentlicher Aufgaben bedeutet eine zunehmende Interdependenz nationalstaatlicher Politik und supranationalen Regierens in der EU. Die EU nimmt mittlerweile in vielen Bereichen öffentliche Aufgaben wahr. Ihre Zuständigkeiten berühren viele Politikfelder, von der Agrar-, Wettbewerbs- und Außenwirtschaftspolitik über den Umweltschutz, den Arbeitsschutz, den Gesundheitsschutz, den Verbraucherschutz bis hin zur öffentlichen Sicherheit und zur Außen- und Verteidigungspolitik (Benz 2001, 278; Jachtenfuchs/Kohler-Koch 1996). Die Politik der EU basiert dabei hauptsächlich auf regulativer Politik, also auf Geboten und Verboten und weniger auf Subventionen und Transferzahlungen (Schmidt 1999, Kohler-Koch 2002, S. 150). Die Produktion verbindlicher Entscheidungen ist dabei immer weiter angewachsen, so ist z.B. die Anzahl der Rechtsakte des Ministerrates von 10 im Jahr 1960 auf 468 im Jahr 1994 angewachsen.

Negative Integration Bilanziert man die Politik, so zeigt sich, dass die Marktöffnung und und die Herstellung von Wettbewerbsgleichheit relativ erfolgreich sind. Hierbei handelt es sich meist um Deregulierungsmaßnahmen, also um eine negative Integration. Die Vereinheitlichung der Außenzölle, der Abbau der Binnenzölle und der Beschränkungen des Wirtschaftsverkehrs zwischen den Mitgliedstaaten bis zur Vollendung des Binnenmarktes 1992 sind hier ebenso wie die Vereinheitlichung der Geld- und Währungspolitik ein deutlicher Beleg. Der Abbau von Handelshemmnissen fand dabei sowohl durch Harmonisierung nationaler Produktionsnormen als auch durch wechselseitige Anerkennung statt. Darüberhinaus sind in einigen wesentlichen Bereichen Liberalisierungs- und Privatisierungsprozesse durch EU-Richtlinien und Verordungen angestoßen worden. Zu nennen sind hier die Aufhebung der Monopole im Telekommunikationssektor und im Bereich der Eisenbahnunternehmen (1991, 1995), die Liberalisierung der Energiemärkte (Strom 1997, Gas 1998) sowie der Abfallentsorgung und des ÖPNV.

Neben der Bundesverwaltung, in der es zur Privatisierung der Deutschen Bundesbahn (seit 1.1.1994 Deutsche Bahn AG) und der Unternehmen der Deutschen Bundespost (Postdienst, Postbank, Telekom) kam, sind hier insbesondere die Aufgabenbereiche kommunaler Daseinsvorsorge betroffen, die in Deutschland seit Ende des 19. Jahrhunderts überwiegend von der öffentlichen Hand wahrgenommen worden sind (vgl. Libbe/Tomerius/Trapp 2002, Bogumil/Holtkamp 2002a). Der empirische Stand der Liberalisierungs- und Privatisierungstendenzen ist in den einzelnen Sektoren aber recht uneinheitlich, auch wenn sicherlich von einem allgemeinen Trend gesprochen werden kann. Am weitesten fortgeschritten ist die Liberalisierung des *Energiemarktes*, in dem durch den diskriminierungsfreien Zugang zu den Leitungsnetzen in Form von Durchleitungsrechten der Wettbewerb verstärkt wurde. Insgesamt ist es zu Preisnachlässen für die Verbraucher gekommen, und auch die kleinen Stadtwerke haben sich oftmals behaupten können. Negative Effekte ergeben sich allerdings hinsichtlich umweltpolitischer Ziele und bezüglich der vorher gängigen Subventionierung des ÖPNV.

Liberalisierung und Privatisierung

Im Bereich der *Wasserver- und -entsorgung* gibt es noch keine wahrnehmbaren Veränderungen, allerdings relativ konkrete Überlegungen auf Bundesebene, die kommunalen Wassermonopole abzuschaffen, um Deutschland für den internationalen Wettbewerb um die Wasserversorgung und Abwasserentsorgung vorzubereiten. Dabei geht es jedoch nicht um einen Wettbewerb um Einzelkunden wie im Energiebereich, sondern um einen Wettbewerb um Konzessionen für Versorgungsgebiete. Befürchtet werden aber auch hier ökologische Problemlagen in Folge der möglicherweise kommenden Liberalisierung des Wassermarktes. Auch sind Haftungsfragen völlig ungeklärt. Wer haftet im Fall von Verunreinigungen, der private Versorger oder auch die Kommune?

Im Bereich der *Abfallentsorgung* weisen europäische Richtlinien in Richtung eines stärkeren Wettbewerbs der Abfall- und Kreislaufwirtschaft, die dem Ziel einer Entsorgung mit möglichst geringen Stoff- und Verkehrsströmen nicht immer entspricht. Vor allem aber das 1996 beschlossene Kreislaufwirtschafts- und Abfallgesetz ermöglicht den Übergang von der alleinigen kommunalen Abfallentsorgung in Richtung teilprivatisierter Entsorgungsstrukturen. Auch hier gibt es ökologische Bedenken hinsichtlich des Ziels der Abfallvermeidung.

Im Bereich des *ÖPNV* verpflichten europarechtliche Vorgaben die öffentlichen Aufgabenträger unmittelbar, gemeinwirtschaftliche Verkehrsleistungen im Personennahverkehr im Wettbewerb zu vergeben. De facto findet bis jetzt aber kein Genehmigungswettbewerb statt, da regelmäßig nur ein öffentlich subventioniertes Unternehmen den Genehmigungsantrag stellt und die nicht subventionierte Konkurrenz chancenlos ist. Allerdings leidet der ÖPNV, wie erwähnt, unter der geringeren Subventionierung durch die Veränderungen im Energiebereich. Tendenziell droht in liberalisierten Märkten, so die Kritiker dieser Prozesse, ein umweltpolitisches „race to the bottom" im Bereich des Klimaschutzes, der Abfallvermeidung oder der Qualität der Wasserversorgung. Allerdings bedeuten die umfassende Marktöffnung von Ver- und Entsorgungsnetzen und die Einbeziehung privater Unternehmen in die Erstellung kommunaler Daseinsvorsorge nicht automatisch den Wegfall öffentlicher Verantwortung für diese Aufgabenbereiche. Denkbar sind auch neue Formen der Regulierung, ein neues institutionelles Arrangement zwischen Staat, Markt und gesellschaftlicher Teilhabe.

Positive Integration

Maßnahmen einer positiven Integration durch intergouvernementale Abstimmung zwischen den Mitgliedstaaten kamen dagegen nur schwerfällig voran, da sie bis zur Verabschiedung der EEA häufig am Einstimmigkeitsprinzip scheiterten. Aber auch jetzt sind noch breite Mehrheiten erforderlich und ergeben sich nur dort, wo die Interessen der Mitgliedstaaten halbwegs übereinstimmen (ebd., S. 387).

Europäisierungsgrad nach Politikfeldern

Insgesamt ist je nach Politikfeld ein unterschiedlicher Europäisierunggrad öffentlicher Aufgaben erkennbar (vgl. im Detail ebd., S. 388ff.). Mit der Einführung des Euros ist die Geld- und Währungspolitik der Bereich, der ausschließlich von der EU bestimmt wird. Aber auch die Außenwirtschaftspolitik, die Agrarpolitik, die Wettbewerbspolitik, die Regelungen des Kapitalverkehrs und die Freizügigkeit von Personen und Arbeitskräften sowie die Fiskalpolitik mit der Ausrichtung auf die Konvergenzkriterien des Maastricher Vertrages sind stark EU-dominiert. In der Regionalpolitik, im Umweltschutz, im Arbeitsschutz und in der Forschungspolitik sind ebenfalls beträchtliche Integrationsfortschritte erkennbar. Dagegen ist in der Außenpolitik, der Sozialpolitik, der Innenpolitik und der Beschäftigungspolitik die Europäisierung bis jetzt eher schwach ausgeprägt. Für die Bereiche Gesundheitswesen, Bildung und Kultur ist eine Harmonisierung nationaler Vorschriften sogar ausgeschlossen, hier gilt ein Harmonisierungsverbot.

5.4.4 Europäisierung öffentlichen Verwaltungshandelns

Entstehung eines europäischen Verwaltungsraums?

Wie verändert sich durch die beschriebenen Europäisierungstendenzen nun das Verwaltungshandeln in den Mitgliedstaaten? Kommt es zu so etwas wie einem europäischen Verwaltungsraum (vgl. Siedentopf/Speer 2002, Goetz 2001, Knill 2001)? Hinter diesen Fragen steht die Annahme, dass die Zunahme supranational zustande gekommener Entscheidungsprozesse zu einer nachweisbaren Veränderung der betroffenen Verwaltungssysteme führen muss. Nun ist diese Annahme nicht von vornherein selbstverständlich, weist doch das Gemeinschaftsrecht der EU keine besonderen Befugnisse bezüglich der öffentlichen Verwaltungen zu, die im Verantwortungsbereich der Mitgliedstaaten verbleiben. Die EU ist jenseits ihrer Koordinierungs- und Kontrollfunktionen im Kern kaum mit dem eigentlichen verwaltungsmäßigen Vollzug von Gemeinschaftsrechten befasst.

Mittlerweile gibt es nun einige erste Untersuchungen zu den Auswirkungen der Europäischen Integration auf die öffentliche Verwaltung. Analysiert werden die Organisationsstrukturen, Verfahrensregeln und Koordinierungsmechanismen in den einzelnen Mitgliedstaaten (vgl. z.B. Kassim/Peters/Wrigth 2000), die wechselseitige Beeinflussung zwischen europäischem und nationalem Verwaltungsrecht (vgl. Schwarze 1995) oder die Entwicklung im öffentlichen Dienst in den Mitgliedsstaaten (vgl. Bossaert u.a. 2001). Zu einer fundierten Einschätzung der Europäisierung öffentlicher Verwaltung in der EU ist man indes noch nicht gelangt.

Auf der einen Seite wird argumentiert, dass es eine wachsende Konvergenz zwischen den Rechts- und Verwaltungssystemen in der EU gibt und ein Europäischer Verwaltungsraum durch akteurszentrierte Einflüsse entsteht. Zu nennen wären hier die Forderung europäischer Wirtschaftskonkurrenten nach einheitlichen Wettbewerbsbedingungen, die administrative Kooperation von Beamten-Netzwerken und die vereinheitlichende Rechtssprechung des EuGH. Auf der anderen Seite wird bezweifelt, dass europäisierende Einflüsse stark genug sind, um ein einheitliches Modell öffentlicher Verwaltung hervorzubringen. Angeführt wird hier, dass es sehr unterschiedliche nationale Traditionen gibt und innerstaatliche Gründe nach wie vor die wesentlichen Erklärungsfaktoren für Verwaltungshandeln sind. Zwar werden Konvergenzen zwischen den mitgliedstaatlichen Verwaltungssystemen nicht geleugnet (z.B. Flexibilisierung von Arbeitszeiten, Annäherung öffentlich-rechtlicher und privatrechtlicher Beschäftigungsverhältnisse), aber Europäisierung als Erklärungsfaktor negiert, da es sich hier um allgemeine Modernisierungstendenzen handle (vgl. Page/Wouters 1995, S. 202). So machen auch Héritier und Knill (Héritier u.a. 2001) darauf aufmerksam, dass selbst eindeutig auf europäischen Regelungen basierende Veränderungsprozesse der nationalen Verwaltungen entscheidend durch die nationalen Kontextbedingungen geprägt sind.

Die wissenschaftliche Auseinandersetzung mit diesen Themen hat sich nun im Zusammenhang mit der anstehenden Osterweiterung intensiviert. Waren in den vorhergehenden Beitrittsrunden Fragen der Verwaltungskapazitäten kein besonderer Gegenstand von Verhandlungen, da man offenbar davon ausging, dass es hinreichende Übereinstimmungen bezüglich des Types einer westlichen modernen Verwaltung gab, ändert sich dies jetzt vor dem Hintergrund, dass Staaten in die EU aufgenommen werden sollten, deren Verwaltungen vormals zum Typ der Kaderverwaltungen zu zählen waren (vgl. König 1992). Intensivierung der Diskussion durch Osterweiterung

Ein Kriterium bei den Beitrittsverhandlungen im Rahmen der Osterweiterung ist die Gewähr, dass die „aus der Mitgliedschaft erwachsenen Verpflichtungen" übernommen werden. Dabei geht es aber nicht nur um die formale Übernahme der Gemeinschaftsrechtes in die nationale Rechtsordnung, sondern die EU überprüft nun auch die Fähigkeiten der öffentlichen Verwaltung und des Justizapparates, das Gemeinschaftsrecht in der Praxis effektiv anwenden zu können (Siedentopf/Speer 2002, S. 309). So enthielten die Stellungnahmen zu den Beitrittsanträgen, die 1997 für jedes Land die Fähigkeiten der Verwaltungsstrukturen zur Umsetzung des EU-Rechtes überprüften, neben der Bewertung des Istzustandes auch Reformvorschläge und Maßnahmenkataloge (vgl. im Detail ebd., S. 310). Allerdings wird das „EU-Modell öffentlicher Verwaltung" jenseits allgemeiner Prinzipien – wie eines im Sinne der Gewaltenteilung unabhängigen professionellen öffentlichen Dienstes bzw. dem Vorhandensein spezifischer Regulierungs- und Zertifizierungsbehörden im Bereich des Warenverkehrs und des Wettbewerbes bzw. sektoralen Verwaltungsorganisationen in den Bereichen Landwirtschaft, Arbeits-, Verbraucher- und Umweltschutz sowie Finanz-, Grenz- und Zollbehörden – als Prüfungsmaßstab noch nicht hinreichend deutlich. Eine klarere Ausformulierung von Anforderungen für eine EU-Mitgliedschaft im Bereich der Verwaltung wäre aber nicht nur für die EU, sondern auch für die Beitrittsländer von Interesse. Hinweise in diese Richtung finden sich zum einen bei der Betrachtung der gemeinschaftsrechtlichen Anforderungen und zum anderen bei der Betrachtung der funktionalen Anforderungen einer EU-Mitgliedschaft.

Die gemeinschaftsrechtlichen Anforderungen machen in allen Mitgliedstaaten Anpassungen erforderlich. Seit den Verträgen von Amsterdam müssen Beitrittskandidaten über eine verfassungsmäßige Ordnung verfügen, demokratische Freiheiten, politischen Pluralismus, freie Wahlen, Rechtsstaatlichkeit und eine gemeinschaftsrechtliche Anforderungen funktionierende Gewaltenteilung mit einer unabhängigen Justiz garantieren. Neben diesen allgemeinen Merkmalen des Modells westlicher Staatlichkeit wird der Alltag der Verwaltungen in den EU Staaten durch zahlreiche gemeinschaftsrechtliche Anforderungen im Besonderen Verwaltungsrecht geprägt, die z.B. Umweltverträglichkeitsprüfungen und Informationsverpflichtungen gegenüber der Kommission vorschreiben. Auch können seit 1993 alle EU-Inländer nunmehr den Beamtenstatus erlangen. Am spektakulärsten ist indes die oben schon dargestellte Anwendung des europäischen Wettbewerbsrechtes auf den öffentlichen Dienst im Bereich der Dienstleistungsmonopole und der öffentlichen Daseinsvorsorge, die in einzelnen Bereichen mit einer Umwandlung öffentlich-rechtlicher in privatrechtliche Organisationsformen verbunden war.

funktionelle
Anforderungen einer
EU-Mitgliedschaft

Unter funktionellen Anforderungen einer EU-Mitgliedschaft sind solche Voraussetzungen zu verstehen, die ein Verwaltungssystem beachten muss, um im europäischen Mehrebenensystem erfolgreich agieren zu können (ebd., S. 320). Diese sind nicht normiert und unterliegen ganz der Gestaltungsfreiheit der Mitgliedstaaten. Zu nennen ist hier zunächst eine Verwaltungsorganisation, die eine effiziente Behandlung europäischer Angelegenheiten gewährleistet. Hier deutet sich an, dass man von der Einrichtung eines allgemeinen Europaministeriums absieht und stattdessen in den Ministerien spezielle Europaabteilungen einrichtet. In bestimmten Ländern ist es zudem europainduziert zur Einrichtung von Umweltministerien gekommen. Die innerstaatlichen Koordinierungsverfahren setzen in der Regel auf den bestehenden Traditionen auf, wobei die deutschen Länder ihre innerstaatlichen Beteiligungsrechte durch die Neufassung des Art. 23 GG deutlich verbessert haben.

Insgesamt zeigt sich damit, dass es zwar Konvergenzen durch die Europäische Union gegeben hat, es den Mitgliedstaaten in der Regel aber gelungen ist, ihre spezifischen Verwaltungstraditionen zu bewahren. Die Analyse dieser Prozesse im Zusammenhang mit der Osterweiterung gibt jedoch in Zukunft möglicherweise neue Aufschlüsse, da hier die Ausgangsunterschiede deutlich größer sind.

6. Perspektiven politikwissenschaftlicher Verwaltungsforschung

In Kapitel 2.4 sind einige Gründe angeführt worden, warum sich die politikwissenschaftliche Verwaltungsforschung in einer nicht ganz einfachen Lage befindet. Sie liegen in der wissenschaftsinternen Veränderung von Aufmerksamkeitsstrukturen in der Policy-Forschung seit dem Ende der 80er-Jahre, in der geringen Institutionalisierung von Verwaltungswissenschaft auf politikwissenschaftlichen Lehrstühlen und in der schwierigen Beziehung von politischer Praxis und politikwissenschaftlicher Verwaltungsforschung. Dies ist insbesondere deshalb problematisch, weil sowohl Verwaltungspolitik wie politikwissenschaftliche Verwaltungsforschung angesichts einschneidender Veränderungen in Staat und Verwaltung vor neuen Herausforderungen stehen (vgl. Benz 2003b). Beispielhaft seien hier genannt:

– Im Bereich der Verwaltungsmodernisierung nach dem NPM Modell fehlt es an empirischen Untersuchungen über die realen Veränderungen in den Verwaltungen der unterschiedlichen Ebenen sowie in der mittelbaren Verwaltung, in Universitäten, Forschungsinstitutionen und Wohlfahrtsverbänden. Weil es um öffentliche Verwaltung geht, also immer auch um die Beziehungen zwischen Politik und Verwaltung, sind Analysen zu den Machtverschiebungen zwischen Regierungen, Parlamenten und Verwaltungen und zu veränderten Entscheidungs- und Koordinationsprozessen nötig, um ein klareres Bild von Wirkungen der Modernisierungsmaßnahmen zu erhalten. Auch fehlt es an international vergleichenden Untersuchungen, die bei der Analyse der Effekte die unterschiedlichen Staats- und Verwaltungtraditionen berücksichtigen.

– Im Bereich der Transformationsforschung, in dem zwar die ostdeutsche Verwaltungstransformation als weitgehend untersucht gilt, allerdings nur für die Phase bis 1995 (als Ausnahme hierzu vgl. Kuhlmann 2003), entstehen insbesondere mit der Osterweiterung der EU und den damit verbundenen Anpassungen der Verwaltungssysteme an einen wie auch immer gearteten europäischen Standard sowie Diskussion um den Europäischen Verwaltungsraum weitere Untersuchungsfelder.

– Im Bereich des Zusammenspiels zwischen öffentlichen, zivilgesellschaftlichen und privaten Akteuren sowie mit dem Vordringen von Privatisierungs-, Liberalisierungs- und Wettbewerbsideen stellen sich zunehmend Fragen der Kompatibilität von ökonomischen und politischen Steuerungsmechanismen, die vor allem theoretischer und empirischer Untersuchungen über die Wirkungsweisen hybrider Arrangements bedürfen. In diesem Zusammenhang bedarf auch der normative Begriff des „Good Governance", der bisher vor allem in der Entwicklungshilfe verwendet wird, einer intensiveren Diskussion und empirischen Untermauerung.

– Im Bereich des boomenden E-Governments und der E-Democracy wird zwar auf neue soziale Ungleichheiten hingewiesen, die durch die intensive Nutzung des Internets entstehen können; welche Möglichkeiten sich aber durch den Aufbau von Informationsmacht auf Seiten der Verwaltung ergeben, wie sich Verwaltungsverfahren und die Kommunikation mit Bürgern und Wirtschaft, insbesondere aber auch die internen Kommunikations- und Koordinationsverfahren des öffentlichen Sektors verändern werden, diese Fragen sind bis jetzt noch weitgehend ausgeblendet.

Diese kurz skizzierten Herausforderungen scheinen die Leistungsfähigkeit der politikwissenschaftlichen Verwaltungsforschung zu überschreiten. Allerdings liegen in den neuen Herausforderungen auch gleichzeitig Chancen, da deutlich geworden sein sollte, dass gerade die Politikwissenschaft als *Querschnittsfach* und besonders auf den öffentlichen, politischen Charakter der Verwaltung ausgerichtete Disziplin im Fächerkanon der Verwaltungswissenschaften unverzichtbar ist. Dies zeigt sich nicht zuletzt an dem Aufkommen der Governance-Debatte, in der gerade die Probleme demokratischer Steuerung und Regierung wieder rethematisiert werden. Denn der gemeinsame Kern der angesprochenen Prozesse der Verwaltungsmodernisierung, Verwaltungstransformation, Privatisierung und Informatisierung ist, dass wenn Strukturen, Verfahren und Problemlösungsfähigkeit der Verwaltung verändert werden, sich damit auch Bedingungen der demokratischen Legitimation und Kontrolle des Verwaltungshandelns verändern (vgl. Benz 1993b). Dies betrifft die Kernkompetenzen der Politikwissenschaft.

Wir wollen vor diesem Hintergrund abschließend einige aus unserer Sicht fruchtbare Perspektiven zur Revitalisierung der politikwissenschaftlichen Verwaltungsforschung in Deutschland skizzieren. Sie liegen in der (Re)integration von Public Policies und Public Administration, also des stärkeren Aufeinanderbeziehens von Policy- und Verwaltungsforschung, in der Etablierung von Verwaltungspolitik als eigenständigem und wichtigem Politikfeld und in der realistischen Einschätzung von Möglichkeiten und Grenzen verwaltungswissenschaftlicher Politikberatung.

6.1 Reintegration von Public Policies und Public Administration

(Re)Integration von Public Policies und Public Administration

Zunächst scheint es uns inhaltlich sinnvoll und notwendig zu sein, die Perspektiven der internen und externen Steuerungsprobleme des öffentlichen Sektors, also Public Administration und Public Policies, wieder zusammenzufügen (vgl. Jann 1998a, S. 56, ders. 2001). Der offensichtlich gemeinsame Bezugspunkt liegt in Fragen der intra- und gleichzeitig der interorganisatorischen Steuerung sowie deren Grenzen und Voraussetzungen. Managementlehre, Organisations- und Politikwissenschaft haben weit größere Bereiche gemeinsamer Fragestellungen und Probleme, als bisher wahrgenommen, und genau an diesem Schnittpunkt ist die moderne Verwaltungswissenschaft zu verorten. Während sich die moderne Betriebswirtschaftslehre mit der „grenzenlosen Unternehmung" beschäftigt, treibt die Politikwissenschaft die gleiche Fragestellung bezüglich des Staates um. Beide versuchen die Problematik mit neuen Theorien öffentlicher und privater Institutionen in den Griff zu bekommen. Entscheidend ist, dass es immer um die internen und gleichzeitig externen Strukturen und Beziehungen von Organisationen geht. Das bedeutet für die Verwaltungswissenschaft vorrangig um öffentliche Organisationen und deren im Wandel begriffene Beziehungen zu anderen gesellschaftlichen Organisationen und Systemen, z.B. der Wirtschaft, der Zivilgesellschaft oder dem sog. Dritten Sektor zwischen Staat und Markt und die sich daraus ergebenden internen Konsequenzen.

Bezieht man den Grundgedanken konkreter auf die aktuellen Prozesse der Verwaltungsmodernisierung, so zeigt sich, dass gerade einer politikwissenschaftlich orientierten Verwaltungswissenschaft in dieser Diskussion eine wichtige Rolle zukommt. Die moderne Managementlehre schärft zwar den Blick für wichtige Probleme (Steuerung komplexer öffentlicher Organisationen, Dezentralisierung und Integration, Change Management, Lernen in öffentlichen Verwaltungen), aber sie beantwortet diese Fragen nicht befriedigend, da ihr häufig das Verständnis für oder die Kenntnis der Besonderheiten politisch-administrativer Prozesse fehlt. Hierzu einige kurze Beispiele:

Managementlehre
greift zu kurz

- So werden z.B. Parteienwettbewerb und Verhandlungszwänge des Öfteren nur als Störfaktoren bei der Effizienzsteigerung der Verwaltung angesehen, aber weder ihre innere Logik noch ihr Steuerungspotential werden angemessen verstanden.
- Bezüglich des Zusammenwirkens von Politik und Verwaltung wird das alte, wenig realistische Leitbild der legislatorischen Programmsteuerung wieder aus dem Hut gezaubert oder sogar eine strikte Trennung gefordert, ohne zur Kenntnis zu nehmen, dass die Vermischung von Politik und Verwaltung schon lange empirisch nachgewiesen ist, was nicht zuletzt an der Karriere des Begriffs des „politisch-administrativen Systems" deutlich wird, und es auch funktional einige gute Begründungen für diese Vermischung gibt (vgl. hierzu Bogumil 1997, 2002b).
- Es wird allzu vorschnell der Abschied des Hierarchieprinzips eingeläutet, ohne sich die nach wie vor vorhandenen Möglichkeiten und Notwendigkeiten hierarchischer Steuerung zu vergegenwärtigen (die ja auch in privaten Organisationen ihren Platz hat) und zur Kenntnis zu nehmen, dass Hierarchie ein wesentliches Konstruktionselement unseres demokratischen Regierungs- und Verwaltungssystems ist.
- Es wird sich bei der Einführung von Managementelementen nicht hinreichend den Besonderheiten öffentlicher Güter gewidmet. Öffentliche Dienstleistungsproduktion zeichnet sich gerade nicht durch die Produktion marktgängiger und marktfähiger Dienstleistungen aus. Öffentliche Güter sind Güter, die allen Bürgern zugänglich sein sollen und von deren Konsum niemand ausgeschlossen werden kann oder sollte. Dadurch sinkt natürlich die Bereitschaft, sich an den Produktionskosten zu beteiligen. Welches Gut als öffentliches gilt, ist eine Frage der politischen Grundsatzentscheidung. Die Gewährleistung des Zugangs zu öffentlichen Gütern erfordert zudem gerechte Verfahren.
- Bei dem Versuch, Lernprozesse anzuregen, wird zuwenig der Blick geöffnet auf die Macht- und Entscheidungsprozesse in öffentlichen Organisationen, die erhebliche Auswirkungen für die Implementierung und Verteilungswirkungen von Politiken haben.

Demokratisch
legitimierte politische
Steuerung ist ein
wesentliches
Merkmal öffentlicher
Verwaltungen

Ein, wenn nicht *das* wesentliche Merkmal öffentlicher Verwaltungen liegt in der demokratisch legitimierten politischen Steuerung. Sowohl zu den Problemen und Möglichkeiten politischer Steuerung als auch zu den Problemen und Möglichkeiten demokratischer Legitimation liegen zahlreiche Erkenntnisse im Bereich der Politikwissenschaft vor. Wenn man diese berücksichtigt, stellt sich manches anders dar, als es sich Ökonomen und Juristen häufig vorstellen. Deshalb sollte sich die Politikwissenschaft stärker und mit mehr Selbstbewusstsein einmischen, wenn es um die Analyse und Veränderung öffentlicher Verwaltungen geht, auch im Interesse der anderen Verwaltungswissenschaften. Gleichzeitig darf sich die Managementlehre nicht fast ausschließlich auf die Fragen der internen Steuerung komplexer Organisationen konzentrieren. Gerade für die öffentliche Verwaltung sind eben nicht nur die intra-organisatorischen Beziehungen und Strukturen entscheidend, sondern vor allem die inter-organisatorischen Einbindungen in Wirtschaft und Gesellschaft.

Genau die umgekehrte Forderung geht an die Policy-Forschung. Von ihr ist zu fordern, dass sie sich wieder stärker auf den staatlichen Sektor als Untersuchungsobjekt konzentriert und sich mit den Problemen der *Steuerungsfähigkeit* des Staates beschäftigen sollte. Die politikwissenschaftliche Policy-Forschung und Steuerungstheorie muss ihre vorrangig inter-organisatorische Perspektive, die sich letztendlich nicht für das Binnenleben von Organisationen und „corporate actors" interessiert, wieder durch eine intra-organisatorische Sichtweise ergänzen. Nur eine solche integrierte Sichtweise kann zu einem besseren Verständnis der Voraussetzungen beitragen, unter denen wirkungsvolle Politikinhalte und politische Programme formuliert, produziert und umgesetzt werden können.

So sind z.B. auch heute noch in der Politikwissenschaft gewonnene Erfahrungen mit institutionellen Reformen für Modernisierungsmaßnahmen aufschlussreich (vgl. Scharpf 1987), also,

– dass institutionelle Reformen eigentlich erst nach der politischen Durchsetzung beginnen und man daher einen langen Atem braucht;
– dass die Erfolgschancen wachsen, wenn es einen breiten politischen Grundkonsens gibt (heute würde man von Meinungsführungskoalitionen sprechen);
– dass grundlegende Strukturveränderungen der öffentlichen Debatte und Politisierung bedürfen;
– dass immer ein vorübergehender Funktionsverlust in Kauf genommen werden muss, eine wesentliche Reformsperre für umfassendere Veränderungskonzepte gerade in öffentlichen Verwaltungen;
– dass der Reformprozess in der Organisation selbst stattfinden muss und von außen nur unterstützt, aber nicht erzwungen oder gesteuert werden kann;
– dass es dazu eines institutionellen und auch individuellen Eigennutzes bedarf und insgesamt erfolgreiche institutionelle Reformen immer das Ergebnis eines aktiven Managements von Konfigurationsprozessen sind.

Untersucht werden könnten darüber hinaus z.B.

– die Auswirkungen unterschiedlicher Formen von Netzwerken (bürokratisch, klientelistisch, partizipatorisch, korporatistisch, pluralistisch) oder
– die Auswirkungen unterschiedlicher Formen von Entscheidungsstilen (inkremental, optimierende Anpassung, satisficing, rationale Suche) oder

– der Einfluss von advocay-coalitions, also unterschiedlicher Politik-Netzwerke zwischen Praktikern, Politikern und Wissenschaftlern,

auf die Erfolge politischer Maßnahmen (vgl. Jann 2001, S. 336 hier auch weitere Beispiele; Howlett/Ramesh 1995; Sabatier 1993). Dies könnte die Modernisierungsdiskussion deutlich befruchten. Modelle und Erklärungsansätze der Policy-Forschung sollten benutzt werden, um Verwaltungspolitik zu beschreiben und zu erklären und umgekehrt sind Studien der Verwaltungspolitik und -reform zu nutzen, um das systematische Wissen über Policy-Prozesse voranzubringen.

6.2 Verwaltungspolitik als Politikfeld

Ein weiterer, eng damit zusammenhängender Ansatzpunkt politikwissenschaftlicher Verwaltungsforschung besteht darin, Verwaltungsmodernisierung wie einen ganz gewöhnlichen Politikbereich zu betrachten und zu analysieren, eben als „Verwaltungspolitik" (vgl. Jann 2001). Eine klassische Definition der Verwaltungspolitik von Carl Böhret besagt, dass darunter die von der legitimierten politischen Führung mittels Entwicklung, Durchsetzung und Kontrolle von Prinzipien administrativen Handelns ausgeübte (oder zumindest versuchte) Steuerung der Inhalte, Verfahren und Stile sowie der Organisations- und Personalstrukturen der Verwaltung verstanden werden soll. Merkmal von Verwaltungspolitik ist damit die Veränderung von Entscheidungsprämissen, organisationsinternen Relevanzkriterien und des vorhandenen Verhaltens-Repertoires, kurz: die Veränderung (oder Bewahrung) institutioneller und organisatorischer Strukturen und Prozesse als Voraussetzung veränderten administrativen Handelns (Institutionen- und Organisationspolitik). Verwaltungspolitik ist damit Politik zur Steuerung der Verwaltung und ist daher vom politischen Handeln der Verwaltung (Politik der Verwaltung, „Vorbereitungsherrschaft" der Verwaltung) zu unterscheiden.

Verwaltungspolitik = Politik zur Steuerung der Verwaltung

Abbildung 47:　Dimensionen der Verwaltungspolitik als Politikbereich

	intendierte Gestaltung	eigendynamische Entwicklung
Veränderung	Verwaltungsreform, Verwaltungsmodernisierung, z.B. Reformkommissionen Gesetze etc., aber auch Ämterpatronage	umfassender Wandel, z.B. Aufgaben Umfang Differenzierung Professionalisierung Qualifikation Technik etc.
Bewahrung	Verwaltungspflege, z.B. hergebrachte Grundsätze Eingliederung der 131er Einigungsvertrag *non-decisions*	grundlegende Kontinuität, z.B. Berufsbeamtentum Dreistufigkeit Rechtsförmigkeit Kameralistik

Indem Verwaltungspolitik als (versuchte) Steuerung der Verwaltung betrachtet wird, kann sie im Prinzip wie jeder andere Politikbereich analysiert werden, und es können die klassischen Elemente des politik- und verwaltungswissenschaftlichen Steuerungsbegriffs identifiziert werden, nämlich als Subjekt der Verwal-

Besonderheiten der Verwaltungspolitik

tungspolitik die legitimierte politische Führung, als Objekt der gesamte Apparat der öffentlichen Verwaltung, als Intention oder Steuerungsziel z.B. Effizienz und Effektivität, aber auch Legitimität und politische Verantwortlichkeit bis hin zu Sekundärzielen wie Bürgerfreundlichkeit, Lern- und Innovationsfähigkeit etc., und schließlich als unerlässliche Voraussetzung der Maßnahmenwahl eine Vorstellung der Wirkungsbeziehungen zwischen Steuerungsaktivitäten und -ergebnissen, d.h. eine Vorstellung darüber, mit welchen Maßnahmen und Aktivitäten, also Instrumenten, die angestrebten Ziele erreicht werden sollen. Schon diese schematische Betrachtung verdeutlicht grundsätzliche Probleme jeglicher Verwaltungspolitik: Zum einen die weitgehende Identität von Subjekt und Objekt der Verwaltungspolitik, zum anderen die prekären Ziele und Handlungsmodelle bzw. die lose Kopplung zwischen veränderten Strukturen, Verhalten und Ergebnissen.

Grenzen der
Reformfähigkeit

Fortentwicklung der Verwaltung wird weitgehend von ihr selbst betrieben. Das verweist auf Grenzen der Verwaltungspolitik bezüglich ihrer Formulierung wie ihrer Umsetzung. Verwaltungspolitik ist eine Politik, welche die Verwaltung weitgehend selbst betreibt, weil sich zum einen die politische Führung diesem Thema ungern annimmt, weil aber zum anderen auch die Eigeninteressen der Verwaltung und ihrer Mitglieder unmittelbar berührt sind. Die Gründe für diese weitgehende Führungsschwäche der legitimierten politischen Führung sind vielschichtig. Sicherlich spielt eine Rolle, dass Belohnungen und Anreize politischer Karrieren eher auf kurzfristige als auf langfristige und eher auf externe als auf interne Erfolge angelegt sind. Die negativen Auswirkungen verwaltungspolitischer Maßnahmen in einer Behörde sind i.d.R. kurzfristig und manifest (Widerstand etablierter Interessen und Strukturen, zumindest kurzfristige Beeinträchtigung der Arbeitsfähigkeit), die – vermutlichen und erhofften – Erfolge demgegenüber längerfristig und unsicher. In diesem Sinne ist es sogar eher erklärungsbedürftig, dass sich Politiker überhaupt auf den unsicheren und konflikthaften Weg der Verwaltungsmodernisierung qua expliziter Verwaltungspolitik begeben, als dass dies zu wenig stattfindet. Dass sich die Verwaltung selbst grundlegend verändert und infrage stellt, ist bei Abwesenheit manifesten äußeren Drucks äußerst unwahrscheinlich. Noch nie in der Geschichte Deutschlands hat sich Verwaltung selbst gründlich erneuert, reformiert, tief greifend reorganisiert und durchgreifend rationalisiert. Es gibt in der Verwaltung keine entwickelte und fundierte Selbstkritik. Die Verwaltung stellt sich nicht selbst in Frage. Damit fehlt es an einer entscheidenden Voraussetzung für die Bildung und Durchsetzung eines Reformwillens (Böhret/Siedentopf 1983).

Verwaltungspolitik
ist eine sehr indirekte
Form der politischen
Steuerung

Gerade die Ziele von Verwaltungspolitik bilden ein besonderes Problem. Hier kann nach den klassischen Kategorien der Policy-Forschung unterschieden werden zwischen den internen Veränderungszielen von verwaltungspolitischen Maßnahmen (*Outputs* im Jargon der Policy-Forschung, z.B. Organisationsänderungen, Auslagerungen, veränderte Entscheidungsprozesse und Prozessketten), ihren intendierten Ergebnissen und Wirkungen (*Impacts*, z.B. schnellere Entscheidungen, Kosteneinsparungen) und den damit schließlich in der Gesellschaft, außerhalb der Verwaltung erwünschten Auswirkungen (*Outcomes*, z.B. innovative Konfliktregelungen, Wirtschaftswachstum, zufriedenere Bürger). Verwaltungspolitik ist also der Versuch, durch intentionale Modifikationen der Strukturen des öffentlichen Sektors (z.B. Personal, Organisation und Verfahren) Verwaltungshandeln und damit im Endergebnis andere Politikinhalte und deren Wirkungen und Ergebnisse zu verändern. Verwaltungspolitik beschäftigt sich mit der Infrastruktur des öffentlichen Sektors, sie ist daher grundsätzlich eine sehr indirekte

252

Form der politischen Steuerung, d.h. sie beruht auf einem Dreischritt, deren erster Schritt als Institutionenpolitik gekennzeichnet werden kann.

Zunächst ist sie unmittelbar auf die Veränderung organisatorischer, personeller, instrumenteller und prozeduraler Strukturen gerichtet, oder m.a.W. auf das institutionelle Gehäuse, auf die *Polity*, in der und durch die „Politik gemacht" wird. Erst im zweiten Schritt und mittelbar strebt sie an, vermittels dieser institutionellen Änderungen die Leistungsfähigkeit (Effektivität), Wirtschaftlichkeit (Effizienz) usw. des Verwaltungshandelns zu beeinflussen und zu steigern. Schließlich und letztlich sollen diese institutionellen und Performanz-Veränderungen weiterreichende (gesamtwirtschaftliche, sozialpolitische usw.) Effekte bewirken. Diese Unterscheidungen werden in aller Regel im Rahmen der Formulierung und Umsetzung verwaltungspolitischer Zielsetzungen und Intentionen nicht explizit getroffen. Sie würden auch die Informationsverarbeitungs- und Konfliktregelungskapazität der verwaltungspolitischen Akteure überfordern. Ziele sind, wie fast immer in der Politik, vage, zumindest nicht operationalisiert: „a government that works better and costs less". Hier zeigt sich das letzte Dilemma verwaltungspolitischer Steuerung: Es gibt keine eindeutigen, einfachen und robusten Erkenntnisse über Wirkungsbeziehungen zwischen Steuerungsaktivitäten (Instrumenten) und -ergebnissen. Stattdessen sind Strukturen, Verhalten und Ergebnisse allenfalls „lose gekoppelt". Aktive Verwaltungspolitik beruht auf mehr oder weniger impliziten Annahmen, dass institutionelle Strukturen intentional gewählt und verändert werden können, dass es einigermaßen eindeutige Ziele und eine deutliche Verbindung zwischen strukturellen Veränderungen und inhaltlichen Zielen gibt, dass unterschiedliche Strukturmerkmale erkennbare Effekte haben und dass diese erwünschten Effekte zur Auswahl der jeweiligen Strukturmerkmale herangezogen werden können. Alles dies sind sehr anspruchsvolle Voraussetzungen. Tatsächlich zeichnet sich Verwaltungspolitik aber dadurch aus, dass zwar Einigkeit über generelle Ziele besteht (Effizienz, Effektivität, Legalität, Legitimität), die Instrumente zur Erreichung dieser Ziele aber überaus kontrovers diskutiert werden und diese Ziel-Mittel-Unsicherheiten auch kaum durch einschlägige empirische Studien entschärft werden. Verwaltungspolitik zeichnet sich daher durch die Kombination klare Ziele/unsichere Instrumente aus, was professionelle (durch akzeptierte Expertise dominierte) und kollegiale Problemlösungen nahe legt (siehe oben 4.3.1.3). Genau so wird sie in Deutschland in aller Regel beschrieben.

Verwaltungspolitik ist in aller Regel Verwaltungsreformpolitik. In der Bundesrepublik Deutschland – aber auch schon im Deutschen Reich und selbstverständlich auch in anderen Ländern – hat es unzählige Versuche einer solchen Verwaltungspolitik als Verwaltungsreform oder auch Verwaltungsmodernisierung gegeben. Allerdings ist intentionale Verwaltungspolitik nicht nur als Verwaltungsreform denkbar. Eine Veränderung und Kontrolle der Verwaltung kann z.B. auch durch Ämterpatronage oder finanzielle Steuerung versucht werden, und Ziel der Politik muss durchaus auch nicht unbedingt eine Veränderung oder Reform sein. Gerade die deutsche Verwaltungspolitik zeichnet sich durch erhebliche Merkmale der Bewahrung und „Verwaltungspflege" aus. Schließlich wird Verwaltungspolitik auch durch sog. *non-decisions* betrieben, in dem mehr oder weniger bewusst gerade nicht entschieden wird, wie die Geschichte der Dienstrechtsreform in Deutschland besonders deutlich erkennen lässt.

Verwaltungspolitik ist also nicht nur intentionale Gestaltung, sondern kann auch als diffuser Politikbereich – oder umfassender als Politik"sektor" – aufge-

Klare Ziele, unsichere Instrumente

fasst werden. Sie besteht, wie jeder Politikbereich, nicht nur aus politischen Intentionen, Aktivitäten und deren Resultaten, sondern weist auch erhebliche Eigendynamiken auf, denn jeder Versuch, Institutionen bewusst zu gestalten, wird von zeitgleichen Prozessen spontaner Ordnungsbildung überlagert. Ebenso wie Umweltpolitik oder Gesundheitspolitik nicht ohne Beachtung vielfältiger spontaner und unintendierter Entwicklungen verstanden und schon gar nicht erklärt werden können, gilt dies auch für Verwaltungspolitik. Veränderungsprozesse können nur als Zusammenspiel von mehr oder weniger strategischer Reformpolitik „von oben" einerseits und individuellen Anpassungsprozessen sowie funktionalen oder dysfunktionalen Impulsen „von unten", „von der Seite" oder „von innen" verstanden werden, also etwa durch die Einflüsse von Kunden, Klienten, Interessengruppen oder auch Mitarbeiter der Verwaltung.

Genau diese Fragen der Voraussetzungen und Folgen einer möglichen (oder unmöglichen) intendierten Gestaltung der Strukturen, Funktionen und Ergebnisse der öffentlichen Verwaltung müssen als Kernbereich einer modernen Verwaltungswissenschaft erkannt werden. Es macht ja wenig Sinn, immer wieder neue Vorschläge für Verwaltungsreformen zu präsentieren und ggf. sogar zu implementieren, wenn über die Voraussetzungen erfolgreicher Strukturveränderungen, ihrer Formulierung und Implementierung und ihrer nicht intendierten Folgen wenig bekannt ist. Und genau hier ist wiederum die Politikwissenschaft gefordert, denn mit genau diesen Problemen beschäftigt sie sich traditionell in der Politikfeldforschung.

6.3   Verwaltungswissenschaft und Politikberatung

Verwaltungswissenschaft in Deutschland steht immer in einem engen Bezug zur politischen und administrativen Praxis. Sie war und ist immer mit politischen Themenkonjunkturen verkoppelt (vgl. Mayntz 1978; Ellwein 1982; Jann 1998a; Derlien 1999).[84] So können im historischen Rückblick Staatsidee, Verwaltungspraxis und Ausbildungsinteressen als maßgebliche Einflussgrößen betrachtet werden. Wurden zu Zeiten des Merkantilismus Lehrstühle für Kameralistik gebildet und war im 18. Jahrhundert eine kameralistische Ausbildung Voraussetzung für die Übernahme in höhere Verwaltungsämter, fiel die Verwaltungsausbildung ab Mitte des 19. Jahrhunderts, zu Zeiten des Liberalismus und der Ordnungsverwaltung den Juristen, zu. Das Vordringen auch sozialwissenschaftlich ausgebildeter Personen ab Anfang der 70er-Jahre ging einher mit den praktischen Problemen politischer Planung und Steuerung des sich entwickelnden Wohlfahrtstaates. Später dann dominierten Skepsis und Desillusionierung, wurden Vollzug und Wirkung von Politik problematisiert, und richtete sich das Interesse

---

84   Auch in den USA gibt es enge Bezüge zur Verwaltungspraxis. Die großen Verwaltungsschulen an Privatuniversitäten sind aus der Verwaltungsreformbewegung Ende des 19. Jahrhunderts hervorgegangen (vgl. König 1990). Public Administration war und ist hier, in einem Land ohne Juristenmonopol in der öffentlichen Verwaltung, zunächst eine Domäne der Politikwissenschaft, obwohl in den letzten Jahren durch die Integration weiterer sozialwissenschaftlicher und ökonomischer Fragestellungen eine Ausdifferenzierung einsetzte. Dennoch kann man angesichts von ca. 30.000 Studenten in „Master of Public Administration" Programmen im Kern von einer eigenständigen Disziplinbildung ausgehen (König 2003, S. 8).

auf Fragen der Verwaltungsvereinfachung oder schließlich der Entstaatlichung und Privatisierung. Grob vereinfacht ging es zunächst um die Rolle der Verwaltung im keynesianischen Interventionsstaat, während später zunehmend ihre Rolle im vermeintlichen Staatsversagen problematisiert wurde. Hier wurde schließlich die privatwirtschaftlich inspirierte Managementlehre Hauptinspirator.

Die wichtigsten Forschungsfragen ergaben sich also meist nicht aus einem theoretischen Forschungsprogramm, sondern kamen aus der politischen und administrativen Praxis, nicht zuletzt angeregt (und oft finanziert) durch wichtige Regierungskommissionen und -gutachten, wie z.B. die Projektgruppe Regierungs- und Verwaltungsreform 1968, die Studienkommission für die Reform des öffentlichen Dienstrechts 1970, die Kommission für wirtschaftlichen und sozialen Wandel 1970, der Sachverständigenrat für Umweltfragen 1974, die Entbürokratisierungskommissionen der Länder seit 1978 usw. Zu nennen sind darüber hinaus die Programme der Volkswagenstiftung (Schwerpunkt Verwaltungswissenschaft von 1969 bis 1976), des BMFT (z.B. der Bielefelder Forschungsverbund „Bürgernahe Gestaltung der Sozialen Umwelt" in den 70er Jahren) und die DFG-Schwerpunktprogramme (Implementationsforschung Ende der 70er-Jahre, Sonderforschungsbereich Verwaltungswissenschaft an der Universität Konstanz in den 80er-Jahren). Verwaltungsforschung war und ist in erster Linie Verwaltungsreformforschung, und diese Funktion bestimmt daher auch in weiten Teilen die theoretischen Bemühungen. Zentrale Themen waren und sind die Anpassung der Organisation, Verfahren, Personen und Instrumente der Verwaltung an veränderte Anforderungen, oder – in kritischer Absicht – das Aufzeigen der Schwierigkeiten oder Vergeblichkeit dieser Bemühungen.

Verwaltungsforschung ist Verwaltungsreformforschung

Die Entwicklung des politikwissenschaftlich ausgerichteten Zweiges dieser vorrangig auf Politikberatung ausgerichteten Verwaltungsforschung ist in Kapitel 2.4 beschrieben worden. Einige aktuelle Tendenzen deuten nun darauf hin, dass politikwissenschaftliche Verwaltungsforschung nicht nur inhaltlich erforderlich ist, wie weiter oben ausgeführt, sondern auch wieder stärker politisch nachgefragt werden könnte.

So wird in der politischen Praxis nach dem Jahrzehnt des Managerialismus inzwischen offensichtlich erkannt, dass der ursprüngliche Fokus auf das Effizienzziel ergänzt werden muss um Fragen politischer Steuerung und demokratischer Legitimation. Z.B. unterscheidet sich die Diskussion um die Bürgerkommune unabhängig vom Stand der realen Umsetzung schon dadurch positiv vom Neuen Steuerungsmodell, als dass in ihr der Bürger nicht mehr nur noch in der Kundenrolle, sondern auch als Mitgestalter und Auftraggeber des öffentlichen Gemeinwesens angesehen wird. Damit geraten auch die kommunalpolitischen Vertretungskörperschaften wieder stärker ins Blickfeld der Aufmerksamkeit. Parallel dazu verstärken sich auf Bundesebene die Diskussionen um Bürger- und Zivilgesellschaft. So ist z.B. fraktionsübergreifend in der letzten Legislaturperiode eine Enquetekommission „Zukunft des Bürgerschaftlichen Engagements" eingerichtet worden, bestehend aus 11 Abgeordneten und 11 Sachverständigen, deren Zielvorgaben in der systematischen Bestandsaufnahme des bürgerschaftlichen Engagements in Deutschland, der Rahmenbedingungen und Bedingungsfaktoren, der Einbeziehung internationaler Erfahrungen und daraus folgend der Entwicklung politischer Handlungsempfehlungen lag. In Auftrag gegeben wurden 41 wissenschaftliche Gutachten, von denen ein nicht geringer Anteil an sozialwissenschaftliche Verwaltungsforscher ging. Der Endbericht der Enquetekommission wurde im Sommer 2002 im Deutschen Bundestag diskutiert (vgl. Enquetekommission 2002). Auch in den Ländern gibt es mittlerweile einige Enquetekommissionen und Modernisierungsausschüsse, die verstärkt sozialwissenschaftliche Beratung nachfragen (z.B. Enquetekommission „Zukunft der Städte" in NRW).

Im Bereich der Staatsdiskussion tragen die alten politischen Leitbilder des sozialdemokratischen Wohlfahrtstaates sowie des liberal-konservativen, auf privatwirtschaftliche Marktmechanismen setzenden Minimalstaates offensichtlich nicht mehr. In diesem Zusammenhang hatte mit der im Herbst 1998 neu gewählten rot-grünen Bundesregierung ein neues politisches Leitbild Einzug auf Bundesebene gehalten. Favorisierte die konservativ-liberale Regierung in ihrer Regierungszeit das Leitbild des „schlanken Staates", sollte nun aus dem schlanken der *aktivierende Staat* werden. Gemeint ist damit ein Staat, der zu einer Optimierung der Abläufe in der Gesellschaft beiträgt, bestimmte Grundbedürfnisse (öffentliche Infrastruktur, Bildung, öffentliche Sicherheit, Rechtssicherheit, soziale Sicherung) sicherstellt und Eigeninitiative und gesellschaftliches Engagement unterstützt. Allerdings ist bis jetzt alles andere als geklärt, wie diese abstrakten Zielvorstellungen umgesetzt werden sollen und welche Konsequenzen sie nach sich ziehen. Gerade daher besteht auch in diesem Bereich ein stärkerer politikwissenschaftlicher Forschungs- und Beratungsbedarf. Bei der Suche nach Konkretisierungen des neuen, aber unscharfen Leitbildes des Aktivierenden Staates, aber vor allem beim Umbau der traditionellen Sozialversicherungssysteme und des überkommenen Sozialstaates wird wieder politikwissenschaftliches Wissen nachgefragt (siehe z.B. die Hartz- und die Rürupkommission, zum Leitbild des aktivierenden Staates auch Blanke/Plaß 2002).

Steigerung der Theoriefähigkeit

In dem Maße, in dem es nicht mehr nur um die managerialistische Eroberung des öffentlichen Sektors geht, sondern die Kombination von formellen und informellen Regelsystemen und Steuerungsmechanismen, d.h. von Institutionen wieder in den Blick kommt, wird der politikwissenschaftliche Blick für die Praxis wichtiger. Ein Problem ist damit aber möglicherweise nicht gelöst. Um die Anerkennung im eigenen Fach zu verbessern, muss die politikwissenschaftliche Verwaltungsforschung, so zumindest Benz (2003b), ihren Theoriebezug verstärken. Eine stärkere theoretische (und übrigens auch empirische) Fundierung der Ergebnisse ist sicherlich wünschenswert und notwendig. Dies darf aber nicht dazu führen, dass allein mehr oder weniger modische wissenschaftsinterne Diskurse und Relevanzkriterien Forschungsfragen und Schwerpunkte bestimmen, etwa die derzeit populären, extrem praxisfernen Public-Choice-Diskurse. Genau dies würde die interdisziplinäre Kommunikation und damit die Anerkennung im Fächerspektrum der Verwaltungswissenschaft und vor allem die mühsam wieder erworbene Anerkennung in der Praxis gefährden. Letzteres hat auch damit zu tun, dass die Praxis nachvollziehbare Analysen, Erklärungen und Handlungsempfehlungen erwartet und nicht so sehr theoretische Konstrukte mit Anspruch auf Allgemeingültigkeit. Zudem sind die Maßstäbe, die den normativen Urteilen von Politikwissenschaftlern zu Grunde liegen, nicht so eindeutig wie die von Juristen und Ökonomen. In diesem Dilemma empfiehlt Benz, durch den Bezug auf das Governance-Konzept eher die Theoriefähigkeit und damit die Reputation in der Politikwissenschaft zu steigern und sich gegenüber der Praxis und anderen Fachdisziplinen auf eine distanzierte kritische Begleitung durch fundierte Analysen zurückzuziehen (Benz 1993b).

Rückzug aus der Praxisberatung?

Uns scheint letzteres nicht der geeignete Weg zu sein. Wenn politikwissenschaftliche Verwaltungsforschung vor allem auch Verwaltungsreformforschung ist, kann und sollte sie sich der Praxisnachfrage nicht entziehen. Allerdings sollte

256

bewusster über die Möglichkeiten und Grenzen einer solchen Beratung nachgedacht werden, und dies auf beiden Seiten, um unnötige Frustrationen zu vermeiden. Gerade weil die politikwissenschaftliche Verwaltungsforschung in der Regel keine einfachen Antworten geben kann, sondern organisatorische, institutionelle, gesellschaftliche und ökonomische Restriktionen von Veränderungen zum Thema macht, die erfahrene Verwaltungspraktiker natürlich kennen, aber nur schwer analytisch durchdringen können, ist sie problem- und praxisangemessen zugleich. Die Konsequenz aus dem Scheitern des naiven Managerialismus und der verbrannten Erde von Unternehmensberatungen besteht ja nicht darin, sich deren Niveau anzunähern, sondern zwar weniger grandiose, aber problemangemessenere Antworten zu geben bzw. Optionen für politische Entscheidungen zu erarbeiten, und zwar gemäß dem pragmatischen Beratungsmodell (siehe 4.3.1.5), in einem kontinuierlichen Diskussionsprozess und Dialog mit der Praxis.

Literaturverzeichnis

Aberbach, Joel D./Putnam, Robert D./Rockman, Bert A. 1981: Bureaucrats and Politicians in Western Democracies, Cambridge, (Mass.).

Albrow, Martin 1972: Bürokratie, München.

Ambrosius, Gerold 1979: Funktionswandel und Strukturveränderung der Bürokratie 1945-1949: Das Beispiel der Wirtschaftsverwaltung, in: Winkler, August (Hrsg.): Politische Weichenstellung im Nachkriegsdeutschland: 1945-1953. Göttingen, S. 167-207.

Antonsen, Marianne/Beck Jørgensen, Torben, 1995: Publicness: Understanding the Diversity of Public Organizations, Paper presented at the EGPA Conference, Rotterdam, September 1995.

Arnim, Hans Herbert von 1984: Staatslehre der Bundesrepublik Deutschland, München.

Arnim, Hans Herbert von 1986: Zur normativen Politikwissenschaft – Versuch einer Rehabilitierung, Speyer Arbeitshefte, Nr. 74, Speyer.

Bandemer, Stephan von/Hilbert, Josef 2001: Vom expandierenden zum aktivierenden Staat, in: Blanke, Bernhard u.a. (Hrsg.): Handbuch zur Verwaltungsreform, S. 17-25.

Banner, Gerhard 1999: Die drei Demokratien der Bürgerkommune, in: Arnim, Hans Hermann. (Hrsg.): Adäquate Institutionen – Voraussetzungen für eine „gute" und bürgernahe Politik, Speyer, S. 133-162.

Bajohr, Stefan 2003: Grundriss Staatliche Finanzpolitik, Opladen.

Beck Jørgensen, Torben, 1993: Models of Governance and Administrative Change, in: Kooiman, Jan, (Hrsg.) Modern Governance: New Governance-Society Interactions, London, S. 219-232.

Becker, Bernd 1989: Öffentliche Verwaltung. Lehrbuch für Wissenschaft und Praxis, Percha am Starnberger See.

Behnke, Nathalie 2002: Ethik-Infrastruktur und Normen Ökonomie. Eine vergleichende Untersuchung der Entstehung von Ethik-Maßnahmen in Deutschland und den USA. Dissertationsschrift, Hagen.

Behrens, Fritz u.a. (Hrsg.) 1995: Den Staat neu denken. Reformperspektiven für die Landesverwaltungen, Berlin.

Benz, Arthur 1994: Kooperative Verwaltung. Funktionen, Voraussetzungen und Folgen, Baden-Baden.

Benz, Arthur 1997: Verflechtung der Verwaltungsebenen. In: König, Klaus/Siedentopf, Heinrich (Hrsg.), Öffentliche Verwaltung in Deutschland, 2. Aufl., Baden-Baden, S. 165-185.

Benz, Arthur 1999: Der deutsche Föderalismus, in: Ellwein, Thomas/Holtmann, Everhard (Hrsg.): 50 Jahre Bundesrepublik Deutschland. PVS Sonderheft 30, Opladen, S. 135-153.

Benz, Arthur 2001: Der moderne Staat. Grundlagen der politologischen Analyse, München/Wien.

Benz, Arthur 2002a: Themen, Probleme und Perspektiven der vergleichenden Föderalismusforschung, in: Benz/Lehmbruch 2002, S. 9-52.

Benz, Arthur 2002b: Die territoriale Dimension von Verwaltung, in: König 2002, S. 207-228.

Benz, Arthur 2003a: Reformpromotoren oder Reformblockierer? Die Rolle der Parteien im Bundesstaat, in: ApuZ, B29-30, S. 32-38.

Benz, Arthur 2003b: Status und Perspektiven der politikwissenschaftlichen Verwaltungsforschung, in: Die Verwaltung, Heft 3, S. 361-388.

Benz, Arthur 2003c: Kooperative Verwaltung, in: Peter Eichhorn et. al., Verwaltungslexikon, Baden-Baden 2003, S. 599.

Benz, Arthur/Lehmbruch, Gerhard (Hrsg.) 2002: Föderalismus. Analysen in entwicklungsgeschichtlicher und vergleichender Perspektive, PVS Sonderheft 32, Wiesbaden.

Benz, Arthur u.a. 2003: Governance. Eine Einführung, Kurs 3203 der FernUniversität Hagen, Hagen.

Benz, Wolfgang 1981: Versuche zur Reform des öffentlichen Dienstes 1945-1952. Deutsche Opposition. Deutsche Opposition gegen alliierte Initiativen, in: VfZ 25, S. 216-245.

Bertelsmann-Kommission „Verfassungspolitik und Regierungsfähigkeit" 2000: Entflechtung 2005. Zehn Vorschläge zur Optimierung der Regierungsfähigkeit im deutschen Föderalismus, Gütersloh.

Beyer, Lothar/Freudenstein, Silke/Rößner, Carola 1992: Informationspool: Innovative Projekte im Bereich der öffentlichen Dienste. Abschlußbericht für das Untersuchungsfeld Allgemeine Kommunalverwaltung, (hekt. Manuskript) Kassel.

Blanke, Bernhard u.a. (Hrsg.) 2001: Handbuch zur Verwaltungsreform, 2., erw. und durchges. Aufl., Opladen.

Blanke, Bernhard/Plaß, Stefan 2002: Vom schlanken Staat zum Aktivierenden Staat, in: Thörmer/Blanke/Einemann/Palm, Teil F.

Blanke, Bernhard/Einemann, Edgar/Palm, Hermann/Thörmer, Heinz (Hrsg.) 2003: Modernes Management für die Verwaltung – Ein Handbuch., Hannover.

Bleek, Wilhelm 2001: Geschichte der Politikwissenschaft in Deutschland, München.

Bohne, Eberhard 1981: Der informale Rechtsstaat, Berlin.

Bohne, Eberhard/Hucke, Jochen 1980: Bürokratische Reaktionsmuster bei regulativer Politik und ihre Folgen, in: Wollmann, Hellmut (Hrsg.): Politik im Dickicht der Bürokratie. Beiträge zur Implementationsforschung. Opladen, S. 180-197.

Bogumil, Jörg 1997: Das Neue Steuerungsmodell (NSM) und der Prozeß der politischen Problembearbeitung – Modell ohne Realitätsbezug?, in: Bogumil, Jörg/Kißler, Leo (Hrsg.): Verwaltungsmodernisierung und lokale Demokratie. Risiken und Chancen eines Neuen Steuerungsmodells für die lokale Demokratie, Baden-Baden, S. 33-42.

Bogumil, Jörg 1998: Implementationsprobleme in fortgeschrittenen Modernisierungsstädten und Schritte zu ihrer Überwindung, in: Bogumil, Jörg/Kißler, Leo (Hrsg.) 1998: Stillstand auf der „Baustelle"? Barrieren der kommunalen Verwaltungsmodernisierung und Schritte zu ihrer Überwindung, S. 131-150.

Bogumil, Jörg 1999: Auf dem Weg zur Bürgerkommune? Der Bürger als Auftraggeber, Mitgestalter und Kunde, in: Kubicek, Herbert u.a. (Hrsg.) 1999: Multimedia @ Verwaltung. Jahrbuch Telekommunikation und Gesellschaft 1999, Heidelberg, S. 51-61.

Bogumil, Jörg 2001: Modernisierung lokaler Politik. Kommunale Entscheidungsprozesse im Spannungsfeld zwischen Parteienwettbewerb, Verhandlungszwängen und Ökonomisierung, Habilitationsschrift, Baden-Baden (Reihe „Staatslehre und politische Verwaltung", Band 5).

Bogumil, Jörg 2002a: Zum Verhältnis von Politik- und Verwaltungswissenschaft in Deutschland, in: polis Heft Nr. 54 (Arbeitspapiere aus der Politikwissenschaft an der FernUniversität Hagen).

Bogumil, Jörg 2002b: Die Umgestaltung des Verhältnisses zwischen Rat und Verwaltung – das Grundproblem der Verwaltungsmodernisierung, in: Verwaltungsarchiv/Heft 1, S. 129-148.

Bogumil, Jörg 2002c: Kommunale Entscheidungsprozesse im Wandel – Stationen der politik- und kommunalwissenschaftlichen Debatte, in: ders. (Hrsg.): Kommunale Entscheidungsprozesse im Wandel – Theoretische und empirische Analysen, Opladen, S. 7-54 (Reihe Stadtforschung aktuell, Band 87).

Bogumil, Jörg 2003: Politische Rationalität im Modernisierungsprozess, in: Schedler, Kuno/Kettinger, Daniel (Hrsg.): Modernisierung mit der Politik, St. Gallen, S. 15-42.

Bogumil, Jörg 2004a: Ökonomisierung der Verwaltung. Konzepte; Praxis, Auswirkungen und Probleme einer effizienzorientierten Verwaltungsmodernisierung, in: PVS, Sonderheft 34, S. 209-231.

Bogumil, Jörg 2004b: Gutachten zur Verwaltungsstrukturreform in NRW, in: Bogumil u.a. 2004, S. 7-175.

Bogumil, Jörg/Holtkamp, Lars 2000: Kommunale Verwaltungsmodernisierung und bürgerschaftliches Engagement, in: Heinze, Rolf G./Olk, Thomas (Hrsg.): Bürgerengagement in Deutschland: Bestandsaufnahme und Perspektiven, Opladen, S. 549-568.

Bogumil, Jörg/Holtkamp, Lars 2001: Die Bürgerkommune – eine unsoziale Modewelle? Eine Replik auf Roland Roth, in: Demokratische Gemeinde, Heft 11, S. 26-27.

Bogumil, Jörg/Holtkamp, Lars 2002a: Liberalisierung und Privatisierung kommunaler Aufgaben – Auswirkungen auf das kommunale Entscheidungssystem, in: Libbe, Jens/Tomerius, Stephan/Trapp, Jan Hendrik (Hrsg.): Liberalisierung und Privatisierung öffentlicher Aufgabenbereiche in Kommunen. Berlin, S. 71-91.

Bogumil, Jörg/Holtkamp, Lars 2002b: Die Bürgerkommune als Zusammenspiel von repräsentativer, direkter und kooperativer Demokratie. Erste Ergebnisse einer explorativen Studie, in: polis Nr. 55/2002 (Arbeitspapiere aus der Politikwissenschaft an der FernUniversität Hagen).

Bogumil, Jörg/Holtkamp, Lars/Schwarz, Gudrun 2003: Das Reformmodell Bürgerkommune. Leistungen – Grenzen – Perspektiven, Berlin.

Bogumil, Jörg/Holtkamp, Lars/Kißler, Leo 2001: Verwaltung auf Augenhöhe. Strategie und Praxis kundenorientierter Dienstleistungspolitik (Modernisierung des öffentlichen Sektors, Band 19), Berlin.

Bogumil, Jörg/Holtkamp, Lars/Kißler, Leo 2004: Modernisierung lokaler Politik, in: Jann u.a. 2004, S. 64-75.

Bogumil, Jörg/Holtkamp, Lars/Wollmann, Hellmut 2003: Öffentlicher Sektor und private Akteure in der Stadt der Zukunft. Studie im Auftrag der Enquêtekommission des Landtages von Nordrhein-Westfalen „Zukunft der Städte in NRW".

Bogumil, Jörg/Kißler, Leo 1995: Vom Untertan zum Kunden? Möglichkeiten und Grenzen von Kundenorientierung in der Kommunalverwaltung, (Modernisierung des öffentlichen Sektors, Band 8, 2. unveränderte Auflage 1998), Berlin.

Bogumil, Jörg/Kißler, Leo (Hrsg.) 1997: Verwaltungsmodernisierung und lokale Demokratie. Baden-Baden.

Bogumil, Jörg/Kuhlmann, Sabine 2004: Zehn Jahre kommunale Verwaltungsmodernisierung, in: Jann u.a. 2004, S. 51-64.

Bogumil, Jörg/Reichard, Christoph/Siebart, Patricia 2004: Gutachten zur Verwaltungsstrukturreform in NRW. Schriftenreihe der Stiftung Westfalen-Initiative Band 8, Ibbenbüren.

Bogumil, Jörg/Schmid, Josef 2001: Politik in Organisationen. Organisationstheoretische Ansätze und praxisbezogene Anwendungsbeispiele. Reihe Grundwissen Politik, Band 31, Opladen.

Bogumil, Jörg/Vogel, Hans-Josef (Hrsg.) 1999: Bürgerschaftliches Engagement in der kommunalen Praxis – Initiatoren, Erfolgsfaktoren und Instrumente, Köln.

Böhret, Carl/Jann, Werner/Kronenwett, Eva 1982: Handlungsspielräume und Steuerungspotential der regionalen Wirtschaftsförderung, Baden-Baden.

Böhret, Carl 1985: Beratung der öffentlichen Verwaltung, in: Verwaltungslexikon, Baden-Baden, S. 91-102.

Böhret, Carl 1986: Verständnis für Verständigungsschwierigkeiten – aber (...)?, in: DÖV, S. 360ff.

Böhret, Carl/Jann, Werner/Junkers, Marie Therese/Kronenwett, Eva 1979: Innenpolitik und politische Theorie, (3., neubearb. u. erw. Aufl. 1988) Opladen.

Böhret, Carl/Konzendorf, Götz 1997: Ko-Evolution von Gesellschaft und funktionalem Staat. Ein Beitrag zur Theorie der Politik, Opladen.

Böhret, Carl/Konzendorf, Götz, 2001: Handbuch Gesetzesfolgenabschätzung (GFA). Gesetze, Verordnungen, Verwaltungsvorschriften, Baden-Baden.

Böhret, Carl/Siedentopf, Heinrich 1983: Verwaltung und Verwaltungspolitik : Vorträge u. Diskussionsbeitr. d. 50. Staatswiss. Fortbildungstagung 1982 d. Hochsch. für Verwaltungswiss. Speyer, Berlin.

Borchmann, Michael 1979: Abgrenzung der Staatsaufgaben gegenüber privaten Agenden seit 1815 nach der repräsentativen Literatur (Speyrer Forschungsberichte, Nr. 4), Speyer.

Bossaert, Danielle/Demmke, Christoph/Nomaden, Koen/Polet, Robert 2001: Der öffentliche Dienst im Europa der Fünfzehn: Trends und neue Entwicklungen, Maastricht.

Bovenschulte, Andreas/Buß, Annette 1996: Plebiszitäre Bürgermeisterverfassungen. Der Umbruch im Kommunalverfassungsrecht, Baden-Baden.

Braun, Dietmar/Giraud, Olivier 2003: Steuerungsinstrumente, in: Schubert, Klaus/Bandelow, Nils C.: Lehrbuch der Politikfeldanalyse, München, S. 147-174.

Braybrooke, David/Lindblom, Charles E., 1972: Zur Strategie der unkoordinierten kleinen Schritte, in: Fehl, G./Fester, M./Kuhnert, N.: Planung und Information. Materialien zur Planungsforschung, Gütersloh.

Brinckmann, Hans 1994: Strategien für eine effektivere und effizientere Verwaltung, in: Naschold, Frieder/Pröhl, Marga (Hrsg.) 1994: Produktivität öffentlicher Dienstleistungen, Gütersloh, S. 167-243.

Bruder, Wolfgang 1980: Sozialwissenschaften und Politikberatung: Zur Nutzung sozialwissenschaftlicher Informationen in der Ministerialorganisation, Opladen.

Budäus, Dietrich 1989: Die Bedeutung der Betriebswirtschaftslehre zur Erforschung kommunaler Verwaltungen, in: Hesse, Joachim Jens (Hrsg.): Kommunalwissenschaften in der Bundesrepublik, Baden-Baden, S. 231-246.

Budäus, Dietrich 1994: Public Management. Konzepte und Verfahren zur Modernisierung öffentlicher Verwaltungen, (Modernisierung des öffentlichen Sektors Band 2), Berlin.

Budäus, Dietrich 2004: Modernisierung des öffentlichen Haushalts- und Rechnungswesens, in: Jann u.a. 2004, S. 75-87.

Budäus, Dietrich/Finger, Stefanie 1999: Stand und Perspektiven der Verwaltungsreformen in Deutschland, in: Die Verwaltung, Heft 3, 1999, S. 313-344.

Bundesministerium des Innern 1999: Moderner Staat-Moderne Verwaltung. Das Programm der Bundesregierung, Berlin.

Bundesministerium des Innern 2002: Der öffentliche Dienst in Deutschland, Hilburghausen.

Busse, Volker 2001: Bundeskanzleramt und Bundesregierung, 3 neu bearbeitete Auflage, Heidelberg.

Bussmann, Werner/Ulrich Klöti/Peter Knöpfel (Hrsg.) 1997: Einführung in die Politikevaluation, Basel/Frankfurt a. M..

Cecchini, Paolo 1988: Europa 92. Die Vorteile des Binnenmarktes, Baden-Baden.

Cohen, Michael D./March, James G./Olsen, Johan P., 1972: A Garbage Can Model of Organizational Choice, in: Administrative Science Quarterly, Vol. 17, No. 1.

Czada, Roland 1991: Regierung und Verwaltung als Organisatoren gesellschaftlicher Interessen, in: Hartwich, Hans-Hermann/Wewer, Göttrik (Hrsg.), Regieren in der Bundesrepublik III: Systemsteuerung und „Staatskunst", Opladen, S. 151-173.

Czada, Roland 1992: Der Staat als wirtschaftender Akteur, in: Abromeit, Heidrun/Ulrich Jürgens (Hrsg.): Die politische Logik wirtschaftlichen Handelns, Berlin, S. 171ff..

Czada, Roland 1998: Neuere Entwicklungen der Politikfeldanalyse, in: Alemann, Ulrich von/Czada, Roland (Hrsg.): Kongreßbeiträge zur politischen Soziologie, Politischen Ökonomie und Politikfeldanalyse, in: polis Heft Nr. 39, S. 47-65.

Czada, Roland/Wollmann, Hellmut 1999 (Hrsg.): Von der Bonner zur Berliner Republik. Leviathan Sonderheft 19, Wiesbaden.

Czada, Roland/Lütz, Susanne/Mette, Stefan 2003: Regulative Politik. Zähmungen von Markt und Technik, Opladen.

Czerwick, Edwin, 1997, Bürokratie und Demokratie: Grundlegung und theoretische Neustrukturierung der Vereinbarkeit von demokratischen System und öffentlicher Verwaltung illustriert am Beispiel der Bundesrepublik Deutschland, unveröff. Habilitation, Koblenz-Landau.

Dahl, Robert A., 1971: Polyarchy: participation and opposition, New Haven.

Damkowski, Wulf/Precht, Claus 1994: Neue Steuerungsmodelle für die Kommunalverwaltung, in: VOP, Heft 6, S. 412-416.

Damkowski, Wulf/Precht, Claus 1995: Public Management. Neuere Steuerungskonzepte für den öffentlichen Sektor, Stuttgart/Berlin/Köln.

De Leon, Linda 1998: Accountability in a „Reinvented" Government, Public Administration, S. 539-558.

Decker, Frank 2003: Parlamentarisch, präsidentiell oder semi-präsidentiell? Der Verfassungskonvent ringt um die künftige institutionelle Gestalt Europas, in: ApuZ, Heft 1-2, 2003, S. 16-23.

Derlien, Hans-Ulrich 1976: Erfolgskontrolle staatlicher Planung, Baden-Baden.

Derlien, Hans-Ulrich 1984: Verwaltungssoziologie., in: Mutius, Albert von (Hrsg.), Handbuch für die öffentliche Verwaltung, Neuwied u.a., S. 793-869.

Derlien, Hans-Ulrich, 1989: Die selektive Interpretation der Weberschen Bürokratietheorie in der Organisations- und Verwaltungslehre, in: Verwaltungsarchiv, Bd. 80, S. 319-329.

Derlien, Hans-Ulrich 1990: Wer macht in Bonn Karriere? Spitzenbeamte und ihr beruflicher Werdegang, in: DÖV 43, S. 311-319.

Derlien, Hans-Ulrich 1992: Observations on the State of Comparative Administration Research in Europe – Rather comparable than Comparative, in: Governance Bd. 5, S. 279-311.

Derlien, Hans-Ulrich 1994: Kommunalverfassungen zwischen Reform und Revolution, in: Gabriel/Voigt 1994, S. 47-78.

Derlien, Hans-Ulrich 1996a: Patterns of Postwar administrative Development in Germany, in: Benz, Arthur/Goetz, Klaus H. (Hrsg.): A New German Public Sector? Aldershot, S. 27-44.

Derlien, Hans-Ulrich 1996b: Zur Logik und Politik des Ressortzuschnitts, in: Verwaltungsarchiv 87, S. 548-580.

Derlien, Hans-Ulrich (Hrsg.) 2001: Zehn Jahre Verwaltungsaufbau Ost – eine Evaluation, Baden-Baden.

Derlien, Hans-Ulrich 2002a: Öffentlicher Dienst im Wandel, in: König, Klaus 2002, S. 229-254.

Derlien, Hans-Ulrich 2002b: Entwicklung und Stand der empirischen Verwaltungsforschung, in: König 2002, S. 365-392.

Derlien, Hans-Ulrich 2003: Mandarins or Managers? The Bureaucratic Elite in Bonn, 1970 to 1987 and Beyond, in: Governance, Band 16, Heft 3, S. 401-428.

Derlien, Hans-Ulrich/Mayntz, Renate et al., 1987: Einstellungen der politisch-administrativen Elite des Bundes, in: Verwaltungswissenschaftliche Beiträge, Nr. 25, Bamberg 1988.

Deubner, Christian 2003: Differenzierte Integration: Übergangserscheinung oder Strukturmerkmal der künftigen Europäischen Union, in: ApuZ, Heft 1-2, 2003, S. 24-32.

Dieckmann, Rudolf 1977: Aufgabenkritik in der Großstadtverwaltung, Berlin.

Döding, Horst/Schipper, Horst 1993: Die Polizei im demokratischen Rechtsstaat, Hilden.

Döhler, Marian 2001: Das Modell der unabhängigen Regulierungsbehörde im Kontext des deutschen Regierungs- und Verwaltungssystems, in: Die Verwaltung, Heft 1, S. 59-91.

Döhler, Marian 2004: Aufsicht (Behörden-, Fach- u. Rechtsaufsicht), erscheint in: Rüdiger Voigt/Ralf Walkenhaus (Hrsg.) 2004: Handwörterbuch der Verwaltungsreform. Opladen.

Domeyer, Hans Christian 2000: Dienstleistungszentren in ländlichen Räumen, in: Die Gemeinde SH 2/2000, S. 41-42.

Dose, Nicolai 1997: Die verhandelnde Verwaltung. Eine empirische Untersuchung über den Vollzug des Immissionsschutzrechts, Diss., Baden-Baden.

Dose, Nicolai/Voigt, Rüdiger (Hrsg.), 1995: Kooperatives Recht, Baden-Baden.

Downs, Anthony, 1966: Bureaucratic Structure and Decision-Making, Santa Monica.

Eichhorn, Peter/Friedrich, Peter/Jann, Werner/Oechsler, Walter A. /Püttner, Günter/Reinermann, Heinrich (Hrsg.) 2003:Verwaltungslexikon, 3. neu bearbeitete Auflage, Baden-Baden.

Ellwein, Thomas 1963: Das Regierungssystem der Bundesrepublik Deutschland, 5. Aufl. 1983, Opladen.

Ellwein, Thomas 1964: Politische Verhaltenslehre, 6. Aufl. 1968, Stuttgart-Berlin-Köln-Mainz.

Ellwein, Thomas 1966: Einführung in die Regierungs- und Verwaltungslehre. Stuttgart u.a.

Ellwein, Thomas 1982: Verwaltungswissenschaft: Die Herausbildung der Disziplin, in: Hesse, Joachim Jens (Hrsg.), Politikwissenschaft und Verwaltungswissenschaft, S. 34-54.

Ellwein, Thomas 1986a: Deutsche Innenpolitik, in: Beyme, Klaus von (Hrsg.): Politikwissenschaft in der Bundesrepublik, S. 180-193.

Ellwein, Thomas 1986b: Staatslehre und Staatspraxis im 19. Jahrhundert. Beitrag zum Forschungscolloquium „Aufgaben einer Staatslehre heute" der Sektion „Staatslehre und politische Verwaltung" der DVPW am 23. und 24. Oktober 1986 in Speyer (vervielf. Manuskript).

Ellwein, Thomas 1989: Verwaltung und Verwaltungsvorschriften. Notwendigkeit und Chance der Vorschriftenvereinfachung, Opladen.

Ellwein, Thomas 1994: Das Dilemma der Verwaltung: Verwaltungsstruktur und Verwaltungsreform in Deutschland, Mannheim.

Ellwein, Thomas 1997: Verwaltung und Verwaltungswissenschaft, in: Staatswissenschaft und Staatspraxis, Heft 8, S. 5-18.

Ellwein, Thomas/Hesse, Joachim Jens (Hrsg.) 1985: Verwaltungsvereinfachung und Verwaltungspolitik, Baden-Baden.

Ellwein, Thomas/Hesse, Joachim Jens (Hrsg.) 1997: Das Regierungssystem der Bundesrepublik Deutschland, 8. völlig neubearb. und erw. Aufl., Opladen.

Ellwein, Thomas/Holtmann, Everhard (Hrsg.) 1999: 50 Jahre Bundesrepublik. Rahmenbedingungen – Entwicklungen – Perspektiven, Opladen.

Ellwein, Thomas/Zoll, Ralf 1973: Berufsbeamtentum, Anspruch und Wirklichkeit. Zur Entwicklung und Problematik des öffentlichen Dienstes, Düsseldorf.

263

Engelniederhammer, Stefan/Köpp, Bodo/Reichard, Christoph/Röber, Manfred/Wollmann, Hellmut 1999: Berliner Verwaltung auf Modernisierungskurs. Bausteine – Umsetzungsstrategien – Hindernisse, Berlin.

Enquete-Kommission „Zukunft des Bürgerschaftlichen Engagements" 2002: Bürgerschaftliches Engagement: auf dem Weg in eine zukunftsfähige Bürgergesellschaft, Bundestagsdrucksache 14/2351, Berlin.

Eschenburg, Theodor 1974: Der bürokratische Rückhalt, in: Löwenthal, Richard/Schwarz, Hans-Peter (Hrsg.): Die zweite Republik. Stuttgart, S. 64-94.

Eschenburg, Theodor 1994: Jahre der Besatzung: 1945-1949, Geschichte der Bundesrepublik Bd. 1, Stuttgart.

Esping-Andersen, Gøsta, 1990, The Three Political Economies of the Welfare State, in: ders., The Three Worlds of Welfare Capitalism, Princeton, S. 9-34.

Esser, Josef/Fach, Wolfgang/Simonis, Georg/Väth, Werner 1977: Verwaltungsstudium in Kontanz, in: Voegelin, Gudewig (Hrsg.), Sozialwissenschaften. Berufsorientiertes Studium?, Frankfurt u.a., S. 100-126.

Eynern, Gert von 1969: Grundriß der politischen Wirtschaftslehre I, 2. Aufl. 1972, Opladen.

Fangmann, Hellmut 1981: Die Restauration der herrschenden Staatsrechtswissenschaft nach 1945, in: Reifner, Udo (Hrsg.), Recht des Unrechtsstaates, S. 211-247.

Forsthoff, Ernst 1973: Lehrbuch des Verwaltungsrechtes, 10. überarbeitete Auflage, München.

Frank, Rainer 1992a: Politik und Verwaltung im Umbruch. Neubau der Kommunalverwaltungen in den neuen Bundesländern – eine Zwischenbilanz (Teil I), in: Demokratische Gemeinde, Heft 1, S. 47-52.

Frank, Rainer 1992b: Politik und Verwaltung im Umbruch. Neubau der Kommunalverwaltungen in den neuen Bundesländern – eine Zwischenbilanz (Teil II), in: Demokratische Gemeinde, Heft 2, S. 47-52.

Frenzel, Albrecht 1995: Die Eigendynamik ostdeutscher Kreisgebietsreformen. Eine Untersuchung landesspezifischer Verlaufsmuster in Brandenburg und Sachsen, Baden-Baden.

Friedrich, Carl Joachim 1953: Der Verfassungsstaat der Neuzeit, Berlin u.a.

Friedrich, Carl Joachim 1959: Demokratie als Herrschafts- und Lebensform, 2. Aufl. 1966, Heidelberg.

Friedrich, Hannes, 1970: Staatliche Verwaltung und Wissenschaft. Die wissenschaftliche Beratung der Politik aus der Sicht der Ministerialbürokratie. 2 Teile: 1. das Verhältnis von Wissenschaft und Politik, 2. die empirische Untersuchung, Frankfurt am Main.

Friedrich, Manfred 1986: Paul Laband und die Staatsrechtswissenschaft, in: AöR, Heft 2, S. 179-218.

Gabriel, Oscar W. (Hrsg.) 1989: Kommunale Demokratie zwischen Politik und Verwaltung, München

Gabriel, Oscar W. 1997: Das Plebiszit auf dem Vormarsch in den Kommunen: Bürgerentscheide als Konkurrenz zu den lokalen Parteien und als Motor der politischen Aktivitäten, in: ders./Knemeyer, Franz-Ludig/Strohmeyer, Klaus-Peter 1997: Neue Formen politischer Partizipation – Bürgerbegehren und Bürgerentscheid, Bonn (Interne Studien der Konrad-Adenauer-Stiftung Nr. 136).

Gablentz, Otto Heinrich von der 1965: Einführung in die politische Wissenschaft, Opladen.

Garner, Curt 1993: Der öffentliche Dienst in den 50er Jahren: Politische Weichenstellung und ihre sozialgeschichtlichen Folgen, in: Schildt, Axel/Sywottek, Arnold (Hrsg.): Modernisierung im Wiederaufbau: Die westdeutsche Gesellschaft der 50er Jahre. Bonn, S. 759-790.

Gellner, Winand, 1995: Ideenagenturen für Politik und Öffentlichkeit: Think Tanks in den USA und in Deutschland, Opladen.

Gerstlberger, Wolfgang/Lompe, Klaus. 1966. Wissenschaftliche Beratung der Politik: Ein Beitrag zur Theorie anwendender Sozialwissenschaft, Göttingen.

Gerstlberger, Wolfgang/Grimmer, Klaus/Wind, Martin 1999: Innovationen und Stolperstein in der Verwaltungsmodernisierung, Berlin.

Glaeßner, Gert-Joachim 1999: Politik und Demokratie in Deutschland, Opladen.

Goodnow, Frank Johnson, 1900: Politics and Administration: a study in government, New York.

Goetz, Klaus H. 2001: European Integration and National Executives: A Cause in Search of an Effect? in: ders./Hix, Simon 2001, S. 211-231.

Goetz, Klaus H./Hix, Simon (Hrsg.) 2001: Europeanised Politics?: European Integration and National Political Systems, London u. Portland.

Göhler, Gerhard 1987: Institutionenlehre und Institutionentheorie in der deutschen Politikwissenschaft nach 1945, in: ders. (Hrsg.): Grundfragen der Theorie politischer Institutionen. Forschungsstand – Probleme – Perspektiven, Opladen, S. 15-47.

Grande, Edgar/Eberlein, Burkhard 1999: Der Aufstieg des Regulierungsstaates im Infrastrukturbereich, in: Czada/Wollmann 1999, S. 631-651.

Gramke, Jürger 1978: Praktizierte Bürgernähe. Stuttgart.

Grauhan, Rolf-Richard 1969: Modelle politischer Verwaltungsführung, in: PVS, Heft 2/3, S. 269-284.

Grimm, Dieter 1976: Staatsrechtslehre und Politikwissenschaft, in: ders. (Hrsg.): Rechtswissenschaft und Nachbardisziplinen 1, München, S. 53-67.

Grimm, Dieter 1994: Staatsaufgaben, Baden-Baden.

Grunow, Dieter 1978: Alltagskontakte mit der Verwaltung, Frankfurt/New York.

Grunow, Dieter 1982: Bürgernähe der Verwaltung als Qualitätsmaßstab und Zielbezug alltäglichen Verwaltungshandelns, in: Hesse 1982, S. 237-253.

Grunow, Dieter 1988: Bürgernahe Verwaltung. Theorie, Empirie, Praxismodelle, Frankfurt/New York.

Grunow, Dieter 1998: Lokale Verwaltungsmodernisierung in „progress"?, in: Grunow/Wollmann 1998: Lokale Verwaltungsreform in Aktion, Basel u.a. S. 1-25.

Gullick, Luther/Urwick, L. 1937: Papers on the Science of Administration; New York.

Haack, Wulf 2000: David gegen Goliath – Der Dorfladen bekommt eine neue Chance, in: AKP 5/2000, S. 46-48.

Habermas, Jürgen 1968: Verwissenschaftlichte Politik und öffentliche Meinung (1963), in: ders., Technik und Wissenschaft als "Ideologie", Frankfurt am Main.

Hammans, Peter 1987: Das politische Denken der neuen Staatslehre in der Bundesrepublik. Eine Studie zum politischen Konservatismus juristischer Geschäftstheorie, Opladen.

Harms, Jens/Reichard, Christoph 2003 (Hrsg.): Die Ökonomisierung des öffentlichen Sektors: Instrumente und Trends, Baden-Baden.

Hauschild, Christoph 1998: Aus- und Fortbildung für den öffentlichen Dienst, in: König/ Siedentopf 1998, S. 577-597.

Haus, Michael/Hubert, Heinelt 2002: Modernisierungstrends in lokaler Politik und Verwaltung aus der Sicht leitender Kommunalbediensteter. Eine vergleichende Analyse, in: Bogumil, Jörg (Hrsg.): Kommunale Entscheidungsprozesse im Wandel. Theoretische und empirische Analysen, Opladen, S. 111-136.

Hegner, Friedhart 1978: Das bürokratische Dilemma. Zu einigen unauflöslichen Widersprüchen in den Beziehungen zwischen Organisation, Personal und Publikum, Frankfurt/New York.

Held, David/McGrew, Anthony/Goldblatt, David/Perraton, Jonathan 1999: Global Transformations: Politics, Economics and Culture, Cambridge.

Heller, Hermann 1934: Staatslehre, in: Gesammelte Schriften, Bd. 3, Leiden 1971.

Heller, Hermann 1971: Gesammelte Schriften, hrsg. von Martin Drath (2. Aufl. durchges., um ein Nachw. erw. 1992), Leiden und Tübingen.

Hellstern, Gerd-Michael/Wollmann, Hellmut (Hrsg.) 1984: Experimentelle Politik – Reformstrohfeuer oder Lernstrategie, Opladen.

Henneke, Hans-Günter 1996 (Hrsg.): Aktuelle Entwicklungen der inneren Kommunalverfassung, Stuttgart u.a.

Henneke, Hans-Günter 1999: Das Verhältnis von Politik und Verwaltung in den Kommunalverfassungen der deutschen Länder. Miteinander oder Gegeneinander?, in: Verwaltung und Management, Heft 3, S. 132-136.

Henneke, Hans-Günter 2000: Öffentliches Finanzwesen, Finanzverfassung: eine systematische Darstellung, 2. völlig neubearbeitete Auflage, Bonn.

Hennis, Wilhelm 1965: Aufgaben einer modernen Regierungslehre, in: PVS Heft 6, S. 422-431.

Héritier, Adrienne u.a. 2001: Differential Europe: EU Impact on National Policy-Making. Lanham u.a.

Hermens, Ferdinand A. 1968: Verfassungslehre, Köln und Opladen.

Herzog, Roman 1971: Allgemeine Staatslehre, Frankfurt/Main.

Hesse, Joachim Jens (Hrsg.) 1982: Politikwissenschaft und Verwaltungswissenschaft, Opladen.

265

Hesse, Joachim Jens/Benz, Arthur 1990: Die Modernisierung der Staatsorganisation. Institutionenpolitik im internationalen Vergleich: USA, Großbritannien, Frankreich, Bundesrepublik Deutschland. Baden-Baden.

Hesse, Joachim Jens/Ellwein, Thomas 1986: Aufgaben einer Staatslehre heute – einige Vorüberlegungen. Beitrag zum Forschungscolloquium „Aufgaben einer Staatslehre heute" der Sektion „Staatslehre und politische Verwaltung" der DVPW am 23. und 24. Oktober in Speyer (vervielf. Manuskript).

Hesse, Joachim Jens/Ellwein, Thomas 1997: Das Regierungssystem der Bundesrepublik Deutschland. Band 1: Text, völlig neubearbeitete und erweiterte 8. Auflage, Opladen.

Heyde, Wolfgang/Ziller, Gebhard 2000: Legislative, Exekutive, Rechtsprechung. Köln.

Hill, Hermann, 1987: Die politisch-demokratische Funktion der kommunalen Selbstverwaltung nach der Reform, Baden-Baden.;

Hillmann, Gert, 1986: Verständigungsschwierigkeiten zwischen Sozialwissenschaften und Verwaltungspraxis, in: DÖV, S. 355ff.

Hoffmann-Riem, Wolfgang (Hrsg.) 1979: Bürgernahe Verwaltung? Analysen über das Verhältnis von Bürger und Verwaltung, Neuwied und Darmstadt.

Hood, Christopher/Schuppert, Gunnar Folke (Hrsg.), 1988: Verselbständigte Verwaltungseinheiten in Westeuropa, Baden-Baden.

Holtkamp, Lars 2000: Kommunale Haushaltspolitik in NRW – Haushaltslage – Konsolidierungspotentiale – Sparstrategien, Diss., Opladen.

Holtkamp, Lars 2003: Parteien in der Kommunalpolitik. Konkordanz- und Konkurrenzdemokratien im Bundesländervergleich, Polis Nr. 58, Arbeitspapiere der FernUniversität Hagen, Hagen.

Holtmann, Everhard/Ellwein, Thomas (Hrsg.): 50 Jahre Bundesrepublik Deutschland, Opladen.

Howlett, M./Ramesh, M. 1995: Studying Public Policy: Policy Cycles and Policy Subsystems, Toronto.

Jachtenfuchs, Markus/Kohler-Koch, Beate (Hrsg.) 1996: Europäische Integration, Opladen.

Jaedicke, Wolfgang/Thron, Thomas/Wollmann, Hellmut 2000: Modernisierung der Kommunalverwaltung – Evaluierungsstudie zur Verwaltungsmodernisierung im Bereich Planen, Bauen und Umwelt, Wüstenrot-Stiftung, Freiburg.

Jann, Werner 1983: Policy-Forschung – ein sinnvoller Schwerpunkt der Politikwissenschaft, in APuZ, B 47/83, S. 26-38.

Jann, Werner 1986: Politikwissenschaftliche Verwaltungsforschung, in: Beyme, Klaus von (Hrsg.), Politikwissenschaft in der Bundesrepublik Deutschland, Opladen, S. 209-230.

Jann, Werner 1987: Policy-orientierte Aus- und Fortbildung für den öffentlichen Dienst. Erfahrungen in den USA und Lehren für die Bundesrepublik Deutschland, Basel, Boston, Stuttgart.

Jann, Werner 1998: Verwaltungswissenschaft und Managementlehre, in: Bandemer, Stefan von, u.a. (Hrsg.), Handbuch zur Verwaltungsreform, Opladen, S. 47-57.

Jann, Werner, 1998a: Politik und Verwaltung im funktionalen Staat, in: Jann, W./König, K./Landfried, C./Wordelmann, P. (Hrsg.): Politik und Verwaltung auf dem Weg in die transindustrielle Gesellschaft, Festschrift zum 65. Geburtstag von Carl Böhret, Baden-Baden.

Jann, Werner 1999: Neue Steuerungslogik, in: Naschold, F./Jann, W./Reichard, Chr.: Innovation, Effektivität, Nachhaltigkeit – Internationale Erfahrungen zentralstaatlicher Verwaltungsreform, Schriftenreihe Modernisierung des öffentlichen Sektors Bd. 16.

Jann, Werner 1999a: Zur Entwicklung der öffentlichen Verwaltung, in: Holtmann, E./Ellwein, Th. (Hrsg.): 50 Jahre Bundesrepublik Deutschland, Opladen. S. 520-543.

Jann, Werner 2001: Verwaltungsreform als Verwaltungspolitik: Verwaltungsmodernisierung und Policy-Forschung, in: Schröter, Eckhard (Hrsg.), Empirische Policy und Verwaltungsforschung, Opladen, S. 321-344.

Jann, Werner 2001a: Leistungsfähigkeit der Landesverwaltung, in: Derlien, Hans-Ulrich (Hrsg.): Zehn Jahre Verwaltungsaufbau Ost – eine Evaluation, Schriftenreihe der Deutschen Sektion des Internationalen Instituts für Verwaltungswissenschaften, Band 27, Baden-Baden.

Jann, Werner 2002: Der Wandel verwaltungspolitischer Leitbilder: Vom Management zu Governance?, in: König, Klaus (Hrsg.): Deutsche Verwaltung an der Wende zum 21. Jahrhundert, Baden-Baden, S. 279-304.

Jann, Werner 2003: State, Administration and Governance in Germany – Competing Traditions and Dominant Narratives, in: Public Administration, Vol. 81, No. 1, S. 95-118.

Jann, Werner 2004: Verwaltungsmodernisierung auf Bundesebene, in: Jann u.a. 2004, S. 100-112.

Jann, Werner/Wegrich, Kai 2003: Phasenmodelle und Politikprozesse: Der Policy Cycle, in: Schubert, K./Bandelow, N. C. (Hrsg.): Lehrbuch der Politikfeldanalyse, München/Wien, S. 71-104.

Jann, Werner/Bogumil, Jörg/Bouckaert, Gert/Budäus, Dietrich/Holtkamp, Lars/Kißler, Leo/ Kuhlmann, Sabine/Reichard, Christoph/Wollmann, Hellmut 2004: Status-Report Verwaltungsreform – Eine Zwischenbilanz nach 10 Jahren. (Modernisierung des öffentlichen Sektors, Band 24), Berlin.

Jann, Werner/Wewer, Göttrik 1998: Helmut Kohl und der „schlanke Staat". Eine verwaltungspolitische Bilanz, in: Wewer, Göttrik (Hrsg.): Bilanz der Ära Kohl. Christlich-liberale Politik in Deutschland 1982, Opladen, S. 229-266.

Jansen, Dorothea/Schubert, Klaus (Hrsg.) 1995: Netzwerke und Politikproduktion. Konzepte, Methoden, Perspektiven, Marburg.

Jellinek, Georg 1900: Allgemeine Staatslehre, 3. Aufl. Darmstadt (7. Neudruck Darmstadt 1960).

Jung, Otmar 1995: Direkte Demokratie: Forschungsstand und Forschungsaufgaben, in: Zparl, Heft 4, S. 658-677.

Jung, Otmar 1999: Siegeszug direktdemokratischer Institutionen als Ergänzung des repräsentativen Systems? Erfahrungen der 90er Jahre, in: von Arnim 1999, S. 103-138.

Kammerhoff, Jürgen 2003: Finanzverfassung und Steuern, in: Blanke u.a. 2003, S. 1-12.

Kaufmann, Franz-Xaver (Hrsg.) 1977: Bürgernahe Gestaltung des sozialen Umwelt. Probleme und theoretische Perspektiven eines Forschungsverbundes, Meisenheim/Glan.

Kaufmann, Franz-Xaver (Hrsg.) 1979: Bürgernahe Sozialpolitik. Planung, Organisation und Vermittlung sozialer Leistungen auf lokaler Ebene, Frankfurt/New York.

Kassim, Hussein/Peters, Guy B./Wright, Vincent (Hrsg.) 2000: The national Co-ordination of EU-Policy, Oxford.

KGSt (Kommunale Gemeinschaftsstelle), 1992: Wege zum Dienstleistungsunternehmen Kommunalverwaltung: Fallstudie Tilburg, KGSt-Bericht Nr. 12, Köln.

Kingdon, John W.1995: Agendas, Alternatives, and Public Policies. New York.

Kißler, Leo 1997: „Kundenorientierung" der Kommunalverwaltung – eine dritte Säule der lokalen Demokratie?, in: Bogumil/Kißler 1997b, S. 95-112.

Kißler, Leo/Bogumil, Jörg/Wiechmann, Elke 1994: Das kleine Rathaus. Kundenorientierung und Produktivitätssteigerung durch den Bürgerladen Hagen. Baden-Baden.

Kißler, Leo/Bogumil, Jörg/Greifenstein, Ralph/Wiechmann, Elke 1997: Moderne Zeiten im Rathaus? Reform der Kommunalverwaltungen auf dem Prüfstand der Praxis, (Modernisierung des öffentlichen Sektors, Sonderband 8), Berlin.

Kißler, Leo/Gmereck, Jürgen/Weber, Markus (Hrsg.) 2000: Modernisierung der Stadtverwaltung Bad Laasphe. Philipps-Universität Marburg.

Klee-Kruse, Gudrun 1997: Bürgerbüros im ländlichen Raum – erste Erfahrungen, download http://www.nsgb.de/dng/dng57.htm.

Klenk, Tanja/Nullmeier, Frank 2002: Public Governance als Reformstrategie, Edition der Hans-Böckler-Stiftung, Düsseldorf.

Kneissler Thomas 1998: Die Eigendymanik ausgegliederter Verwaltungseinheiten. in: Die Verwaltung, Heft 2/98, S. 193-218.

Knemeyer, Franz-Ludwig 1993: Die Kommunalverfassung in der Bundesrepublik Deutschland, in: Roth, Roland/Wollmann, Hellmut (Hrsg.), Kommunalpolitik, Bonn, S. 50-66.

Knemeyer, Franz-Ludwig 1997: Bürgerbeteiligung und Kommunalpolitik, 2. erweiterte Auflage, Landsberg am Lech.

Knemeyer, Franz-Ludwig 1998: Gemeindeverfassungen, in: Wollmann/Roth 1998, S. 104-123.

Knill, Christoph 2001: The Europanisation of National Administrations: Patterns of Institutional Change and Persistence. Cambridge.

Koellreuter, Otto 1955: Staatslehre im Umriss, Göttingen.

Kohler-Koch, Beate/Conzelmann, Thomas/Knodt, Michele 2002: Europäische Integration – Europäisches Regieren, Fernstudienkurs Nr. 3204, Hagen.

Kommission für Rechts- und Verwaltungsvereinfachung des Landes Nordrhein-Westfalen 1981-1983, Bericht der Kommission, Düsseldorf.

Kommission neue Führungsstruktur Baden-Württemberg (1985): Bericht der Kommission. Band 1 – Leitbilder und Vorschläge, Stuttgart.

König, Herbert 1982: Verwaltungsführung und Strukturreform. Ansätze zu einer Neuorientierung, in: Remer, Andreas (Hrsg.): Verwaltungsführung – Beiträge zu Organisation, Kooperationsstil und Personalarbeit in der öffentlichen Verwaltung, Berlin.

König, Klaus 1970: Erkenntnisinteressen der Verwaltungswissenschaft, Berlin.

König, Klaus 1990: Zum Standort der Verwaltungswissenschaft, in: DÖV, Heft 8, S. 305-310.

König, Klaus 1991: Zur Transformation einer real-sozialistischen Verwaltung in eine klassisch-europäische Verwaltung, Speyer: Forschungsinstitut für Öffentliche Verwaltung. Speyerer Forschungsberichte. Speyer.

König, Klaus 1992: Zur Transformation einer real-sozialistischen Verwaltung in eine klassisch-europäische Verwaltung, in: Verwaltungsarchiv 1992, S. 229ff.

König, Klaus 1996: Öffentliche Verwaltung im vereinigten Deutschland, in: König, Klaus/Siedentopf, Heinrich (Hrsg.): Öffentliche Verwaltung in Deutschland. Baden-Baden, S. 13-23.

König, Klaus (Hrsg.) 2002: Deutsche Verwaltung an der Wende zum 21. Jahrhundert, Baden-Baden.

König, Klaus 2003: Rückkehr von der Studienfahrt – Verwaltungswissenschaft als Reisebericht. Speyerer Vorträge Heft 70, Speyer.

König, Klaus/Dose, Nicolai (Hrsg.) 1992: Instrumente und Formen staatlichen Handelns. Köln u.a.

König, Klaus/Füchtner, Natascha 2000: „Schlanker Staat" – eine Agenda der Verwaltungsmodernisierung im Bund, Baden-Baden.

König, Klaus/Füchtner, Natascha 1999: „Schlanker Staat" zwischen Bonn und Berlin, in: Verwaltungsarchiv, Heft 1, S. 1-20.

König, Klaus/Messmann, Volker 1995: Organisations- und Personalprobleme der Verwaltungstransformation in Deutschland, Baden-Baden.

König, Klaus/Schnapauff, Klaus-Dieter (Hrsg.) 2000: Die deutsche Verwaltung unter 50 Jahren Grundgesetz, Europa-Bund-Länder-Kommunen, Baden-Baden.

König, Klaus/Siedentopf, Heinrich (Hrsg.) 1998: Öffentliche Verwaltung in Deutschland, Baden-Baden.

Konzendorf, Götz 1998: Verwaltungsmodernisierung in den Ländern. Überblick und Einblicke, Speyerer Forschungsberichte Nr. 187, Speyer.

Kriele, Martin 1975: Einführung in die Staatslehre, 2. Aufl. 1981, Opladen.

Kroker, Rolf/Lichtblau, Karl/Röhl, Klaus-Heiner 2003: Abbau von Bürokratie in Deutschland – mehr als Abbau von Einzelvorschriften – Gutachten für den Gemeinschaftsausschuss der Deutschen Gewerblichen Wirtschaft, Institut der deutschen Wirtschaft, Köln.

Kroppenstedt, Franz/Menz, Kai-Uwe 1998: Führungspositionen in der Verwaltung, in: König, Klaus/Siedentopf, Heinrich (Hrsg.): Öffentliche Verwaltung in Deutschland. Baden-Baden.

Krüger, Herbert, 1966: Allgemeine Staatslehre, Stuttgart.

Kückelhaus, Markus 1999: Ergebnisorientierte Führung in Politik und Verwaltung. Ein integratives Modell, Wiesbaden.

Kugele, Dieter 1976: Der politische Beamte. Eine Studie über Genesis, Motiv und Reform einer politisch administrativen Institution, München.

Kuhlmann, Sabine 2003: Rechtsstaatliches Verwaltungshandeln in Ostdeutschland. Eine Studie zum Gesetzesvollzug in der lokalen Bauverwaltung, Opladen (Reihe Stadtforschung aktuell, Band 94).

Kuhlmann, Sabine 2003a: Benchmarking auf dem Prüfstand: Kosten, Nutzen und Wirkungen interkommunaler Leistungsvergleiche in Deutschland. In: VerwArch, Heft 1, S. 99-126.

Kuhlmann, Sabine/Bogumil, Jörg/Wollmann, Hellmut (Hrsg.) 2004: Leistungsmessung und -vergleich in Politik und Verwaltung. Konzepte und Praxis, Wiesbaden (Band 96, Reihe Stadtforschung aktuell).

Laux, Eberhard 1978: Verwaltungslehre. Ein Literaturbericht, in: AfK 17/1, S. 84-92.

Laux, Eberhard 1992: Kriterien für eine Kommunalreform, in: von Oertzen, H. J. (Hrsg.): Rechtsstaatliche Verwaltung im Aufbau I. Kreisreform und Ämterverfassung, Baden-Baden 1, S. 53-70.

Laux, Eberhard 1999: Erfahrungen und Perspektiven der kommunalen Gebiets- und Funktionsreformen. In: Roth, R./Wollmann, H. (Hrsg.): Kommunalpolitik. Opladen, S. 168-185.

268

Lehmbruch, Gerhard, 1987: Administrative Interessenvermittlung, in: Windhoff-Héritier, Adrienne (Hrsg.), Verwaltung und ihre Umwelt: Festschrift für Thomas Ellwein, Opladen, S. 11-43.

Lehmbruch, Gerhard 1998: Parteienwettbewerb im Bundesstaat, Opladen.

Lehmbruch, Gerhard 2002: Der unitarische Bundesstaat in Deutschland: Pfadabhängigkeit und Wandel, in: Benz/Lehmbruch 2002, S. 53-110.

Lenk, Klaus/Traunmüller, Roland (Hrsg.) 1999: Öffentliche Verwaltung und Informationstechnik, Heidelberg.

Lenk, Klaus/Klee-Kruse, Gudrun 2001: Multifunktionale Serviceläden, Berlin.

Lepper, Manfred 1976: Das Ende eines Experiments. Zur Auflösung der Projektgruppe Regierungs- und Verwaltungsreform, in: Die Verwaltung, Heft 4, S. 478-490.

Levine, Robert A./Solomon, Marian A./Hellstern, Gerd Michael/Wollmann, Hellmut (Hrsg.) 1981: Evaluation Research and Practice: Comparative and International Perspectives, Beverly Hills.

Libbe, Jens/Tomerius, Stephan/Trapp, Jan-Hendrick (Hrsg.) 2002: Liberalisierung und Privatisierung öffentlicher Aufgabenerfüllung – Soziale und umweltpolitische Perspektiven im Zeichen des Wettbewerbs, Berlin.

Liedtke, Bernd H./Tepper, August 1989: Sozialverträglicher Technikeinsatz in der Kommunalverwaltung. Erfahrungen mit einem kommunalen Bürgeramt. GMD Bericht Nr. 177, München/Wien.

Lindblom, Charles E. 1975: Inkrementalismus: Die Lehre vom „Sich-Durchwursteln", in: Narr/Offe (Hrsg.), Köln.

Lippert, Barbara 2003: Von Kopenhagen bis Kopenhagen. Eine erste Bilanz der EU-Erweiterungspolitik, in: ApuZ, Heft 1-2, 2003, S. 7-15.

Loewenstein, Karl 1959: Verfassungslehre, 3. Aufl. 1975, Tübingen.

Lompe, Klaus, 1966: Wissenschaftliche Beratung der Politik: Ein Beitrag zur Theorie anwendender Sozialwissenschaft, Göttingen.

Lorig, Wolfgang H. 2001: Modernisierung des öffentlichen Dienstes. Politik- und Verwaltungsmanagement in der bundesdeutschen Parteiendemokratie, Opladen.

Luhmann, Niklas 1966: Theorie der Verwaltungswissenschaft. Bestandsaufnahme und Entwurf, Köln.

Luthardt, Wolfgang/Waschkuhn, Arno 1997: Plebizitäre Komponenten in der repräsentativen Demokratie. Entwicklungsstand und Perspektiven, in: Klein/Schmalz-Bruns 1997, S. 59-87.

Maaß, Christian/Reichard, Christoph 1998: Von Konzepten zu wirklichen Veränderungen? Erfahrungen mit der Einführung des Neuen Steuerungsmodells in Brandenburgs Modellkommunen, in: Grunow, Dieter/Wollmann, Hellmut (Hrsg.): Lokale Verwaltungsreform in Aktion: Fortschritte und Fallstricke, Basel u.a., S. 267-285.

Mayer, Otto, 1895: Deutsches Verwaltungsrecht, Berlin.

Maier, Hans 1966: Die ältere Deutsche Staats- und Verwaltungslehre (Polizeywissenschaft), (2. Aufl. 1980; Taschenbuchausgabe 1986), Neuwied.

Majone, Giandomenico 1996: Regulating Europe, London/New/York.

Majone, Giandomenico 1997: From the positive to the regulatory state, in: Journal of Public Policy 17/2.

March, James G./Olsen, Johann P. 1976: Ambiguity and Choice in Organizations, Bergen.

Mattern, Karl-Heinz 1994: Allgemeine Verwaltungslehre. 4. überarb. u. erw. Aufl. Berlin u.a.

Mayntz, Renate, 1968 (Hrsg.): Bürokratische Organisation. Neue Wissenschaftliche Bibliothek, Band 27. Köln.

Mayntz, Renate 1977: Die Implementation politischer Programme: Theoretische Überlegungen zu einem neuen Forschungsgebiet, in: Die Verwaltung, Heft 1, S. 55ff. (abgedruckt in: dies. [Hrsg.], 1980).

Mayntz, Renate (Hrsg.) 1980a: Implementation politischer Programme. Empirische Forschungsberichte. Königstein/Ts.

Mayntz, Renate, 1980b: Gesetzgebung und Bürokratisierung: Wissenschaftliche Auswertung der Anhörung zu den Ursachen einer Bürokratisierung in der öffentlichen Verwaltung, Bonn: Bundesminister des Innern, Köln.

Mayntz, Renate (Hrsg.) 1983: Implementation politischer Programme II. Ansätze zur Theoriebildung. Opladen: Westdeutscher Verlag.

Mayntz, Renate 1987: Politische Steuerung und gesellschaftliche Steuerungsprobleme. Anmerkungen zu einem theoretischen Paradigma, in: Ellwein, Th./Hesse, J.J./Mayntz, R./Scharpf, F.W. (Hrsg.): Jahrbuch zur Staats- und Verwaltungswissenschaft. Bd. 1. Baden-Baden, S. 89-110.

Mayntz, Renate 1993: Policy-Netzwerke und die Logik von Verhandlungssystemen, in: Héritier, Adrienne (Hrsg.): Policy-Analyse. Kritik und Neuorientierung, PVS Sonderheft 24, Opladen, S. 39-56.

Mayntz, Renate 1994: Politikberatung und politische Entscheidungsstrukturen: Zu den Voraussetzungen des Politikberatungsmodells, in: Murswieck, Axel (Hrsg.), Regieren und Politikberatung. Opladen, S. 17-29.

Mayntz, Renate 1995: Politische Steuerung: Aufstieg, Niedergang und Transformation einer Theorie, in: von Beyme, Klaus/Offe, Claus (Hrsg.): Politische Theorien in der Ära der Transformation, PVS Sonderheft 26, S. 148-168.

Mayntz, Renate, 1996: Politische Steuerung: Aufstieg, Niedergang und Transformation einer Theorie, in: Beyme, Klaus von/Offe, Claus (Hrsg.), Politische Theorien in der Ära der Transformation, PVS-Sonderheft 26/1995, S. 148-168.

Mayntz, Renate 1997: Soziologie der öffentlichen Verwaltung, 4. durchgesehene Auflage, Heidelberg.

Mayntz, Renate/Derlien, Ulrich 1989: Party Patronage and Politicization of the West German Administrative Elite 1970-1987. Towards Hybridization?, in: Governance, 2, S. 384ff..

Mayntz, Renate/Scharpf, Fritz W.(Hrsg.) 1973: Planungsorganisation: Die Diskussion um die Reform von Regierung und Verwaltung des Bundes, München 1973.

Mayntz, Renate/Scharpf, Fritz W. 1975: Policy-Making in the German Federal Bureaucracy. Amsterdam.

Mayntz, Renate/Scharpf, Fritz W. 1995: Der Ansatz des akteurzentrierten Institutionalismus, in: dies., Gesellschaftliche Selbstregelung und politische Steuerung, S. 39-72.

Mintzberg, Henry, 1996: Managing Government – Governing Management, in: Harvard Business Review, S. 75-83.

Miller, Manfred 1995: Vorstudien zur Organisation und Reform von Landesverwaltungen. Band 1 und 2. Speyerer Forschungsberichte 149, Speyer.

Mittendorf, Volker/Rehmet, Frank 2002: Bürgerbegehren und Bürgerentscheid: Wirkungsaspekte auf kommunale Meinungsbildungs- und Entscheidungsvorbereitungsprozesse in Deutschland und der Schweiz, in: Bogumil, Jörg (Hrsg.), Kommunale Entscheidungsprozesse im Wandel – Theoretische und empirische Analysen, S. 219-238.

Morsey, Rudolf 1977: Personal- und Beamtenpolitik im Übergang von der Bizonen- zur Bundesverwaltung (1947-1950): Kontinuität oder Neubeginn?, in: Morsey, Rudolf (Hrsg.): Verwaltungsgeschichte: Aufgaben, Zielsetzungen, Beispiele. Berlin, S. 191-238.

Morstein-Marx, Fritz 1965 (Hrsg.): Verwaltung. Eine Einführende Darstellung, Berlin.

Morstein-Marx, Fritz 1968: Bundesrepublik Deutschland, in: ders. (Hrsg.): Verwaltungswissenschaft in europäischen Ländern. Stand und Perspektiven (=Schriftenreihe der Hochschule Speyer, Bd. 42), Berlin.

Müller, Edda 1977: 7 Jahre Regierungs- und Verwaltungsreform des Bundes. Unfähigkeit zur Reform?, in: DÖV, Heft 3, S. 15ff.

Müller, Edda, 1986: Innenwelt der Umweltpolitik: Sozialliberale Umweltpolitik – (Ohn)macht durch Organisation, Opladen.

Narr, Wolf-Dieter/Naschold, Frieder 1971: Theorie der Demokratie. Einführung in die moderne politische Theorie, Band 3, Stuttgart.

Naschold, Frieder 1995: Ergebnissteuerung, Wettbewerb, Qualitätspolitik. Entwicklungspfade des öffentlichen Sektor, in Europa, (Modernisierung des öffentlichen Sektors, Sonderband 1), Berlin.

Naschold, Frieder/Oppen, Maria/Wegener, Alexander 1998: Kommunale Spitzeninnovationen. Konzepte, Umsetzung, Wirkungen in internationaler Perspektive (Modernisierung des öffentlichen Sektors, Band 12), Berlin.

Naschold, Frieder/Jann, Werner/Reichard, Christoph 1999: Innovation, Effektivität, Nachhaltigkeit. Internationale Erfahrungen zentralstaatlicher Verwaltungsreform (Modernisierung des öffentlichen Sektors, Band 16), Berlin.

Naschold, Frieder/Bogumil, Jörg 2000: Modernisierung des Staates. New Public Management in deutscher und internationaler Perspektive, 2. völlig überarbeitete Auflage, Opladen.

Naschold, Frieder/Väth, Werner (Hrsg.) 1973: Politische Planungssysteme, Opladen.

Niedermayer, Oskar 2001: Bürger und Politik. Politische Orientierung und Verhaltensweisen der Deutschen. Eine Einführung, Opladen.

Niskanen, W. A. 1971: Bureaucracy and Representative Government, Chicago/New York.

Oertzen, Hans Joachim von/Hauschild, Christoph 1998: Kontrolle der Verwaltung durch Verwaltungsgerichte, in: König/Siedentopf 1998, Öffentliche Verwaltung in Deutschland, Baden-Baden. S. 675-694.

Oertzen, Hans Joachim von 1979: Die kommunale Gebietsreform, Baden-Baden.

Offe, Claus 1972: Strukturprobleme des kapitalistischen Staates. Aufsätze zur politischen Soziologie, Frankfurt a.M.

Offe, Claus 1974: Rationalitätskriterien und Funktionsprobleme politisch-administrativen Handelns, in: Leviathan, Jahrgang 1974, S. 333-345.

Olsen, Johan P. (Hrsg.), 1983: Political Institutions in a Welfare State: the Case of Norway, Bergen.

Oppen, Maria, 1995: Qualitätsmanagement: Grundverständnisse, Umsetzungsstrategien und ein Erfolgsbericht: die Krankenkassen, Berlin.

Ortmann, Günter/Sydow, Jörg/Türk, Klaus (Hrsg.) 1997: Theorien der Organisation. Die Rückkehr der Gesellschaft, Opladen.

Osner, Andreas 2001: Kommunale Organisations-, Haushalts- und Politikreform. Ökonomische Effizienz und politische Steuerung, Berlin (zugleich Dissertation an der Wirtschaftswissenschaftlichen Fakultät der Universität Würzburg).

Ott, Yvonne 1994: Der Parlamentscharakter der Gemeindevertretung. Eine rechtsvergleichende Untersuchung der Qualität staatlicher und gemeindlicher Vertretungskörperschaften, Baden-Baden.

Page, Edward C./Wouters, Linda 1995: The Europeanization of the national bureaucracies?, in: Pierre, Jon (Hrsg.) Bureacracy in the Modern State, Aldershot u. Brookfield, S. 185f.

Pankoke, Eckart/Nokielski, Hans 1977: Verwaltungssoziologie. Eine Einführung in die Probleme der öffentlichen Verwaltung, Stuttgart u.a.

Parkinson, C. Northcote, 1957: Parkinson's law: or the pursuit of progress, Cambridge.

Peters, B. Guy/Wright, Vincent 1996: Public Policy and Administration, Old and New, in: Goodin/Klingemann, S. 628-644.

Peters, Hans 1965: Die Verwaltung als eigenständige Staatsgewalt. Krefeld: Scherpen.

Plamper, Harald 1998: Bürgerkommune: Neues Steuerungsmodell ade? – nein „Fortsetzung der Reform in den Kommunen", in: KGSt Info, Nr. 21, S. 169-172.

Pollitt, Christopher/Bouckaert, Gert 2000: Public Management Reform: A Comparative Analysis, Oxford, 2. Auflage 2004.

Popper, Karl R. 1945: The Open Society and Its Enemies, Vol. I: The Spell of Plato, London.

Pressman, Jeffrey Leonard/Wildavksy, Aaron 1973: Implementation. How great expectations in Washington are dashed in Oakland, Berkeley.

Putnam, Robert D. 1976: Die politischen Einstellungen der Ministerialbeamten in Westeuropa, in: PVS, 17, S. 23-67.

Püttner, Günter 1998: Netzwerk der Verwaltungskontrolle, in: König/Siedentopf 1998, S. 663-674.

Püttner, Günter 2000: Verwaltungslehre: Ein Studienbuch. 3. Aufl. München.

Quaritsch, Helmut (Hrsg.), Die Selbstdarstellung des Staates. Vorträge und Diskussionsbeiträge der 44. Staatswissenschaftlichen Fortbildungstagung 1976 der Hochschule für Verwaltungswissenschaften Speyer, Berlin 1977.

Radunz, Vicky 2003: Krisenmanagement aus der Sicht der Politikfeldforschung, Diplomarbeit im Studiengang Verwaltungswissenschaft, Universität Potsdam.

Reichard, Christoph 1977: Betriebswirtschaftslehre der öffentlichen Verwaltung, Berlin, New York.

Reichard, Christoph 1993: Analytik eines abgestuften Staatsaufgabenkonzeptes, Berlin, Manuskript.

Reichard, Christoph 1996: Umdenken im Rathaus: Neue Steuerungsmodelle in der deutschen Kommunalverwaltung, 5., unveränd. Aufl., Berlin.

Reichard, Christoph 1997: Deutsche Trends der kommunalen Verwaltungsmodernisierung, in: Naschold u.a. 1997, S. 49-75.

Reichard, Christoph 1998: Aus- und Fortbildung in der Kommunalverwaltung, in: Wollmann/Roth 1998, S. 512-530.

Reichard, Christoph 2004: Verwaltungsmodernisierung in den Bundesländern, in: Jann u.a. 2004, S. 87-100.

Reinermann, Heinrich 1992: Marktwirtschaftliches Verhalten in der öffentlichen Verwaltung. Ein Beitrag aus der Sicht der Verwaltungsinformatik, in: Die öffentliche Verwaltung, Heft 4, S. 133-144.

Renzsch, Wolfgang 1991: Finanzverfassung und Finanzausgleich: die Auseinandersetzungen um ihre politische Gestaltung in der Bundesrepublik Deutschland zwischen Währungsreform und deutscher Vereinigung (1948 bis 1990), zugleich Habilitationsschrift, Bonn.

Riedmüller, Barbara/Olk, Thomas (Hrsg.) 1994: Grenzen des Sozialversicherungsstaates, Opladen.

Ritter, Ernst-Hasso 1979: Der kooperative Staat. Bemerkungen zum Verhältnis von Staat und Wirtschaft, Archiv des öffentlichen Rechts, Bd. 104, S. 389ff.

Ronge, Volker/Schmieg, Günter 1973: Restriktionen politischer Planung, Frankfurt am Main.

Ruck, Michael 1997: Beharrung im Wandel: Neue Forschungen zur deutschen Verwaltung im 20. Jahrhundert (I), in: Neue Politische Literatur 42, S. 200-256.

Sabatier, Paul A. 1987: Knowledge, Policy Oriented Learning, and Policy Change. An Advocacy Coalition Framework. In: Knowledge: Creation, Diffusion, Utilization 8 (4): S. 649-692.

Sabatier, Paul A. 1993: Advocacy-Koalitionen, Policy-Wandel und Policy-Lernen: Eine Alternative zur Phasenheuristik. In: Héritier, Adrienne (Hrsg.): Policy-Analyse. Kritik und Neuorientierung. Politische Vierteljahresschrift 34, Sonderheft 24, Opladen, S. 116-148.

Sachverständigenrat „Schlanker Staat", 1998: Abschlussbericht, Bonn: Bundesministerium des Innern.

Saldern, Adelheid von 1998: Rückblicke. Zur Geschichte der kommunalen Selbstverwaltung in Deutschland, in: Wollmann/Roth 1998, S. 23-36.

Sarazzin, Thilo 1999a: Haushalts- und Finanzpolitik des Bundes. Künftige Handlungsnotwendigkeiten. Teil 1, in: Verwaltung und Management, Heft 2, S. 68-74.

Sarazzin, Thilo 1999b: Haushalts- und Finanzpolitik des Bundes. Künftige Handlungsnotwendigkeiten. Teil 2, in: Verwaltung und Management, Heft 3, S. 178-181.

Sarazzin, Thilo 1999c: Haushalts- und Finanzpolitik des Bundes. Künftige Handlungsnotwendigkeiten. Teil 3, in: Verwaltung und Management, Heft 4, S. 245-251.

Saretzki, Thomas, 1996: Wie unterscheiden sich Argumentieren und Verhandeln? Definitionsprobleme, funktionale Bezüge und strukturelle Differenzen von zwei verschiedenen Kommunikationsmodi, in: Volker von Prittwitz (Hg.) 1996: Verhandeln und Argumentieren. Dialog, Interessen und Macht in der Umweltpolitik, Opladen, S. 19-39.

Schäfer, Rudolf/Stricker, Hans Joachim 1989: Die Aufgaben der Gemeinden und ihre Entwicklung, in: Gabriel (Hrsg.) 1989, S. 35-58.

Scharpf, Fritz W. 1973a: Komplexität als Schranke der politischen Planung, in: ders. (Hrsg.), Planung als politischer Prozeß. Aufsätze zur Theorie der planenden Demokratie, Frankfurt a. M., S. 73-114.

Scharpf, Fritz W. 1973b: Verwaltungswissenschaft als Teil der Politikwissenschaft, in: ders.: Planung als politischer Prozess. Aufsätze zur Theorie der planenden Demokratie, Frankfurt a.M., S. 9-32.

Scharpf, Fritz W. 1987: Grenzen der institutionellen Reform, in: Ellwein, Thomas u.a. (Hrsg.) Jahrbuch zur Staats- und Verwaltungswissenschaft 1. Baden-Baden, S. 111-151.

Scharpf, Fritz W. 1992: Die Handlungsfähigkeit des Staates am Ende des 20. Jahrhunderts, in: Beate Kohler-Koch (Hrsg.), Staat und Demokratie in Europa, Opladen 1992, S. 93ff.

Scharpf, Fritz W. 1993: Versuch über Demokratie im verhandelnden Staat, in: Roland Czada/Manfred G. Schmidt (Hrsg.), Verhandlungsdemokratie, Interessenvermittlung, Regierbarkeit : Festschrift für Gerhard Lehmbruch, Opladen.

Scharpf, Fritz W. 2000: Interaktionsformen. Akteurzentrierter Institutionalismus in der Politikforschung, Opladen.

Scharpf, Fritz W./Reissert, B./Schnabel, F. 1976: Politikverflechtung. Theorie und Empirie des koopertiven Föderalismus in der Bundesrepublik, Kronberg.

Schefold, Diana/Neumann, Maja 1996: Entwicklungstendenzen der Kommunalverfassung in Deutschland. Demokratisierung und Dezentralisierung?, Basel/Boston/Berlin.

Schimank, Uwe 1994: Organisationssoziologie, in: Kerber, Harald/Schmieder, Arnold (Hrsg.): Spezielle Soziologien, Reinbek, S. 240-254.

Schliesky, Ute 1998: Unmittelbar-demokratische Elemente in den Kommunalverfassungen Deutschlands, in: AfK, Heft II, S. 308-335.

Schmid, Günther 2003: Gestaltung des Wandels durch wissenschaftliche Beratung. Das „Bündnis für Arbeit" und die „Hartz-Kommission", in: Ramge, Stefan/Schmid, Günther (Hrsg.): Management of Change in der Politik? Reformstrategien am Beispiel der Arbeitsmarkt- und Beschäftigungspolitik. Ein Werkstattbericht. (Schnittpunkte von Forschung und Politik Band 5), Münster u.a., S. 68-94.

Schmidt, Manfred G. 1995: Demokratietheorien: Eine Einführung, Opladen.

Schmidt, Manfred G. 1999: Die Europäisierung der öffentlichen Aufgaben, in: Ellwein/Holtmann 1999, S. 385-396.

Schmidt-Eichstaedt, Gerd 1985: Die Machtverteilung zwischen der Gemeindevertretung und dem Hauptverwaltungsbeamten im Vergleich der deutschen Kommunalverfassungssysteme, in: AfK, Heft I; S. 20-35.

Schnapp, Kai-Uwe 2001: Politischer Einfluss von Ministerialbürokratien in westlichen Demokratien, Dissertation an der Freien Universität Berlin, Berlin.

Schnapp, Kai-Uwe 2004: Ministerialbürokratien in westlichen Demokratien. Eine vergleichende Analyse, Opladen.

Schneider, Willy 2000: Kundenzufriedenheit – Strategie, Messung, Management, Landsberg am Lech.

Schulenburg, Klaus 1999: Direktwahl und kommunalpolitische Führung. Der Übergang zur neuen Gemeindeordnung in Nordrhein-Westfalen, Basel/Boston/Berlin.

Schuppert, Gunnar Folke 1980: Die öffentliche Aufgabe als Schlüsselbegriff der Verwaltungswissenschaft, in: Verwaltungsarchiv, 22. Jahrgang, Heft 4, S. 309-344.

Schuppert, Gunnar Folke 2000: Verwaltungswissenschaft: Verwaltung, Verwaltungsrecht, Verwaltungslehre, Baden-Baden.

Schwanke, Katja 2004: Wer macht in Berlin Karriere? Profil der Spitzenbeamten und Spitzenpolitiker. Hausarbeit an der Universität Konstanz, Konstanz.

Schwarze, Jürgen (Hrsg.) 1995: Das Verwaltungsrecht unter europäischem Einfluss: Zur Konvergenz der mitgliedstaatlichen Verwaltungsrechtsordnungen in der Europäischen Union, Baden Baden.

Seibel, Wolfgang 1986: Entbürokratisierung in der Bundesrepublik Deutschland, in: Die Verwaltung.

Seibel, Wolfgang 1987: Staatslehre und allgemeine Verwaltungswissenschaft, in: Ellwein, Thomas/Hesse, Joachim Jens/Mayntz, Renate/Scharpf, Fritz W. (Hg.): Jahrbuch zur Staats- und Verwaltungswissenschaft 1, Baden-Baden, S. 409-422.

Seibel, Wolfgang 1994: Funktionaler Dilettantismus. Erfolgreich scheiternde Organisationen im „Dritten Sektor" zwischen Markt und Staat, Baden-Baden.

Seibel, Wolfgang 1996: Adminstrative Science as Reform. German Public Administration, in: Public Administration Review, No. 1, S. 74-81.

Seibel, Wolfgang 1996a: Verwaltungsaufbau in den neuen Bundesländern. Zur kommunikativen Logik staatlicher Institutionenbildung, (Modernisierung des öffentlichen Sektors, Sonderband 5), Berlin.

Seibel, Wolfgang 1997: Verwaltungsreformen, in: König/Siedentopf (Hrsg.) 1997, S. 87-108.

Seibel, Wolfgang/Benz, Arthur/Mäding, Heiner (Hrsg.) 1993: Verwaltungsreform und Verwaltungspolitik im Prozeß der deutschen Einigung, Baden-Baden.

Siedentopf, Heinrich/Speer, Benedikt 2002: Der Europäische Verwaltungsraum – forschungsleitende Fragestellungen aus verwaltungswissenschaftlicher Sicht, in: König 2002, S. 305-325.

Siedentopf, Heinrich (Hrsg.) 2004: Der Europäische Verwaltungsraum. Beiträge einer Fachtagung, Baden-Baden.

Siefken, Sven 2003: Expertengremien der Bundesregierung. Fakten, Fiktionen, Forschungsbedarf, in: Zeitschrift für Parlamentsfragen, Heft 3, S. 483-504.

Sontheimer, Kurt 1971: Grundzüge des politischen Systems der Bundesrepublik Deutschland, 10. Aufl. 1984, München.

Sontheimer, Kurt 1976: Politische Wissenschaft und Staatsrechtslehre, in: Grimm, Dieter (Hrsg.): Rechtswissenschaft und Nachbarwissenschaften 1, München, S. 68-85.

Staff, Ilse 1981: Lehren vom Staat, Baden-Baden.

Staff, Ilse 1987 (Hrsg.): Justiz im Dritten Reich. Eine Dokumentation, Frankfurt/Main.

Stargard, Hans-Joachim 1995a: Kommunalverfassungen in Deutschland – Teil I, in: Verwaltungsrundschau, Heft 4, S. 118-130.

Stargard, Hans-Joachim 1995b: Kommunalverfassungen in Deutschland – Teil II, in: Verwaltungsrundschau, Heft 5, S. 145-156.

Statistisches Bundesamt, Statistisches Jahrbuch der BRD, Ausgaben 1991-2002, Wiesbaden.

Steffani, Winfried 1997: Gewaltenteilung und Parteien im Wandel, Opladen.

Steinkemper, Bärbel 1974: Klassische und politische Bürokraten in der Ministerialverwaltung der BRD, Köln.

Steinmann, Horst/Schreyögg, Horst (1993): Management. Grundlagen der Unternehmensführung. Konzepte, Funktionen, Fallstudien, 3. überarb. und erw. Aufl., Wiesbaden.

Stöbe, Sybille/Brandel, Rolf 1996: Die Zukunft der Bezirksregierungen. Modernisierungsperspektiven für die staatliche Mittelinstanz, Berlin.

Taylor, Frederick W. 1913: Die Grundsätze wissenschaftlicher Betriebsführung, München.

Thiel, Elke 1999: Die Europäische Union, München.

Thieme, Werner 1967: Verwaltungslehre, (4. erw. u. neu bearb. Aufl. 1984), Köln, Berlin, Bonn.

Thieme, Werner 1995: Einführung in die Verwaltungslehre. 1. Aufl. Köln u.a.

Thieme, Werner,1984: Verwaltungslehre, 4., erw. u. völlig neubearb. Aufl., Köln.

Thieme, Werner/Unruh, Georg/Scheuner, Ulrich 1981: Die Grundlage der kommunalen Gebietsreform, Baden-Baden.

Thieme, Werner/Prittwitz, G. 1981: Durchführung und Ergebnisse der kommunalen Gebietsreform, Baden-Baden.

Thompson, James D./Tuden, Arthur. 1959: Strategies, Structure, and Processes of Organizational Decision, in: Thompson, James D. u.a., Comparative Administration Studies, Pittsburgh.

Thränhardt, Dietrich 1978: Funktionalreform. Zielperspektiven und Probleme einer Verwaltungsreform, Meisenheim am Glarn.

Tils, Ralf 2002: Politische Logik administrativen Handelns? Ministerialverwaltung im Gesetzgebungsprozeß am Beispiel des Bundes-Bodenschutzgesetzes, Manuskript.

Töller, Annette 2000: Komitologie, Opladen.

Vedung, Evert 1999: Evaluation im öffentlichen Sektor, Wien etc.

Voigt, Rüdiger 1980: Verrechtlichung: Analysen zu Funktion und Wirkung von Parlamentarisierung, Bürokratisierung und Jusitzialisierung sozialer, politischer und ökonomischer Prozese, Königstein.

Voigt, Rüdiger 1992: Kommunalpolitik zwischen exekutiver Führerschaft und legislatorischer Programmsteuerung, in: APuZ, B 22-23, S. 3-12.

Voigt, Rüdiger (Hrsg.): Abschied vom Staat – Rückkehr zum Staat?, Baden-Baden.

Voigt, Rüdiger/Luthardt, Wolfgang 1986: Von Dissidenten und Klassikern. Zitationsanalyse der Veröffentlichungen der Vereinigung der Deutschen Staatsrechtslehrer, in: Erk Volkmar Heyen (Hrsg.): Historische Soziologie der Rechtswissenschaften (=Ius Commune, Sonderheft 20), Frankfurt/Main, S. 135-155.

Wagener, Frido 1969: Neubau der Verwaltung. Gliederung der öffentlichen Aufgaben und ihrer Träger nach Effektivität und Integrationswert, Berlin.

Wagener, Frido 1975: System einer integrierten Entwicklungsplanung im Bund, in den Ländern und Gemeinden, in: Politikverflechtung zwischen Bund, Ländern und Gemeinden, Schriftenreihe der Hochschule Speyer, Band 55, Berlin, S. 129ff.

Wagener, Frido 1979: Der Öffentliche Dienst im Staat der Gegenwart, in: Veröffentlichungen der Vereinigung der deutschen Staatsrechtlehrer, Berlin u.a., S. 215-266.

Wagener, Frido 1981: Äußerer Aufbau von Staat und Verwaltung, in: König u.a., S. 73-92.

Weber, Max, 1921: Wirtschaft und Gesellschaft, Berlin.

Wedel, Hedda von 1998: Verwaltungskontrolle durch Rechnungshöfe, in: König/Siedentopf 1998, S. 695-710.

Wegener Alexander, 2002: Wettbewerb gestalten. Kommunale Wettbewerbstrategien in den USA, Großbritannien und Neuseeland, Berlin.

Wegrich, Kai u.a. 1997: Kommunale Verwaltungspolitik in Ostdeutschland. Berlin.

Wegrich, Kai 2003: Vertikale Steuerungsbeziehungen im Mehrebenensystem der Länder. Interaktionsmuster im Spannungsfeld von Kooperation, Hierarchie und Management, Dissertation, Potsdam.

Wehling, Hans-Georg 1989: Politische Partizipation in der Kommunalpolitik, in AfK, Heft 1, S. 110-119.

Wehling, Hans-Georg 1999: Kommunale Direktwahl zwischen Persönlichkeitswahl und Parteientscheidung, Arbeitshilfe der Konrad-Adenauer-Stiftung Nr. 4, Sankt Augustin.

Weidenfeld, Werner/Korte, Karl-Rudolf 1992: Handbuch zur deutschen Einheit, Bonn.

Weimar, Anne-Marie 2003: Die Arbeit und die Entscheidungsprozesse der Hartz-Kommission, Dissertation, Universität Potsdam.

Weiss, Carol H. 1972: Evaluation Research: Methods of Assessing Programe Effectiveness, Englewood Cliffs.

Weiss, Carol 1977: Introduction, in: ders., Using Social Research in Public Policy Making, Lenxington.

Wengst, Udo 1984: Staatsaufbau und Regierungspraxis 1948-1953: Zur Geschichte der Verfassungsorgane der Bundesrepublik Deutschland. Düsseldorf.

Wesel, Uwe 1988: h.M., in: ders., Aufklärung über Recht. Zehn Beiträge zur Entmythologisierung, Frankfurt/Main, S. 14-40.

Wewer, Göttrik, 2003: Politikberatung und Politikgestaltung, in: Schubert, Klaus/Bandelow, Nils C., Lehrbuch der Politikfeldanalyse, München/Wien.

Wholey, Joseph S. 1983: Evaluation and Effective Public Management, Boston.

Wiese, Walter 1972: Der Staatsdienst in der Bundesrepublik Deutschland: Grundlagen, Probleme, Neuordnung, Berlin.

Wildavsky, Aaron 1979: Speaking Truth to Power. The Art and Craft of Policy Analysis, Boston/Toronto.

Wildavsky, Aaron 1984: The Politics of the Budgetary Process. Boston, Toronto (4. Auflage, zuerst 1964).

Wilson, Woodrow 1887: The Study of Administration, in: Political Science Quarterly, S. 427ff.

Wollmann, Hellmut (Hrsg.) 1979: Politik im Dickicht der Bürokratie. Beiträge zur Implementationsforschung, Opladen.

Wollmann, Hellmut 1983: Implementation durch Gegenimplementation „von unten". Das Beispiel der Wohnungspolitik, in: Mayntz, Renate (Hrsg.) 1983: Implementation politischer Programme II. Ansätze zur Theoriebildung, Opladen, S. 168- 196.

Wollmann, Hellmut 1996a: Verwaltungsmodernisierung. Ausgangsbedingungen, Reformanläufe und aktuelle Modernisierungsdiskurse, in: Reichard, Christoph/Wollmann, Hellmut (Hrsg.), Kommunalverwaltung im Modernisierungsschub?, Basel, S. 1-49.

Wollmann, Hellmut 1996b: Institutionenbildung in Ostdeutschland: Neubau, Umbau und „schöpferische Zerstörung", in: Kasse, Max/Eisen, Andreas/Gabriel, Oscar/Niedermayer, Oscar/Wollmann, Hellmut (Hrsg.): Politisches System. Berichte zum sozialen und politischen Wandel in Ostdeutschland, Band 3, Opladen, S. 43-139.

Wollmann, Hellmut 1997: „Echte Kommunalisierung" und Parlamentarisierung. Überfällige Reformen der kommunalen Politik und Verwaltungswelt, in: Heinelt, H./Mayer, M. (eds.): Modernisierung der Kommunalpolitik. Neue Wege der Ressourcenmobilisierung, Opladen 1997, S. 235-245.

Wollmann, Hellmut 1998: Kommunalpolitik – zu neuen (direkt)demokratischen Ufern?, in: Roth, Roland/Wollmann, Hellmut (Hrsg.), Kommunalpolitik, Bonn, S. 37-49

Wollmann, Hellmut 1998a: Modernisierung von Kommunalpolitik und –verwaltung zwischen Demokratie und Betriebswirtschaft – konträr, kompatibel, komplementär?, in: Grunow, Dieter/Wollmann, Hellmut (Hrsg), Kommunale Verwaltungsmodernisierung in Aktion. Fortschritte und Fussangeln. Basel.

Wollmann, Hellmut 1998b: Kommunalvertretungen – Verwaltungsorgane oder Parlamente?, in: Roth, Roland und Hellmut Wollmann (Hrsg.), Kommunalpolitik, Bonn. S. 50-66.

Wollmann, Hellmut 1999a: Politik- und Verwaltungsmodernisierung in den Kommunen: zwischen Managementlehre und Demokratiegebot, in: Die Verwaltung, Heft 3, S. 345-376.

Wollmann, Hellmut 1999b: Modernisierung der Kommunalverwaltung in den neuen Bundesländern. Zwischen Worten und Taten, in: LKV-Beilage I/1999, S. 7-13.

Wollmann, Hellmut 2000: Staat und Verwaltung in den 90er Jahren. Kontinuität oder Veränderungswelle?, in: Czada, Roland/Wollmann, Hellmut (Hrsg.), Von der Bonner zur Berliner Republik. 10 Jahre Deutsche Einheit, Opladen, S. 694-731.

Wollmann, Hellmut 2002: Die traditionelle deutsche kommunale Selbstverwaltung – ein „Auslaufmodell", in: Deutsche Zeitschrift für Kommunalwissenschaften, Bd. 41, S. 24-51.

Wollmann, Hellmut 2003: Kontrolle in Politik und Verwaltung: Evaluation, Controlling und Wissensnutzung, in: Klaus Schubert und Nils Bandelow, Lehrbuch der Politikfeldanalyse, München/Wien, S. 335-360.

Wollmann, Hellmut 2004: Reformen der kommunalen Politik- und Verwaltungsebene in Großbritannien, Schweden und Frankreich, in: Jann u.a. 2004, S. 36-51.

Wollmann, Hellmut/Roth, Roland (Hg.) 1998: Kommunalpolitik. Politisches Handeln in den Gemeinden, in: Schriftenreihe der Bundeszentrale für politische Bildung Bd. 356, Bonn (2. völlig überarbeitete und aktualisierte Ausgabe)

Wollmann, Hellmut/Kuhlmann, Sabine 2003: Allemagne. In: Ministère de l'Intérieur, de la Sécurité Intérieure et des Libertés Locales/Centre d'Etudes et de Prévision: Les régions entre l'Etat et les collectivités locales. Paris. 2003, S. 128-163.

Zetterberg, Hans L. 1973: Theorie, Forschung und Praxis in der Soziologie, in: König, René (Hrsg.): Handbuch der empirischen Sozialforschung, Bd. 1: Geschichte und Grundprobleme, 3. Aufl., Stuttgart, S. 104-160.

Ziebura, Gilbert 1969 (Hrsg.): Beiträge zur allgemeinen Parteilehre. Zur Theorie, Typologie und Vergleichung politischer Parteien, Darmstadt.

Ziekow, Jan, (Hrsg.) 2003: Verwaltungswissenschaften und Verwaltungswissenschaft: Forschungssymposium anlässlich der Emeritierung von Klaus König, Speyer.

Zürn, Michael 1998: Regieren jenseits des Nationalstaates, Frankfurt a.M.

Internetquellen

http://www.bund.de
http://www.kommunen-der-zukunft.de/set_projekt01.htm
http://www.kreis-coesfeld.de/3763-bau.htm
http://www.oecd.org/puma/stats/window/
http://www.staat-modern.de/infos/daten/bund_umsetzpl.pdf
http://www.wegweiser-bürgergesellschaft.de

Verzeichnis der Abbildungen

Autorenhinweise

Jörg Bogumil, geb. 1959, Prof. Dr. rer soc., Studium der Sozialwissenschaften an der Ruhr-Universität Bochum von 1980 bis 1985, bis 1995 wissenschaftlicher Angestellter in verschiedenen Forschungsprojekten an der FernUniversität- GH – Hagen, der Fachhochschule Dortmund und der Philipps-Universität Marburg, Promotion 1995; ab 1995 wissenschaftlicher Assistent an der FernUniversität in Hagen im Lehrgebiet Politikfeldanalyse und Verwaltungswissenschaft, Habilitation 2001, SS 2002 bis SS 2004 Vertretungsprofessur für Verwaltungswissenschaft an der Humboldt-Universität zu Berlin, ab SS 2004 Professor für Verwaltungswissenschaft mit dem Schwerpunkt Public Sector Reformen an der Universität Konstanz, ab Sommersemester 2005 Professor für Vergleichende Stadt- und Regionalpolitik an der Ruhr-Universität Bochum.

Arbeits- und Forschungsschwerpunkte:

– Verwaltungswissenschaft, Public Sector Reformen und Organisationstheorie
– Lokale Politikforschung
– Staats- und Regierungslehre
– Politikfeldanalyse

Ausgewählte Veröffentlichungen:

– Modernisierung des Staates. New Public Management und Verwaltungsreform, Reihe Grundwissen Politik, Band 22, Opladen: Leske und Budrich (mit Frieder Naschold, 2. vollständig aktualisierte und stark erweiterte Auflage 2000)
– Politik in Organisationen. Organisationstheoretische Ansätze und praxisbezogene Anwendungsbeispiele. Reihe Grundwissen Politik, Band 31, Opladen: Leske und Budrich 2001 (mit Josef Schmid)
– Verwaltung auf Augenhöhe. Strategie und Praxis kundenorientierter Dienstleistungspolitik (Modernisierung des öffentlichen Sektors, Band 19), Berlin: edition sigma 2001 (mit Lars Holtkamp und Leo Kißler)
– Modernisierung lokaler Politik. Kommunale Entscheidungsprozesse im Spannungsfeld zwischen Parteienwettbewerb, Verhandlungszwängen und Ökonomisierung, Habilitationsschrift, Baden-Baden: Nomos 2001 (Reihe „Staatslehre und politische Verwaltung", Band 5)
– Das Reformmodell Bürgerkommune. Leistungen – Grenzen – Perspektiven. (Modernisierung des öffentlichen Sektors, Band 22), Berlin: edition sigma 2003, (mit Lars Holtkamp und Gudrun Schwarz)

Werner Jann, geb. 1950, Prof. Dr. rer. publ., Studium der Politikwissenschaft, Ökonomie und Mathematik an der FU-Berlin und der University of Edinburgh, Dipl.-Pol. 1976, Forschungsreferent und Assistent an der Hochschule für Verwaltungswissenschaften Speyer, Promotion (Speyer) 1982, Fellow am Kongress der Vereinigten Staaten in Washington DC, Research Fellow an der University of California, Berkeley, Habilitation (Speyer) 1989, Ministerialrat und Leiter der „Denkfabrik" in der Staatskanzlei Kiel, seit 1993 Lehrstuhl für Politikwissenschaft, Verwaltung und Organisation an der Universität Potsdam. Mitglied verschiedener Verwaltungsreformkommissionen, seit 2002 Präsident der *European Group of Public Administration*, EGPA (weitere Infos unter http://www.uni-potsdam.de/u/ls_verwaltung/index.htm).

Arbeits- und Forschungsschwerpunkte:

–   Modernisierung des öffentlichen Sektors (auch international vergleichend)
–   Ministerialverwaltung
–   Verwaltungspolitik und politische Steuerung der Verwaltung
–   Policy Forschung
–   Verwaltungswissenschaft und Organisationstheorie
–   Regierungslehre und Public Governance

Ausgewählte Veröffentlichungen:

–   Status-Report Verwaltungsreform. Eine Zwischenbilanz nach zehn Jahren, (Modernisierung des öffentlichen Sektors, Band 24) Berlin: edition Sigma 2004 (mit Jörg Bogumil u.a.)
–   Innovation, Effektivität, Nachhaltigkeit – Internationale Erfahrungen zentralstaatlicher Verwaltungsreform, (Modernisierung des öffentlichen Sektors Bd. 16), Berlin 1999 (zusammen mit Frieder Naschold und Christoph Reichard)
–   Leistungstiefe im öffentlichen Sektor, Berlin: edition Sigma 1996, (Modernisierung des öffentlichen Sektors, Sonderbd. 3), Berlin: edition Sigma 1996 (zusammen mit Frieder Naschold, Christoph Reichard u.a.)
–   Innenpolitik und politische Theorie. Ein Studienbuch, 3. erw. Aufl., Opladen: Westdeutscher Verlag 1988 (mit Carl Böhret und Eva Kronenwett) (4. Aufl. i.V.)
–   Mitherausgeber des „Verwaltungslexikons", Baden-Baden: Nomos 2003 (mit Peter Eichhorn u.a.)

Empfohlene Literatur

Ellwein, Thomas: Das Dilemma der Verwaltung. Verwaltungsstruktur und Verwaltungsreform in Deutschland. Mannheim: Bibliographisches Institut & F.A. Brockhaus 1994, 128 S.

Dieses Büchlein behandelt die Probleme der politischen Administration in Deutschland ausgehend von dem Grunddilemma, dass die notwendigen Verwaltungsreformen nur mit und über die Verwaltung geschehen können, diese aber zugleich in ihren eigenen Traditionen und Wahrnehmungs- und Handlungsmustern zutiefst befangen ist. Die gut verständliche Darstellungsweise des Autors lässt die eigentlich recht trockene Materie schnell anschaulich und lebendig werden. Sowohl im Sinne einer Einführung in die Verwaltungswissenschaft als auch im Sinne eines fundierten, kurzweilig dargebotenen Problemaufrisses ist die Lektüre eigentlich in allen Studienphasen sehr empfehlenswert.

Ellwein, Thomas: Der Staat als Zufall und Notwendigkeit. Die jüngere Verwaltungsentwicklung in Deutschland am Beispiel Ostwestfalen-Lippe, Bd. 1: Die öffentliche Verwaltung in der Monarchie 1815 bis 1918. Opladen: Westdeutscher Verlag 1993; 485 S., DM 76,–; Bd. 2: Die öffentliche Verwaltung im gesellschaftlichen und politischen Wandel 1919-1990. Opladen: Westdeutscher Verlag 1997; 598 S.

1993 erschien der erste Band der deutschen Verwaltungsgeschichte von Thomas Ellwein, 1997 der zweite und abschließende Teil. Beide Bände können auch separat gelesen werden. Am Beispiel von Ostwestfalen-Lippe wird der Wandel der öffentlichen Verwaltung im Zeitraum 1815-1990 nachvollzogen. Die historischen Erträge des Fallbeispiels werden mit Grundzügen einer allgemeinen deutschen Verwaltungsgeschichte verbunden und im Lichte der Verwaltungstheorie diskutiert. Band 1 behandelt den Zeitraum von 1815 bis 1918, Band 2 den Zeitraum 1919-1990. Insgesamt legt damit einer der renommiertesten Verwaltungswissenschaftler Deutschlands eine überaus beeindruckende und auf absehbare Zeit wegweisende Studie im Bereich der Verwaltungswissenschaft vor.

König, Klaus/Siedentopf, Heinrich (Hrsg.): Öffentliche Verwaltung in Deutschland, Baden-Baden: Nomos 1997, 807 S.

Das Standardwerk über die öffentliche Verwaltung in Deutschland liefert ein grundlegendes Wissen über die Grundlagen, den Aufbau, die Aufgaben, die Steuerung, die Entscheidungen das Personal, die Leitung und die Kontrolle öffentlicher Verwaltungen. Unverzichtbares Nachschlagewerk für jeden Verwaltungswissenschaftler.

König, Klaus 2002: Deutsche Verwaltung an der Wende zum 21. Jahrhundert, Baden-Baden: Nomos Verlag. 636 S.

Der umfangreiche Sammelband versammelt die Erträge eines interdisziplinär zusammengesetzten Arbeitskreises, der sich von 1999 bis 2001 regelmäßig getroffen hat, um in zwei Teilprojekten aktuelle Entwicklungen der Verwaltung und Verwaltungswissenschaft gemeinsam zu diskutieren und zu bilanzieren. Der erste Teil des Buches „Verwaltung im Wandel" behandelt in 14 Beiträgen die wichtigsten aktuellen Veränderungen und Herausforderungen der öffentlichen Verwaltung, ausgehend vom Verwaltungsaufbau nach 1945 über die Verwaltung in der deutschen Vereinigung, im Rechtsstaat, in der Informationsgesellschaft, Marktwirtschaft, Dienstleistungsgesellschaft etc. bis hin zum europäischen Verwaltungsraum und der Verwaltung in globaler Sicht. Der zweite Teil „Stand der Verwaltungsforschung" bilanziert in elf Beiträgen die Erträge und Lücken der aktuellen Forschung, und zwar aus der Sicht unterschiedlicher Ansätze und Disziplinen, etwa Verwaltungskultur, Wertwandel, Reformdiskurse, Sozialpsychologie, Institutionenökonomie und New Public Management. Der Band versammelt viele renommierte deutsche Verwaltungsforscher und liefert einen anspruchsvollen, aber anregenden Überblick über die aktuellen Diskussionen.

Mayntz, Renate 1997: Soziologie der öffentlichen Verwaltung, 4., durchges. Aufl.; Heidelberg. 264 S.

Seit der ersten Auflage 1978 das Standardwerk der deutschen Verwaltungssoziologie, das zuverlässig, systematisch und mit dem theoretischen Anspruch, die Fragestellungen der Verwaltungssoziologie systematisch zu entwickeln, über Entwicklung, Aufgaben, Organisation und Personal der öffentlichen Verwaltung sowie über Strukturen, Prozesse und Probleme der Ministerialverwaltung und der Vollzugsverwaltung informiert. Trotz des Titels weist das Buch erhebliche interdisziplinäre Bezüge vor allem aus dem Bereich der Politikwissenschaft auf, z.B. auch durch ein eigenes Kapitel zum Thema Politik und Verwaltung. Obwohl das Buch inzwischen nicht immer ganz auf dem neuesten Stand ist, ein immer noch unverzichtbares Standardwerk.

Nachschlagewerke

Becker, Bernd: Öffentliche Verwaltung. Lehrbuch für Wissenschaft und Praxis, Percha. Verlag R. S. Schulz 1989, 1048 S.

Das umfassende Lehrbuch beansprucht eine Gesamtdarstellung und Analyse aller wichtigen Dimensionen, Funktionsweisen und Funktionsbedingungen der öffentlichen Verwaltung. Das wohl umfassendste Nachschlagewerk über öffentliche Verwaltungen.

Blanke, Bernhard u.a. (Hrsg.) 2004: Handbuch zur Verwaltungsreform, 3. Auflage, Wiesbaden: VS-Verlag

Unverzichtbares Handbuch für jeden, der sich über den aktuellen Stand der Verwaltungsreform- und -modernisierungsdiskussion der letzten Jahre informieren will. In beinahe 50 jeweils etwa 8 bis 10 Seiten langen Artikeln wird man zuverlässig und praxisnah über Hintergrund, Entstehungszusammenhang, Anwendungsfelder und Umsetzung der wichtigsten Reformkonzepte informiert. Behandelt werden die Themenblöcke Staats- und Verwaltungsverständnis, Reform- und Managementkonzepte, Personalentwicklung, Organisationsentwicklung, Budgetentwicklung sowie Ergebnisorientierte Steuerung. Jeder Beitrag enthält Hinweise auf weiterführende Literatur. Obwohl dies ein Handbuch ist, eignet es sich aufgrund seines systematischen Aufbaus durchaus auch als Lehrbuch.

Eichhorn, Peter u.a. (Hrsg.) 2003: Verwaltungslexikon, 3., neu bearb. Aufl.; Baden-Baden: Nomos. 1252 S.

Umfassendes Lexikon mit über 6400 Stichworten zu allen Aspekten der bundesdeutschen Verwaltung. Hier kann man alles nachschlagen, was man nicht zu fragen wagt, z.B. verwaltungsinterne Begriffe (etwa Behörde, Amt, Deckungsfähigkeit bis hin zu Realkonzession und Frischwassermaßstab), allgemeinere Fachausdrücke (etwa Indexierung, Kreditermächtigung, Transfer) und neuere Konzepte (etwa Neue Institutionenökonomie, kooperative Verwaltung, Non-Governmental Organisations, Electronic Government etc). Wichtigere Konzepte und Stichworte sind in längeren, namentlich gezeichneten Beiträgen erläutert, die auch weiterführende Literatur enthalten. Die Herausgeber kommen aus den Bereichen Staats- und Verwaltungsrecht, Verwaltungslehre, Betriebswirtschaftslehre, Verwaltungssoziologie, Verwaltungsinformatik und Politikwissenschaft, der gesamte Bereich der modernen Verwaltung und Verwaltungswissenschaft wird daher abgedeckt. Hilfreiches Nachschlagewerk für die schnelle Information.

Schuppert, Gunnar Folke 2000: Verwaltungswissenschaft: Verwaltung, Verwaltungsrecht, Verwaltungslehre, Baden-Baden: Nomos Verlag. 1023 S.

Eine rechtswissenschaftliche Darstellung der öffentlichen Verwaltung, die auch für Politikwissenschaftler sehr hilfreich ist. Das Buch handelt von Aufgaben, Funktionen und Handlungsformen der Verwaltung, ihrer staatstheoretischen Begründung und ihrem Wandel. Zudem widmet sich der Autor, für einen Juristen nicht selbstverständlich, Fragen der politischen Steuerung und der Kooperation in der Verwaltung.

Verwaltungswissenschaftliche Zeitschriften

Die innovative Verwaltung
Die Öffentliche Verwaltung (DÖV)
Die Verwaltung
Governance
Public Administration Review (PAR)
Public Administration
Verwaltungsarchiv
Verwaltungsmanagement
Verwaltungsrundschau
Zeitschrift für Kommunalwissenschaften (vormals Archiv für Kommunalwissenschaften)

Glossar[85]

Agencification

bezeichnet den politischen Prozess, der zur Gründung neuer Behörden auf der zentralen oder der Bundesebene führt. Erstmals angewandt wurde der Begriff in Großbritannien, um die Reform der sog. Next-Steps-Agencies zu beschreiben, in deren Verlauf ein großer Teil der Vollzugsaufgaben der Ministerien auf neue → *Agencies* übertragen wurde. Mittlerweile lassen sich ähnliche Reformbestrebungen in einer Reihe von OECD-Nationen beobachten, insbesondere in Dänemark, den Niederlanden und Kanada. In der Regel wird dieser Prozess als Bestandteil von → *New Public Management*-Reformen begriffen, da er auf der NPM-typischen Forderung nach einem „policy/operations-split" basiert.

Agency

im angelsächsischen Sprachraum und inzwischen in der Verwaltungswissenschaft eine nicht eindeutig abgrenzbare Oberbezeichnung für Behörden, insb. für zentrale Verwaltungsbehörden, die nicht der Ministerialverwaltung zurechenbar sind, aber dennoch Aufgaben mit politischem Gewicht vollziehen und mehr oder weniger unabhängig agieren. Den Ursprung des Konzeptes findet man in den USA, wo mit der *Interstate Commerce Commission* bereits 1887 eine Behörde mit regulativen Funktionen ins Leben gerufen wurde, die sich zudem durch das Merkmal der Unabhängigkeit auszeichnet. In Deutschland ist der Begriff eher ungebräuchlich, obwohl sich auch hier auf historische Vorläufer aus der Ära Bismarck verweisen lässt, wie etwa das Reichseisenbahnamt oder das Bundesamt für Heimatwesen. Da sich Bundesbehörden hier zu Lande – von wenigen Ausnahmen abgesehen – grundsätzlich unter der Kontrolle eines vorgesetzten Ministeriums befinden, ist stets von „nachgeordnetem Bereich" (nachgeordnete Behörde) die Rede, wo andernorts der Begriff A. angewandt würde. Je nachdem, ob eine enge oder weitere Definition zu Grunde gelegt wird, können für den deutschen Fall auch Körperschaften und Anstalten des öffentlichen Rechts als A. betrachtet werden.

Aktivierender Staat

wurde als Konzept 1995 in die politische und wissenschaftliche Diskussion in Deutschland eingeführt und stellt die deutsche Variante der angelsächsischen Debatte um den „enabling state" dar. Während in der ersten Hälfte der 90er Jahre die Diskussion der Verwaltungsmodernisierung in Deutschland – v.a. beeinflusst durch das → *Neue Steuerungsmodell* – weitestgehend binnenorientiert geprägt war, setzte sich seit Mitte der 90er Jahre zunehmend die Erkenntnis durch, dass

---

85 Für die Mitarbeit bei der Erstellung des Glossars danken wir Julia Fleischer und Thurid Hustedt. Für detaillierte Erläuterungen sämtlicher verwaltungswissenschaftlicher und – praktischer Fachbegriffe sei auf das Verwaltungslexikon (Eichhorn/Friedrich/Jann et.al. 2003) verwiesen.

Verwaltungsmodernisierung notwendigerweise von einer Staatsmodernisierung begleitet werden muss (→ *Governance*). Inhaltlich setzt der a. zwischen den Polen staatlicher Allzuständigkeit und Privatisierung an, da weder ein allumfassender Wohlfahrts- und Regelungsstaat noch ein neoliberaler Minimalstaat für ein zukunftsfähiges Staatsmodell tragfähig erscheinen. Zwischen diesen beiden Extrempunkten versucht der a. gesellschaftliche Aktivierung und Verantwortung zu stärken, in dem er eine neue Verantwortungsteilung zwischen Staat, Wirtschaft und Gesellschaft postuliert (Gewährleistungsstaat). Der a. soll daher Rahmenbedingungen zur Bürgeraktivierung schaffen und sich dabei soweit es geht auf eine Moderatoren-, Förderer-, Management- und Initiatorenrolle beschränken. Die 1998 ins Amt gekommene Bundesregierung hat das Konzept des a. seit 1999 zu ihrem Leitbild der Staats- und Verwaltungsmodernisierung erhoben (www.staat-modern.de). Sie skizziert damit einen Gegenentwurf zum Konzept des → „*Schlanken Staates*", das vor allem in der 13. Legislaturperiode (1994-1998) von der christlich-liberalen Regierung propagiert wurde.

Benchmarking

Benchmarking stellt in der Managementsprache darauf ab, sich an besonders herausragenden Leistungen einer anderen Unternehmung als Bezugsgröße zu orientieren. Es geht darum, die Praktiken des „Klassenbesten" zu übernehmen oder nachzuahmen und soll nun auch im öffentlichen Sektor praktiziert werden.

Beratung der Verwaltung

Die moderne Verwaltung ist für die Formulierung, Durchführung und Evaluierung politischer und administrativer Maßnahmen und Programme auf vielfältige Informationen aus der Sicht der Betroffenen, anderer gesellschaftlicher und politischer Akteure und nicht zuletzt der unterschiedlichsten wissenschaftlichen Disziplinen angewiesen. Formen, Umfang, Wirkungsweise und Probleme dieser umfassenden Beratung werden i.d.R. unter dem Begriff der Politikberatung zusammengefasst, obwohl zentraler Adressat und Nachfrager i.d.R. nicht gewählte Politiker sondern Mitarbeiter der Verwaltung sind.

Budgetierung

Budget meint in seiner ursprünglichen Bedeutung die Geldbörse und ist dann später als Synonym für das finanzpolitische Hauptbuch öffentlicher Körperschaften verwandt worden, ähnlich wie die Begriffe Etat und Haushalt. Budgetierung bedeutet demnach zunächst nichts anderes als den Prozess der Budgeterstellung. Im Zusammenhang mit der Verwaltungsmodernisierung wird unter Budgetierung jedoch in der Regel ein neues Verfahren der Haushaltsaufstellung und Ressourcenzuweisung verstanden, welches aufgrund politischer oder analytischer Überlegungen die zur Verfügung stehende Finanzmasse auf die verschiedenen Untereinheiten verteilt.

Business Reengineering

Business Reengineering ist ein in den 90er Jahren zunehmend in die Mode gekommenes Managementkonzept. Im Vordergrund des Interesses stehen nicht die organisatorischen Strukturen, sondern die Strukturen der Unternehmens*prozesse*.

Anstatt im Rahmen kontinuierlicher Verbesserungen bestehende Unternehmensstrukturen zu optimieren, setzt das Business-Reengineering-Konzept auf eine radikale Erneuerung der Produktionsprozesse nach dem Motto „ganz von vorne zu beginnen". Infragegestellt werden zentrale Annahmen des industriellen Paradigmas, also der Arbeitsteilung, der hierarchischen Kontrolle, der Betriebsgrößenvorteile u.a.m.

Bürokratie

Bürokratie steht heutzutage in der Regel negativ für übertriebenen Ressourcenverbrauch, die Schwerfälligkeit von Entscheidungsprozessen, steile Hierarchien, Planungsversessenheit und Rechtspositivismus. Von seiner ursprünglichen Bedeutung meint Bürokratie aber das Vorhandensein eines spezialisierten Verwaltungsstabes in Form des Beamtenapparates. Für *Max Weber* garantiert die Bürokratie vor dem Hintergrund absolutistischer Willkürherrschaft formale Gleichheit durch Regelbindung (Legalität) und gewährleistet so (als Idealtypus) die Rationalität staatlicher Rechtsausübung. Ihre wesentlichen Kennzeichen sind Sachlichkeit, Unpersönlichkeit und Berechenbarkeit. Sie bezieht sich bei Weber auch nicht nur auf die öffentliche Verwaltung, sondern ebenso auf gewerbliche Unternehmen. Durch ihre Maschinenartigkeit, die sie kennzeichnende Arbeitsteilung und den formalen Gehorsam der Beamten ist die Bürokratie an Effizienz den feudalen, ehrenamtlichen und kollegialen Formen der Verwaltung überlegen.

Contracting out

Mit Contracting out werden die verschiedenen Verfahren zur Auslagerung oder zur externen Beschaffung von Organisationsleistungen bezeichnet.

Controlling

Controlling ist ein System der Führungsassistenz, welches der Zielentwicklung, Entscheidungsfindung und Entscheidungskontrolle des Managements durch Informationsversorgung, -bearbeitung und -auswertung dient. Durch Controlling wird versucht, die Führungsfunktionen „Planung", „Organisation", „Personal" und „Kontrolle" funktional miteinander zu verknüpfen. Geht es um die Gesamtsteuerung einer Organisation im Bereich der Ziel- und Aufgabenentwicklung und Erfolgskontrolle, spricht man von strategischem Controlling. Geht es dagegen um den Aufbau eines effizienten Rechnungswesens und die Binnensteuerung einzelner Organisationseinheiten, spricht man von operativem Controlling.

Corporate Identity

Corporate Identity (CI) oder Unternehmensidentität ist ein Managementkonzept, welches darauf abzielt, die Identifikationsmöglichkeiten mit den Unternehmenszielen für die Mitarbeiter auszubauen und zugleich ein einheitliches Image des Unternehmens gegenüber der Öffentlichkeit zu schaffen.

Dezentrale Ressourcenverantwortung

Dezentrale Ressourcenverantwortung beinhaltet in der öffentlichen Verwaltung die Verlagerung der Verantwortung für die Ressourcen Personal, Finanzen und

Organisation von den zentral gesteuerten sogenannten „Querschnittsämtern" (Personalamt, Kämmerei, Hauptamt) auf die dezentral angesiedelten Fachämter. Die dezentralen Organisationseinheiten sollen neben der Fachverantwortung auch die Ressourcenverantwortung wahrnehmen. Diese Einrichtung organisatorisch abgrenzbarer Einheiten im Sinne von Verantwortungszentren ist das Herzstück des → *Neuen Steuerungsmodells*; denn ergebnisorientierte Verfahren greifen erst dann, wenn Organisationseinheiten bestehen, denen Kosten und Leistungen zugeordnet werden können. Vorteile dieser Verantwortungszentren werden im Abbau von Komplexität, in der Schaffung von Transparenz, in der Zurechenbarkeit von Kosten und Leistungen, in der Möglichkeit globaler Budgetierung, in der Herstellung einer Einheit von Entscheidung und Verantwortung und in der Möglichkeit der Institutionalisierung von wettbewerbsadäquaten Mechanismen gesehen. Mit dem höheren Autonomiegrad der dezentralen Einheiten in bezug auf Budget, Organisation und Personal geht eine neues Berichtswesen einher, welches ein systematisches Evaluieren der Leistungen durch Indikatoren ermöglichen soll (vgl. Controlling, Kontraktmanagement).

Differenzierung

Soziologisches Konzept zur Beschreibung der umfassenden Prozesse gesellschaftlichen Wandels, die in den letzten 150 oder 200 Jahren stattgefunden haben und gemeinhin als Modernisierung beschrieben werden. Diese Entwicklung lässt sich mit den Stichworten funktionelle D., Spezialisierung, Interdependenz und Enthierarchisierung charakterisieren. Die funktionelle D., genauer gesagt das Entstehen hochgradig organisierter funktioneller Teilsysteme der Gesellschaft (z.B. Wirtschaft, Wissenschaft, Kultur, Gesundheit), führt nach und nach zur Abschwächung oder Auflösung der hierarchischen Grundstruktur, die für die Staaten des 19. Jahrhunderts charakteristisch war. In der öffentlichen Verwaltung folgt daraus eine zunehmende → *Fragmentierung* des öffentlichen Sektors. D. wird nach dem Gesetz der „requisite variety" im öffentlichen Sektor abgebildet und aufgefangen. Die territoriale und funktionale D. des öffentlichen Sektors übersteigt jegliche Fantasie, dabei erstrecken sich gesellschaftliche Widersprüche in den Staat selbst und verringern seine Kohärenz. Unterschiedliche Verwaltungszweige verfolgen – wissentlich oder absichtslos – unvereinbare Zwecke und verursachen Folgewirkungen in anderen Ressorts. Der Bedarf an Koordination übersteigt zunehmend die Kapazitäten des politischen Systems, auf keinen Fall kann mehr von einer einfachen hierarchischen politischen Steuerung der Verwaltung ausgegangen werden. Der aus der soziologischen Theorie stammende Begriff wird im politik- und verwaltungswissenschaftlichen Kontext zur Beschreibung von institutionellen und organisatorischen Strukturen verwendet. Im inner-organisatorischen Bereich zielt *horizontale D.* auf Arbeitsteilung nach inhaltlichen Aufgabenbereichen entsprechend einer formalen Gliederung in Abteilungen und Referate (auch Dezernate oder Fachbereiche). *Vertikale D.* bezeichnet den Grad der hierarchischen Gliederung einer Organisation. Im inter-organisatorischen Kontext benennt D. die Gliederung der Verwaltung in räumlicher (vertikale D. von Aufgaben und Kompetenzen zwischen politisch-administrativen Ebenen, z.B. Bund, Länder, Gemeinden) und sachlicher (horizontale D. nach Aufgabenbereichen, z.B. Ressorts und Politiksektoren) Hinsicht. Horizontale und vertikale D. stehen dabei in engem Zusammenhang zu grundlegenden Staatsstrukturen und reflektieren den allgemeinen D.prozess moderner Gesellschaften. In Deutschland ist Art und Ausmaß der D. in Verbindung mit der spezifischen Form des Föderalismus und der sog. → *Politikverflechtung* zu sehen (Politikverflechtungsfalle). Während die horizontale D. mit der Entwicklung des Wohlfahrtsstaates und der Etablierung neuer Politikfelder und Aufgabenbereiche seit dem 2. Weltkrieg stark zunahm, ist die vertikale D. darüber hinaus in jüngerer Zeit durch den Prozess der Europäischen Integration beeinflusst.

Exekutive

Nach der klassischen Gewaltenteilungslehre (Gewaltenteilung) neben → *Legislative* (Gesetzgebung) und → *Judikative* (Rechtssprechung) eine der drei Staatsgewalten, im GG (Art. 20 Abs. 2 S. 2 GG) als vollziehende Gewalt bezeichnet. Traditionell wird die E. in die Bereiche Regierung und öffentliche Verwaltung unterteilt, wobei eine eindeutige Trennung der beiden Bereiche unmöglich ist. Auch eine klare institutionelle Unterscheidung gegenüber den übrigen Gewalten ist in einem parlamentarischen Regierungssystem nicht möglich, da insb. zwischen E. und → *Legislative* enge Verflechtungen und eine weitgehend gemeinsame Aufgabenwahrnehmung stattfindet, wie z.B. im Grundgesetz vorgesehen (Mitwirkung der E. an der Gesetzgebung, Verhältnis Mehrheitsfraktion und Regierung). Statt Trennung ist daher im modernen Verfassungsstaat parlamentarischer Prägung eher von Gewaltenverschränkung, insb. zwischen vollziehender und gesetzgebender Gewalt, auszugehen.

Ergebnisorientierte Verfahren

Ergebnisorientierte Verfahren ist der Sammelbegriff für die Bemühungen, öffentliche Verwaltungen zu einer Outputsteuerung zu befähigen. Zu ihnen zählen die Produktdefinition, Produktbeschreibung, Kosten- und Leistungsrechnung, sowie das operative Controlling.

Finalprogramm

bezeichnet eine Form der → *Steuerung* des Verwaltungshandelns, bei der den Ausführenden nur bestimmte Handlungsziele (ggfs. quantifiziert) und zu beachtende Restriktionen (z.B. finanzielle Mittel) vorgegeben werden und ihnen weitgehend überlassen wird, die unter den jeweiligen Umständen innerhalb der vorgegebenen (z.B. finanziellen oder gesetzlichen) Grenzen zweckmäßigsten Maßnahmen auszuwählen. Beispiele für diese Form der Handlungsprogrammierung sind Pläne (z.B. Kulturentwicklungsplan) oder die Errichtung von Großanlagen (z.B. Krankenhaus). Die Unterscheidung von F. und → *Konditionalprogramm* geht auf *Niklas Luhmann* zurück. Allerdings sind beide Steuerungsformen nicht immer eindeutig zu trennen, komplexe Mischformen und Verschachtelungen herrschen vor.

Fragmentierung

bezeichnet die zunehmende Spezialisierung, Professionalisierung und Zersplitterung der modernen Verwaltung und des öffentlichen Sektors als Reaktion auf die funktionale Differenzierung moderner Gesellschaften. Sie ist damit das empirische Gegenbild der immer wieder normativ beschworenen Einheit der Verwaltung. Ergebnis dieser → *Differenzierung* ist i.d.R. keine vergrößerte bzw. feiner abgestufte Hierarchie, sondern ein verflochtenes Mehrebenensystem, in dem die Entscheidungen der verschiedenen Ebenen interdependent, d.h. gegenseitig voneinander abhängig sind. Die ehemals zentralisierte Souveränität und Entscheidungskompetenz wird damit auf verschiedene Ebenen und verschiedene Akteure verteilt, Akteure, die zugleich autonom und wechselseitig voneinander abhängig sind. F. führt zu verstärktem Koordinationsaufwand und behindert eine einheitliche, abgestimmte Aufgabenerfüllung, denn intern stark differenzierte Systeme neigen zur Verselbstständigung ihrer Teile („Versäulung" oder „Silo-Bildung", Ressortkumpanei). Dadurch entstehen sowohl in der horizontalen wie in der vertikalen Dimension Überschneidungen, Verdoppelungen, Reibungsverluste und Entscheidungsblockaden. Auch die Gefahr der Kolonialisierung einzelner Behörden durch ihre Klientel ist eine Folge der internen Differenzierung und F. des Staatsapparats und der öffentlichen Verwaltung.

Garbage-Can-Modell

James G. March und *Johan P. Olsen* haben im Rahmen der verhaltenstheoretischen Entscheidungstheorie Entscheidungs- und Lernprozesse in Organisation in mehrdeutigen Situationen (*ambiguity*) untersucht. Da in solchen Situationen das Wissen beschränkt, die Technologien unvollkommen, die Ziele inkonsistent sowie die Teilnehmer wechselnd sind, lässt sich kein feststehender Zusammenhang zwischen den verschiedenen Elementen des Entscheidungsprozesses in Organisationen ausmachen. Diese Situation haben sie als das „Mülleimer- oder Papierkorbmodell" der Entscheidung charakterisiert. Ähnlich wie in einem Papierkorb die Blätter eher zufällig, aber nicht völlig regellos aufeinandertreffen, können Entscheidungsprozesse in Organisationen als organisierte Anarchie angesehen werden, die durch das relativ zufällige zeitliche Zusammentreffen von Entscheidungsgelegenheiten, Teilnehmern, Problemen und Lösungen bestimmt ist.

Governance

Der Begriff kennzeichnet in der sozialwissenschaftlichen Diskussion einen Wandel der Formen politischer Steuerung und Koordination und gleichzeitig empirische Veränderungen im Verhältnis zwischen Staat und Gesellschaft (institutionelle Steuerung mit verteilter Kontrolle). Geprägt wurde der Begriff zum einen durch die politikwissenschaftliche Steuerungsdiskussion, zum anderen durch die moderne Institutionenökonomie. Während in der klassischen Regierungslehre G. noch ein Synonym für *government* war, dient es heute in den Sozialwissenschaften der Kennzeichnung eines empirisch beobachtbaren Wandels des Verhältnisses zwischen Staat und Gesellschaft und der damit zusammenhängenden Diskussion über unterschiedliche Modi gesellschaftlicher Koordination. Auf der einen Seite geht es um „a shifting pattern in styles of governing": Klassische Mechanismen staatlicher, hierarchischer Steuerung werden zunehmend durch „Co-Arrangements" oder hybride Strukturen zwischen Staat, Wirtschaft und Gesellschaft abgelöst, was zu einer Verwischung ihrer Grenzen führt. Ähnlich wird auf internationaler Ebene die Steuerung oder Regelung von grenzüberschreitenden Problemen ohne hierarchische Weltregierung in der Literatur über internationale Regime behandelt, in der der Begriff etwa als „G. without Government", „Global G." oder auch „Global Public Policy" zunehmend Eingang findet. Auf der nationalen Ebene wird diese Form gesellschaftlicher und ökonomischer Selbstkoordination, Selbstregulierung oder „Selbstregierung" ohne direkte staatliche Einflussnahme und Einmischung wiederum unter dem Schlagwort des „private interest government" diskutiert. Auf der anderen Seite bezieht sich eine zweite, allgemeinere Bedeutung des Begriffs G. auf die durch *Oliver Williamson* eingeführte institutionenökonomische Unterscheidung unterschiedlicher Formen sozialer Koordination. Ausgehend von den Modi *Markt* und *Hierarchie* werden in dieser theoretischen Diskussion weitere Koordinationsmechanismen wie Clans, *Associations* oder auch Netzwerke unterschieden. Gemeinsam ist sowohl der empirischen wie der theoretischen Sichtweise, dass G. als neuer Regulierungsmodus jenseits der Dichotomie Staat/Markt verstanden wird, etwa als interaktive Arrangements von öffentlichen und privaten Akteuren mit dem Ziel, gesellschaftliche Probleme zu Lösen und Chancen zu eröffnen. G. ist eine eigenständige, „self-organizing" Form der Koordination und Kooperation in interorganisatorischen Netzwerken, die sich aus Politik- und Verwaltungsorganisationen, Verbänden, Unternehmen und Non-Profit-Organisa-tionen – mit oder ohne staatliche Beteiligung – zusammensetzen können. Zu diesem neuartigen G.-Begriff gehört auch die Schaffung oder Veränderung der institutionellen Arrangements, der Regeln und Anreizstrukturen, die den Rahmen dieser Aktivitäten bilden und, ganz entscheidend, eine neue Arbeitsteilung zwischen Staat, Wirtschaft und Zivilgesellschaft. Ursachen dieser Entwicklung werden in der zunehmenden Komplexität der zu lösenden Probleme und der verstärkten Interdependenz zwischen Akteuren und Sektoren gesehen. Es entstehen immer längere und kompliziertere Interaktionsketten, in denen kein Akteur, weder öffentlich noch privat, über die notwendigen Informationen oder das notwendige Wissen verfügt, um komplexe, dynamische und fragmentierte Probleme zu lösen, Kein Akteur verfügt über ausreichenden Überblick, um die Effektivität der eingesetzten Instrumente garantieren zu können, und ist in der Lage, spezifische Steuerungssituationen einseitig zu dominieren.

Innovation/Innovationsmanagement

Innovationen sind Neuerungen in einem System; sie beginnen mit einer auslösenden Idee und enden mit einem materiellen Ergebnis (z.B. einem Verfahren oder einem Produkt). Dieser Prozesse wird in umfassender Weise durch Innovationsmanagement gesteuert, wobei den entsprechenden Sozialinnovationen in einer Organisation zunehmend höhere Bedeutung beigemessen wird. Dabei können auch Macht und Interessen eine Rolle spielen etwa bei der Zurechnung von Erfolg und Misserfolg.

Interesse

Interessen bezeichnen soziale und ökonomische Absichten, Forderungen und Präferenzen, die von Individuen vertreten werden. Sie können materieller oder immaterieller Natur sein, allein oder im Kollektiv zu realisieren sein und öffentlichen bzw. allgemeinen oder privaten Charakter haben. Interessen formieren sich unter den jeweiligen gesellschaftlichen und organisatorischen Bedingungen und reflektieren häufig Aspekte der sozialen Ungleichheit.

Judikative

ist der Teil der Staatsgewalt, der die Rechtsprechung umfasst (Art. 20 Abs. 3 GG). Sie wird durch die Gerichte des Bundes und der Länder ausgeübt (Art. 92ff. GG). Die Rechtsprechung betrifft die Entscheidung konkreter Rechtsfragen.

Konditionalprogramm

Form der → *Steuerung* des Verwaltungshandelns, bei der den Ausführenden eine Regel vorgegeben wird, nach der alle Einzelfälle zu entscheiden sind, z.B. „wenn die Voraussetzungen oder Fallmerkmale X vorliegen, tue (entscheide) y". Beispiele für diese Form der Handlungsprogrammierung sind die Erteilung von Genehmigungen (z.B. Baugenehmigung) oder Verbote (z.B. Badeverbot). Rechtsnormen (Rechtsverordnung) werden i.d.R. als K. formuliert, allerdings oft aufgeweicht durch unbestimmte Rechtsbegriffe. Damit ist diese Form der Steuerung in der deutschen Verwaltung vorherrschend. Die Anwendung eines K. lässt sich verhältnismäßig leicht überprüfen (z.B. auch durch Verwaltungsgerichte), es entlastet aber die Verwaltung von den Folgen ihres Handelns, d.h. wenn die Regel befolgt wurde, gilt die Entscheidung als richtig. Die Bewältigung komplexer Aufgaben und sich verändernder Probleme wird besser durch → *Finalprogramme* gesteuert, die die Verwaltung auch für die Folgen ihres Handelns verantwortlich machen.

Kontraktmanagement

ist ein Steuerungs-, Planungs- und Controllinginstrument, bei dem zwischen Organisationseinheiten im öffentlichen Sektor verbindliche Absprachen über zu erbringende Leistungen, die dafür zur Verfügung gestellten Mittel und die Art der Berichterstattung über Ergebnisse sowie Konsequenzen eventueller Abweichungen getroffen werden. Diese Absprachen sind sowohl zwischen öffentlichen Organisationen (z.B. Ministerien und nachgeordneten Behörden, → *Agencification*), aber auch der – politischen und/oder administrativen – Führung und einzelnen Fachabteilungen, und schließlich auch innerhalb der Verwaltung z.B. zwischen Leitung und Mitarbeitern, die Einzel- oder Teilleistungen erstellen, denkbar (→ *Zielvereinbarung*), dabei erlangen die Kontrakte allerdings keine rechtliche Verbindlichkeit i.S. von einklagbaren Verträgen. K. ist ein Kernelement des → *Neuen Steuerungsmodells* und des → *New Public Management* und soll insbesondere klassische bürokratische Steuerung (formelle Regeln, Konditionalsteuerung, Schriftlichkeit, Hierarchie, Trennung von Fach- und Ressourcenverantwortung etc.) durch eine eher dezentrale Führungs- und Organisationsstruktur ersetzen. K. zielt darauf ab, das Interesse und die Aufmerksamkeit der Verwaltung auf ihr Leistungsergebnis zu richten, gleichzeitig soll die strategische Steuerungsfähigkeit der politischen Führung erhöht werden. In Deutschland wurde K. zunächst für die Ebene der Kommunen propagiert und dort gibt es bisher auch erste Umsetzungserfahrungen. Noch umstritten ist, inwieweit diese neue Steuerungslogik gleichermaßen für die staatliche Ebene, insbesondere die Ministerialverwaltung, Gültigkeit beanspruchen kann. Zwar wird seit einiger Zeit auch auf der Ebene des Bundes und der Länder die Einführung einzelner Elemente des K. diskutiert, aber bisher gibt es keine umfassenden Konzepte und kaum praktische Erkenntnisse, während im Ausland beachtliche und in der Summe positive Erfahrungen vorherrschen.

Kontingenztheorie

Die Kontingenztheorie ist ein organisationstheoretischer Ansatz, der das Zustandekommen von internen Organisationsstrukturen und -verfahren als Ergebnis von bestimmten äußeren Bedingungen (bzw. Situation) ansieht. Der Begriff der Kontingenz unterscheidet sich hierbei deutlich von der Verwendung in der Systemtheorie, wo er Offenheit bedeutet.

Lean Production

Lean production steht für ein aus Japan stammendes betriebswirtschaftliches Prinzip der „schlanken Produktion", bei der alle nicht wertschöpfenden Prozesse im Produktionsprozess auf das unverzichtbare Minimum reduziert werden. Dazu zählen z.B. die Lieferwege, die Lagerhaltung und die Hilfsfunktionen.

Legislative

Nach der klassischen Gewaltenteilungslehre (Gewaltenteilung) neben → *Exekutive* (vollziehende Gewalt) und → *Judikative* (Rechtssprechung) eine der drei Staatsgewalten. Die L. wird institutionell den Parlamenten (Deutscher Bundestag, Bundesrat, Landtag) zugewiesen, die aber nach moderner Auffassung neben der Gesetzgebung auch andere und z.T. wichtigere Funktionen wahrnehmen (z.B. Wahl des Bundeskanzlers, Artikulation politischer Alternativen, Kontrolle der Exekutive). Da neben der L. auch die Exekutive Rechtsnormen setzt, z.B. Rechtsverordnungen und Satzungen als Gesetze im materiellen Sinn, und an der Gesetzgebung erheblichen Anteil hat, ist im modernen Verfassungsstaat parlamentarischer Prägung statt von Gewaltentrennung eher von gemeinsamer Aufgabenwahrnehmung, d.h. von Gewaltenverschränkung auszugehen.

Leistungstiefe

Unter dem Begriff „Leistungstiefe" im öffentlichen Sektor wird analog zur „Fertigungstiefe" von Industrieunternehmen diskutiert, in welchem Umfang und in welcher Qualität öffentliche Leistungen selbst erstellt oder von außerhalb bezogen werden sollten.

Macht

Macht bezeichnet in Anlehnung an Weber die Fähigkeit, jemanden dazu zu bringen, etwas zu tun, was er ohne diese Einwirkung nicht getan hätte. Macht ist damit eine soziale Relation, die häufig asymmetrisch angelegt ist, bei der jedoch im Verständnis der Mikropolitik immer auch ein Rest bei den Untergebenen bzw. Schwächeren verbleibt. Mit Macht verbunden sind aus der Sicht der Politikwissenschaft Prozesse der Gegenmachtbildung und der Einhegung von Macht durch Institutionen bzw. „Checks and Balances".

Management

Der Begriff des Managements wird in einem institutionellen und in einem funktionalen Sinne gebraucht. Zum Management als Institution zählen Unternehmen, Manager, leitende Angestellte und sonstige Angestellte mit Leitungsfunktion. Management als Funktion bezeichnet die Aufgaben der Differenzierung (Arbeitsteilung) und Integration (Koordination). Planung, Kontrolle, Organisation und Personalführung sind die wichtigsten Integrationsinstrumente zur Deckung des durch Arbeitsteilung entstehenden Koordinationsbedarfes.

Management by Competition

Ansätze einer Konkurrenzbürokratie zielen darauf ab, die traditionelle Bürokratie zu entflechten und marktwirtschaftliche Mechanismen zu fördern. Durch die Installierung interner und externer Wettbewerbsstrukturen und die Vornahme von Leistungsvergleichen erhofft man sich eine Steigerung von Produktivität und Kundenorientierung. Bei den Wettbewerbsformen unterscheidet man den Wettbewerb zwischen privaten Unternehmen und Organisationen des öffentlichen Sektors (intersektoriell), den Wettbewerb zwischen den Organisationen des öffentlichen Sektors (interorganisationell) sowie den Wettbewerb zwischen den Organisationseinheiten im öffentlichen Sektor (intraorganisationell).

Management by Objektives

→ Kontraktmanagement

Management by Results

→ ergebnisorientierte Verfahren

Negative Koordination

bezeichnet nach Scharpf eine Vorgehensweise, bei der – z.B. im Rahmen der Ressortkoordination oder der Abstimmung zwischen Organisationseinheiten – nur geprüft wird, ob und in welcher Weise sich von einer Einheit vorgeschlagene Entscheidungsvarianten negativ auf den Status quo oder die Interessen anderer Einheiten auswirken können. Geprüft wird also nicht, welche Aktivitäten welcher Akteure in welcher Kombination den größt-möglichen Nutzen erreichen lassen (positive Koordination, p.). Das empirisch zu beobachtende Vorherrschen n. ergibt sich aus dem erheblich geringeren Informations- und Konsensbedarf. Bei n Akteuren mit jeweils a zur Disposition stehenden Entscheidungsalternativen erfordert n. $(n-1)a$ getrennte Prüfungen, p. aber $n(n-1)a^2$. Bei drei Akteuren mit jeweils zwei Alternativen sind dies bei n. 4, bei p. aber bereits 24 zu prüfende Relationen. Es ist offenkundig, dass die inhaltlich einleuchtende Forderung nach p. sehr schnell jede realistische Informationsverarbeitungs- und Konsensbildungskapazität überfordert (Komplexität als Schranke der Koordinationskapazität).

Neues Steuerungsmodell

Unter Federführung der KGSt wird seit 1991 auf kommunaler Ebene die Einführung eines „Neuen Steuerungsmodells" (NSM) vorangetrieben. In enger Anlehnung an Erfahrungen der niederländischen Stadt Tilburg zielt das NSM auf den Aufbau einer unternehmensähnlichen dezentralen Führungs- und Organisationsstruktur. Argumentativ dargestellt wurde dieses Modell zunächst durch einen vielbeachteten Aufsatz des damaligen Leiters der KGSt, Gerhard Banner, in dem dieser die Strukturen in den Kommunalverwaltungen als ein „System organisierter Unverantwortlichkeit" beschreibt, welches nicht die optimale Leistung, sondern den maximalen Ressourcenverbrauch belohnt. Ausgehend von einer Strategie-, Management-, Attraktivitäts- und Legitimitätslücke wird unter dem Leitspruch „Von der Behörde zum Dienstleistungsunternehmen" ein neues Leitbild für die Kommunen entworfen. Das NSM verbindet die Vorstellungen von organisatorischer Entflechtung mit denen eines Kontraktmanagements. Die traditionell zentralistische, hoch arbeitsteilige und durchhierarchisierte Verwaltungsorganisation soll in eine produktorientierte und im Rahmen von Zielvereinbarungen weitgehend autonome, dezentral gegliederte Organisation umgebaut werden. Vorbild ist das Modell der dezentralisierten, autonomen Einheit innerhalb eines Unternehmens (vgl. dezentrale Ressourcenverantwortung, Controlling, Kontraktmanagement, Produkt).

New Public Management

→ Public Management

Organisationsentwicklung

Organisationsentwicklung ist ein längerfristiger, rückgekoppelter Prozess, der auf ein Lernen der Organisationsmitglieder und der Organisation durch die Änderung von Verhaltens- und Kommunikationsformen abzielt.

Organisatorische Flexibilität

Unter organisatorischer Flexibilität wird die Fähigkeit einer Organisation zur Anpassung an Veränderungen verstanden. Dabei wird davon ausgegangen, dass die organisatorische Flexibilität durch fertigungstechnische (z.B. flexible Fertigungssysteme statt Fließbandfertigung), personelle (z.B. Arbeitszeitflexibilisierung), kulturelle (z.B. Schaffung eines Innovationsklimas) und organisatorische Maßnahmen (z.B. Enthierarchisierung) vergrößert werden kann.

Policy

Der Terminus P. umschreibt den materiellen Teilaspekt des mehrdeutigen deutschen Begriffs „Politik". Im Engl. werden unterschieden: politics: prozessuale Dimension (Austragung von Konflikten, Machtgebrauch), polity: formale Dimension (Institutionen, Gesetze, Regeln) und P. inhaltliche Dimension, d.h. Handlungsabsichten, Programme, Zielsetzungen politischer Akteure und Aktivitäten des politisch-administrativen Systems. Der Begriff ist i.d.R. auf materielle Politikbereiche bezogen (z.B. Gesundheitspolitik, Wohnungsbaupolitik), die auch als Public P. bezeichnet werden. Insb. kann eine P. auch aus Nicht-Handlungen bestehen („Non-Decisions"). Die auf diesem Gebiet unternommenen Forschungsarbeiten laufen unter dem Oberbegriff P.-studies (→ *Policy-Forschung* und gehören zu den wichtigsten Zweigen der modernen Politikwissenschaft.

Policy Cycle

(auch: Policy-Zyklus) bezeichnet eine in der → *Policy-Forschung* gebräuchliche Unterscheidung einzelner Phasen des politischen Prozesses. Bei zahlreichen Variationen des P. ist eine Unterscheidung in Problemwahrnehmung, Agenda Setting, Programmformulierung, Entscheidung, Implementation (Durchführung),

Evaluation (Wirkungsmessung) und ggf. Termination (Beendigung der Policy) üblich. Die Phasen beziehen sich auf eine konkrete → *Policy* bzw. ein politisches Handlungsprogramm. Ursprünglich wurden diese Phasen als diskrete Schritte des politischen Problemverarbeitungsprozesses verstanden, an dessen Ende sich ein neuerlicher Prozess anschließt (Zyklus-Modell). Da in der Realität die einzelnen Phasen häufig weder komplett durchlaufen werden noch genau voneinander zu trennen sind, wird der P. heute vorwiegend als Idealtypus mit heuristischen Funktionen verstanden.

Policy-Forschung

Anwendungsbezogener Forschungszweig der Politikwissenschaft zur Untersuchung der Entstehung, Durchsetzung und Wirkung staatlicher Politikinhalte (→ *Policy*) in unterschiedlichen Politikbereichen (→ *Public Policy*). Zu unterscheiden sind materielle P., in der ausgehend von bestimmten Politik- oder Problembereichen gefragt wird, wie staatliche Policies aussehen oder aussehen sollten, welche Wirkungen sie haben usw. (z.B. Arbeitsmarktpolitik, Sozialpolitik) und strukturell-prozessuale P., in der es um die Zusammenhänge zwischen politisch-administrativen Strukturen und Prozessen einerseits und der dadurch begünstigten oder behinderten Politikinhalte andererseits geht (z.B. um den Einfluss dieser Strukturen und Prozesse auf Politikformulierung und Politikdurchsetzung).

Policy Style

bezeichnet in der international vergleichenden → *Policy Forschung* ein Konzept, mit dem die – z.B. zwischen Nationen aber auch Politikfeldern – unterschiedliche Ausgestaltung von → *Policies* beschrieben werden soll (auch: Policy Profil). Im Unterschied zum Konzept der Kultur (→ *Verwaltungskultur*), das Meinungen, Einstellungen und Werte beschreibt, umfasst das Konzept des Stils spezifische inhaltliche Merkmale von Policies. Als wichtige Merkmalsdimensionen wurden u.a. vorgeschlagen: Formalisierung, Integration, Interventionsintensität und Programmierung. Im Gegensatz zum P. beschreibt das Konzept des Politikstils spezifische, z.B. national unterschiedliche, Charakteristika der Interaktionen und Verhaltensweisen bei der Formulierung und Umsetzung von Politikinhalten (also eine Politics-Dimension).

Politik

Politik bezeichnet die Herstellung von bindenden Entscheidung über die Verteilung von Werten. In der modernen Politikwissenschaft werden drei Dimensionen unterschieden: Politik als *Polity* bezeichnet den institutionellen Rahmen, v.a. die Verfassungsordnung; *Politics* bezeichnet die meist konfliktorischen Auseinandersetzungen um Macht und Positionen, *Policy* bezeichnet die sachlichen Problembearbeitung meist in Form materieller Staatsaktivitäten.

Politikfeldanalyse

Anwendungsbezogener Forschungszweig zur Untersuchung der Entstehung, Durchsetzung und Wirkung staatlicher Politikinhalte (→ *Policy*), jeweils bezogen auf unterschiedliche Politikfelder oder Politikbereiche (z.B. Regionalpolitik, Umweltpolitik usw.). Die materiellen Aspekte der Policy-Forschung werden betont (→ *Public Policy*).

Politikverflechtung

Politikwissenschaftliche Theorie und Kurzformel für den Zustand des Föderalismus der BRD. P. basiert auf empirischer Erforschung der politisch-administrativen Praxis gemeinsamer Planung und Finanzierung vieler öffentlicher Aufgaben durch Bund, Länder und Gemeinden, bes. nach Art. 91 a GG (Hochschulbau, Agrar-, Wirtschaftsstrukturförderung), 91 b GG (Bildungsplanung, Forschungsförderung), 104 a Abs. 4 GG (Gemeindeverkehr, Städtebau, Krankenhausbau, sozialer Wohnungsbau), 89 und 90 GG (Wasserstraßen- und Fernstraßenbau) u.a. sowie der Bund-Länder-Kooperation durch Fachministerkonferenzen und die sog. Dritte Ebene (Kooperativer Föderalismus). P. erklärt den vertikalen Ressortverbund mit institutionellen Vorteilen für politische und bürokratische Akteure vor dem Hintergrund wachsenden Forderungs- und Krisendrucks unter Bedingungen des Parteienwettbewerbs, bezweifelt aber die Effizienz des komplizierten Systems zumindest in Aufgabenbereichen mit „Überverflechtung" (Spätföderalismus).

Politisch-administratives System (PAS)

Ausgehend von einem systemtheoretischen Ansatz wird das p. als funktionelles Teilsystem des Gesamtsystems Gesellschaft angesehen, für das es Steuerungsleistungen erbringt (z.B. gegenüber dem ökonomischen und dem sozio-kulturellen Subsystem). Das P. bildet ein zentrales Konzept der Politikwissenschaft, nachdem sich gezeigt hat, dass die Begriffe Staat, Regierung, → *Exekutive* usw. jeweils durch spezifische legale, institutionelle und theoretische Bedeutungen vorgeprägt sind und daher die umfassende Analyse politischer Vorgänge eher behindern als fördern. Die Aufmerksamkeit wird damit auf die Gesamtheit der politischen Aktivitäten in einer Gesellschaft gerichtet, d.h. insb. informelle Strukturen und Prozesse, Einstellungen und die Beziehungen zwischen der politischen Sphäre und ihrer Umwelt werden einbezogen. Elemente des p. sind u.a. politische Führung und Verwaltung (Exekutive), Parlamente, Vertretungskörperschaften und ausgelagerte staatliche Institutionen (Government), aber auch Gerichte, Parteien, Interessengruppen. Die Abgrenzung erfolgt nicht institutionell, sondern nach den jeweils im Gesamtzusammenhang wahrgenommenen Funktionen (Beitrag zur Erhaltung des Gesamtsystems).

Positive Koordination

→ Negative Koordination

Prinzipal-Agent-Theorie

Die Prinzipal-Agent-Theorie thematisiert das Verhältnis zwischen einem Auftraggeber (*principal*) und dem Auftragnehmer (*agent*). Ausgehend davon, daß Beauftragung immer eine ungleiche Informationsverteilung zwischen Auftraggeber und Auftragnehmer mit sich bringt, untersucht man unterschiedliche Arten von Informationsasymmetrien, klassifiziert sie und entwickelt Musterlösungen für die organisatorische Gestaltung einer Leistungsbeziehung. Diese laufen entweder auf die Beseitigung der Informationsasymmetrie oder auf die Angleichung der Interessen zwischen *principal* und *agent* hinaus.

Produkt

Der Produktbegriff ist ausgesprochen positiv besetzt, bedeutet doch produzieren im alltagssprachlichen Gebrauch soviel wie „viel hervorbringen, ergiebig, fruchtbar oder schöpferisch sein". Als Produkt im Sinne des KGSt-Konzeptes wird alles das bezeichnet, was Ergebnis eines Leistungsprozesses im Verwaltungsbetrieb ist und die betreffende Organisationseinheit verlässt. Dazu gehören auch verwaltungsinterne Leistungen. Das Produkt ist die zentrale Maßeinheit und Steuerungsgröße im NSM. Es soll als Leistungseinheit in der Kostenrechnung dienen, also als Kostenträger für alle Kosten, die im Zusammenhang mit der Erstellung dieser Leistung angefallen sind, und zugleich als Leistungseinheit für Budgetierungsprozesse. Als Steuerungsgröße soll das Produkt zudem die Basis für die dezentrale Steuerung einzelner Fachbereiche bilden und zur Rahmensteuerung der Kommune durch Politik und Verwaltung beitragen. Über die Steuerung der einzelnen Verwaltung hinaus soll das Produkt auch die Maßgröße für interkommunale Vergleiche abgeben (siehe Benchmarking).

Produktbeschreibung

Jedes Produkt soll in einem Vordruck durch eine Definition, den Leistungsumfang, die finanziellen Rahmendaten sowie Daten zur Quantität, Qualität und Zielerreichung beschrieben werden. Dazu wird ein Produktplan für jede Organisationseinheit entwickelt, der das Leistungsangebot in einer dreistufigen Hierarchie systematisiert. Ausgehend vom einzelnen Produkt, welches in der Regel aus mehreren einzelnen Leistungen besteht, werden inhaltlich zusammengehörige Produkte zu Produktgruppen und diese wiederum in Produktbereiche integriert.

Produktdefinition

In der Produktdefinition sollen die zugrundeliegenden Rechtsgrundlagen, die Zielsetzung sowie die Zielgruppe der Leistungserstellung präzisiert werden.

Property-Rights-Theorien

Property-rights-Theorien gehen davon aus, dass im Eigentumsrecht ein immanenter Anreiz zu effizientem Handeln liegt nach dem Motto: Je vollständiger die Rechte an einem Gut einem Handelnden zugeordnet werden können, desto effizienter ist dessen Umgang mit dem Gut. Der Property-rights Ansatz beschreibt nun alle durchsetzbaren Verhaltensbeziehungen zwischen Menschen, die aus der Existenz von Gütern resultieren und zu ihrer Nutzung gehören und spezifiziert Verhaltensnormen. So ergeben sich durch die Zuordnung von Rechten Gestaltungsoptionen für Organisationshandeln. Z.B. kann eine vollständigere Zuordnung von Kompetenzen an einen Aufgabenträger dessen Motivation und Verantwortung erhöhen (vgl. dezentrale Ressourcenverantwortung).

Projektgruppe Regierungs- und Verwaltungsreform (PRVR)

1968 noch von der Großen Koalition eingesetzte interministerielle Projektgruppe aus Beamten und externen Wissenschaftlern, die die Aufgabe hatte, Vorschläge zur Reorganisation der Bundesregierung, insbesondere zur Neuabgrenzung der Geschäftsbereiche der Ministerien, zur Verbesserung des Führungsinstrumentariums von Bundeskanzler und Bundesregierung und zur Reorganisation der Bundesministerien zu entwickeln. Im Rahmen der Projektgruppe wurden die ersten umfangreichen Untersuchungen zur Politikformulierung in der Bundesverwaltung und zu Problemen und Möglichkeiten politischer Planung durchgeführt. Eine große Anzahl Verwaltungswissenschaftler haben für die P. gearbeitet (*Mayntz, Scharpf, Naschold, Böhret, Derlien* usw.), die damit als entscheidender Geburtshelfer der empirischen Verwaltungs- und Policy-Forschung gelten kann. Die meisten Vorschläge der P. wurden nicht umgesetzt, ihre Berichte wurden zum größten Teil nur intern veröffentlicht. Die P. hat ihre Arbeit 1975 eingestellt.

Public Administration

I. *Begriff*: Im angelsächsischen Sprachraum (groß geschrieben) Disziplin und Profession, die sich mit p. (klein geschrieben, also der öffentlichen Verwaltung) befasst.

II. *Geschichte*: Als Grundsteinlegung der amerikanischen P. gilt gewöhnlich der Aufsatz The Study of Administration von *Woodrow Wilson*, dem späteren amerikanischen Präsidenten, im zweiten Jahrgang der gerade gegründeten *American Political Science Review* (1887). Von Beginn an war P. damit Teil der Politikwissenschaft. Sie war gleichzeitig von Beginn an progressive Reformwissenschaft mit dem Ziel, das politische System – gekennzeichnet durch weit verbreitete Korruption, das berüchtigte Spoils System und damit das Fehlen eines professioneller Regierungsapparates – zu erneuern. Von entscheidender Bedeutung war dabei die von Wilson als Erstem formulierte Doktrin von der notwendigen Trennung von Politik und Verwaltung (Politics/Administration Dichotomie). Das Programm der P.-Bewegung war – zumindest in den USA – von überwältigendem Erfolg gekrönt. Bis zum Zweiten Weltkrieg galt P. in Verbindung mit der Bewegung des *Scientific Management* als die Königin der Politikwissenschaft. Es gab eine Vielzahl neuer Ausbildungsgänge, Forschungs- und Beratungsinstitute (die berühmte *Brookings-Institution* stammt aus dieser Zeit) und durch P. dominierte Regierungskommissionen z.B. das *Brownlow Committee*, von dem die berühmten *Papers on the Science of Administration* herausgegeben wurden. Die Dominanz der klassischen P. endete in den USA mit dem zweiten Weltkrieg auf Grund der Kritik von zwei Seiten. Durch Wissenschaftler wie u.a. *Waldo, Dahl* und *Simon* wurde die Wissenschaftlichkeit ihrer Aussagen bestritten. Die als sakrosankt behandelte Trennung von Politics und Administration, so die Argumentation, verschleiere sowohl die empirische Wirklichkeit wie die normativen Grundannahmen, wie politische Herrschaft tatsächlich organisiert sei. Gleichzeitig, so der spätere Nobelpreisträger für Ökonomie *Herbert Simon*, der ursprünglich Verwaltungswissenschaftler war, seien die präskriptiven Aussagen der P. unbrauchbar. Sie gingen von falschen Prämissen aus und würden sich überdies widersprechen, seien also nur „*Proverbs of Administration*" (Sprichwörter der Verwaltung). Eine weitere Kritik kam aus der Ecke erfahrener Praktiker, zum größten Teil Professoren der P., die während des Krieges und des New Deal Gelegenheit hatten, praktische Erfahrungen in der Verwaltung zu sammeln. Auch hier war die zentrale These, die grundsätzliche Politics/Administration Dichotomie sei aus der Sicht der praktischen Erfahrung unhaltbar. Symptomatisch für diese Richtung eines „neuen Realismus" waren auch deutsche Emigranten *wie Carl-Joachim Friedrich* und *Fritz Morstein-Marx*.

III. *Entwicklung*: Trotz des Verlusts ihrer dominierenden Stellung ist P. in den angelsächsischen Ländern nach wie vor eine wichtige angewandte sozialwissenschaftliche Disziplin und Profession, die i.d.R. als Teilbereich der Politikwissenschaft aufgefasst wird. Die National Association of Schools of Public Administration der USA zählt mehr als 200 Mitgliedsinstitutionen, die akademische Grade auf diesem Gebiet anbieten (davon über 100 akkreditierte Programme), es gibt derzeit mehr als 30.000 Studierende (vor allem in Master-Programmen) und über 2000 Doktoranden sowie eine Fülle einschlägiger Zeitschriften und Lehrbücher. Da P. zunehmend berufsbegleitend und auf Teilzeitbasis gelehrt wird, ist ihr wissenschaftliches Standing umstritten. Insbesondere an Eliteuniversitäten heißen entsprechende Studiengänge daher oft *Government*, *Public Affairs* u.ä.. Seit den 70er-Jahren wurden zunehmend Ausbildungsprogramme unter der Überschrift → *Public Policy* entwickelt, seit den 90er-Jahren dominiert zunehmend → *Public Management*.

Public Choice

Public-Choice-Theorien zielen darauf ab, politische und bürokratische Entscheidungsprozesse mit Hilfe wirtschaftswissenschaftlicher Erkenntnisse zu verstehen. Public-Choice wird im Deutschen auch als „ökonomische Theorie der Politik" bezeichnet. Die Public-Choice Schule kann als eine Reaktion auf bestimmte Aussagen der Wohlfahrtsökonomik angesehen werden. Thematisierte diese Unvollkommenheiten der Marktkoordination, so geht es jener um Probleme des Staatsversagens. Zentral ist die Unterstellung von individuellem, rationalem und nutzenmaximierendem Verhalten der Akteure sowie die Thematisierung von Informations- und Transaktionskosten in politischen Prozessen. Die Anwendung wirtschaftswissenschaftlicher Methoden auf die Politik bedeutet, die politischen Prozesse wie Marktprozesse zu behandeln. Alle Annahmen, die für den Markt gelten, bleiben also auch im politischen System bestehen. Was sich ändert, ist lediglich der institutionelle Kontext und damit die Handlungsbedingungen.

Public Management

Begreift man Management im funktionalen Sinne allgemein als die Steuerung komplexer Organisationen, so kümmert sich Public Management um die Spezifizierung der Steuerungsprobleme von öffentlichen Organisationen. Public Management zielt auf die Analyse und Gestaltung von Managementprozessen. Es ist ein Erkenntnis- und Gestaltungsmuster sowohl für öffentliche Verwaltungen als auch für öffentliche Unternehmen. Beabsichtigt ist eine Neubewertung der Staatsaufgaben und eine Neuorganisation der Aufgabenerledigung durch staatliche und kommunale Institutionen. Mittlerweile gibt es eine eigene Fachrichtung, die öffentliche Betriebswirtschaftslehre, die sich als Lehre von der wirtschaftlichen Wahrnehmung öffentlicher Aufgaben den Problemen des Public Managements widmet.

Public Policy

Als P. werden im angelsächsischen Sprachgebrauch die öffentlichen Aktivitäten in materiellen Politikbereichen bezeichnet, z.B. in der Arbeits-, Sozial-, Bildungspolitik und anderer Aufgabenfelder. Die Untersuchung der P. weist zwei unterschiedliche Dimensionen auf; einmal wird ausgehend von bestimmten Politik- oder Problembereichen untersucht, wie staatliche → *Policies* aussehen oder sinnvollerweise aussehen sollten, welche Wirkungen sie haben usw. (materielle Dimension), zum anderen wird gefragt, welche Instrumente den staatlichen Akteuren zur Verfügung stehen, wie Policies entstehen und durchgeführt werden (Politikerzeugung), d.h. es geht um Ergebnisse, die tendenziell für alle Politikbereiche gelten (prozessual-strukturelle Dimension). Beide Aspekte werden als interdependent angesehen und analysiert (→ *Policy-Forschung*). Die Analyse der Formulierung, Durchführung und Wirkung von P. gehört zu den wichtigsten und ertragreichsten Feldern der modernen Politikwissenschaft (→ *Politikfeldanalyse*).

Regulierungsbehörde

Neuere Bezeichnung für einen Behördentyp, der in Deutschland traditionell als „Bundesaufsichtsamt" bezeichnet wurde. R. sind den → *Agencies* verwandt, definieren sich aber mehr über die Aufgabe. Anders als beim Konzept der Agencies, deren Funktionskreis unspezifisch ist, wird die Aufgabe von R. meist im Bereich der „utilities" (Telefon, Bahn, Strom, Gas, Wasser) angesiedelt, die während oder in der Folge der Privatisierung einer sektoralen Wettbewerbsaufsicht bedürfen. Man spricht daher auch von der Re-Regulierung als Folge der Deregulierung. Das bislang einzige Beispiel in Deutschland ist die R. für Telekommunikation und Post. Zunehmender Druck zur Errichtung sektoraler „Regulierer" geht von der EU aus, die auf diesem Weg gleiche Wettbewerbsbedingungen für alle Marktteilnehmer sicherstellen will.

Ressortzuschnitt

bezeichnet die Verteilung von Kompetenzen zwischen Ministerien. Die verfassungsrechtliche Grundlage ist der Art. 65 GG, der u.a. die eigenständige Leitung eines Ressorts durch den verantwortlichen Minister vorsieht. Als wesentliches Kriterium für die Verteilung von Kompetenzen hat der Bundesrechnungshof das „Gebot des Sachzusammenhangs" hervorgehoben. Der R. ist jedoch in erster Linie von (partei)politischen Erwägungen, situativem Problemdruck sowie Ressorttraditionen bestimmt, bei denen die Kräfteverhältnisse zwischen den beteiligten Akteuren schwerer wiegen als funktionale oder Effizienzkriterien.

Qualitätszirkel

Qualitätszirkel stellen eine aus Japan importierte Form sporadischer Gruppenarbeit zur Steigerung der Qualität des Produktes, der Arbeitsbedingungen, der Arbeitsverfahren sowie der sozialen Integration dar.

Schlanker Staat

I. An betriebswirtschaftliche Vorstellungen wie Lean Management oder Lean Produktion angelehntes Konzept der Verwaltungsmodernisierung. Die zentrale Annahme besagt, dass der moderne Wohlfahrtsstaat „aufgebläht" sei und mit deutlich weniger Ressourcen, insb. mit weniger Personal und Organisationen nicht nur effizienter sondern auch effektiver handeln könne. Das Konzept wurde in den Achtzigerjahren in Verbindung mit neo-liberalen Wirtschafts- und Staatstheorien entwickelt (*Thatcherism* ab 1979, *Reaganomics* ab 1980) und in den Neunzigerjahren von der Regierung Kohl aufgegriffen.

II. In der Tradition bundesdeutscher Reformkommissionen eingesetztes hochka-rätiges Beratergremium aus insgesamt 20 ad personam ernannten „Persönlich-keiten aus Politik, Wissenschaft, aus den Ländern und den Kommunen, aus der Wirtschaft und den Gewerkschaften". Der Sachverständigenrat S. wurde durch Kabinettbeschluss vom 18. Juli 1995 eingesetzt, und hat vom September 1995 bis September 1997 insgesamt fünfzehnmal getagt, dabei 15 spezifische Be-schlüsse gefasst und abschließend einen Abschlussbericht vorgelegt, in dem – nebst Materialien auf insgesamt über 1000 klein gedruckten Seiten – ein umfas-sender Überblick über aktuelle Trends der Verwaltungsmodernisierung gegeben wurde. Der Sachverständigenrat S. wurde durch eine Stabstelle im Innenministe-rium unterstützt, die Umsetzung seiner Vorschläge während der Regierung *Kohl* war nur in wenigen Bereichen von Erfolg gekrönt.

Spiel

Die Spiel-Metapher bezeichnet nach *Crozier/Friedberg* ein regelgeleitetes, aber kontingentes Verhalten von Akteuren in einer Organisation, in dem Momente des Wettbewerbs und Konflikts, des Zufalls und der äußeren Struktur zusammen kommen. Dabei kann zwischen Innovations- und Routinespielen unterschieden werden.

Steuerung

Als politische S. werden all jene Versuche des politisch-administrativen Systems bezeichnet, die gesellschaftliche Umwelt konzeptionell d.h. zielgerichtet zu ge-stalten. Die S. der Verwaltung wird häufig mit → *Controlling* bzw. → *Manage-ment* verbunden.

Steuerbarkeit

Die Frage nach der politischen S. moderner Gesellschaften, d.h. der zielgerich-teten Veränderung des Gemeinwesens, gehört zu den Kernfragen der Politik- und Verwaltungswissenschaft. Lange Zeit hat hier eine staatszentrierte „Gesetzge-berperspektive" dominiert, die die Eigendynamik gesellschaftlicher Teilsektoren und Subsysteme und die daraus resultierenden Steuerungsprobleme unterschätzt und das Problem allein in der → *Steuerungsfähigkeit* des politisch-adminis-trativen Systems gesehen hat. Mittlerweile gehört es allerdings zu den verbreite-ten Erkenntnissen, dass staatliche Steuerung in erheblichem Umfang von der Struktur gesellschaftlicher Teilsektoren und damit von S. als Eigenschaft der Steuerungsobjekte abhängig ist.

Steuerungsfähigkeit

meint die strukturellen und prozessualen Voraussetzungen des politisch-admi-nistrativen Systems, die gesellschaftliche Umwelt konzeptionell d.h. zielgerichtet zu gestalten (→ *Steuerung*). Die → *Policy-Forschung* hat sich in den letzten Jah-ren von einer eher staatsfixierten Perspektive, der es vorrangig um die Erhöhung der S. des politisch-administrativen Systems ging, also um das „Intelligenter-Machen des Apparats" im Rahmen von Politikformulierung und -durchführung (durch Verbesserung der Informations- und Konfliktverarbeitungskapazität), zu einer gesamtgesellschaftlichen → Steuerungstheorie entwickelt, die zunehmend die → *Steuerbarkeit* der gesellschaftlichen Subsysteme problematisierte. Auf Grund einer Vielzahl von empirischen Untersuchungen in den unterschiedlichsten Politikfeldern wurde zunehmend das Leitkonzept der hierarchischen staatlichen → *Steuerung* infrage gestellt. Das Interesse richtete sich auf eine gesellschaftliche Steuerungstheorie, bei der weniger Merkmale des Steuerungssubjekts „Staat", also Regierung und Verwaltung, sondern viel mehr Charakteristika der Steuerungsobjekte, also der gesellschaftlichen Teilsysteme und deren Selbstregelung sowie deren gegenseitige Verflechtung und Beeinflussung im Vordergrund standen. Ins Zentrum des Interesses gerieten Politiknetzwerke und Verhandlungssysteme als Instrumente erfolgreicher politischer Steuerung, die interne Organisation des politisch administrativen Systems wurde zunehmend uninteressant. Die Binnenstruktur der gesellschaftlichen Subsysteme wurde so wichtiger als die Binnenstruktur des Staates, insbesondere als Organisationsprobleme der Verwaltung.

Steuerungsinstrument

Die verschiedenen Einwirkungsmöglichkeiten auf private oder öffentliche Akteure im Rahmen der Politikdurchführung können mit Hilfe des Konzepts der S. systematisiert werden. S. zielen auf die Veränderung entscheidungsrelevanter Faktoren bei Akteuren oder Adressaten eines Politikfeldes, in dem Handlungsalternativen angeregt, ermöglicht, erleichtert, erschwert, befohlen oder untersagt werden. Je nachdem ob interne (wie z.B. Kommunen, Kreise, ausgelagerte Behörden) oder externe (wie z.B. Unternehmen, Vereinigungen oder private Haushalte) Akteure Adressaten der Steuerung sind, spricht man von internen bzw. externen S. Prinzipiell steht dabei das gleiche Instrumentarium zur Verfügung. Man unterscheidet regulative S. (z.B. Ge- und Verbote, Anzeige und/oder Genehmigungspflichten), finanzielle S. (z.B. Transfers, Anreize, Abgaben, Ankauf von Gütern und Dienstleistungen), informationelle S. (z.B. Öffentlichkeitsarbeit, indikative Pläne, Belohnungen), die Übernahme der Leistungserstellung durch die öffentliche Hand (z.B. technische oder personelle Infrastruktur) sowie die Beeinflussung von Form oder Struktur der Entscheidungsfindung, d.h. prozedurale oder strukturelle S. (z.B. Rat, Konzertierte Aktion, Beteiligung).

Taylorismus

Taylorismus bezeichnet die Prinzipien einer (wissenschaftlichen) Betriebsführung, die auf den Ingenieur *Frederick Winslow Taylor* (1856-1915) zurückgeführt werden. Dazu gehören die systematische Durchführung von Zeit- und Bewegungsstudien zur Ermittlung von Planvorgaben (z.B. für Akkordlohn) und zur optimalen Standardisierung von Arbeitsabläufen, eine möglichst weitgehende betriebliche Arbeitsteilung mit dem Ziel der Minimierung des Arbeitsinputs, der erforderlichen Qualifikationen und der Lohnkosten, die Trennung von Planung, Entscheidung und Ausführung sowie der zentralen Kontrolle der Arbeitsprozesse durch das Management und der direkten Kontrolle durch den Vorgesetzten.

Total Quality Management

Total Quality Management steht für eine relativ neue, Anfang der 80er Jahre in den USA aus Japan mit relativ großem Erfolg reimportierte, Unternehmensstrategie, die, orientiert am Ziel der größtmöglichen Kundenzufriedenheit, versucht, den gesamten Produktions- und Dienstleistungsprozess hierauf abzustimmen. Dem liegt die Überzeugung zugrunde, dass das individuelle Eingehen auf Kundenwünsche und das Lernen aus den Erfahrungen mit den Kunden zur Verbesserung der Leistungen und Prozesse eine neue profitable Erfolgsstrategie sei. Wesentliche Elemente des Qualitätsmanagements sind die Entwicklung von Qualitätszielen, von Qualitätsstandards und -indikatoren sowie die Einrichtung einer Qualitätskontrolle, die sich auf den gesamten Unternehmensprozess bezieht und nicht nur auf das Stadium der „Endkontrolle".

Transaktionskostenökonomik

Der Transaktionskostenansatz ergänzt die klassische Kostenrechnung durch die Berücksichtigung der Koordinationskosten einer Leistungserstellung. Bei einer Leistungserstellung wird zwischen Herstellungskosten und den Koordinationskosten unterschieden. Diese Koordinationskosten werden auch als Transaktionskosten bezeichnet, weil sie alle bei vertraglichen Koordinationen anfallenden Informations-, Anbahnungs-, Vereinbarungs-, Abwicklungs-, Anpassungs- und Kontrollkosten beinhalten. Die Transaktionskosten sind durch die Eigenschaften der Leistungen und die Wahl der Organisationsform, in der die Leistungserstellung erfolgt, zu beeinflussen. Ziel des ursprünglich auf *Ronald H. Coase* und später auf *Oliver E. Williamson* zurückgehenden Transaktionskostenansatzes ist es nun, anzugeben, welche Organisationsform (Markt, Hierarchie oder Mischformen) für welche Art der Leistungserstellung unter Effizienzgesichtspunkten zu wählen ist. Dabei wird grundsätzlich davon ausgegangen, dass es günstiger ist, Transaktionen in Organisationen zu verlagern und nicht über den Markt zu koordinieren, wenn diese mit Unsicherheit verbunden sind, sehr häufig vorgenommen werden und wenn Investitionen getätigt werden müssen, um sie überhaupt vornehmen zu können.

Verwaltungskultur

Analog zur Politischen Kultur gebildetes Konzept zur Beschreibung und Erklärung relativ konstanter nationaler Muster von Orientierungen und Werten in und gegenüber Verwaltungen sowie staatlicher Problemlösungen, ausgehend von der Beobachtung, dass gleichartige Probleme in verschiedenen Ländern sehr unterschiedliche politisch-administrative Lösungen hervorrufen. Für die Ausformung (Politikformulierung) bestimmter Politikinhalte und deren Durchführung (Politikdurchführung, Implementation) sind daher vermutlich nicht nur die materiellen Anforderungen eines Politikbereichs von Bedeutung, sondern auch relativ dauerhafte Strukturen und Prozesse politisch-administrativen Handelns und Verhaltens, die mit dem Begriff V. umschrieben werden. Drei unterschiedliche Konzepte der V. können unterschieden werden. V. i.e.S. umfasst sowohl die in einer Gesellschaft vorhandenen Werte, Einstellungen und Meinungen, d.h. Orientierungsmuster gegenüber und relevant für die öffentliche Verwaltung, als auch die in einer (oder allen) öffentlichen Verwaltung(en) vorhandenen Orientierungsmuster. V. i.w.S. umfasst bestimmte Muster des Verhaltens in und gegenüber der öffentlichen Verwaltung verbunden mit einer bestimmten Form gesellschaftlicher Institutionen und institutionellen Verhaltens.

Zielvereinbarungen

sind verbindliche Absprachen zwischen zwei Ebenen für einen festgelegten Zeitraum über die zu erbringenden Leistungen, deren Qualität und Menge, das hierzu erforderliche Budget bzw. die zur Verfügung stehenden Ressourcen sowie über Art und Inhalt des Informationsaustausches (→ *Kontraktmanagement*). Leitgedanke ist der Übergang von Einzelanweisungen hin zum Führen mit Zielen (→ *Management by Objectives*). Z. sollen eine Vertrauensgrundlage schaffen, damit sich die Partner den vereinbarten Zielen verpflichtet fühlen und ihre Arbeit an diesen ausrichten. Die jeweils vorgesetzte Einheit überträgt dabei nicht nur die Ausführung bestimmter Aktivitäten sondern einen Teil ihrer Verantwortung und Entscheidungskompetenz auf die nachgeordnete Einheit und verzichtet weitgehend auf Verfahrenskontrolle, Einzelanweisungen und -eingriffe. Z. können auf verschiedenen Ebenen abgeschlossen werden, zwischen Organisationseinheiten (z.B. Abteilungsleitung und Referat), zwischen Vorgesetzten und Mitarbeitern (z.B. Referatsleiter und Mitarbeiter) und auch zwischen Behörden (z.B. Ministerium und nachgeordnete Behörden). In Deutschland werden Z. seit einiger Zeit auf allen Verwaltungsebenen propagiert, konkrete Erfahrungen und Evaluationen sind eher spärlich.

Register

310

311